Claus Georg Schöning, Klaus Borchard
Städtebau im Übergang zum 21. Jahrhundert

Georg Schöning · Klaus Borchard

STÄDTEBAU
im Übergang zum
21. Jahrhundert

Karl Krämer Verlag Stuttgart

Die Deutsche Bibliothek – CIP-Einheitsaufnahme

Schöning, Claus Georg:
Städtebau im Übergang zum 21. Jahrhundert / Claus Georg
Schöning; Klaus Borchard. – Stuttgart: Krämer, 1992
ISBN 3-7828-1124-0
NE: Borchard, Klaus:

© Karl Krämer Verlag Stuttgart 1992
Umschlagentwurf: Erwin K. Mauz, Stuttgart
Druck: Heinrich Fink Offsetdruck, Stuttgart
Printed in Germany

ISBN 3-7828-1124-0

INHALTSVERZEICHNIS

Vorwort		9
1.	Einführung	13
1.1	Begriff, Wesen, Ziele und Grenzen der Stadtplanung	13
1.1.1	Begriff	13
1.1.2	Wesen, Ziele und Grenzen	13
1.1.3	Literatur	16
1.2	Die Städte und Gemeinden heute und morgen	17
2.	Systematik, Methoden und Planarten der Raumplanung	19
2.1	Raumordnung, Landes- und Regionalplanung, Bauleitplanung, Bauplanung	19
2.2	Die Planarten und ihre wesentlichen Inhalte und Zielsetzungen	21
2.2.1	Programme und Pläne der Bundes-, Landes- und Regionalplanung	21
2.2.2	Stadtentwicklungsplanung	21
2.2.3	Der Flächennutzungsplan	21
2.2.4	Der städtebauliche Rahmenplan	23
2.2.5	Der Bebauungsplan	23
2.2.6	Literatur	25
2.3	Die wichtigsten Rechtsgrundlagen	26
2.3.1	Zum Baugesetzbuch (BauGB)	30
2.3.2	Zur Baunutzungsverordnung (BauNVo)	30
2.3.3	Literatur	31
3.	Elemente der städtebaulichen Struktur und ihrer Planung, Baugebiete	33
3.1	Begriffe	33
3.2	Wohnen	33
3.2.1	Wohnbedürfnisse, Wünsche und Erfordernisse für Familien, einzelne und Gruppen	33
3.2.2	Wohngebietsarten, Mischgebietsarten	35
3.2.3	Bebauungsweisen	37
3.2.4	Literatur	43
3.3	Gemeinbedarfseinrichtungen	44
3.3.1	Einrichtungen für Kinder und Jugendliche	44
3.3.1.1	Thesen	46
3.3.1.2	Orientierungswerte	47
3.3.1.3	Literatur	48
3.3.2	Schulen/Bildungseinrichtungen	49
3.3.2.1	Begriffe	49
3.3.2.2	Städtebauliche Gegebenheiten und Einbindung	51
3.3.2.3	Thesen	51
3.3.2.4	Orientierungswerte	52
3.3.2.5	Literatur	55
3.3.3	Einrichtungen für ältere und behinderte Menschen	55
3.3.3.1	Einrichtungen für ältere Menschen	55
3.3.3.2	Gegebenheiten, städtebauliche Einbindung	56
3.3.3.3	Einrichtungen für Behinderte	58
3.3.3.4	Orientierungswerte	59
3.3.3.5	Literatur	61
3.3.4	Krankenhäuser	62
3.3.4.1	Begriffe	62
3.3.4.2	Allgemeine Ziele, städtebauliche Einbindung, Maßstäbe	62

3.3.4.3 Orientierungswerte   64
3.3.4.4 Literatur   64
3.3.5   Kirchliche Einrichtungen   65
3.3.5.1 Begriffe   65
3.3.5.2 Städtebauliche Einbindung   65
3.3.5.3 Orientierungswerte   65
3.3.6   Kulturelle Einrichtungen, Kunst und Wissenschaft   66
3.3.6.1 Orientierungswerte   66
3.3.7   Verwaltungseinrichtungen   67
3.3.7.1 Begriffe   67
3.3.7.2 Orientierungswerte   67
3.3.8   Einzelhandel, private Dienstleistungseinrichtungen   68
3.3.8.1 Begriffe   68
3.3.8.2 Städtebauliche Einbindung   69
3.3.8.3 Orientierungswerte   70
3.3.8.4 Literatur   72
3.4   Arbeiten   73
3.4.1   Sekundäre Arbeitsstätten, Gewerbegebiete   73
3.4.2   Sekundäre Arbeitsstätten, Industriegebiete   74
3.4.2.1 Standortansprüche   75
3.4.2.2 Flächenbedarf   76
3.4.3   Tertiäre Arbeitsstätten, Kerngebiete   76
3.4.3.1 Standortansprüche   78
3.4.3.2 Flächenbedarf   78
3.4.3.3 Literatur   79
3.5   Landespflege, Erholung, Freizeit   81
3.5.1   Begriffe   81
3.5.2   Landschaftsplanung   84
3.5.3   Freizeit, Erholung, öffentliche Grünflächen   85
3.5.4   Spiel- und Sportanlagen, Kleingärten   86
3.5.5   Friedhöfe   87
3.5.6   Camping   87
3.5.7   Thesen   87
3.5.8   Orientierungswerte   89
3.5.9   Naturschutz- und Landschaftspflegerecht   91
3.5.10   Literatur   91
3.6   Erschließung und Verkehr   93
3.6.1   Begriffe   93
3.6.2   Gegebenheiten   96
3.6.3   Erschließung der Baugrundstücke   98
3.6.4   Individualverkehr   99
3.6.5   Technische Zukunftsmöglichkeiten des Individualverkehrs   99
3.6.6   Radwege   100
3.6.7   Fußwege   100
3.6.8   Ruhender Verkehr   101
3.6.9   Verkehrsberuhigung   103
3.6.10   Öffentlicher Nahverkehr   103
3.6.11   Technische Zukunftsmöglichkeiten des öffentlichen Nahverkehrs   104
3.6.12   Literatur   104
3.7   Versorgung / Energie / Entsorgung   106
3.7.1   Begriffe   106
3.7.2   Versorgung / Energie   109
3.7.2.1 Allgemeines, Fakten   109
3.7.2.2 Die Energien   110

		Seite
3.7.2.3	Energie-Einsparungen	114
3.7.3	Abfall und sonstige Entsorgung	115
3.7.3.1	Begriffe	115
3.7.3.2	Abfall	115
3.7.3.3	Grundwasser	117
3.7.3.4	Sondermüll	117
3.7.3.5	Sonstige Entsorgung	118
3.7.4	Literatur	119
3.8	Umweltschutz / Immissionen	122
3.8.1	Begriffe	122
3.8.2	Gegebenheiten und Bezug des Umweltschutzes zum Städtebau	123
3.8.3	Städtebaulicher Lärmschutz	124
3.8.4	Abgase	128
3.8.5	Staub	129
3.8.6	Gesetze und Verordnungen	132
3.8.7	Literatur	134
4.	Besondere Probleme des Städtebaus	137
4.1	Stadtgestaltung	137
4.1.1	Begriff	137
4.1.2	Wesen der Stadtgestaltung	137
4.1.3	Literatur	140
4.2	Denkmalpflege und Stadterhaltung	142
4.2.1	Begriffe	142
4.2.2	Wesen und Wert der Stadterhaltung und Denkmalpflege	142
4.2.3	Dorferhaltung und Denkmalpflege	143
4.2.4	Thesen	144
4.2.5	Denkmalschutzrecht	144
4.2.6	Literatur	145
4.3	Stadterneuerung / Sanierung	147
4.3.1	Begriffe	147
4.3.2	Wesen und Wirkungsweise von Stadt- und Dorferneuerung	147
4.3.3	Literatur	148
	Anhang	151
zu 2.2.3	Flächenverbrauch in der Flächennutzungsplanung	152
zu 3.3.2	Schulen / Bildungseinrichtungen	154
zu 3.5	Landespflege	158
zu 3.6	Erschließung und Verkehr	159
zu 3.7 und 3.8	Energie und Umwelt	162
zu 3.7.1	Weitere Begriffe aus dem Energiebereich	162
zu 3.7.2.1	Allgemeines, Fakten, Meinungen	168
zu 3.7.2.2	Die Energien	169
zu 3.7.2.3	Energie-Einsparung	182
zu 3.7.3	Abfall und sonstige Entsorgung	182
zu 3.7.3.3	Grundwasser	188
zu 3.7.3.5	Sonstige Entsorgung	191
zu 3.8	Umweltschutz / Immissionen	193
zu 3.8.1.2	Städtebaulicher Lärmschutz	196
zu 3.8.1.3	Abgase	196
zu 4.1	Stadtgestaltung	200
zu 4.2	Denkmalpflege und Stadterhaltung	203
	Stichwortverzeichnis	205

VORWORT

Städtebau wird im heute üblichen Wortgebrauch als ein vorausschauendes Ordnen des Bodens und seiner Nutzungen und als ein sinnvolles Formen des Lebensraums örtlicher Gemeinschaften verstanden. Die Kernprobleme liegen dabei vor allem in der planenden Koordination der unterschiedlichen Kräfte, die auf diesen Lebensraum einwirken, und die es mit den sozialen, kulturellen und wirtschaftlichen Bedürfnissen seiner Bewohner in Einklang zu bringen gilt.

Vom Planer wird dabei erwartet, daß er sich um eine realistische Einschätzung der relativen Bedeutung und der Wechselbeziehungen aller in diesem Raum wirksamen Kräfte ebenso bemüht wie um ein zutreffendes Bild der Gesellschaft und ihrer Bedürfnisse. Aus der Vielzahl wissenschaftlicher Ansätze zur Zusammenschau der räumlichen Wirklichkeit zu gelangen, ist eine Aufgabe, die nach wie vor weitgehend dem Planer selbst mit seinen vielfach unzulänglichen Mitteln überlassen bleibt.

Daneben wird vom Praktiker erwartet, daß er die ihm zu Gebote stehenden technischen, rechtlichen und administrativen Handhaben beherrscht, wenn er zur schöpferischen Synthese der als notwendig erachteten Veränderungen und zur Verwirklichung gesellschaftspolitischer Ziel- und Wertvorstellungen gelangen will. Die Anwendung dieser vor allem technischen Handhaben setzt zwar nicht notwendigerweise wissenschaftliches Denken voraus, dennoch ist ihr Zustandekommen, ihre Weiterentwicklung und ständige Verfeinerung zu einem erheblichen Teil Ergebnis wissenschaftlicher Durchdringung und experimenteller Forschung. Daher wird sich jeder Praktiker um ein Grundverständnis wissenschaftlichen Denkens und Arbeitens bemühen müssen.

Zahllose Beispiele zeigen indessen, daß sich jene Bedürfnisse, denen Städtebau und Bodenordnung zu dienen haben, in der Realität nicht allein schon durch ihre planende Koordination erfüllen lassen; vielmehr werden – wie etwa bei den unterschiedlichen Anspruchshorizonten des Wohnens, des Verkehrs oder der Landwirtschaft – in der Mehrzahl der Fälle Kollisionen und Kompromisse unvermeidlich sein.

Damit stellt sich die Frage nach den Zielen und Wertmaßstäben der Planung und nach dem Anteil der Wissenschaft an ihrer Ableitung und Formung. Wenn die langfristige räumliche Entwicklung eines Gemeinwesens beispielsweise von der rechtlichen Fixierung der Bodennutzung und damit weitgehend von Eingriffen in die Verfügungsgewalt, Verwertungsmöglichkeiten und Ertragserwartungen der Grundeigentümer abhängig ist, so muß das hierfür zu Gebote stehende Instrumentarium nicht nur unseren rechtsstaatlichen Ordnungsvorstellungen zur Begrenzung von Umfang und Reichweite solcher Eingriffe und zur Regelung des dabei zu beachtenden Verfahrens entsprechen, sondern auch zur Verwirklichung jener gesellschaftspolitischen Ziel- und Wertvorstellungen beitragen, denen die Planung zu dienen hat. In dieser Hinsicht hat sich eine aufschlußreiche Bewußtseinsänderung vollzogen: An die Stelle des ausgeprägten Glaubens des neunzehnten und frühen zwanzigsten Jahrhunderts an eine Harmonietendenz der als »natürlich« verstandenen Entwicklung von Gesellschaft, Wirtschaft und Raum, der die Planung lediglich vorsorgend die »lenkende Hand« zu bieten und koordinierend Raum zu schaffen hatte, ist zunehmend das Bewußtsein getreten, daß eine koordinierende Planung, die sich zudem als vorausschauende Entwicklungssteuerung versteht, von Entscheidungen über Ziel- und Wertvorstellungen und von der Setzung von Prioritäten auszugehen hat. In diesem Zusammenhang sei darauf hingewiesen, daß sich die heute so weit verbreitete Vorstellung von einer Krise des Städtebaus vor allem auf jene offenbare Unfähigkeit unserer Gesellschaft zurückführen läßt, selbst bei relativ einfachen Sachverhalten zu einem Konsens zu gelangen, der ihrer Verantwortung vor der Zukunft gerecht zu werden vermag. So dürften sich beispielsweise jene unbestrittenen sozialen und gesellschaftspolitischen Werte, die unsere freiheitliche Gesellschaft dem Eigentum an Grund und Boden zuzuerkennen gewöhnt ist, wohl nur dann weiter erhalten lassen, wenn es ihr in Verantwortung vor der Zukunft gelingt, die verzerrenden Einflüsse von Spekulation und Gewinnstreben auf die Entwicklung der städtebaulichen Ordnung wirksam auszuschalten.

Seit Jahrzehnten haben die Fachleute darüber nachgedacht, gelehrt, geplant und in die Praxis umgesetzt, wie die Qualität städtebaulichen Wirkens so verbessert werden kann, daß die gebaute Umwelt der Menschen im weitesten Sinne humaner werde. Trotz der ständigen Bemühungen ist die Kritik an dem, was seit 1950 an städtebaulichen Projekten entstanden ist, ständig gewachsen.

Es gibt keine planerischen Patentrezepte. Jede städtebauliche Situation ist verschieden von allen anderen; jeder örtliche Vergleich hinkt; an jedem Ort ist eine Vielzahl umweltwirksamer Komponenten zu berücksichtigen, die immer wieder andere Probleme schafft, zwangsläufig zu unterschiedlichen Güterabwägungen führt und damit zu neuen Lösungen zwingt.

Es muß dennoch einige allgemeingültige Erkenntnisse geben, die Fehler zu vermeiden helfen, die über die technischen Regeln der Lehrbücher und über Rechtsnormen hinausgehen. Diese Erkenntnisse aufzuspüren und darzustellen, soll hier als praktische Hilfe, als Nachschlagewerk versucht werden, auch wenn das Ergebnis nur unvollständig sein kann.

Seit 1960 haben alle Bürger einen rechtlich begründeten Anspruch, von allen geplanten Maßnahmen zur baulich-räumlichen Entwicklung ihrer Gemeinde zu erfahren und dazu Bedenken und Anregungen vorzubringen. Die Planungsbehörden müssen nicht nur dauernd Verbindung halten mit dem Rat und den Ausschüssen ihrer Gemeinde, also mit den Politikern, die ihren Vorschlägen und Entwürfen Verbindlichkeit verleihen. Sie haben auch die Träger öffentlicher Belange zu beteiligen und den gutachtlichen Rat von Spezialisten einzuholen. Und endlich ist jede geplante Veränderung ein Eingriff in Rechtsverhältnisse, der gerichtlich überprüfbar ist, was Juristen in Verwaltung und Rechtsprechung oft erheblich beschäftigt.

Alle genannten Gruppen, Bürger und Fachleute, sind also darauf angewiesen, miteinander Kontakt zu halten. Dies wirft die Frage auf, ob sie von Zielen, Grenzen und Möglichkeiten des Städtebaus ein Grundwissen haben, das eine Verständigung erleichtert, ja erst möglich macht. Allgemein zugänglich zu vermitteln, was über die Planung und die Struktur einer Stadt oder einer Region für alle Beteiligten wissenswert ist, wird hier versucht. Jede Stadt ist ein Gesamtbauwerk aus verschiedenartigen Einzelbauwerken. Zur Einheit werden die Stadtelemente erst durch ihren Sinn, durch den Zweck, dem sie dienen, zu einer Besiedlungsform, die nicht durch ihre Größe, sondern auch ihre Struktur und deren Elemente, durch Art und Beziehung ihrer Bestandteile bestimmt ist. Diese Struktur ergibt sich aus einem bestimmten Stand der technischen und wirtschaftlichen Verhältnisse, dem der Arbeitsteilung. Zwischen Wohnstätten und Arbeitsstätten wie ihren zahlreichen Folgeeinrichtungen läßt sich eine wechselseitige und in Grundregeln faßbare Abhängigkeit ermitteln. Jede städtebaulich wichtige Anlage oder Einrichtung bedarf, um wirtschaftlich tragbar und leistungsfähig zu sein, einer bestimmten Zahl von Benutzern in angemessener Entfernung. In dieser Schrift ist nicht die Rede von Zukunftsarchitektur, wiewohl wir glauben, daß die Vielfalt dessen, was auf dem Gebiet in dreißig, fünfzig oder hundert Jahren zu erwarten ist, den Städtebau erheblich verändern wird. Dies ist jedoch nur Spekulation.

Da alle in dieser Schrift angesprochenen Sachgebiete ineinandergreifen, ist eine Behandlung vieler Themen in mehreren Kapiteln unvermeidlich. In den kommenden Jahrzehnten werden die Kommunen zwei Drittel bis drei Viertel ihrer Investitionsausgaben in die Stadterneuerung und Wohnungsmodernisierung, in Verkehrsumbau und Lärmschutzmaßnahmen, in Versorgung und Energiehaushalt, in die Entsorgung und in den Umweltschutz stecken müssen; dementsprechend liegen hier auch die Schwerpunkte der städtebaulichen Planung.

Es ist erforderlich, dem verbreiteten Mißtrauen der jüngeren Generation gegenüber der Technik einen sorgfältigen Umgang mit der Umwelt entgegenzustellen – das heißt einen ökologisch verantwortlichen Städtebau, der dem Lebensanspruch der heutigen wie der künftigen Generationen Rechnung trägt, zu finden. Finanzielle Probleme werden hier nicht angesprochen, da sie zeitlich und regional zu unterschiedlich sind.

Es soll hier keine Planungs- oder Städtebautheorie entwickelt werden; vielmehr wären die Verfasser zufrieden, wenn es ihnen gelänge deutlich zu machen, welche praktischen Möglichkeiten – unter vielen anderen – zur Lösung immer wiederkehrender Probleme aufgezeigt werden können.

Begreift man die Stadt als einen Organismus, so geht es also darum, es durch geeignete Vorsorgemaßnahmen gar nicht erst zu Erscheinungen des Mangels und des Siechtums kommen zu lassen, sondern eine Stadt zu erbauen, die auch mit Krisenerscheinungen von sich aus auf Dauer fertig wird.

Die Gesundheit der Stadt und der in ihr lebenden Menschen ist das einzige legitime städteplanerische Ziel; alles andere, die Technik und selbst die Wirtschaft inbegriffen, sind nur Mittel zu diesem Zweck. In diesem Zusammenhang haben die Sicherung der Grundlagen für das gesamte, nur als Einheit zu verstehende Leben der Pflanzen, Tiere und Menschen sowie sauberer Boden, frische Luft und reines Wasser absolut Vorrang.

Auch das geistige, soziale und kulturelle Wohlergehen des Menschen in seiner gesellschaftlichen Umwelt muß dabei Maßstab sein. Dazu gehören nicht zuletzt ästhetische Bedürfnisse. Dabei darf es freilich nicht darum gehen, Monumente zum Ruhm und zur Ehre eines Urbanisten oder eines Architekten zu schaffen, nicht darum, einem vorübergehenden Besucher zu imponieren, sondern darum, für die Bürger bessere Städte, – besser an Lebensraum für Jung und Alt, für Leben und Arbeit, für Freizeit und Erholung, für Erziehung und kulturelle Bedürfnisse, Schönheit und innere Befriedigung, Geborgenheit und Zusammengehörigkeitsgefühl, Stolz und Ansporn – kurzum: Heimat – zu schaffen. Um dies zu erreichen, ist zu hoffen, daß zum Beispiel unter den zukünftigen Energien durch die Ergebnisse weiterer intensiver Forschung die sauberen Energien, wie Sonnenenergie, vorrangig eingesetzt werden können. Schon heute können Sonnenkollektoren für Warmwasserbereitung angewandt werden. Daß Umweltschutz und städtebauliche Maßnahmen stets gemeinsam zu wirken haben, gehört zur Selbstverständlichkeit.

Ein Wort zur Weltbevölkerung muß in diesem Zusammenhang gesagt werden: zur Zeit sind es fünf Milliarden Menschen, im Jahr 2010 wird mit sieben Milliarden gerechnet, im Jahr 2030 mit zehn Milliarden. Ob sich die Bevölkerung bei zehn Milliarden stabilisieren läßt, erscheint mindestens fraglich. 90 % des Zuwachses entfallen auf die Entwicklungsländer. Daß die Zahl der Geburten umgehend eingedämmt werden muß, ist für das Verhindern einer Weltkatastrophe unausweichlich. Dies gilt vor allem für Afrika. Wie kann man dem entgegenwirken? Mit nationaler Souveränität? Mit internationaler Hilfe? Hoffnungslos! Vor 10 000 Jahren benötigte die Weltbevölkerung noch eineinhalb Jahrtausende, um sich zu verdoppeln, vor 350 Jahren waren es noch zwei Jahrhunderte, heute sind es noch vier Jahrzehnte.

Arnulf Baring fragt im August 1990:

»Was geschieht, wenn in dreißig Jahren acht Milliarden Menschen auf der Erde leben, davon 83 % in den Entwicklungsländern?«

Wie soll dann noch von Umweltschutz gesprochen werden?

Fragen über Fragen. Dies Buch kann sie nicht beantworten. Aber es soll zum Nachdenken seiner Leser anregen.

Dr. Valentin Huppert schreibt:

»Zehn Milliarden Jahre dauerten die anorganisch-chemischen Umwandlungen der Natur. Die Energie lieferte das Licht der Sonne. Alles Organische entsteht also aus der chemischen Umwandlung anorganischer Mineralstoffe – weit mehr als die Hälfte

der Menschen lebt davon, daß mit Hilfe von chemischen Dünge-, Pflanzenschutz-
und Konservierungsmitteln mehr wächst und weniger verdirbt. Durch die Leistungen
der chemischen Industrie können wir uns heute reichlicher, vielseitiger, gesünder
und billiger ernähren, als irgendeine Generation vor uns. Ohne chemische Fabriken
gäbe es drei Milliarden Menschen zuviel auf dieser Erde.«

Am Rande des Zwecks und des Sinns dieses Buchs auch dies zum Nachdenken. –
Dennoch: An den Folgen des Hungers sterben heute mehr Menschen als durch
Kriege.

Das Ausmaß der heute bereits zu erkennenden ökologischen Krise liegt noch vor uns.
Am weitreichendsten werden dabei die Folgen des Treibhauseffekts sein, der Erwär-
mung der Erdatmosphäre durch die Anreicherung von Kohlendioxid und anderen
Spurengasen. Die Hauptursache dafür ist die Energieversorgung der Menschheit.
Hier sind durchgreifende Veränderungen nötig.

»Vernunft nenne ich, in der Sprache der klassischen deutschen Philosophie, die Wahrnehmung des Ganzen.«, sagt Carl Friedrich von Weizsäcker[1]).

Etwas, was die Autoren in diesem Buch in bescheidenem Umfang auch versuchen
wollen. Für den Umweltschutz bedarf es einer international einklagbaren Rechtsord-
nung: denn die Natur kann sich nicht wehren, »sie reagiert auf Ausbeutung, indem
sie stirbt«. Außerdem ist eine »Ethik der Technik« notwendig, ein »hippokratischer
Eid für Ingenieure und Wissenschaftler«, der ihnen gebietet, ihr Wissen nur noch zur
Erhaltung des Lebens einzusetzen.

In diesem Sinne setzt sich Weizsäcker auch besonders für die Erforschung der Sonnenenergienutzung ein: »Ich kann und will nicht ausschließen, daß in einer fernen
Zukunft die Kernenergie der Menschheit noch wichtige Dienste leisten wird. Aber
das würde voraussetzen, daß zuvor der Weltfriede politisch gesichert wäre.«

---

[1]) *Carl Friedrich von Weizsäcker:* »*Bewußtseinswandel*«, *Carl Hanser Verlag München 1988.*

1 EINFÜHRUNG

1.1 Begriff, Wesen, Ziele und Grenzen der Stadtplanung

1.1.1 Begriff

»Städtebau ist die vorausschauende Ordnung räumlicher und baulicher Entwicklung im Bereich örtlicher Gemeinschaften« und wird zugleich als »Umsetzung politischer Wertvorstellungen der Gesellschaft in eine ihren Zielen und Bedürfnissen angemessene Umwelt verstanden.«[1]
Seit dem Ersten Weltkrieg werden in analoger Weise auch die Begriffe Stadtplanung und Ortsplanung gebraucht.

1.1.2 Wesen, Ziele und Grenzen

Städtebau ist also in seinem Kern politisches Handeln zur Entwicklung von Gemeinden und Gemeindeteilen durch Planung, Ordnung und Gestaltung. Dieser Bereich war früher regelmäßig die Gemeinde, die Stadt oder das Dorf. Die Entwicklung geht heute dahin, daß ein Verband von Gemeinden mit verschiedenen sich ergänzenden Funktionen, eine Region, in grenzübergreifendem Maßstab gemeinsamer Planung bedarf.
Städtebau hat die baulichen und sonstigen Anlagen für alle öffentlichen und privaten Belange des Gemeinwesens unter funktionalen Gesichtspunkten einander räumlich zuzuordnen. Städtebauliche Planung erfordert die ständige Zusammenarbeit vieler Fachrichtungen. Dabei sind die regionalen und örtlichen Standortbedingungen für die Entwicklung von besonderem Einfluß.
Die städtebauliche Ordnung umfaßt die Auswahl der richtigen Lage von Wohnungen, Geschäften, Büros, Schulen, Kirchen, Kulturbauten, Gewerbe und Industrie zueinander wie auch die Verkehrs- und Versorgungsanlagen, die land- und forstwirtschaftlichen Flächen und die Erholungsgebiete sowie Versorgung, Energie, Entsorgung und Umweltschutz.
Das Ergebnis städtebaulicher Maßnahmen muß eine vielfältige lebenswerte Umwelt sein, die den öffentlichen und privaten Belangen Rechnung trägt.
Nell-Breuning sagt zum Thema Städtebau und Humanität: »Auch das Kind ist schon Mensch, und auch in den Jahren des Alters und des Ruhestands ist man noch Mensch. Zur wahren Menschlichkeit gehören die drei Generationen in solidarischer Verbundenheit, deren mittlere . . . ihre Dankesschuld gegenüber der Generation, die sie aufgezogen hat, abträgt, indem sie für ihren Lebensabend aufkommt und zugleich selbst wieder eine nachwachsende Generation aufzieht, die ihr einmal den gleichen Dank erweisen wird.
Wenn das zur Humanität gehört – und ich meine, das sei ein Kernstück . . . , – dann müssen wir unsere Städte für eine aus drei Generationen bestehende Wohnbevölkerung bauen.«[2]
In Deutschland zeigt sich seit einigen Jahren eine Entwicklung dahingehend, daß zum Beispiel die durchschnittliche Haushaltsgröße (1984: 2,3 Personen) stark zurückgeht, die Wohnfläche (1984: 33 m^2 pro Person) steigt, die Zahl der Einfamilienhäuser zunimmt und die Verlagerung von Arbeitsplätzen und Einwohnern in die

---

[1] *Borchard, K., Städtebau, Lexikon d. Weltliteratur, rororo-Handbuch 6200, Hamburg 1976*
[2] *Prof. Dr. Oswald von Nell-Breuning SJ, Die Verantwortung für menschliche Solidarität, Dt. Akademie für Städtebau u. Landesplanung, Jahrestagung Goslar Mitteilungen 24. Jahrgang, Bd. 3, München 1983*

Randzonen sich ständig ausweitender städtischer Agglomerationen fortschreitet. Es liegt auf der Hand, daß eine solche Entwicklung nicht unbegrenzt weitergehen darf. Zur Einschränkung des Flächenverbrauchs außerhalb der schon bestehenden Baugebiete müssen künftig Bauvorhaben jeder Art weitestgehend in Baulücken verwirklicht werden.

Darüber hinaus sollten die benötigten Wohnungen vorwiegend im verdichteten Flachbau erstellt werden, wobei das Vorhandensein verschiedener Wohnungstypen im gleichen Wohnbezirk unter sozialen Aspekten wünschenswert ist, und die Altersmischung der Bevölkerung begünstigt.

In diesem Zusammenhang ein kurzes Wort zum Terminus »Urbanität«, der zu einem Modebegriff geworden ist. Edgar Salin hat die Sozialgeschichte des Wortes skizziert, als einen Begriff, der »mit anderen geläufigeren Ausdrücken zur Bezeichnung einer feineren und zugleich freieren Lebensart konkurriert.«[3]

Aus unserer Sicht meint Urbanität sowohl Nähe des einzelnen zu anderen Menschen wie auch Distanz, zugleich Kontakt und Ausübung jeglicher gesellschaftlichen Betätigung wie auch die Möglichkeit der Abschirmung und Klausur. Diese Qualität kann zum Beispiel nicht durch Ansammlung von Wohnhochhäusern entstehen.

Von ganz besonderer Bedeutung für die Gegenwart wie für die Zukunft ist der Umweltschutz in seiner ständigen Verflechtung mit jeder städtebaulichen Tätigkeit. Er setzt ihre unumstößlichen Grenzen fest.

Umweltprobleme entstehen häufig durch städtebauliche Planungsfehler, etwa durch Belastung von Wohngebieten infolge von Lärm, durch Bauflächenverbrauch auf Kosten von Grünflächen, durch Beeinträchtigung von Frisch- und Kaltluftschneisen (hohe Gebäude) und durch Luft-, Boden- und Wasserverunreinigung seitens Gewerbe, Industrie, Verkehr und Haushalten.

Aus dem Fehlen oder Fehlgehen des planerischen Ansatzes ergeben sich hier oft ungeheure Schäden, die sich gar nicht mehr oder nur noch mit riesigem Aufwand rückgängig machen lassen. Darum ist es so überaus wichtig, von vornherein durch Erkennen und Beachten der vielfältigen Verflechtungen die Grundlagen für eine auf Dauer tragfähige Planung zu schaffen, was gleichermaßen für die Planer, die politischen Gremien der Gemeinden und die Genehmigungsbehörden gilt.

Umweltschutz muß ganz allein an der Quelle, beim Verursacher möglicher Belastungen ansetzen. Dabei heben sich nach den §§ 1 und 2 Bundesnaturschutzgesetz als Hauptziele heraus:

»Natur und Landschaft sind im besiedelten und unbesiedelten Bereich so zu schützen, zu pflegen und zu entwickeln, daß

1. die Leistungsfähigkeit des Naturhaushalts,
2. die Nutzungsfähigkeit der Naturgüter,
3. die Pflanzen- und Tierwelt
4. die Vielfalt, Eigenart und Schönheit von Natur und Landschaft

als Lebensgrundlagen des Menschen und als Voraussetzung für seine Erholung in Natur und Landschaft nachhaltig gesichert sind.

Die Leistungsfähigkeit des Naturhaushalts ist zu erhalten und zu verbessern; Beeinträchtigungen sind zu unterlassen oder auszugleichen.

Unbebaute Bereiche sind als Voraussetzung für die Leistungsfähigkeit des Naturhaushalts, die Nutzung der Naturgüter und für die Erholung in Natur und Landschaft insgesamt und auch im einzelnen in für ihre Funktionsfähigkeit genügender Größe zu erhalten.

In besiedelten Bereichen sind Teile von Natur und Landschaft, auch begrünte Flächen

---

[3] Salin, E.: »Urbanität« in Erneuerung unserer Städte, Neue Schriften d. Dt. Städtetages, Heft 6, Stuttgart und Köln 1957/1960; Linde, H.: »Urbanität« in Handwörterbuch der Raumforschung und Raumordnung, Bd. III, S. 3477–81, Gebr. Jänecke Verlag, Hannover 1970

und deren Bestände, in besonderem Maße zu schützen, zu pflegen und zu entwickeln.

Die Naturgüter sind, soweit sie sich nicht erneuern, sparsam zu nutzen; der Verbrauch der sich erneuernden Naturgüter ist so zu steuern, daß sie nachhaltig zur Verfügung stehen.«[4])

Dabei bedeutet das besonders wichtige, in der Forstwirtschaft schon seit etwa 150 Jahren vorgeschriebene Erfordernis der Nachhaltigkeit, die natürlichen Lebensgrundlagen nicht nur vorübergehend aufrechtzuerhalten, sondern durch vorausschauendes und sorgsames, insbesondere artgerechtes Verhalten und Planen langfristig in ihrem Bestand zu sichern.

In den Industrieländern sind als Hauptverursacher der Umweltbelastung Industrie, Kraftwerke, Verkehr, private Haushalte in dieser Reihenfolge mit ihren wichtigsten Schadstoffemissionen Schwefeldioxid, Stickoxiden und Schwermetallen zu nennen. Diese ständigen Ausstöße sind deshalb schon an der Quelle auf Null oder auf ein verkraftbares Minimum zu senken, weil nur so die sonst unkontrollierbar sich verteilende und nicht mehr rückgängig zu machende Umweltzerstörung verhindert werden kann.

Als Teilbereiche der Stadtökologie sind das Klima, die Lufthygiene, aber auch die Boden- und Wasserbeschaffenheit besonders durch umweltbelastende Einflüsse gefährdet.

Beispiele landschaftsschädigender Nutzungen schwerster Art sind
– die großflächige unerträgliche Lärmbelastung der Menschen durch den Flugverkehr – ziviler wie militärischer Art – in Wohn-, Arbeits- und Erholungsgebieten,
– die Verschmutzung von Flüssen und Seen durch den Schiffsverkehr, Verklappungen und anderes mehr
– die Verdrahtung der Landschaft durch Freileitungen.

Es gibt viele Beispiele solcher Art, die kaum durch städtebauliche Maßnahmen aus der Welt zu schaffen sind, sondern vor allem durch Umdenken.

Unter den Zielen des Naturschutzes wächst neben dem Schutz landschaftstypischer oder gefährdeter Biotope und Biozönosen[5]) die Aufgabe der Rettung des unbebauten und unbebaubaren Flächenbestands vor der Ausweisung und Nutzung als Bauflächen, – Reste naturnaher Landschaftsteile sind unter Schutz zu stellen.

Zur Sicherung unbebauten Landes gehört strukturpolitisch auch die weitgehende Vermeidung der Ausweisung von Gewerbe- und Industrieflächen auf der grünen Wiese und statt dessen der Um- und Ausbau der bestehenden Gebiete und Anlagen bis zur vollen Ausnutzung der planungsrechtlich zulässigen Höchstwerte (§ 17 der Baunutzungsverordnung).

Trotz der nur vordergründig hohen Kosten und mancher Rückschläge müssen in den Ballungsräumen im gesamtgesellschaftlichen Interesse die Massenverkehrsmittel U- und S-Bahnen als Rückgrat des öffentlichen Nahverkehrs weiterentwickelt werden. Nur so kann auch in Zukunft trotz weiterwachsender Verkehrsbedürfnisse im Zusammenwirken von öffentlichem und privatem Verkehr der menschliche Maßstab der Städte gewahrt bleiben. Wir haben in Deutschland glücklicherweise noch viele lebendige Beispiele dafür – im Unterschied zu den abschreckenden Erfahrungen vieler anderer Länder.

---

[4]) *Gesetz über Naturschutz und Landschaftspflege (Bundesnaturschutzgesetz – BNatSchG) vom 20. 11. 1976 (BGBl 1977 I S. 650, geänd. durch Art. 5 G zur Berücksichtigung d. Denkmalschutzes im Bundesrecht v. 1. 6. 1980, BGBl I S. 649)*

[5]) *Michelsen, Gerd: Öko-Institut Freiburg Der Fischer Öko Almanch, Daten, Fakten, Trends der Umweltdiskussion 84/85, Fischer Taschenbuch Verlag. Biotope sind Lebensstätten verschiedener Qualität und Größe (z.B. Bäche, Seen, Moore, Wiesen, Wälder) von Biozönosen; Biozönosen sind Lebensgemeinschaften von Organismen und Lebewesen, die ihren Bestand durch Selbstregulierung unterhalten. Brockhaus Enzyklopädie 17. Aufl., 2. Bd., Wiesbaden*

Bei verkehrsplanerischen Maßnahmen sollten künftig Fußgänger, spielende Kinder und Radfahrer noch stärker als bisher berücksichtigt werden.

Im Verkehr muß der öffentliche Nahverkehr vor dem Individualverkehr deutlich Vorrang haben. Soweit dies möglich ist, sollte dabei der Liefer- und Lastenverkehr auf die Schiene zurückkehren. Für den Personenkraftverkehr – einschließlich der Krafträder – ist soweit wie möglich eine Beschränkung auf den Ausbau vorhandener Trassen zu fordern.

Gemischte Verkehrsflächen sind zu bevorzugen, wenn keine Gefahren damit heraufbeschworen werden, mehr Rücksichtnahme, weniger Tempo. Umgehungs- und leistungsfähige Hauptstraßen bleiben jedoch auch in Zukunft die notwendige Voraussetzung für die anzustrebende Verkehrsberuhigung der Wohnbereiche.

Im übrigen gilt für die Verkehrsplanung:

»Einsparungen lassen sich ohne wesentliche Standardverluste erzielen. Nicht abstrakte Normen, sondern Anpassungen an örtliche Situationen – ohne dabei die Erforderlichkeiten des Verkehrs und die anerkannten Regeln der Technik außer acht zu lassen – eröffnen den Gemeinden wieder Spielräume.«[6]

Besonderes Augenmerk ist auf die Energieeinsparung zu richten. In Ballungsgebieten sollte sich zum Beispiel in zwei bis drei Jahrzehnten durch geeignete Energieplanungskonzepte die umweltentlastende Fernwärmeversorgung verdreifachen – abgesehen von der Weiterentwicklung schadstofffreier Energiearten, der Verbesserung des Wärmeschutzes usw. Darüber hinaus ist anzustreben, daß durch die Ergebnisse intensiver weiterer Forschung die sauberen Energien, wie die Sonnenenergie, vorrangig eingesetzt werden.

Diese Schrift geht davon aus, daß es die »Möglichkeit objektivierbarer Erfahrungen« gibt – »Erfahrung heißt hier, aus der Vergangenheit lernen«[7] – und damit Regeln für die städtebauliche Planung. Aber jede Regel hat auch Ausnahmen, die allerdings nicht ohne Not angewendet werden sollten. Solche Ausnahmen mögen zunehmen, je mehr sich die Lebensbedingungen und Verhaltensweisen und damit die Umwelt des Menschen durch die technische und sonstige Entwicklung gegenüber dem heutigen Erkenntnisstand ändern.

Die Raumplanung und vor allem die Bauleitplanung, sind für jeden Bürger von unmittelbarem Einfluß auf seinen Lebensbereich. Daher ist zu fordern, dieses Fachgebiet in Grundzügen auch in den Lehrplänen der Schulen unterzubringen.

1.1.3   Literatur

Allgemeines

Akademie f. Raumforschung und Landesplanung (Hrsg.): Städtebau und Landesplanung im Wandel – Auftrag und Verantwortung in Rückschau und Ausblick. 26. wissenschaftliche Plenarsitzung – Gemeinsame Jahrestagung – 1987 der ARL und DASL in Frankfurt 1988. Hannover

Fachwörterbuch. Bemerkungen und Definitionen im Deutschen Verwaltungswesen. Frankfurt a. M. 1971

Hulstenberg, Fr.: Baulexikon. Bauverwaltung, Bauwirtschaft, Bauleitplanung. Bonn 1962

Kirchenamt im Auftrag d. Rates d. Evang. Kirche in Deutschland (Hrsg.): Menschengerechte Stadt: Aufforderung zur humanen u. ökolog. Stadterneuerung. E. Beitr. d. Kammer d. Evang. Kirche in Deutschland f. Soziale Ordnung. Gütersloh. 1984

---

[6] *Borchard, K.: in Jahrestagung der Dt. Akademie für Städtebau und Landesplanung, Goslar 1983, Mitteilungen 27. Jahrgang, Bd. 3, S. 68 ff*

[7] *v. Weizsäcker, Carl Friedrich: Der Garten des Menschlichen, Carl Hauser Verlag 1977*

Mitteilungen der Deutschen Akademie für Städtebau und Landesplanung e.V. 31.
Jhg., Band 2. 1987
Peccei, A.: Gedanken und Reflexionen des Präsidenten des CLUB OF ROME.
München 1981

1.2 Die Städte und Gemeinden – heute und morgen

Die Gemeinden verwalten sich selbst im Rahmen der Gesetze (Art. 20 GG). Gemeinden mit der Bezeichnung Stadt nach altem Recht oder aufgrund einer Verleihung durch die Landesregierung haben dabei strukturell, sozial, kulturell und entsprechend der Einwohnerzahl eine herausgehobene Bedeutung. Die Gemeinden haben das Recht, für ihr Gebiet Ortssatzungen (wie Bebauungspläne) als allgemein verbindliches Ortsrecht zu erlassen.[8]

Die europäische Stadt war über Jahrtausende hinweg eine in sich geschlossene und sich nur langsam verändernde Lebensgemeinschaft mit unverwechselbarer, streng von der umgebenden Landschaft abgegrenzter Gestalt. Das hat sich seit dem Ende des achtzehnten Jahrhunderts mit ständig wachsendem Tempo völlig verändert: Die Städte wachsen in die Landschaft hinein. Dies trifft für viele kleine Gemeinden nicht zu. Es bleibt eine wesentliche Aufgabe der Raumplanung, den Städten und Dörfern soweit wie möglich ihr charakteristisches eigenes Bild gegenüber ihrer Umgebung zu bewahren.

Dies gilt gerade im Hinblick darauf, daß der Strukturwandel zunehmend ein Merkmal der Orts- und Stadtentwicklung ist.

---

[8] *Göb, R.: in Handwörterbuch der Raumforschung und Raumordnung, S. 890 ff, Gebr. Jänecke Verlag Hannover 1970 Voppel, G., ebenda, S. 3079 ff*

2 SYSTEMATIK, METHODEN UND PLAN-ARTEN DER RAUMPLANUNG

2.1 Raumordnung, Landes- und Regionalplanung, Bauleitplanung, Bauplanung

Im Bereich der Bundesrepublik Deutschland sind die Stufenfolge und die Arten der Raumplanung systematisch entwickelt und gegliedert:
1. Die Raumordnung für das Bundesgebiet gemäß Raumordnungsgesetz, wonach Raumordnungsgrundsätze zu entwickeln und langfristige großräumige Bundesmaßnahmen zusammenzufassen sind.
2. Die Landesplanung für das Gebiet des Bundeslandes gemäß dem jeweiligen Landesplanungsgesetz, wonach Landesentwicklungsprogramme und -pläne aufzustellen sind, in denen die langfristigen raumbedeutsamen Planungen, Maßnahmen und Investitionen darzustellen und abzustimmen sind.
3. Die Regionalplanung für Regionen oder Landesteile gemäß den Landesplanungsgesetzen, wonach Gebietsentwicklungspläne oder Regionalpläne aufzustellen und untereinander sowie mit den Gemeinden abzustimmen sind.
4. Die Bauleitplanung der Gemeinden; in erster Linie Aufstellung, Abstimmung und Vollzug der Flächennutzungs- und Bebauungspläne gemäß Baugesetzbuch und Baunutzungsverordnung sowie der kommunalen Entwicklungsplanung und Abstimmung mit der Fachplanung (mittel- und kurzfristig).

Sie alle haben als oberstes Ziel die bestmögliche Entwicklung des Rahmens der Lebensverhältnisse. Landschafts-, Grünordnungs-, Umweltschutz- und Verkehrspläne sind in diese Planungen zu integrieren.

Das gleiche gilt für Versorgungskonzepte, die eine zukunftsorientierte umweltfreundliche Energieversorgung zum Inhalt haben müssen.[1]

Die Bebauungspläne sind nach ihrem Inkrafttreten unmittelbar geltendes verbindliches Ortsrecht. Nach ihnen ist die Bauplanung zu vollziehen.

Für die unter 1. bis 4. genannten Planarten gilt das »Gegenstromprinzip« insofern, als Prioritäten jedes Plans Änderungen bei einem oder mehreren anderen Plänen auslösen können.

Als Planzeichen in den Bauleitplänen sind die in der Anlage zur Planzeichenverordnung enthaltenen Planzeichen zu verwenden. Diese Regelung erleichtert den Gemeinden und ihren Bürgern das Lesen der Pläne und dient der Rechtssicherheit.[2] Die Bauplanung ist keine weitere Ebene in der Rangfolge der räumlichen Planung, sondern eine Planung eigener Art, nämlich die Planung der Bauwerke und der Einzelbauvorhaben. So zwingend die genannten Gesetze und Verordnungen zur Raumplanung sind – von immer wieder erforderlichen Reformen einmal abgesehen –, so sehr werden doch der Politiker und »der Planer selbst klären, inwieweit gewisse Wertvorstellungen miteinander vereinbar sind oder im Widerstreit liegen, sie im Licht der Zielvorstellungen zu bewerten und zwischen ihnen zu entscheiden«.[3]

Diese Entscheidungen werden in Zukunft durch die Wachstumsgrenzen auf ökologischem Gebiet und viele andere Entwicklungen aber noch schwieriger werden als bisher.

---

[1] *Drucksache 8/3888, Sachgebiet 75, 1980, Dt. Bundestag, 8. Wahlperiode, örtl. Versorgungskonzepte und Dt. Städtetag Umdruck Nr. P 1741 v. 25. 3. 80*

[2] *Verordnung über die Ausarbeitung der Bauleitpläne und die Darstellung des Planinhalts (Planzeichenverordnung) v. 30. 7. 1990 (BGBl. I S. 833)*

[3] *Borchard, K., Planungsprobleme, in Finanzarchiv Bd. 30, Heft 3, J. C. B. Mohr (Paul Siebeck) Tübingen 1972*

Etwa die Hälfte der bundesdeutschen Bevölkerung lebt in überwiegend ländlich geprägten Räumen. Hier liegt neben den Verdichtungsgebieten auch in Zukunft ein Schwergewicht der Raumplanung. Das heißt engstes Zusammenwirken der Landes- und Regionalplanung mit der Bauleitplanung in den zentralen Orten, den kleinen Städten und Dörfern.

Die nachfolgende tabellarische Übersicht dient der leichteren Erfassung der Zusammenhänge der verschiedenen Planungsarten.

System der gemeindlichen Planung

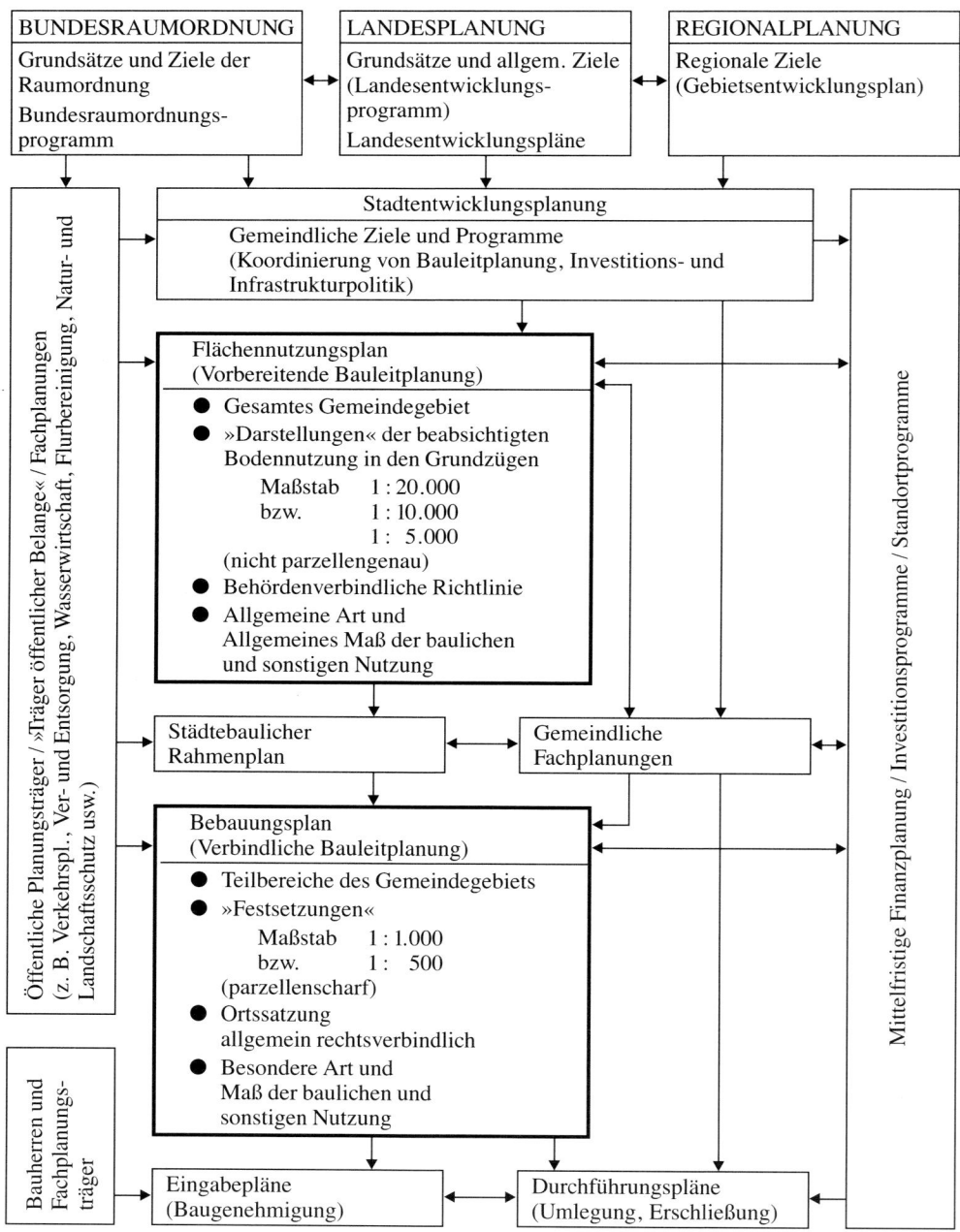

2.2   Die Planarten und ihre wesentlichen Inhalte und Zielsetzungen

2.2.1   Programme und Pläne der Bundes-, Landes- und Regionalplanung

Die Entwicklungsprogramme oder -pläne für die überörtliche und überfachliche räumliche Ordnung und Entwicklung (Landschaft und Umwelt, Erholung, Land- und Forstwirtschaft, Siedlung, Kultur, Gewerbe und Industrie, Versorgung und Verkehr) sollen »auf der Grundlage einer Gesamtkonzeption die räumliche Entwicklung des Planungsgebiets in der Weise beeinflussen, daß unerwünschte Entwicklungen verhindert und erwünschte Entwicklungen ermöglicht und gefördert werden«.[4]
Auf Regionalebene sind vor allem Landschaftsrahmenpläne zu fordern, in denen bereits Flächen für Grünzüge, für Biotopschutz, für Beseitigung von Schäden, für Freizeit sowie für Wasserflächen, Natur- und Landschaftsschutzgebiete darzustellen sind.

2.2.2   Stadtentwicklungsplanung

»Der Begriff der Stadtentwicklungsplanung hat sich im Laufe der Jahre zunehmend durchgesetzt als Bezeichnung für eine Kategorie des Planens, die sich in mehrfacher Hinsicht von der traditionellen Vorstellung des Städtebaus unterscheidet und über sie hinausweist. Dieses neue Planungsverständnis wird vor allem durch folgende Sachverhalte gekennzeichnet:
– Die ausschließlich oder vorwiegend auf die räumliche Ordnung bezogene Sicht wird ergänzt und erweitert durch eine zusammenfassende Betrachtung und wechselseitige Abstimmung räumlicher, wirtschaftlicher und sozialer Entwicklungsaspekte.
– Die »Anpassungsplanung« oder »Auffangplanung«, die lediglich den Rahmen für die Privatinitiative absteckt, wird ersetzt durch eine aktive, die Investitionsplanung einbeziehende Strukturentwicklungspolitik der öffentlichen Hand.
– An die Stelle einer räumlichen, meist dreidimensional artikulierten Zielvorstellung für einen zu erreichenden Ordnungszustand tritt das Konzept eines kontinuierlich zu lenkenden Veränderungsprozesses; nicht Planausführung, sondern Entwicklungssteuerung steht im Vordergrund.
Die Rechtskategorie des Entwicklungsgebiets bietet für umfangreiche Siedlungsmaßnahmen, mit denen neue Orte oder Ortsteile geschaffen oder wesentlich vergrößert werden, zusätzliche Rechtshandhaben und soll – wie das Sanierungsgebiet – spekulative Werterhöhungen weitgehend ausschließen. In der Verwandtschaft der Begriffe schlägt sich die Tatsache nieder, daß die Entwicklungsmaßnahme ihrem Wesen nach dem Konzept der Entwicklungsplanung nahesteht; sie setzt klare Zielvorstellungen und umfangreiche Vorleistungen der öffentlichen Hand im Sinne einer positiven, gestaltenden Planung voraus«.[5]

2.2.3   Der Flächennutzungsplan

Der Flächennutzungsplan ist der im Baugesetzbuch legal definierte vorbereitende Bauleitplan für eine oder mehrere Gemeinden. In ihm sind unter anderem darzustellen die örtliche Entwicklung der Landschaft und Umwelt, die Flächeninanspruchnahme für Erholung, Land- und Forstwirtschaft, Siedlung, Kultur, Gewerbe und In-

---

[4] *Umlauf, Josef, Zur Problematik der Landesplanung und Raumordnung, Mitteilungen d. Dt. Akademie für Städtebau und Landesplanung, 27. Jahrg., Bd. 3, München 1983*
[5] *Albers, G., Stadtentwicklungsplanung in Handwörterbuch der Raumforschung u. Raumordnung, Gebr. Jänecke Verlag Hannover 1970*

dustrie, Versorgung und Verkehr. Zum Flächennutzungsplan gehört als integrierter Bestandteil der Landschaftsplan, der »grüne« Leitlinien darstellt.[6])

Oberstes Ziel eines Landschaftsplans ist die Schaffung eines Instruments zur Bewertung der Planungsarbeiten der Gemeinden innerhalb des Plangebiets (der Bauleitplanung) und der Herstellung zusammenhängender Freiflächen unter Beachtung der naturräumlichen Gliederung, des Klimas, des Bodens und der Gewässer. Ökologisch wichtige Landschaftsbestandteile, die ungeordnet und vernachlässigt sind, sind durch Bepflanzungs- und Gestaltungsvorschriften zu sanieren (z. B. Frischluftschneisen, Uferzonen, Ödlandflächen).

Die vielfältigen Landschaftsfunktionen sind immer wieder vor Augen zu halten: abwechslungsreiche Erholungsräume als Träger reiner, kühler, sauerstoffreicher Frischluft, Klimaschutzgebiete, Immissionsschutzflächen zwischen Industrie und Wohnen, Stabilisatoren für den Wasserhaushalt, für die Grundwasserreinhaltung, für das Einsickerungsvermögen und für die Speicherkapazität des Bodens.

Vor den fachplanerischen Aspekten sollte jedenfalls die gesamtplanerische Sicht der Landschaftsplanung Vorrang haben, weil es den Fachplanungen weniger (oder gar nicht) um Koordinierung, sondern um fachliche, sektorale und nicht flächendeckende Ziele geht.[7])

Landschaftspläne müßten konsequenterweise stets gleichzeitig mit den Bauleitplänen in Zusammenarbeit der Experten erstellt werden und jeder weiteren Planung in allen Ebenen vorweggehen. In jedem Falle müsen sie als Landschaftskarten im Rahmen der Bestandsaufnahme vorliegen.

Zu den lebenswichtigen Aspekten des Planungsvorgangs gehört heute mehr denn je neben der Grünplanung die Beachtung klimatischer Auswirkungen der Besiedlungsmaßnahmen. Zur Klärung dieser Fragen und zur Vermeidung oder Beseitigung von Schäden als Bebauungsfolgen sind von Fall zu Fall Stadtklimatologen hinzuzuziehen.

Umweltschutz als Mittel der Raumplanung hingegen bedeutet, schädliche Auswirkungen seitens der Technik und der Besiedlung zu verhindern, aber vor allem auch die Landschaft in ihrem Gleichgewicht und in ihren lebensnotwendigen Beziehungen zu erhalten. Wir benötigen hierfür neben der vielfältigen ausreichenden Durchgrünung der großen Städte die Erhaltung ökologischer Ausgleichsräume zu den Ballungsgebieten.

Und welche Bedeutung hat die Verkehrsplanung? Damit die zentralen Orte – Klein- und Mittelzentren – ihre Rolle zur Entlastung der Zentralstädte innerhalb der Region erfüllen können, ist ein ausreichendes Verkehrsnetz für den Individual- und besonders für den öffentlichen Nahverkehr eine wesentliche Vorbedingung. Dazu gehören auch moderne Schnellbahnen als Verbindungen zur Zentralstadt und die Schaffung eines Verbundsystems. So entsteht die ausgewogene Regionalstadt mit der notwendigen Entlastung des zentralen Kerns.[8]) Zur Lösung solcher Probleme wird es immer eines Generalverkehrsplans bedürfen.

---

[6]) *Gesetzliche Grundlagen sind das Bundesnaturschutzgesetz und die Landesgesetze für Naturschutz, Landwirtschaftspflege und/oder Erholungsvorsorge, die leider in Teilabschnitten unterschiedlich sind.*

[7]) *Ausführlich bei Borchard, K. und Olschowy, G., Naturschutz und Landschaftspflege, Lehrumdruck St. Nr. 20, 1981*

[8]) *Hillebrecht, Rudolf: Die moderne Stadt in Gegenwart und Zukunft, in Städtebau der Zukunft, Econ Verlag Düsseldorf/Wien 1969*

2.2.4 Der städtebauliche Rahmenplan

Der städtebauliche Rahmenplan stellt eine vom Gesetz nicht definierte zusätzliche Planungsstufe zwischen dem Flächennutzungsplan und dem Bebauungsplan dar.
Im Rahmenplan werden in der Regel dargestellt:
– »Die Verflechtung des Bereichs mit der weiteren Umgebung mit Auszügen aus dem Flächennutzungsplan,
– Verflechtungen von Teilbereichen und Verknüpfungen mit der näheren Umgebung mit Auszügen aus dem Flächennutzungsplan,
– Zusammenfassung der Ergebnisse der Bestandsaufnahmen und abgeleitete Planziele,
– Konzepte zur planmäßigen Entwicklung des Bereichs nach Maßgabe der Planziele und Alternativen,«[9]
– die geplante Entwicklung mit Erläuterung, zeitlicher Abfolge und Finanzierung sowie Zwischenstufen.
– Die Pläne sollten durch parzellenscharfe Landschaftspläne ergänzt werden.[10]

Die Zwischenstufe »Rahmenplanung« hat sich besonders in der Praxis der Stadterneuerung für die Verdeutlichung der Ausweisungen des Flächennutzungsplans als brauchbar erwiesen. Zur Vorbereitung von Bebauungsplänen mit sehr großen zusammenhängenden Bauflächen ist »häufig ein Rahmenplan notwendig und nützlich, in dem Konzepte zur Funktion, Nutzung, Gestaltung, sozialen und eigentumsrechtlichen Ordnung und Durchführung erarbeitet werden.
Anders als beim Bebauungsplan sollen aber im Rahmenplan auch die Nachbarschaft des Plangebiets und insbesondere die Beziehungen zu den angrenzenden Gebieten dargestellt werden.
Ein bedeutender Vorteil des Rahmenplans ist die Anschaulichkeit der den endgültigen Ausweisungen vorangehenden Planungsarbeit. Anders als die gesetzlich bestimmten Bauleitpläne, die gewöhnlich nur eine Darstellung des Plangebiets beinhalten, besteht der Rahmenplan meist aus mehreren thematischen Karten, in denen die Konzepte bezüglich einzelner Planungsaspekte, zum Beispiel Verkehr, Grünordnung, Stadtbildgestaltung und Einrichtungen für den Fremdenverkehr dargestellt werden.
Für den Rat, der über den Plan zu beschließen hat und für die Bürger ist es dadurch leichter, sich mit den Verknüpfungen der einzelnen Maßnahmen zum Gesamtkonzept auseinanderzusetzen.«[11]

2.2.5 Der Bebauungsplan

Der Bebauungsplan ist der im Baugesetzbuch definierte, verbindliche Bauleitplan (Ortssatzung) für einzelne Baugebiete oder Teile davon. In ihm sind festzusetzen die Art und das Maß der baulichen Nutzung gemäß BauNVO, die Einzelheiten des öffentlichen Grüns und der Erschließung sowie des Bodenverkehrs, soweit erforderlich. Auf den genauen Wortlaut im Gesetz und in der Baunutzungsverordnung wird besonders hingewiesen.

---

[9] *Borchard, Hertweck, Fritz, Strack: Bürger, es geht um Deine Gemeinde, Dokumentation und Auswertung der Bundeswettbewerbe 1965/66, 69/70, 73/74, Schriftenreihe Wettbewerbe BMBau 05.009/Bonn 1978*
[10] *De la Chevallerie, H.: Mehr Grün in die Stadt, Freiraumplanung im Wohnungs- und Städtebau, Bauverlag Wiesbaden und Berlin 1976*
[11] *Borchard u.a., BMBau 05.009 a.a.O.*

Weit stärker als jahrzehntelang üblich sind Baugrundstücke, die in der Regel mit geringerem Erschließungsaufwand bebaubar sind, planungsrechtlich so bereitzustellen, daß sie möglichst effektiv sofort bebaut werden können.

Diese Baulückenmobilisierung hat neben der Schonung und Erhaltung großer Teile des Außenbereichs auch viele weitere städtebauliche und sonstige Vorteile für die Stadtentwicklung, wie leicht einzusehen ist.[12]

Vor der Ausweisung neuer Bauflächen sollten alle vorhandenen Baulücken einer Nutzung zugeführt werden.

Bei der Aufstellung von Bebauungsplänen sind auch mehr als früher landschaftliche Gegebenheiten, Wasserläufe, Wasserhaushalt, Klima und ökologische Zusammenhänge zu beachten. Stets sind Grünordnungspläne aufzustellen. Insbesondere sind alle Ortsränder deutlich, quantitativ und qualitativ einzugrünen (Baumpflanzungen!). Das gilt für vorhandene und zukünftige Ortsränder. Wochenendhausgebiete und Campingplätze sind möglichst in Ortslagen einzugliedern.

In den zum Bebauungsplan gehörenden Grünordnungsplänen sind private und öffentliche Grünbereiche, eingebunden in Freiräume, festzusetzen. Das gilt auch für das zum Gehen und Spielen ausreichend breit anzulegende Begleitgrün neben Fahrflächen.

Grünordnungspläne dienen also vornehmlich der »Konkretisierung des Landschaftsplans auf der Ebene der Bebauungsplanung«. Der Inhalt des Grünordnungsplans kann in der Begründung zum Bebauungsplan festgehalten werden.[13]

In das Baugenehmigungsverfahren aber sollten obligatorisch Freiflächengestaltungspläne als Bestandteile des Bauantrags an die Bauaufsichtsämter aufgenommen werden (Forderung an den Gesetzgeber).

Neben dem Bebauungsplan wird noch lange die Verkehrsberuhigungsplanung als Instrument der Rückgewinnung der Straße als Aufenthaltsfläche für die Bürger und damit zur Wohnumfeldverbesserung erforderlich bleiben.

Wer für städtebauliche Entwicklungen mit verantwortlich ist, sollte bei allen Entscheidungen daran denken, daß jeder zusätzliche Baum das Stadtklima günstig beeinflußt: »Die Waldluft hat 200 bis 1000 mal weniger Staub und Ruß als die Luft über Baugebieten ohne Grün, und selbst eine Straße ohne Bäume hat dreimal soviel Staubteilchen in der Luft wie eine baumbestandene Straße!«[14]

Zur Sicherung der Umweltqualität sollte es die Regel sein, bei der Bauleitplanung Umweltschutzbelange wahrzunehmen; zum Beispiel auch die Möglichkeit, Pflanzgebote auszusprechen.

Umweltschutzwirksam sind aber fast immer auch:
die Festsetzung von Art und Maß der baulichen Nutzung gemäß BauNVO, die Lage der Verkehrsflächen oder die Planung von Begrünungen in vielerlei Form, wo immer dies möglich ist – vor allem überall Baumpflanzungen.

Gestalterische Aufgaben der städtebaulichen Planung stellen sich in allen Baugebieten, besonders aber in den Misch-, Gewerbe- und Industriegebieten an den Rändern der Städte und Dörfer. Sie wurden vielerorts jahrzehntelang schmählich vernachlässigt. Hier ist mit Hilfe von Industrie- und Gewerbeparks und durch den Ansatz von »Gewerbehöfen« eine erhebliche Planungsverbesserung möglich und nötig. Hier

---

[12] *Wolf, Jürgen: Städtebauliche Nachverdichtung und Beschäftigungseffekte, SRL-Information 16, Druckladen GmbH Bochum 1983*

[13] *Olschowy, G.: Naturschutz u. Landschaftspflege, Lehrumdruck des Lehrstuhls Städtebau u. Siedlungswesen, Universität Bonn, St. Nr. 20, 1981 und*
Grebe, R.: Naturnahe Biotope in der Stadt, Informationen zur Raumentwicklung, Heft 7/8, 1981 Bonn

[14] *Franke, E.: Forschungsgemeinschaft Baum und Wohnen, Stadtklima, Ergebnisse und Aspekte für die Stadtplanung, Karl Krämer Verlag Stuttgart 1976*

kann in hohem Maße auf Standortqualität, Baukonzept, Gemeinschaftseinrichtungen, Grünanlagen und Freizeitzonen Einfluß genommen werden.[15]

Die Beteiligung der Bürger ist besonders vorrangig in der Ebene des Bebauungsplans bei der erhaltenden Stadterneuerung, um nicht neue soziale Problemgebiete zu erzeugen. Stets ist mit den Bürgern zusammen ein realistisches Rahmenkonzept zu erarbeiten, in dem Verkehrsberuhigung und Wohnumfeldverbesserung in der Regel eine tragende Rolle spielen werden. Zur Bürgerbeteiligung gehört eine ständige Betreuung und Beratung der Betroffenen.

Während der Dauer der Durchführung einer Sanierung ist die Gemeinde verpflichtet, mit den unmittelbar Betroffenen zu verhandeln. Das Ergebnis ist schriftlich im Sozialplan festzulegen und der Plan laufend zu ergänzen. »Die Gemeinde soll den Betroffenen bei ihren eigenen Bemühungen, nachteilige Auswirkungen zu vermeiden oder zu mildern, helfen, insbesondere beim Wohnungswechsel und beim Umzug von Betrieben.« Die Gemeinde muß alles in ihrer Macht Stehende tun, um die persönlichen Verhältnisse eines jeden Betroffenen zu ermitteln und zu berücksichtigen.

2.2.6   Literatur

Akademie f. Raumforschung und Landesplanung (Hrsg.): (Sonderveröffentlichung) Daten zur Raumplanung. Zahlen – Richtwerte – Übersichten, Materialsammlung raumbedeutsamer Zahlen, Fakten u. Zusammenhänge f. räumlich orientierte Fachplanungen, Hannover

Akademie f. Raumforschung und Landesplanung (Hrsg): Grundriß der Raumordnung. Handbuch mit 34 Beiträgen von 30 Autoren. Hannover 1982

Akademie f. Raumforschung und Landesplanung (Hrsg.): Gleichwertige Lebensbedingungen durch eine Raumordnungspolitik des mittleren Weges – Indikatoren, Potentiale, Instrumente. Hannover 1983

Akademie f. Raumforschung und Landesplanung i. Verb. m. Dienststellen der Länder (Hrsg.): Deutscher Planungsatlas, Atlaswerk über Raum, Bevölkerung, Wirtschaft und Verkehr der Länder der BRD. Hannover 1971 – 84

Akademie f. Raumforschung und Landesplanung (Hrsg.): Grundriß der Stadtplanung, Handbuch mit 30 Beiträgen von 20 Autoren. Hannover 1983

Akademie f. Raumforschung und Landesplanung (Hrsg.): Städtebau und Landesplanung im Wandel: Auftrag und Verantwortung in Rückschau und Ausblick. Wiss. Plenarsitzung – Gemeinsame Jahrestagung 1987 der ARL u. DASL in Frankfurt. Hannover 1988

Akademie f. Raumforschung und Landesplanung (Hrsg.): Thermalluftbilder für die Stadt- und Landesplanung, (Beiträge 62). Mit Beiträgen von S. Schneider, H. Goßmann, W. Weischet, F. Fezer, P. Stock. Hannover 1982

Albrecht, R./Paker, L./Rehberg, S./Reiner, Y.: Umweltentlastung durch ökologische Bau- und Siedlungsweisen, Band 1 u. 2. Wiesbaden und Berlin 1983

Becker-Marx, Kurt (Hrsg.): Raumplanung als Element der Zukunftssicherung. Essen 1987

Boustedt, O.: Grundriß der empirischen Regionalfoschung. Hannover
Teil 1: Raumstrukturen 1975
Teil 2: Bevölkerungsstrukturen 1975
Teil 3: Siedlungsstrukturen 1975
Teil 4: Regionalstatistik 1975

Borchard, K.: Bauleitplanung in Daten zur Raumplanung. 2. Bd., Teil VIII, Akademie für Raumforschung und Landesplanung. Hannover 1983

---

[15] *Institut für Landes- und Stadtentwicklungsforschung NRW, Planung von Industrie- u. Gewerbeparks als Instrument der Landesentwicklung sowie Gewerbehöfe in Städtebau, 1980*

Buchwald, K.: Der Beitrag ökologisch-gestalterischer Planungen zu Gesamt- und Fachplanungen in: Handbuch für Planung, Gestaltung und Schutz der Umwelt. München/Wien/Zürich 1980

Cholewa, W.; Dyong, H. und von d. Heide, H.-J.: Raumordnung in Bund und Ländern. Kommentar zum Raumordnungsgesetz des Bundes und Vorschriftensammlung aus Bund und Ländern. Stuttgart Stand Dez. 1988

Cholewa, W. u. a.: Raumordnungsgesetz und Landesplanungsgesetze. Stuttgart 1989

Forschungsgemeinschaft Bauen und Wohnen (Hrsg.): Bebauungsplanfibel. Veröffentlichung Nr. 158. Stuttgart o. J.

Institut für Orts-, Regional- und Landesplanung ORLS 38, ETH Zürich. Zürich 1988

Kissel, H. A.: Städtebauliche Rahmenplanung, Institut für Städtebau, Wohnungswesen u. Landesplanung der Universität Hannover, Plan 25. Hannover 1982

Krusche, P. u. N./Althaus, D./Gabriel, I.: Ökologisches Bauen, hrsg. v. Umweltbundesamt. Wiesbaden und Berlin 1982

Landesgruppe Niedersachsen-Bremen der Deutschen Akademie f. Städtebau u. Landesplanung e. V. (Hrsg.): Planung oder Anpassung? Fragen an künftige Stadt- und Regionalplanung Bd. 11. Hildesheim, Hannover 1989

Trümper, A./Wagner, F.: Das Großstadt-Umland-Problem, Untersuchung zur Organisation raumbezogener Planung, in: Schriftenreihe der Gesellschaft für regionale Strukturentwicklung, Bonn 1981

2.3   Die wichtigsten Rechtsgrundlagen

Zum Kennenlernen der überaus umfangreichen Rechtsgrundlagen wird auf die Gesetzestexte selbst hingewiesen sowie auf die jeweiligen Einleitungen, Vorbemerkungen, Begriffsbestimmungen, allgemeinen Vorschriften oder vorangestellten Zielsetzungen, auf die ausführlichen Kommentare und ganz besonders auf die nachstehenden zwei Bände:

1) Gemeinsamer Einführungserlaß zum Baugesetzbuch;
    an die Regierungsbevollmächtigten in den Bezirken, an die Landräte der Landkreise und an die Oberbürgermeister/Bürgermeister der Gemeinden; herausgegeben von Landessprechern
    von Brandenburg,
    von Mecklenburg-Vorpommern,
    von Sachsen,
    von Sachsen- Anhalt,
    von Thüringen.
2) Hinweise zur Anwendung des Baugesetzbuches in den neuen Bundesländern Materialband zum Gemeinsamen Einführungserlaß der neuen Länder zum Baugesetzbuch.

Beide umfangreichen Bände veröffentlicht vom BMBau, Deichmansaue, Bonn-Bad Godesberg 1991.

Sie enthalten auf mehreren hundert Seiten alle Einzelfragen des BauGB und der BauNVO als Verwaltungshilfe mit sorgfältigen Erläuterungen und Gesetzes-/Verordnungstexten, einschließlich der außer Kraft getretenen Vorschriften.

Gesetze und Verordnungen (Auswahl)

Baugesetzbuch vom 8. 12. 1986 (BGBl. I S. 2191, BauGB), gültig ab 1. 7. 1987. In Kraft getreten mit Wirkung vom 9. 10. 1990 in den fünf neuen Ländern einschließlich Berlin

Verordnung über die bauliche Nutzung der Grundstücke (BauNVO) in der Fassung vom 23. 1. 1990 (BGBl. I S. 132) mit Sonderrecht für die beigetretenen Länder

Verordnung über die Ausarbeitung der Bauleitpläne und die Darstellung des Planinhalts (Planzeichenverordnung vom 30. 7. 1981 (BGBl. I S. 833) PlanzVO vom 18. 12. 1990 (Anlage zur Verordnung)

Verordnung über Grundsätze für die Ermittlung der Verkehrswerte von Grundstücken (Wertermittlungsverordnung – WertV) vom 6. 12. 1988 (BGBl. I S. 2253)

Gesetz über Naturschutz und Landschaftspflege (Bundesnaturschutzgesetz) vom 20. 12. 1976 (BGBl. I S. 3574, ber. 1977 I S. 650), BNatSchG, letztgültige Änderung vom 12. 3. 1987

Gesetz zum Schutz vor schädlichen Umwelteinwirkungen durch Luftverunreinigungen, Geräusche, Erschütterungen und ähnliche Vorgänge (Bundes-Immissionsschutzgesetz) vom 15. 3. 1974 (BGBl. I S. 721, ber. S. 1193), mehrfach geändert, zuletzt durch Gesetz vom 14. 12. 1976 (BGBl. I S. 3341, 3366), sowie vom 28. 3. 1980 (BGBl. I S. 373) und vom 4. 3. 1982 (BGBl. I S. 281) BImSchG

Bundesraumordnungsgesetz (BROG) vom 19. 7. 1989, geändert 23. 9. 90 (Einigungsvertrag), BGBl. I Seite 1461

Gesetz zur Ordnung des Wasserhaushalts (Wasserhaushaltsgesetz) vom 27. 7. 1957 (BGBl. I S. 1110, ber. S. 1386) in der F. d. Bek. vom 16. 10. 1976 (BGBl. I S. 3017), geändert durch Gesetz vom 14. 12. 1976 (BGBl. I S. 3341, 3374), letztgültige Änderung vom 23. 9. 1986

Gesetz zur Einsparung von Energie in Gebäuden (Energieeinsparungsgesetz) vom 22. 7. 1976 (BGBl. I S. 1873) EnEG, geändert 20. 6. 1980 (BGBl. I S. 701)

Gesetz zum Schutz gegen Fluglärm vom 30. 3. 1971 (BGBl. I S. 282), geändert durch Gesetz vom 2. 3. 1974 (BGBl. I S. 469), letztgültige Änderung vom 16. 12. 1986

Gewerbeordnung vom 21. 6. 1869 (BGBl. d. Norddeutschen Bundes S. 245 i. d. F. v. 1. 1. 1978/BGBl. I S. 97), geändert durch Gesetz vom 12. 2. 1979 und vom 13. 8. 1979 (BGBl. I S. 1432) Bekanntmachung vom 1. 1. 1987 (BGBl. I S. 425), geändert am 9. 11. 1990 (BGBl. I S. 2442)

Allgemeine Verwaltungsvorschrift über genehmigungsbedürftige Anlagen nach § 16 der Gewerbeordnung – GewO –, Technische Anleitung zum Schutz gegen Lärm (TA Lärm) vom 16. 7. 1968, Beilage zum Bundesanzeiger Nr. 137/68

Verordnung über den Bau und Betrieb von Garagen (Garagenverordnung – GarVO), GaVONW (Beispiel für LandesVO) vom 13. 9. 1989, GBl. Seite 458

Gesetze über den Schutz der Natur, die Pflege der Landschaft und die Erholung in der freien Natur; die entsprechenden Naturschutzgesetze der Länder

Verordnung über einen energiesparenden Wärmeschutz bei Gebäuden (Wärmeschutzverordnung – WärmeschutzVO) vom 11. 8. 1977 (BGBl. I S. 1554)

Großfeuerungsanlagenverordnung vom 1. 7. 1983 (GFAVO)

Über das Rechtssystem der Planung und ihre Instrumente gibt das nachstehende
Diagramm eine leicht faßbare Übersicht:

	1	2	3	4
A Planungsart	Entwicklungsprogramme und Fachplanungen des Bundes	Landesentwicklungsprogramme und Fachplanungen der Länder	Bezirksraumordnungsplan (Kreisraumordnungsplan)	Flächennutzungsplan (einschl. Bestandsaufn.) für eine oder mehrere Gemeinden
B Planunterlagen, Karten (i. d. Regel)	Karten aller Art Themenkartierungen u. a.	Karten aller Art, Themenkartierungen u. a.	Topogr. Karten, Meßtischblätter, Themenkartierungen u. a.	Topografische Karten, Meßtischblätter, Deutsche Grundkarte, Luftbildkarten
C Maßstab (i. d. Regel)	1 : 1 000 000 1 : 500 000 1 : 200 000	1 : 500 000 1 : 200 000 1 : 100 000	1 : 100 000 1 : 50 000 1 : 25 000	1 : 25 000 1 : 10 000 1 : 5 000
D Räumlicher Wirkungsbereich (i. d. Regel)	Bundesgebiet oder Teile davon	Landesgebiet oder Teile davon	Regierungsbezirk (Landkreis) oder Teile davon	Das Gemeindegebiet oder die kommunale Region
E Zeitlicher Wirkungsbereich (i. d. Regel)	Auf weite Sicht, mehrere Jahrzehnte			Übersehbare Zukunft
F Inhalt (summarisch)	Programm für die überörtliche und überfachliche räumliche Ordnung und Entwicklung (Landschaft, Land- und Forstwirtschaft, Gewerbe, Industrie, Siedlung, Verkehr, Versorgung, Erholung usw.)			Örtliche oder regionale überfachliche kommunale Entwicklung u. Bodenordnung (Landschaft, Land- u. Forstwirtsch., Gewerbe, Industrie, Siedlung, Verkehr, Versorgung, Erholung usw.)
G Träger der Aufgabe (i. d. Regel)	Bund (in Abstimmung mit den Ländern) und andere Institutionen	Länder (in Abstimmung mit dem Bund) und andere Institutionen	Regierungspräsident (in Abstimmung mit den Kreisen und Gemeinden (Landrat)	Kommunale Selbstverwaltung (Gemeinde, komm. Planungsverband)
H Bearbeiter (i. d. Regel)	Die Bundesressorts und andere	Die Landesplanungsbehörde, die Länderressorts u. andere Institutionen	Die Bezirksplanungsbehörde, Kreisplanungsbehörde u. andere Institutionen	Stadt- oder Gemeindeplanungsbandes, Ortsplanungsstelle planungen auch andere (z. B. Katasteramt u. a.)
J Beteiligte	Alle Fachsparten, die Träger öffentl. Belange			Alle Fachsparten, die Träger öffentl. Belange
K Rechtswirkung	Die Planungsergebnisse, Entwicklungsprogramme und Fachplanungen sind zu berücksichtigen Beteiligte sind gebunden			Bindend für die Gemeinde oder Gemeinden (Verband) und die Beteiligten
L Gesetzliche Grundlagen	Bundesraumordnungsgesetz, Baugesetzbuch, Landesplanungsgesetze, Fachplanungsgesetze			Baugesetzbuch, Baunutzungs Fachplanungsgesetze,

5	6	7	8	9
Kommunale Fachplanungen (Generalverkehrsplan, Flurbereinigungsplan, Wege- und Gewässerplan, Landschaftsplan u. a.)	Bebauungsplan (endgültiger Bauleitplan)	Lageplan	Bauzeichnungen, (Grundrisse, Schnitte, Ansichten Grünplan)	Detailzeichnungen statische Berechnungen usw.
Topografische Karten, Meßtischblätter, Deutsche Grundkarte, Luftbildkarten, Flurkarten	Flurkarten mit Höhenangaben, Städtische Karten, Katasterkarten	Ausschnitte d. amtl. Vermessungswerks, (Liegenschaftskataster)		
1 : 10 000 1 : 5 000 1 : 2 000	1 : 2000 1 : 1000 1 : 500	1 : 1000 1 : 500 1 : 200	1 : 200 1 : 100 1 : 50	1 : 50 1 : 10 1 : 1
Teilgebiete der Gemeinde oder der kommunalen Region	Baugebiete oder Teile davon	Die baulichen Anlagen in ihrer Umgebung	Bauliche Anlagen, Freiflächen	Gebäudeteile
10 – 30 Jahre	Gegenwart, bis 10 Jahre	Gegenwart		
Örtliche oder regionale fachliche Entwicklung, Bodenordnung im einzelnen	Einzelheiten der Erschließung und des öffentl. Grüns, Art und Maß der baulichen Nutzung	Nachbarliche Beziehungen der baulichen Anlagen	Funktion, Konstruktion und Aufbau der baulichen Anlagen und der Freiflächen	Technische und konstruktive Einzelheiten, Statik
Kommunale Selbstverwaltung (Gemeinde, kommunal. Planungsverband) und andere Institutionen	Gemeinde	Der Bauherr		
amt, Planungsabteilung des kommunalen Ver- oder beauftragte Planer und Institutionen; für Fach- Bodenordnungsmaßnahmen: Flurbereinigungsamt,		Beauftragte Architekten, Ingenieure, Garten- u. Landschaftsarchitekten, Statiker u. a.		
Architekten, Garten- und Landschaftsarchitekten, Verkehrs- und Versorgungsingenieure, Vermessungsingenieure, Wirtschafts- und Landwirtschaftsfachleute u. a.		Baugenehmigungsbehörde (Bauordnungsamt, Bauaufsichtsamt, Baurechtsamt, Landratsamt u. a.) Für den Bauherren: die beauftragten Sachverständigen (insbesondere Architekt, Bauleiter, Statiker), Bauunternehmer, Handwerker Ferner: die Nachbarn nach den gesetzlichen Bestimmungen		
Rechtswirkung entsprechend den zuständigen Gesetzen	Verbindliches Ortsbaurecht für Jedermann	Die genehmigten Bauvorlagen sind bindend für den Bauherrn und die am Bau Beteiligten		
verordnung, Planzeichenverordnung; Umweltschutzgesetze u. -verordnungen		Die Landesbauordnungen, Ortsbauvorschriften, sonstige baurechtliche Vorschriften; DIN-Vorschriften, Umweltschutz- u. Abfallbeseitigungsgesetz		

2.3.1   Zum Baugesetzbuch (BauGB)

Die Bauleitplanung ist mit den Zielen der Raumordnung und Landesplanung abzustimmen. Insbesondere sind die Forderungen der Landschaftspflege, des Natur- und Landschaftsschutzes, die Ordnung der Bodennutzung, die Maßnahmen des Umweltschutzes und Biotopschutzes in Landschaftsplänen niederzulegen.
Beachtenswert in diesem Zusammenhang sind folgende Gesichtspunkte:
–   die Entwicklung der Landschaft und der Landschaft als Erholungsraum,
–   die Belange des Umweltschutzes,
–   die Erhaltung und Sicherung der natürlichen Lebensgrundlagen, insbesondere des Bodens einschließlich mineralischer Rohstoffvorkommen, des Wassers, des Klimas und der Luft,
ferner als mögliche Festsetzung im Bebauungsplan:
–   Flächen für besondere Anlagen und Vorkehrungen zum Schutz vor schädlichen Umwelteinwirkungen im Sinne des Bundesimmissionsgesetzes sowie die zum Schutz vor solchen Einwirkungen oder zur Vermeidung oder Minderung solcher Einwirkungen zu treffenden Vorkehrungen.
    Besonderes Anliegen der Planung ist die Erhaltung und der Schutz der natürlichen Freiräume.
    Da die Beteiligung der Bürger an der Bauleitplanung für eine humane Ortsentwicklung von herausragender Bedeutung ist, wird auf diese Vorschriften auch hier besonders hingewiesen.

Zukunftswunsch:
Für eine Begrünungspflicht der Grundeigentümer und Bauherren sollte es im übrigen leicht möglich sein, in relativ kurzer Zeit eine Rechtsverordnung zu schaffen, die analog der Stellplatzverpflichtung jeden Bauherrn und Gebäudeeigentümer zur Vorlage eines Grünpflanzungsplans und zur Durchführung der Pflanzung und zu deren Pflege unter Einschaltung eines Fachmanns verpflichtet.
So könnten Höfe zu grünen Oasen und Schulhöfe zu Spiel- und Erholungsräumen werden.

Zu den Fachplanungen:
Als Fachplanungen werden Planungen bezeichnet, die von Fachplanungsbehörden aufgrund spezieller Fachplanungsgesetze in den darin geregelten Verfahren aufgestellt werden. Ihr Verhältnis zur Landesplanung und Bauleitplanung ist gesetzlich geregelt. Der Auftrag der Fachplanungsträger (z. B. Straßenbaubehörden) ist es, bestimmte Maßnahmen zu planen und zu realisieren.

2.3.2   Zur Baunutzungsverordnung (BauNVo)

Eines der Hauptziele bei der Schaffung der Baunutzungsverordnung war die Abkehr von der über hundert Jahre lang möglich gewesenen nahezu unbeschränkten Überbaubarkeit der Baugrundstücke:
Je mehr Geschosse, umso kleiner die Höfe. Dieses Prinzip hatte zu den Elendsvierteln der Großstädte des neunzehnten Jahrhunderts geführt, zu sonnenlosen Baugebieten der Armen, zu lichtlosen Hinterhöfen, zu Krankheiten und zu unerträglichen Verkehrsbelastungen.
Die schematische Darstellung auf S. 152 (Bauordnung Berlin 1926, Baunutzungsverordnung seit 1962) zeigt die Umkehrung des während der ganzen Gründerzeit bis nach dem Zweiten Weltkrieg geltenden Prinzips der baulichen Grundstücksausnutzung in den großen und mittleren Städten – vor allem in den Arbeitervierteln –, die erst durch die BauNVo durchbrochen wurde. Die BauNVo ist für die Gemeindeentwicklung von gleicher Wichtigkeit wie das BauGB. Die krassen Gegensätze

nach den alten Bauordnungen zwischen maßloser Überbauung und Ausbeutung in den Innenstädten und übertriebener Weitläufigkeit und Landverschwendung in den Vororten widersprachen der sozialen Gerechtigkeit und jeder städtebaulichen Vernunft. Durch die Baunutzungsverordnung wurden mit Hilfe der Geschoßflächenzahl (GFZ), der Baumaßzahl (BMZ) und der Grundflächenzahl juristisch praktizierbare Wertrelationen in die Gesetzgebung eingeführt, die bei der Entwicklung der Gemeinden nach dem Kriege außerordentliche Dienste geleistet haben und weiter leisten.

Ähnliches gilt für die Eigenart des Geländes der einzelnen Baugebiete mit ihren unterschiedlichen Möglichkeiten gewerblicher Nutzungen mit allgemeiner oder ausnahmsweiser Zulässigkeit, wobei der Störungsgrad das Kriterium darstellt.

Von ganz erheblichem Einfluß ist die BauNVo auf die menschengerechte Bewältigung der Quantität des ruhenden Verkehrs, aber auch des Individualverkehrs. Hier lag von vornherein eine gewichtige Zielsetzung ihrer Verfasser.

Der Pkw-Bestand in der BRD hat sich innerhalb von zwanzig Jahren verfünffacht! Für das Jahr 2000 wird der Sättigungsgrad mit rund 30,5 Mio prognostiziert. Darauf muß sich die Stadtplanung einstellen. Das bedeutet vor allem: man muß genügend Parkraum (unterirdisch und mehrgeschossig) schaffen. Das bedeutet weiter: Gebrauch der Baunutzungsverordnung als Verkehrsregulativ, als Instrument zur Vermeidung zu hoher Verkehrsdichten innerhalb der Baugebiete.

Keine Geschoßflächenzahlen über die in § 17 BauNVo verbindlich festgesetzten Höchstwerte hinaus!

Würde man die seit der Novellierung der Verordnung möglichen Höchstwerte des § 17 BauNVo tatsächlich ausschöpfen, dann bedeutete das, daß in den Innenstädten selbst mit Hilfe des öffentlichen Nahverkehrs zuzüglich des Straßen- und Parkflächenausbaus in verschiedenen Ebenen der Gesamtverkehr nicht mehr zu bewältigen wäre.

Regelmäßig wird also die kritische Marke der tatsächlichen Höchstwerte für eine Verdichtung ausschließlich vom Funktionieren des Verkehrs beim Zusammenwirken aller Verkehrsarten – vor allem auch des öffentlichen Personennahverkehrs – bis an die Grenze des gerade eben noch Vertretbaren bestimmt. Dabei spielt für den Individualverkehr der ruhende Verkehr die Hauptrolle.

Dies gilt umso mehr, je größer die Einwohnerzahlen der Städte sind, vor allem für Millionenstädte, wie zum Beispiel Berlin.

2.3.3 Literatur

Albers, G.: Stadtplanung. Eine praxisorientierte Einführung. Darmstadt 1988

Battis, U.: Öffentliches Bau- und Raumordnungsrecht. Stuttgart 1987

Bielenberg, W.; Krautzberger, M.; Söfker, W.: Baugesetzbuch. Mit Benutzungsverordnung, Planzeichenverordnung, Raumordnungsgesetz. Textausgabe. München 1987

Bielenberg, W. u. a.: Baugesetzbuch. Leitfaden. Vergleichende Gegenüberstellung des BauGB mit dem alten Recht (Synopse). Ausführliche Kommentierung des neuen Rechts. Text der Baunutzungsverordnung. München 1988

Bielenberg, W.; Dyong, H.; Söfker, W.: Das Bundesbaurecht. Kommentar und Leitfaden mit Schwerpunkt Bauleitplanung und Zuverlässigkeit von Vorhaben und Baunutzungsverordnung. München 1984

Bielenberg, W. und Erbgut, W.: Raumordnungs- und Landesplanungsrecht des Bundes und der Länder. Stand Nov. 1988. Berlin, Bielefeld, München 1988

Birk, H.-J.: Bauplanungsrecht, in der Praxis. Eine Einführung. München 1990

Birk, N.: Nachbarrecht des Bundes. Privates und öffentliches Recht. München 1988

Braun, R.-R.: Umweltverträglichkeitsprüfung – UVP in der Bauleitplanung. Ein praxisorientierter Verfahrensansatz zur integrierten Umweltplanung. Stuttgart 1987

Brügelmann, H.: Baugesetzbuch. Kommentar Mai 1990. Stuttgart 1990

Cholewa, H., u. a.: Das neue Baugesetzbuch. Mit Synopsen, Erläuterungen und Baunutzungsverordnung. München 1987

Dyong, H. u. a.: Das öffentliche Baurecht in Leitsätzen der Rechtsprechung. Leitsätze des Bundesverwaltungsgerichts und des Bundesgerichtshofes sowie der oberen Verwaltungsgerichte, geordnet nach Paragraphen und Stichworten. Loseblattsammlung. München

Band I: Bauleitplanung und Zulässigkeit von Vorhaben. 1988. 1. Grundlieferung

Band II: Baunutzungsverordnung. 1989. 1. Grundlieferung

Band III: Bodenordnung und Erschließungsrecht. 1. Grundlieferung

Band IV: Bauleitplanung und Zulässigkeit von Vorhaben. 1988. 1. Grundlieferung

Band V: Nachbarrecht/Rechtsschutz. 1988. 1. Grundlieferung

Ernst, W. u. a.: Baugesetzbuch. München 1990

Ernst, W. und Hoppe, W.: Das öffentliche Bau- und Bodenrecht. Raumplanungsrecht. Juristisches Kurzlehrbuch für Studium und Praxis. München 1981

Erwe, H.: Ausnahmen und Befreiungen im öffentlichen Baurecht. Baugesetzbuch – Baunutzungsverordnung – Landesbauordnungen. Wiesbaden 1987

Gelzer, K.: Baugesetzbuch (BauGB) und Baunutzungsverordnung (BauNVO) und Planzeichenverordnung (PlanzV 81), Textausgabe mit Hinweisen auf die Änderungen und Ergänzungen des Bundesbaugesetzes sowie der übernommenen Vorschriften des aufgehobenen Städtebauförderungsgesetzes. Düsseldorf 1988

Göb, R.: Reform der Baunutzungsverordnung. Stuttgart 1988

Hangarter, E.: Grundlagen der Bauleitplanung. Der Bebauungsplan. Düsseldorf 1988

Heigl, L. und Hosch, R.: Raumordnung und Landesplanung in Bayern. Komm. zur Mustersatzung für regionale Planungsverbände und zum Landesplanungsgesetz. Stand Dez. 1988. Stuttgart

Hornung, V. und Imig, K.: Baugesetzbuch/Landesbauordnung f. Baden-Württemberg. Sammlung der wesentlichen Vorschriften f. d. Praktiker. Stuttgart 1990

Koch, H.-J. und Hosch, R.: Baurecht, Raumordnungs-Landesplanungsrecht. (Rechtswissenschaft heute). Boorberg 1988

Kolthoff, S. u. a.: Altlasten im Städtebau. Arbeitshilfe in der Bauleitplanung und beim Baugenehmigungsverfahren. Stuttgart 1989

Leder, W.: Baunutzungsverordnung – Planzeichenverordnung. Kurzkommentierung der BauNVO, '89. Stuttgart 1990

Mausbach, H.: Einführung in die städtebauliche Planung. Kurzgefaßtes Kolleg zu den Grundbegriffen von Raumforschung, Landesplanung u. Stadtplanung. (WIT5). Düsseldorf 1981

Müller, W.: Städtebau. Technische Grundlagen. Stuttgart 1979

Neddens, M. C.: Ökologisch orientierte Stadt- und Raumentwicklung. Genius loci – Leitbilder – Systemansatz – Planung. Eine integrierte Gesamtdarstellung. Wiesbaden 1986

Prinz, D.: Städtebau. Bd. 1 u. 2. Stuttgart 1987

Rutkowsky, H. Schulz, R.: Handbuch Bau- und Bodenrecht. Eine Einführung für die tägliche Praxis. Wiesbaden 1986

3 ELEMENTE DER STÄDTEBAULICHEN STRUKTUR UND IHRER PLANUNG, BAUGEBIETE

3.1 Begriffe

Die Baugebietsarten sind eindeutig in der Baunutzungsverordnung[1]) definiert. Spezielle Besonderheiten werden unter 3.2.2 kurz erläutert.

3.2 Wohnen

3.2.1 Wohnbedürfnisse, Wünsche und Erfordernisse für Familien, einzelne und Gruppen

Es wünschten zu wohnen im	1964	1989
Hochhaus	rd. 6%	rd. 2%
3 bis 5-geschossigen Mehrfamilienhaus	rd. 19%	rd. 15%
Reihen-, Atrium- oder ähnlichen Haus	rd. 24%	rd. 16%
freistehenden Haus oder Bungalow	rd. 51%	rd. 67%

Zusammengefaßt also im drei- und mehrgeschossigen »Hoch«bau
1964: 25% und 1980: 17%,
dagegen im ein- bis zweigeschossigen »Flach«bau
1964: 75% und 1989: 83%.
Dabei ist zu bedenken, daß Deutschland im Ländervergleich mit rund 39% Eigentumsanteil das Schlußlicht bildet (England 62%, Frankreich 57%, Italien 61%, Schweden 70%, Belgien und Irland 79%).[2])

Thesen
Wenn der Satz gilt »Erstes und letztes Ziel des Städtebaus ist die Erfüllung des Wohnbedürfnisses im weitesten Sinne«[3]), dann liegt die Erfüllung des Wunsches nach dem Haus mit eigenem Garten sicher ganz vorn. Allerdings ist es aus vielen Gründen weder möglich, noch wünschenswert, zwei Drittel der Wohnungen als freistehende Einzelbauten zu errichten. Hier muß der verdichtete Flachbau im Sinne störungsfreien Zusammenlebens weiter so verbessert werden, daß er stärker allgemein angenommen wird als bisher. Unabhängig von den Wohnwünschen besteht für die verschiedenen Altersklassen in den jeweils geeigneten Hausformen ein unterschiedlicher Bedarf an Wohnraum.
Nur die regional immer wieder neu festzustellende Unter- oder Überversorgung entsprechend der Zahl und Struktur der Haushalte im Verhältnis zur Zahl und Struktur des Wohnungsbestands – unter Einbeziehung der Wohnwünsche – kann hier für die Folgerungen ausschlaggebend sein.
Besonders betroffen von fehlendem geeigneten Wohnraum sind seit eh und je kinderreiche Familien mit relativ geringem Einkommen (vielfach Gastarbeiterfamilien), aber auch Jugendliche, Lehrlinge, Studenten, Arbeitslose. Für diese Gruppen ist schon bei der städtebaulichen Planung Sorge zu tragen.

---

[1]) *VO über die bauliche Nutzung der Grundstücke (BauNVO)*
[2]) *FAZ/Wirtschaft/Institut für Städtebau Bonn, Oktober 1989*
[3]) *Werner Hegemann, zitiert von Gerd Albers, April 1981*

Als geeignet im Sinne medizinischer Grundsätze[4]) sind Wohnbereiche zu bezeichnen, die vor allem keine der nachstehend genannten Mängel und Mißstände aufweisen:

– Lärmbelästigung durch Autos und Motorräder,
– schlechte Luft durch Immissionen und mangelhafte Durchlüftung,
– Fehlen privater Grünflächen beim Haus und öffentlichen Grüns,
– Fehlen leicht erreichbarer Kinderspielflächen und Tagesstätten sowie Sozialzentren,
– Fehlen von Freizeitflächen und -räumen (Bolz- und Abenteuerspielplätzen) für Jugendliche, getrennt von sozialen Einrichtungen für Kinder,
– Fehlen von Freiflächen mit differenzierten Mehrfachnutzungen,
– Fehlen öffentlichen Personennahverkehrs,
– Fehlen von Spielstraßen und Wohnwegen,
– Fehlen von Radwegen und Fußwegnetzen,
– Fehlen ausreichend großer und geeigneter Wohnungen für Kinderreiche sowie für alte Menschen,
– Fehlen ausreichend sichtgeschützter Freiräume für Betätigung oder Ruhe,
– Fehlen von Freisitzen, Terrassen, Balkonen oder Loggien, die mindestens so bemessen sein sollten, daß sie bequem als Eßplatz für die Familie und als Kinderspielbereich nutzbar sind.

An erster Stelle stehen die Forderungen nach Wohnruhe, Lärmschutz und überhaupt nach der Verhinderung von Immissionen.

Sowohl im verdichteten Flachbau als auch im Geschoßwohnungsbau sind verkehrsabgewandte, dreiseitig oder allseits geschlossene Gartenhöfe zu bevorzugen, die als Freibereiche privat oder halböffentlich genutzt werden können.

Die Qualität einer Wohnung ist auch daran zu messen, inwieweit sie über ihre Hauptfunktion hinaus Raum gibt für Kommunikation und Interaktion einerseits sowie Separation andererseits.

Als psychische Wohnerfordernisse spielen eine besondere Rolle: Schutz und Sicherheit, Unabhängigkeit, Umweltkontakt, Bewegungsfreiheit, Orientierung, Tätigkeitsförderung, Naturverbundenheit, Ausblick, Tageslicht, Sonne, psychischer Appell (Ästhetik, Farbigkeit, Vielfalt, Gewachsenheit, Behaglichkeit). Massive Verstöße gegen diese Erfordernisse haben bei Bewohnern vieler Neubauviertel der letzten Jahrzehnte nachweislich eklatante psychische Erkrankungen verschiedener Art erzeugt, vor allem bei Kindern und Jugendlichen.[5])

Auf Befragungen[6]) haben die Bewohner von Stadtteilen, die nach dem Zweiten Weltkrieg gebaut wurden, der Reihe nach als wichtigste Erfordernisse genannt: Wohnruhe, gute Verbindungen durch öffentliche Nahverkehrsmittel, Schulen, nahegelegene Grünflächen, Kinder- und Jugendeinrichtungen, Alteneinrichtungen sowie Schwimmbäder.

Diese Erwartungen müssen von vornherein mit dem Bau der Wohnungen erfüllt werden, nicht hinterher.

Auch andere Infrastruktureinrichtungen wie Geschäfte, Cafés, Kneipen und Unterhaltungseinrichtungen müssen je nach Siedlungsgröße frühzeitig ausreichend zur Verfügung stehen.

---

[4]) *Medizinische Grundsätze in »Deutscher medizinischer Informationsdienst e. V.« Baden-Baden, 1967*
[5]) *Pipereck, M., Wien, in Wohnungsmedizin, 4/1971, Baden-Baden*
[6]) *Planungsgruppe Prof. Laage: Neues Wohnen in alten Städten. Verbesserung der Wohnverhältnisse in verdichteten städtebaulichen Bereichen, Heft 01 070, 1980, Schriftenreihe des BMBau u.a., ferner Wohnbefragung München-Neuperlach 1975*

3.2.2 Wohngebietsarten, Mischgebietsarten

Begriffe
Unter den Gebieten, die überwiegend dem Wohnen dienen, sind Kleinsiedlungs-, reine, allgemeine und besondere Wohngebiete zu verstehen (BauNVO)[7].
Zu den »gemischten« Baugebieten, in denen sowohl das Wohnen wie auch das Arbeiten je nach örtlicher Situation überwiegen kann, rechnen die Dorfgebiete, die Mischgebiete und die Kerngebiete.

Kleinsiedlungsgebiete
Auch wenn in den letzten Jahren von den Gemeinden erheblich weniger Gebiete zur Unterbringung von Kleinsiedlungen ausgewiesen werden als in der Zeit zwischen den beiden Weltkriegen, so ist diese Gebietsart auch in Zukunft wohl nicht entbehrlich. Der Bedarf hierfür sollte jeweils bei der Planung sorgfältig geschätzt werden, damit solche Gebiete in richtiger Zuordnung und in angemessener Größenordnung vorhanden sind.
Die Baugrundstücke sollten 600 qm möglichst nicht überschreiten.[8]

Reine Wohngebiete
Sie können nach der Baunutzungsverordnung entweder völlig rein oder besser mit Altenheimen, Läden, kleinen Handwerksbetrieben und Gasthöfen ausgewiesen werden.

Allgemeine Wohngebiete
Diese Gebietsart wird das Hauptkontingent innerhalb der benötigten Wohnbauflächen aller größeren Gemeinden und Städte stellen. Durch die Möglichkeit, verschiedene Arten baulicher Anlagen ausnahmsweise zuzulassen, ist die Anpassung an die jeweiligen örtlichen Bedürfnisse gewährleistet.

Besondere Wohngebiete
Besondere Wohngebiete sind im wesentlichen bebaute Gebiete, die aufgrund ausgeübter Wohnnutzung und vorhandener sonstiger in Absatz 2 genannter Anlagen eine besondere Eigenart aufweisen und in denen unter Berücksichtigung dieser Eigenart die Wohnnutzung erhalten und fortentwickelt werden soll. Besondere Wohngebiete dienen vorwiegend dem Wohnen; sie dienen auch der Unterbringung von Gewerbebetrieben und sonstigen Anlagen im Sinne der Absätze 2 und 3, soweit diese Betriebe und Anlagen nach der besonderen Eigenart des Gebiets mit der Wohnnutzung vereinbar sind.

Dorfgebiete
Die Dorfgebiete werden vor allem naturgemäß in überwiegend landwirtschaftlichen Gemeinden ausgewiesen werden müssen. Alle in der BauNVO für dieses Gebiet aufgeführten baulichen Anlagen sind hier mit Rechtsanspruch zulässig, Ausnahmen sind nicht möglich. Für Gewerbe und Industrie müssen also je nach Erfordernis »Gewerbegebiete« oder »Industriegebiete« zusätzlich ausgewiesen werden.

Mischgebiete
In größeren Städten wird diese Gebietsart auch in Zukunft neu ausgewiesen werden, während in Kleinstädten und Dörfern ohnehin vielfach ein mehr oder weniger großer

---

[7]) BauNVO, a.a.O.
[8]) Gewos e. V.: Das Haus mit Garten, eine empirische Untersuchung über Verhalten und Einstellungen von Kleinsiedlern, Heft 03 030, 1975, Schriftenreihe des BMBau

Bedarf einer das Wohnen nicht erheblich störenden, wohldosierten Mischung von Fall zu Fall vorhanden sein wird. Sie müßte im Kleinmosaik mit lärm- und verkehrsarmen Wohnzonen durchsetzt – humaner als bisher – gestaltet werden.

Kerngebiete

Eine Gebietsart, die vor allem die größeren Zentren (Citygebiete) mit Aufgaben für die Region umfaßt. Diese Gebiete, die sich infolge der progressiven Vermehrung der tertiären Dienstleistungen in den vor uns liegenden Jahrzehnten ständig ausbreiten werden, sind vornehmlich den kulturellen, kirchlichen, gesellschaftlichen und sozialen Belangen sowie der Wirtschaft, dem Handel und der Verwaltung gewidmet. Sie sind auch bestimmend für den gestalterisch-städtebaulichen Charakter der Städte und bedürfen besonders sorgfältiger schöpferischer Planung! In den Kerngebieten sollten aber auch wieder mehr Wohnungen gebaut werden – ausreichend geschützt gegen die erheblichen Emissionen der Citynutzung und gegen eine Umwidmung.

Über die aufgezählten Gebiete hinaus haben die Gemeinden die Möglichkeit, Sondergebiete zu entwickeln, falls diese erforderlich sein sollten, so daß für die Zukunft die Verordnung selbst dann praktikabel bleibt, wenn etwa durch völlig veränderte Lebensverhältnisse auf Grund einer heute noch nicht vorauszusehenden technischen Entwicklung der gegebene Katalog der Baugebiete nicht mehr ausreichen sollte. Nur in diesen Gebieten dürfen zum Beispiel »Einkaufszentren und Verbrauchermärkte, die außerhalb von Kerngebieten errichtet werden sollen und die nach Lage, Umfang und Zweckbestimmung vorwiegend der übergemeindlichen Versorgung dienen sollen«, ausgewiesen werden.

Variationsmöglichkeiten sind dadurch gegeben, daß die Gemeinden nach der BauNVO für jedes Baugebiet eine größere Anzahl baulicher Anlagen »ausnahmsweise« zulassen können und hierbei wiederum entweder mit Rechtsanspruch im Bebauungsplan oder bei jeweiliger Entscheidung im Einzelfall, wo nötig mit besonderen Auflagen.

Als gestalterische Grundsätze sollten im Sinne des Humanum, jedoch ohne Geschmacksdiktatur – besonders in Wohngebieten –, bestimmte Regeln möglichst nicht außer acht gelassen werden, wie zum Beispiel:
– differenzierte Gliederung in geschlossene und offene Bauweise, differenzierte Gestaltung, graduell auch in der Geschoßzahl;
– Ensembles schaffen, Straßen mit leichten Krümmungen, wenn möglich gegeneinander etwas versetzt, unterschiedlich in Längen und Breiten je nach Funktion oder Baudichte, dazwischen ein Fußwege- und Radwegenetz, gleichzeitig als Verbindung zwischen zum Beispiel Wohnen und Erholungsgrün und Schulen oder anderen Institutionen, mit Spielmöglichkeiten, und immer wieder Großgrün (Baumgruppierungen).

Die seit den zwanziger Jahren so oft in viel zu großer Ausdehnung mit großen Grundstücken – und dadurch mit sehr niedriger Geschoßflächenzahl[9]) – errichteten Siedlungen nur mit Ein- oder Zweifamilienhäusern wurden häufig zu eintönigen Baugebieten, die die Landschaft zersiedelten.

Diese Gebiete sollten mit »verdichtetem« Flachbau und/oder Mietwohnungen in drei- bis fünfgeschossigen Mehrfamilienhäusern ergänzt und dichter bebaut werden. Es müssen dann in diesen Gebieten auch die vielfach fehlenden Infrastrukturen (von den Kindergärten bis zu Geschäften und öffentlichen Nahverkehrsmitteln) ausreichend geplant und geschaffen werden. Zur Zersiedelung haben aber qualitativ und quantitativ besonders seit den sechziger Jahren – noch viel brutaler als die Flachbaugebiete – die Hochhaussiedlungen durch Maßlosigkeit beigetragen. Vor allem die

---

[9]) *Die Geschoßflächenzahl gibt an, . . . wieviel Quadratmeter Geschoßfläche je Quadratmeter Grundstücksfläche . . . zulässig sind (BauNVO § 20, Abs. 1)*

Hochhausgebiete am Rand der Klein- und Mittelstädte in besonders naturbelassener Landschaft (Gebirge oder See), aber auch in Großstädten haben vielfach alte Stadtsilhouetten und Landschaftsräume in rücksichtsloser Hybris zerstört.

Hier zeichnet sich bedauerlicherweise noch kein städtebaulich wirksames Mittel zur Humanisierung solcher Gebiete ab, es sei denn, daß durch Pflanzung vieler sich sehr hoch entwickelnder Bäume, durch die Einfügung von Spielplätzen für alle Altersklassen, durch die Anlage von Mietergärten (gut erreichbar!) sowie durch Verkehrsberuhigung eine Milderung zu erzielen ist. Ein Abbruch dieser »Betonburgen« wird leider erst im 21. Jahrhundert hier und da ermöglicht werden können. Sicher ist, daß in der Bundesrepublik Deutschland in absehbarer Zukunft nur noch in wenigen Ausnahmefällen »Großsiedlungen, in denen der Geschoßbau dominiert«, erforderlich werden.

Vielmehr sollten Neubauten in Baulücken und Abrundungsgebieten errichtet werden und vor allem auch die Modernisierung und der Umbau von Altbaugebieten, zu denen auch einige Wohnquartiere aus den Nachkriegsjahren zählen, Vorrang haben. Städtische Altwohnbaugebiete und Kerngebiete erfordern vorrangig in aller Regel Verkehrsberuhigung, Durchgrünung und Spielbereiche. Diese Forderungen gehen konform mit dem Wunsch der Bewohner in Ballungsgebieten, in innerstädtischer Geschlossenheit zu leben und zu wohnen.

Die Frage nach einer optimalen Größe oder Bevölkerungszahl von Wohnquartieren kann nicht eindeutig beantwortet werden. Sie ist vor allem abhängig von der Zuordnung zu anderen Quartieren, von der Lage zum Beispiel innerhalb eines Ballungsgebiets oder einer ländlichen Region und von der Tragfähigkeit der Infrastruktur und deren Erreichbarkeit. Diese Frage muß aber immer wieder neu gestellt werden.

»Gegen die rein technisch-ökonomische Unterteilungseinheit, die den Einzugsbereich einer Volks- und Oberschule umfaßt (als grobe Richtzahl gelten 16 000 bis 20 000 Einwohner) und mit entsprechenden Wohnbauten, bequem erreichbarem Nahversorgungszentrum, Grün- und Spielflächen bestehen keine Einwände.«[10])

3.2.3 Bebauungsweisen

Häuser mit Garten, Geschoßbauten, Hochhäuser

Begriffe[11])

Atriumhaus/Gartenhofhaus
Einheit einer Gruppe von aneinandergebauten Einfamilienhäuern, deren Räume einen Gartenhof (Atrium) umschließen;

Einzelhaus
allseitig freistehendes Ein- oder Zweifamilienhaus;

Doppelhaus
zwei zu einem Baukörper vereinigte Häuser, auf einem Grundstück oder benachbarten Grundstücken mit gemeinsamer Brandmauer und Abstand zu den Nachbargrenzen;

---

[10]) *Krysmanski, R.: Handwörterbuch der Raumforschung und Raumordnung, S. 2023 ff, Gebr. Jänecke Verlag, Hannover 1970*
[11]) *Eine Aufzählung der Wohnformen mit detaillierter Darstellung und Erläuterung siehe Müller, W.: Städtebautechnische Grundlagen, S. 78 ff, B.G. Teubner, Stuttgart 1974 und Prinz, D.: Städtebau, Verlag W. Kohlhammer, Stuttgart–Berlin–Köln–Mainz, 1980, Band 1, Städtebauliches Entwerfen*

Reihenhaus/Kettenhaus
mehrere aneinandergebaute Ein- oder Zweifamilienhäuser mit durchgehenden Trennwänden;

Stadthaus
mehrgeschossiges Einfamilienreihenhaus auf kleinem Grundstück in städtischem Zusammenhang, Wiederbelebung einer alten Wohnform;

Mehrfamilienhaus/Vielwohnungshaus
mehrgeschossiges Haus mit einer oder mehreren Wohnungen je Geschoß. Unter diesem Begriff sind auch Außen- und Innenganghäuser, Maisonetten- und Punkthäuser subsumiert, ebenso das

Hochhaus
freistehend als Punkthaus oder als Reihenhaus; das heißt ein Gebäude, bei dem der Fußboden mindestens eines Aufenthaltsraums mehr als 22 m über der festgelegten Geländeoberfläche liegt.

Zu den Bebauungsweisen

Atriumhaus/Gartenhofhaus
Für die Familie mit Kindern ist das Haus mit dem Garten als grüner Stube die optimale Wohnform. Hier kann das Kind in der ihm angemessenen Intimsphäre aufwachsen, hier erhält es die ersten für sein Leben entscheidenden Eindrücke.
Die Wohnform des verdichteten Flachbaus mit ihren Variationsmöglichkeiten ist geeignet, ihren Bewohnern das Gefühl der Geborgenheit in einem humanen Maßstab zu vermitteln. Der umschlossene private Freiraum und »ein Netz von Wohngassen und kleinen, platzartigen Erweiterungen zum Spielen und Verweilen« sind wesentliche Merkmale. »Im kleinen ummauerten Hof kann man sonnenbaden, und hier haben das Wasserbecken und die Sandkiste für die Kinder ihre nur auf die Familie bezogene Berechtigung.«[12])

Freistehendes Einzelhaus/Doppelhaus
Während das Atriumhaus am Ende der Entwicklungsreihe des Einfamilienhauses mit vielen Vorteilen in städtebaulicher Hinsicht und für den Bewohner steht, bildet das freistehende Einzelhaus (und Doppelhaus) den Anfang der Reihe. Trotz großer Beliebtheit können wir es wenig empfehlen, weil es außerordentliche städtebauliche Nachteile in sich trägt: Da ist erstens die Zersiedelung der Landschaft zu nennen, dort wo es in großer Anzahl gebaut wird. Dazu kommt der riesige Verbrauch des Baulandes. Im Vergleich werden zum Beispiel für das Atriumhaus in der Regel etwa 180 bis 240 qm Netto-Bauland, für das freistehende Haus etwa 500 bis 800 qm, also etwa das Dreifache in Anspruch genommen. Dementsprechend unwirtschaftlich und teuer ist die Erschließung und zumeist auch der Energiebedarf.
Diese Bauweise sollte in Zukunft weitgehend nur noch in kleineren Gemeinden und in kleinen Baugebietsflächen sowie in abgewogenem Zusammenklang mit anderen Wohnbauformen zur Anwendung kommen.

Reihenhaus
Diese Bebauung hat ähnliche Vorzüge wie das Atriumhaus. Sie hat jedoch durch Planungsfehler an Ansehen und Beliebtheit verloren: zum Beispiel durch monotone Reihen, durch unerwünschte akustische und optische Verbindung zu den Nachbarn, ins-

---

[12]) *Spengelin, F.: Erläuterungen zum Projekt Buxtehude, 1976*

besondere bei Zweigeschossigkeit, durch erhebliche Beeinträchtigung der Intimsphäre auf der Gartenseite, die auch durch Mauern nicht ausreichend beseitigt werden kann.

Thesen

Grundsätzlich sollten die Wohneinheiten Schutz gegen Einblick und Geräusche bieten, zum Beispiel gegeneinander unterschiedlich versetzt angeordnet werden, so daß die Terrasse auf der Gartenseite in einem Winkel gegen die Nachbarn abgeschirmt wird. Erforderlich ist eine frühzeitige Zusammenarbeit zwischen Bauherr und Planer zur Erzielung individueller Reihenhäuser.

»An den Beispielen Hollands und Bremens haben wir festgestellt, daß mit wirtschaftlicher zweigeschossiger Eigenheimbauweise in Reihen oder Ketten Wohndichten erreicht werden, die einer viergeschossigen reinen Mietshausbebauung entsprechen.«[13]

Stadthaus

Die Wiederbelebung dieser ausgesprochen städtischen Wohnhausform mit überwiegend drei (zwei) bis dreieinhalb (vier) Geschossen als Einfamilienhaus in geschlossener Bauweise ist erfreulich; sie ist eine Alternative sowohl zum freistehenden Einfamilienhaus wie auch zur Geschoßwohnung. Sie ist in innerstädtischer Verdichtung zur Ausfüllung von Baulücken besonders angebracht, aber auch in jedem Neubaugebiet einzufügen. Sie ermöglicht vorzüglich den Bau differenzierter individueller Gebäudegruppen, ist sparsam im Baulandbedarf und beim Erschließungsaufwand.[14] Sie ist sonst jedoch kostspielig und bringt viel Hausarbeit.

Mehrfamilienhaus

Dieser drei- bis fünfgeschossige Haustyp ist im Lauf der letzten Jahrhunderte in vielen Fällen über die »Mietskaserne« zum inhumanen stereotypen Wohnblock vieler sozial Schwacher geworden.

Eine würdige Unterkunft ist das Mehrfamilienhaus nur, wenn zum Beispiel ausreichend große ungestörte Balkone oder Loggien, einladende Hauseingänge und Treppenhäuser vorhanden sind, wenn durch Öffnen der Häuser zum Hof als Garten und Spielplatz – vor allem im Erdgeschoß und im ersten Obergeschoß – eine Beziehung hergestellt wird. Sie sollten grundsätzlich eine Vielzahl unterschiedlicher Wohnungsgrößen für Haushalte mit einer, zwei und mehr Personen sowie für verschiedene Altersgruppen haben.

Terrassenhaus/Hügelhaus (Wohnhügel)

Mit dem Terrassenhaus wird der Versuch gemacht, die Vorzüge des Atriumhauses in den Geschoßbau einzubringen. Die in dem Gebäude liegenden Wohnungen sind zu einem Gartenhof (Terrasse) hin orientiert. Durch Winkel L-Form der Wohnungsgrundrisse ist die Terrasse dreiseitig umschlossen und gegen Geräusche geschützt.[15]

Auf sorgsame Einfügung in die Umgebung und in die Landschaft ist besonders zu achten, vor allem bei Hanglage. Autostellplätze können im Gebäudeinneren (Erdgeschoß) untergebracht werden.

---

[13] *Marschall, G., in Schriften für Sozialökologie, Bd. 15, 1975*
[14] *Borchard, K., neue Wohnformen als Impulse für die Stadtentwicklung, in »Zwischen Transformation und Tradition, Städtebau in der zweiten Hälfte des 20. Jahrhunderts«, Lehrstuhl für Städtebau und Regionalplanung, Techn. Universität München*
[15] *Zur Orientierung über die Vielfalt der Variationen wird hingewiesen auf: Schriftenreihe des BMBau, Bonn, 03.033, Aktivierung des Gebäudeinneren von terrassierten Bauten in der Ebene und 04.009, 1975, Terrassenhäuser/Steigerung des Wohnwertes und Prinz, D.: Städtebau, Bd. I, 1980, Verlag W. Kohlhammer, Stuttgart – Berlin – Köln – Mainz*

Wohnhochhäuser

Die Vorzüge des Wohnhochhauses gegenüber anderen Bebauungsweisen und sein Wohnwert wurden zum Schaden der Landschaft und der großen und kleinen Städte jahrzehntelang ideologisch überbewertet.

Wirkliche Vorzüge sind die Möglichkeiten eines hohen Ausstattungskomforts im Gebäudekomplex, eine günstige Zuordnung zu Gemeinschaftseinrichtungen und Nahverkehrsmitteln und die oftmals schöne Aussicht aus den oberen Geschossen. Aber selbst diese Vorzüge sind weder auf diese Bebauungsweise begrenzt noch in jedem Falle als gegeben anzusehen. Besonders schwerwiegende Nachteile sind dagegen unter vielen anderen

– die hohe Gefahr der Zerstörung des Maßstabs der Landschaft und der Stadtsilhouette; dies gilt sowohl für Hochhäuser im allgemeinen wie auch für Wohnhochhäuser im besonderen sowie die hohe Zersiedelungsgefahr;
– die Anfälligkeit für Funktionsstörungen (z. B. Fahrstuhl),
– die erhöhte Gefahr bei Bränden,
– die Erzeugung von Angstneurosen der Bewohner,
– die schlechte Eignung für Familien mit Kindern und für alleinstehende ältere Menschen,
– die Anfälligkeit der Bewohner in den oberen Geschossen für Krankheiten,
– die unverhältnismäßig hohen Kosten bei der Erstinvestition, für die Unterhaltung und im Betrieb.

Newman (1973) und Gillis (1974) stellten wie schon Jane Jacobs (1963) fest, daß die Verbrechenshäufigkeit vor allem durch die vielen unkontrollierten, schwer zu überwachenden Korridore und Nischen in Hochhäusern und durch die konzentrierte Belegung dieser Wohnungen mit sozialen Problemgruppen begünstigt wird.[16]

Vor allem bei Laien besteht immer noch und immer wieder die Meinung, der Bau von Hochhäusern spare sehr viel Bauland: Das Schaubild verdeutlicht den echten Baulandgewinn.[17]

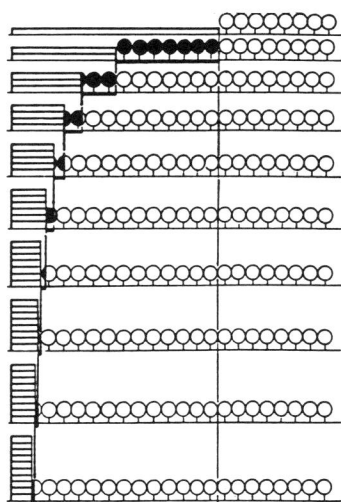

[16] Gillis, A. R. (1974): Population Density and Social Pathology: the Case of Building Type, Social Allowance, and Juvenile Delinquency, in: Social Forces 53 (2), 306–314 in BMBau, Inst. Wohnen und Umwelt GmbH, 03.062, 1978, Zusammenhang von gebauter Umwelt und sozialem Verhalten im Wohn- und Wohnumweltbereich

[17] Göderitz, J., Rainer R., Hoffmann, H.: Die gegliederte und aufgelockerte Stadt, Verlag Ernst Wasmuth, Tübingen 1957, S. 42 ff, Herausgeber: Deutsche Akademie für Städtebau und Landesplanung

»Aus der medizinischen Betreuung von 558 Familien ergibt sich, daß in den Hoch-häusern 57 % mehr Krankheitsfälle vorkommen als im Flachbau. Die Häufigkeit der Krankheiten nimmt von Stockwerk zu Stockwerk zu. Die Zahl der ansteckenden Krankheiten war in Hochhäusern fünfmal höher, der Verdauungsstörungen dreimal höher als in Einzelhäusern.«[18])

Zu den Kosten:
Höhere Wohnhäuser bedingen eine stärkere Fundamentierung und eine entspre-chende Konstruktion. Maßnahmen zur Standsicherheit, Aufwendung für windfeste Fassaden, Klimaanlagen und Aufzüge werden mit steigender Geschoßzahl so teuer, daß Hochhäuser zu den teuersten Bebauungsweisen gehören.
»Das Sündenregister dieser Wohnform ist so lang und so erschreckend, daß jeder ein-sichtige Architekt und jeder vernünftige Stadtbaurat ab sofort auf den Bau von Wohn-hochhäusern verzichten müßte.«[19])

Alte und neue Wohnbauweisen
Zu den gängigen Wohnbauweisen in gedrängter Form wurde das Wichtigste gesagt. Bestimmte Bauweisen, bei denen Nachteile überwiegen, sind nicht genannt oder empfohlen, wie zum Beispiel der Zeilenbau (Verkehrslärm und keine Wohnruhe in-folge Querstellung zur Straße). Vielfache Überlegungen und Experimente werden an-gestellt, um bestehende Wohnmöglichkeiten zu variieren und menschenwürdiger zu machen.
Als Maßnahmen und Ziele zur Verbesserung sind zu nennen:
– Sicherung der Privatsphäre der Wohngemeinschaft und des einzelnen,
– Ermöglichung von Trennung und Verknüpfung der individuellen und öffentlichen Bereiche,
– Bewohnbarkeit der Innen- und Außenräume ohne Störung durch andere und ohne Behinderung anderer,
– Wahrung der Wohnintimität, Ausschaltung von Immissionen,
– Berücksichtigung von differenzierten Wohnwünschen durch Typenvielfalt, Mög-lichkeiten zur Veränderung der Wohnung,
– Kombinierbarkeit, Gruppierbarkeit und Stapelbarkeit der Wohnungseinheiten bei Wahrung guter Wohnbedingungen,
– Entflechtung von Rohbau und Ausbau zur Ermöglichung unabhängiger Aus-tauschbarkeit von Elementen unterschiedlicher Alterung,
– Wirtschaftlichkeit im Baulandverbrauch und im Realisierungsaufwand zur Erzie-lung tragbarer Kosten,
– Humanisierung des Wohnungsbaus durch angemessene, der Bedeutung der Auf-gabe entsprechende architektonische Gestaltung, das gilt sowohl für die räumliche Entwicklung als auch für die Durchbildung der äußeren Form.[20])
Der Architekt Hermann Hertzberger [21]) hat eine zweigeschossige Reihenhausgruppe entwickelt, um sowohl nutzungsvariable Wohnflächen (Austauschmöglichkeit von Wohnnutzungen innerhalb der Wohneinheit) wie auch Erweiterungsmöglichkeiten der Wohnflächen zu erproben. Die Häuser werden den Bewohnern unfertig überge-ben (im wesentlichen betrifft das Fußböden und Wandverkleidungen, die Außenanla-gen, Abgrenzungen zu Nachbargrundstücken und Eingangsbereiche). Beim Entwurf

[18]) *Oeters, Hamburger Hygieneinstitut*
[19]) *Bode, P. M., Frankfurter Allgemeine Zeitung, Bilder und Zeiten, 13. 5. 1978*
[20]) *frei nach Deilmann, H., Münster*
[21]) *BMBau 03.062, 1978, Zusammenhang von gebauter Umwelt und sozialem Verhalten im Wohn- und Wohnumweltbereich, Mühlich, Zinn, Kröning, Ilona Mühlich-Klinger, Inst. Wohnen und Umwelt, Darmstadt*

der Gebäude wird davon ausgegangen, daß Nutzungsvariabilität – theoretisch in »leeren Hüllen« optimal gegeben – nicht in einer neutralen Form angeboten werden sollte, sondern in einer Form, die »eine größtmögliche Variationsbreite von Vorschlägen enthalten muß«, wobei diese Vorschläge ohne Festlegung für die Benutzer zu neuen Assoziationen anregen sollen.

In vielen Städten Hollands werden Wohnbereiche zu Wohnhöfen umgebaut. Im sogenannten »Woonerf« sind alle Verkehrsmittel gleichrangig, daher haben Autos keine eigene Fahrbahn mehr. Die Straße gehört über die ganze Breite allen – zum Fahren, Gehen, Spielen und Sitzen. Parkplätze gibt es, wo sie am wenigsten stören; sie werden unmißverständlich mit der Pflasterung markiert. Blumenbeete, Bäume, Kurven, Schwellen und ähnliche »Behinderungen« für Autofahrer verändern den Charakter der Straße, so daß nur sehr langsam und umsichtig gefahren werden kann.

Durch Umplanung vieler zu weiträumig bebauter Einfamilienhausgebiete könnten sukzessive unter Verdichtung mit Hilfe von Wohnhöfen und anderen Bebauungsweisen Wohngebiete mit besserer Ausnutzung und abwechslungsreicher Gestaltung, mit genügend Geschäften und Wohnfolgeeinrichtungen geschaffen werden – ohne neues Bauland in Anspruch zu nehmen.

Als ein besonderes Feld hat sich das Wohnen junger Leute – insbesondere der Studenten – entwickelt. Der Anteil der Studenten, die eine abgeschlossene Wohnung gemietet haben, hat sich in siebzehn Jahren verneunfacht. Waren es 1963 nur 6%, so stieg der Anteil bis 1980 in Berlin bereits auf 54%. »Die Wohnform Gemeinschaftswohnen umfaßt Studenten, die mit einem Partner in einer Zweierbeziehung zusammenleben, Ehepaare und Familien sowie Studentengruppen. In Wohngemeinschaft wohnen meist zwei oder drei Personen, nur selten fünf und mehr. Jedem Bewohner steht im allgemeinen ein Raum zur Verfügung, bei größeren Gruppen wird oft ein Raum für die Gemeinschaft genutzt.«[22]

Das führt zum Beispiel zu dem Vorschlag, Hauseinheiten für sieben bis zehn Gruppen mit gemeinsamem Hauseingang, einem Informations- und Lesebereich, einem Mehrzweckraum, fünf Arbeitsräumen sowie Besuchs- und Übergangsappartements zu bauen.[23]

Viele Vorhaben befassen sich in jüngster Zeit mit dem Ziel, den unterschiedlichen Wohnbedürfnissen der Menschen besser als bisher entgegenzukommen. In einem Haus sind zum Beispiel verschieden große Wohneinheiten (ein bis fünf Zimmer), die sich miteinander verbinden lassen. Zusätzliche Eingänge vergrößern die Kombinationsmöglichkeiten.

Einige Haustypen erstrecken sich maisonette-artig über mehrere Geschoßebenen (»Haus im Haus«). Die Typen basieren auf einem Achsensystem, das von tragenden Querschottenwänden und aussteifenden Längsschottenwänden gebildet wird. Vorgezogene Schottenwände und Pflanzentröge verhindern im Außenbereich fremden Einblick.

Zukünftige ähnliche Wohnbauweisen sollten davon ausgehen, daß

1. erst kurzzeitige Erfahrungen vorliegen zur Bewältigung einer Fülle neuartiger Probleme, die beim längeren Zusammenleben in Wohngemeinschaften auftreten können, sie sind sicher nicht geringer als in Zweierbeziehungen oder Familien, jedoch in vielfacher Weise anders geartet;
2. daraus folgend die Wohneinheiten unter dem Aspekt veränderter Nutzungsmöglichkeit entsprechend ausgestattet und veränderbar sein sollten;
3. die zunehmende Bedeutung und Vielfalt von Freizeitbeschäftigungen innerhalb und außerhalb der Wohnung großen Einfluß auf deren Ausgestaltung haben wird.

---

[22])Schramm, W., Hannover, Wohnformen der Zukunft, Loccumer Protokolle 8/1976
[23]) Voss, K. F., Entwicklung des integrierten Wohnmodells für Studenten im innerstädtischen Bereich, Loccumer Protokolle 8/76

»Wohneinheiten, wie sie heute im Geschoßwohnungsbau üblicherweise für Familien mit Kindern realisiert werden, stellen schon in absehbarer Zeit für diesen Personenkreis kein diskutables Angebot mehr dar, da sie der individuellen Entfaltung der Familienmitglieder kaum Raum geben.«[24])

3.2.4   Literatur

Eibl-Eibesfeld, I., u. a.: Stadt und Lebensqualität. Neue Konzepte im Wohnbau auf dem Prüfstand der Humanethologie und der Bewohnerurteile. Stuttgart 1985

Geist, J. F. und Kürvers, K.: Des Berliner Mietshaus 1945 – 1988. Bd 1, 2 u. 3. München 1989

Hahn, E. (Hrsg.): Siedlungsökologie. Ökologische Aspekte einer neuen Stadt- und Siedlungspolitik. Karlsruhe 1988

Herlyn, K.: Leben in der Stadt. Zum Zusammenhang von Familienphasen und städtischen Lebensräumen. Leverkusen 1989

Hofmann, W.: Möglichkeiten Humanen Wohnungsbaus. Göttingen 1980

Laage, G.: Warum wird eigentlich nicht immer so gebaut? Erfahrungsberichte über kosten- und flächensparenden Häuser- und Städtebau. Stuttgart 1985

Muthesius, St.: Das englische Reihenhaus. Die Entwicklung einer modernen Wohnform. Königstein 1989

Schriftenreihe des BM Bau, Heft 01.070. Planungsgruppe Prof. Laage: Neues Wohnen in alten Städten. Verbesserung der Wohnverhältnisse in verdichteten städtebaulichen Bereichen. 1980

Schriftenreihe des BM Bau, Heft 03.084: Wohnungspolitik und Stadtentwicklung. Teil 1: Klischees, Probleme, Instrumente, Wirkungen, Rahmenbedingungen. 1980

Schriftenreihe des BM Bau, Heft 03.086. Bewertung von Siedlungsstrukturen. 1980

Spenglin, F. und Kistler, L.: Einfamilienhäuser im Verdichtungsgebiet, hrsg. vom Institut f. Landes- u. Stadtentwicklungsforschung des Landes Nordrhein-Westfalen (ILS). Dortmund 1980

Schwier, V.: Zum Wandel der Lebensbedingungen und Wohnbedürfnisse bis zum Jahr 2000, in: AVA Wiesbaden, Heft 30. 1975

---

[24]) *Schwier, V., Zum Wandel der Lebensbedingungen und Wohnbedürfnisse bis zum Jahr 2000, AVA Heft 30, Wiesbaden*

3.3 Gemeinbedarfseinrichtungen

Der Begriff Gemeinbedarf umfaßt planungstechnisch außer den gesamten öffentlichen Einrichtungen, die von einer Gebietskörperschaft aufgrund der Verpflichtung zur umfassenden Daseinsvorsorge der Allgemeinheit zum »Gemeingebrauch« zur Verfügung zu stellen sind, auch von privater Seite finanzierte »Gemeinbedarfseinrichtungen«. Dabei werden diese Einrichtungen nicht etwa aufgrund besonderer Rechtsverhältnisse, sondern vielmehr gerade wegen der Ansprüche der Bevölkerung zum »Gemeinbedarf« gezählt, wobei es nicht entscheidend ist, ob diese Einrichtungen im Einzelfall der Allgemeinheit unentgeltlich oder gegen Gebühr zur Verfügung stehen oder ob sie ihrem Eigentümer einen wirtschaftlichen Nutzen erbringen können. In diesem weiteren planungstechnischen Sinn könnten also auch privatwirtschaftliche Einrichtungen wie beispielsweise Einzelhandelsgeschäfte zum »Gemeinbedarf« gezählt werden, sofern an diesen Einrichtungen und an ihrer guten Erreichbarkeit für die Nutzer ein öffentliches Interesse besteht.

In jedem konkreten Planungsfall ist eine Auseinandersetzung mit der voraussichtlichen Entwicklung der Wohnbevölkerung als positivem Bedarfsträger unverzichtbar. Ausstattungsniveaus, Angebotsquoten und Dimensionierungen von Gemeinbedarfseinrichtungen lassen sich erst nach gründlicher Diskussion der analogen Veränderungen der Einwohnerzahlen, der Wanderungsgewinne oder -verluste, der Geburten- und Sterbequoten und der Alters- und Sozialstruktur festlegen. Erst diese Abgrenzung des potentiellen Nutzerkreises gestattet unter Berücksichtigung der spezifischen Situationsbezüge die Bestimmung der Standorte von Gemeinbedarfseinrichtungen und ihrer Einzugsbereiche. In ihnen soll ein nicht zuletzt an Tragfähigkeitserwägungen orientierter Ausgleich von Angebot und Nachfrage langfristig sichergestellt sein. Angesichts weiterhin abnehmender Bevölkerungszahlen und Einwohnerdichten innerhalb der kritischen Entfernungsschwellen einerseits, und mangelnder Flexibilität oder gar Transportabilität der meisten dieser Einrichtungen andererseits dürften indessen in Zukunft wachsende Diskrepanzen in der Versorgung unvermeidbar sein.[1]

3.3.1 Einrichtungen für Kinder und Jugendliche

Städtebauliche Einbindung:

Spielplätze für Kinder bis sechs Jahre
auf den Wohngrundstücken in Sicht- und Rufweite (bis 100 m) der Wohnungen. Wenn irgend möglich, sollten mindestens Sand, Kletterbäume, Büsche und Wasseranschluß als Spielelemente vorhanden sein; dazu Sitzgelegenheiten für betreuende Erwachsene, feste Malflächen, aber auch Rasenflächen um zu laufen.
Spielplätze für Kinder von sieben bis zwölf Jahren
bis 550 m entfernt von der Wohnung. Hier empfiehlt es sich, Spiellandschaften mit Höhenunterschieden zu schaffen, Gruppen- und Ballspiele zu ermöglichen.
Ob die Anlage von gefahrlosen Spielstraßen möglich und zweckmäßig ist, hängt davon ab, inwieweit der Fahrverkehr ausgeschaltet werden kann (Entwidmung oder Teilentwidmung).[2]
In größeren Gemeinden und Städten sollte geprüft werden, ob Flachdächer von Hochhäusern und höheren Miethäusern als Dachgärten mit Spielplätzen hergerichtet werden könnten.

---

[1] *Borchard, K., Anmerkungen zur zentralen Bedeutung des Bedarfsträgers »Wohnbevölkerung«, Bonn, unveröff.*
[2] *Hinweis: Eingehende Überlegungen dazu im »Spielplatzentwicklungsplan für Berlin – Teil I, Senator für Familie, Jugend und Sport sowie Senator für Bau- und Wohnungswesen (1979 ff),*

Spiel- und Bolzplätze für Jugendliche von dreizehn bis achtzehn Jahren
bis 1000 m entfernt von der Wohnung. Erforderlich sind Bereiche für Ballspiele jeder
Art, auch Tischtennis, Federball u. a.
Für Kinder und Jugendliche sollten ferner neben Jugendhäusern Möglichkeiten ge-
schaffen werden für die aktive Betätigung – etwas zu verändern ohne gewaltsame
Zerstörung – wie Jugenddörfer, Abenteuerspielplätze, Selbstbau unter Anleitung von
Betreuern.

Gesamtspielplätze
mit Zonen und Bereichen für alle genannten Altersgruppen in sinnvoller Zuordnung
zueinander. Der »Spielplatzverordnungsplan für Berlin« fordert folgende Zonen:
– die Erschließungszone (interne Wegeführung im Gesamtspielplatz mit vielfältigen, spielauffordernden, festen und austauschbaren Objekten)
– die Spieleinrichtungszonen (der Erschließungszone angelagerte größere und kleinere Bereiche mit fest installierten Spieleinrichtungen wie Seilbahn, Schaukeln,
   begeh- und bekletterbaren Objekten und Wippen)
– die Spielzonen (altersgerechte und spieltypische Zonen untergliedert in Einzelbe-
   reiche mit einem Minimum unveränderlicher Spielvorgaben und Ausstattungen)
Leider wird der Bedeutung des kindlichen Spiels auf öffentlichen Flächen noch keineswegs überall ausreichend Rechnung getragen. Als Leitwerte sind dabei zu fordern: eine ausreichende Anzahl, bedarfsgerechte Größe und Ausstattung, Verkehrssicherheit, kurze Fußwegentfernungen, Einbindung in die gebaute Umwelt und die
Weiterentwicklung pädagogisch betreuter Spielplätze.[3]
Solche Maßnahmen sind von großer Bedeutung für die Sozialisierung und gegen die
Kriminalisierung vor allem auch arbeitsloser Jugendlicher
»Die in diesem Lebensabschnitt bevorzugten Spiele erfordern Raum und Bewe-
gungsmöglichkeiten. Am besten wäre ein Abenteuerspielplatz, ein verwahrlostes
Grundstück, eine Buschwerk- oder Waldzone, um den Ansprüchen gerecht zu werden. Der Wert der Spielflächen wird wesentlich dadurch bestimmt, inwieweit die Erwachsenen auf dem Territorium Einspruchsrechte beanspruchen. Werden die Pläne
der Kinder laufend von Erwachsenen durchkreuzt oder vereitelt, verliert jedes noch
so anregungsreiche Spielgelände schnell an Reiz.«[4]

Pädagogisch betreute Spielplätze
Tageseinrichtungen mit flexiblem vielseitigem Angebot an Aktivitäten wie zum Beispiel der Bau von Holzhütten, Tierhaltung (Schafe, Esel, Ponys u. a. m.), Spielhaus
mit Raum für den Betreuer und mit sanitären Anlagen, wenn möglich auch schon für
die Spielplätze für Kinder bis 12 Jahren, für die gegebenenfalls bereits eine pädagogische Betreuung erforderlich ist.
Dazu die Wunschliste von Kindern aus einer Befragung über 154 Spielplätze: »Viel
mehr Abenteuerspielplätze!« Und als Ausstattung alte Lokomotiven und Autos, Au-
toreifen, Bretter und Kisten, Tischtennisplatten, Spielhäuser; dazu das Spielmaterial
Wasser, das es nur auf zwei von den 154 Spielplätzen gibt.

Kinderkrippen
sind Tagesstätten zur ganztägigen Betreuung für Kinder im Alter bis zu drei Jahren
(Säuglinge, Krabbler und Kleinkinder). Diese Einrichtung ist bei Berufstätigkeit

---

[3] *Quelle: »Spielplatzentwicklungsplan für Berlin«, a.a.O., er enthält so viele Anregungen zur
Humanisierung der baulichen Umwelt des Kindes für jedes hier angesprochene Thema, daß es
wünschenswert erscheint, die nicht nur auf Berlin bezogenen Ausführungen als Sachbuch zu ver-
öffentlichen.*
[4] *Zum Wandel der Lebensbedingungen und Wohnbedürfnisse in der Bundesrepublik bis zum Jahr
2000, eine explorative Studie, Hessen*

oder Krankheit der Eltern erforderlich und zwar nahe bei Einkaufszentren, bei Haltestellen des öffentlichen Personennahverkehrs oder auch bei Schulen. Der Bedarf ist sehr unterschiedlich; er richtet sich nach dem Anteil der Kinder an der Gesamtbevölkerung.

Kindergärten
zur halb- oder ganztägigen Betreuung der drei- bis sechsjährigen Kinder, zur Entlastung der Eltern und zur Entwicklung des Gemeinschaftssinns der Kinder durch Spielen in Gruppen in Ergänzung zur Familienerziehung sowie als Vorstufe für die Schule.

Kindertagesstätten (Kinderhorte)
für Schüler(innen) von sechs bis fünfzehn Jahren, die tagsüber nicht zu Hause betreut werden können (z. B. wegen Berufstätigkeit der Eltern), möglichst in der Nähe der Schule.

Jugendheime
Heime für organisierte (Jugendgruppen) und nichtorganisierte Jugendliche von vierzehn- bis achtzehn Jahren in der Freizeit, die dem Gemeinschaftsleben, der Erziehung und dem gemeinsamen Spiel sowie der Beschäftigung dienen.

Jungendherbergen
für Aufenthalt und Übernachtung der reisenden Jugend, als Schulungs-, Bildungs- und Tagungsstätten, zur Jugenderholung und Freizeitgestaltung und als Schullandheime. Kriterium für die Errichtung einer Jugendherberge ist der Freizeitwert des Orts oder der Region, nicht die Einwohnerzahl.

3.3.1.1 Thesen

1. Für Kinder und Jugendliche sind die unter 3.3.1 erläuterten Einrichtungen obligatorisch zur Verfügung zu stellen.
2. Die hierfür benötigten Flächen sind im Flächennutzungsplan, im »Spielplatzentwicklungsplan« und in den Bebauungsplänen sicherzustellen.
3. Wo dies möglich und sinnvoll ist, sollten die Einrichtungen kombiniert als Gesamtspielflächen – klar gegliedert – in oder an Grünanlagen nahe bei den Wohnbereichen zusammen mit Schulhöfen, Sportanlagen, Wasserspielplätzen, Schwimmbädern, Kleingärten, Liege- und Spielwiesen und/oder »Familienparks« konzipiert werden. Für alle Einrichtungen gilt als unabdingbar: großwüchsige Bäume pflanzen!
4. Kleinkinder müssen ohne Gefährdung durch Autos die Möglichkeit haben, stets im Nahbereich des Hauseingangs und auf Wohnwegen ungefährdet spielen zu können.
5. Bei schlechter Witterung sollten Spielhäuser oder Spielräume erreichbar sein, in denen die Kinder toben und auch lärmen können (Schallschutz beachten).
6. In Wohngebieten (Alt- und Neubaugebieten) sind besonders gestaltete Wohn-Spielstraßen einzurichten, wo immer dies möglich ist.
7. Es sollte keine Stadt geben, in der nicht auf einem oder mehreren von Leben erfüllten Plätzen Tische für Tischtennis stehen. Die zum Spielen benötigten dazugehörigen Utensilien können von einem Kiosk oder Geschäft verwaltet und gegen Pfand ausgeliehen werden.
Ähnliches sollte für Rollschuhlaufen ermöglicht werden.
8. Ein Spielplatz ohne Planschbecken, Planschplatz oder eine Kombination beider Möglichkeiten entspricht nicht den Anforderungen, die an einen nach neuzeitlichen Gesichtspunkten gebauten Spielplatz gestellt werden müssen. Art, Aus-

wahl und Zusammensetzung der Becken, Sprühanlagen und Watrinnen werden von der Größe und Zweckbestimmung des Spielplatzes bestimmt. Können ausreichende Wasserspielgelegenheiten aus technischen, wirtschaftlichen oder räumlichen Gründen nicht errichtet werden, dann sollte zumindest eine kleinere Fläche mit einigen Wassersprühgeräten ausgestattet oder mehrere kleine, stufenförmig angeordnete, ineinander übergehende Wasserbecken aufgestellt werden.

9. Grünflächen weitestgehend als allgemeine Erholungs-, Spiel- und Sportflächen herrichten und freigeben.
10. Aktive Mitwirkung der Bürger fördern: Wünsche und Bedürfnisse feststellen.

3.3.1.2 Orientierungswerte

Vorbemerkung:
Die in den nachstehenden Abschnitten aufgeführten Orientierungswerte betreffen die folgenden Bereiche des Gemeinbedarfs
Einrichtungen der Jugendpflege (3.3.1)
Erziehungs- und Bildungseinrichtungen (3.3.2)
Einrichtungen der Sozialfürsorge, der Altenhilfe und des Gesundheitswesens
(3.3.3/4)
Einrichtungen der Kirchen und Seelsorge (3.3.5)
Kulturelle Einrichtungen (3.3.6)
Einrichtungen der öffentlichen Verwaltung und Sicherheit (3.3.7)
Einzelhandelsgeschäfte und private Dienstleistungseinrichtungen (3.3.8)
Diese Gemeinbedarfsbereiche beanspruchen eine Fläche, die zwischen 9 und 14 m^2/ Einwohner im öffentlichen Sektor und zwischen 2,50 und 7,50 m^2/Einwohner im privaten Dienstleistungssektor liegt, und sind gegenwärtig durchschnittlich zu etwa 10 bis 15 % an der »besiedelten Stadtfläche« beteiligt: diese wird hier definiert als die Gesamtheit der von Siedlungstätigkeit innerhalb einer Gemeinde beanspruchten Flächen wie Baugebiete, Verkehrsflächen, Erholungs- und Freiflächen und Flächen für Ver- und Entsorgungsanlagen, jedoch nicht die innerhalb der administrativen Grenzen gelegenen land- und forstwirtschaftlichen Flächen sowie die größeren Wasserflächen. Die besiedelte Stadtfläche zählt in Kernstädten zwischen 140 und 250 m^2/Einwohner, in Stadtregionen zwischen 250 und 400 m^2/Einwohner und in Umlandzonen zwischen 300 und 800 m^2/Einwohner.

Einrichtungen der Jugendpflege	
Flächenbedarf:	0,85 – 1,70 qm/E
Hierin sind folgende Einzelanteile enthalten:	
Kinderkrippe	
Nutzer: Säuglinge bis 1 Jahr	
Krabbler 1 – 2 Jahre	
Kleinkinder 2 – 3 Jahre	
Flächenbedarf:	0,10 – 0,15 qm/E
Grundstücksfläche	800 – 1000 qm (bei 4 Gruppen)
	(sofern nicht in angemieteten
	Wohnungen oder Kindergärten
	angegliedert)
Mindesteinzugsbereich	10 000 – 15 000 E

Der Anteil der Krippenkinder an der Gesamtbevölkerung liegt bei 2,8 %, das Angebot in Neubaugebieten sollte für ca. 15 % der Kinder bereitgehalten werden.

Grundstücksfläche pro Kind		20 – 25 qm
Gruppengrößen:	Säuglinge	max. 10
	Krabbler	max. 12
	Kleinkinder	max. 15

Kindergarten (Elementarbereich)
Nutzer: Kinder von 3 bis 5 Jahren

Flächenbedarf:	0,40 – 0,80 qm/E
Grundstücksfläche	1500 – 2500 qm (bei 2 – 3 Gruppen)
Mindesteinzugsbereich	2000 E
max. Entfernung	5 Min. (300 bis max. 500 m)

Der Anteil der Kindergartenbesucher an der gleichaltrigen Bevölkerung liegt bei 70 – 75 %, der Anteil pro Jahrgang bei 0,6 – 0,7 % der Gesamtbevölkerung.

Angebotsquoten:	75 % der Dreijährigen
	100 % der Vierjährigen
	50 % der Fünfjährigen
Grundstückfläche pro Kind	20 (60) qm
Gruppengröße	15 – max. 25 Kinder

Kinderhort, Kindertagesheim
Nutzer: Kinder von 6 – 15 Jahren (schulpflichtig, aber tagsüber nicht von den Eltern versorgt)

Flächenbedarf:	0,40 – 0,60 qm
Grundstücksfläche	0,15 – 0,25 ha (bei 60 – 100 Kindern)
Mindesteinzugsbereich	3500 – 6000 E
max. Entfernung	5 – 10 Min. (350 – 700 m) Fußweg

Der Anteil der Kindertagesheimbesucher an der gleichaltrigen Bevölkerung liegt bei ca. 15 %, der Anteil pro Jahrgang bei ca. 0,2 % der Gesamtbevölkerung

Grundstücksfläche pro Kind	20 (60) qm
Geschoßfläche pro Kind	7 (16) qm
Gruppengröße	20 Kinder (im ländl. Raum 10)

Jugendheim
Nutzer: organisierte und nicht organisierte Jugendliche und junge Erwachsene von 14 – 24 Jahren

Flächenbedarf:	0,10 – 0,15 qm/E
Grundstücksfläche	0,25 – 0,50 ha
Mindesteinzugsbereich	10 000 – 18 000 E
max. Entfernung	15 – 20 Min. Wegzeit

3.3.1.3 Literatur

Agde, G. u. a.: Sicherheit auf Kinderspielplätzen. Spielwert und Risiko. Sicherheitstechnische Anforderungen. Rechts- und Versicherungsfragen. Wiesbaden 1989

Beltzig, G.: Kinderspielplätze. Mit hohem Spielwert – planen, bauen, erhalten. Wiesbaden 1987

Bengtsson, A.: Vom Schulhof zum Spielhof. Anregungen zur vielfachen Gestaltung und Nutzung für Spiel, Unterricht und Freizeit. (Bauratgeber Planen und Wohnen.) Wiesbaden 1978

Borchard, Klaus: »Orientierungswerte für die städtebauliche Planung«, Institut für Städtebau und Wohnungswesen der Deutschen Akademie für Städtebau und Landesplanung. München 1974

Deutsche Olympische Gesellschaft (Hrsg.): Der Goldene Plan in den Gemeinden, Richtlinie 1. Frankfurt/a. M. 1962

Deutsche Olympische Gesellschaft (Hrsg.): III. Fassung der Richtlinien für die Schaffung von Erholungs-, Spiel- und Sportanlagen. Frankfurt/a. M. 1976

DIN 18034: »Spielplätze für Wohnanlagen, Flächen und Ausstattung für Spiele im Freien, Planungsgrundlagen«. Ausgabe November. Berlin 1971

DIN 18035, Teil 1: Sportplätze, Planung und Abmessung. Berlin 1979

Merker, H. und Schulte, F.-J. (Hrsg.): Tageseinrichtungen für Kinder. Beiträge aus der Praxis. Stuttgart 1982

Roskam, F.; Bones, E.; Päzold, H.; Skirde, W.: Sportplätze. Kommentar zu allen Teilen von Vornormen DIN 18035, Teil 1. Wiesbaden 1983

Ruske, W.: Spiel und Holz. Planung und Gestaltung von Spielplätzen mit Holzelementen und Holzgeräten. Stuttgart 1982

3.3.2 Schulen/Bildungseinrichtungen

3.3.2.1 Begriffe

Grundschule (1. – 4. Schuljahr)

a) die vierjährige Unterstufe (Elementar- oder Primarstufe) des gesamten Schulwesens. In die Grundschule gehören Schulkindergärten, Vorschulen zum Einleben der Kleinkinder in »ihre« spätere Schule, auch für Zurückgestellte und Ausländerkinder.

b) Als Grundschule ist auch die Dorfschule mit besonderen sozialen und kulturellen Funktionen, oft als Treffpunkt, einzuordnen. Seit den achtziger Jahren gibt es außerhalb der Ballungsräume sehr vielfältige ernsthafte Bestrebungen zur Wiederbelebung der Dorfschule – natürlich in gesellschaftlich zeitgerechtem Sinne – und als Experiment.

c) Auch die Sonderschule für lernbehinderte Kinder gehört zur Grundschule. Schulpflichtige Kinder, die infolge einer Behinderung oder durch Schädigung ihrer geistig-seelischen oder körperlichen Anlage und Entwicklung (zum Beispiel Körperbehinderte und Gehörbehinderte) in den allgemeinen Schulen nicht die ihnen angemessene Erziehung und Ausbildung erhalten können, werden in Sonderschulen nach besonderen pädagogischen und heilpädagogischen Grundsätzen unterrichtet.

Hauptschule

für Schüler, die kein Aufnahmeverfahren für weiterführende Schularten stellen (5. – 10. Schuljahr, Sekundarstufe I). Die Hauptschule vermittelt eine allgemeine Bildung als Grundlage für eine erfolgreiche Berufsausbildung oder weiterführende, insbesondere berufsbezogene Bildungsgänge.

Realschule

Die Realschule vermittelt in sechs Klassenstufen eine erweiterte allgemeine Bildung als Grundlage für eine Berufsausbildung oder zum Besuch weiterführender Schulen. Es wird eine Pflichtfremdsprache unterrichtet und auf freiwilliger Basis eine zweite Fremdsprache (in der Regel Englisch ab der 5. Klasse, Französisch ab der 7. Klasse wahlweise).

Höhere Schulen
Gymnasien und gleichgestellte Einrichtungen
Das Gymnasium führt in der Regel nach neun Jahren zur allgemeinen Hochschulreife. Durch eine vertiefte Grundbildung und eine schrittweise Einführung in fachwissenschaftliche Inhalte und Methoden werden die Voraussetzungen zur Aufnahme eines Studiums oder zum Eintritt in entsprechende berufliche Ausbildungsgänge geschaffen.

Weiterführende Schulen

a) Integrierte Gesamtschule
Die Gesamtschule will die Übergänge zwischen den bestehenden Schularten auf möglichst vielen Stufen erleichtern. Zu vermeiden ist das Entstehen von Mam-

mutschulen (2000 oder mehr Schüler), die zu Verhaltensstörungen führen kön-nen. Dem ist entgegenzuwirken durch bauliche Vielgliedrigkeit, Einfügung in die Landschaft, Vielfalt der Hofgestaltung und der Bautrakte. In der Regel führt in der Gesamtschule ein Zug zum Abiturabschluß, einer zum Realschulabschluß und einer zum Hauptschulabschluß.

Fremdsprachen: Englisch, Französisch, Latein oder Spanisch (wahlweise).

b) Kooperative Gesamtschule

Dabei sind alle allgemeinbildenden Schulen unter einem Dach mit gemeinsamer Benutzung der Einrichtungen, jedoch bei getrenntem räumlichen Betrieb und ge-trennter Verwaltung.

c) Ganztagsschule: 5 % bis 15 % der Gesamtschulen, vielfach mit handwerks- und wirtschaftsbezogenen Fächern.

Berufsschule

inclusive Berufsfachschule und Berufsaufbauschule (zum Beispiel gewerbliche, kaufmännische, hauswirtschaftliche, technische, landwirtschaftliche, gartenbauli-che Fächer)

Teilzeit- oder Vollzeit(Fach)-Schule für Jugendliche, die keine weiterführende allge-meine Schule besuchen. Ausbildungsdauer: ein, zwei oder drei Jahre, abhängig in der Regel von der Dauer des Ausbildungsverhältnisses.[5]

Fachschule

Freiwillige berufsbildende Schule zur Vorbereitung auf einen bestimmten, über das Facharbeiterniveau hinausgehenden beruflichen Abschluß, das heißt auf eine geho-bene Tätigkeit (wie Meister, Techniker, Wirtschafter).

Die 73 Fachhochschulen gelten als eine sehr erfolgreiche Studienreform für praxisna-hes Studieren. Etwa 200 000 Studienplätze müssen wegen des starken Zustroms zu-sätzlich geschaffen, also gebaut werden (1991 bestehen 150 000 Studienplätze).

Universität/Hochschule/Gesamthochschule

a) Universität: Einrichtung zur Pflege der Wissenschaften in Forschung, Lehre, Stu-dium und Ausbildung; ursprüngliche Form der wissenschaftlichen Hochschule.

b) Hochschule: Oberste Ausbildungsstätte mit der Aufgabe, durch Forschung und Lehre die wissenschaftliche Erkenntnis zu fördern und auf akademische Berufe vorzubereiten.

c) Gesamthochschule: Verbindung je einer höheren Fachschule und einer Fachhoch-schule mit einer Universität oder Technischen Hochschule, mit dem Ziel, ein gro-ßes Spektrum von Fächern in organischem Verbund und ein Höchstmaß an freier Wahl der Bildungsgänge zu erreichen.

Die Inhalte und Definitionen der Schulen und Bildungseinrichtungen sind länder-weise unterschiedlich und besonders stark dem Wandel unterworfen, vor allem auch in den neuen Bundesländern. Dazu ist zu bemerken: »Ein von der Bund-Länder-Kommission für Bildungsplanung und Forschungsförderung (BLK) autorisiertes Strukturdiagramm liegt nicht vor.«[6]

Ergänzend stellt die BLK fest:

»1. Die Struktur des Bildungswesens ist in ihren Grundzügen in allen Ländern ein-heitlich. Allerdings gibt es im Detail auch Abweichungen. Beispielhaft sei auf die Grundschuldauer hingewiesen, die in Berlin sechs Jahre, in den übrigen Ländern aber nur vier Jahre beträgt. Ebenso ergeben sich Unterschiede bei der Dauer der Vollzeitschulpflicht (neun oder zehn Jahre).

---

[5] *Brockhaus Enzyklopädie, Wiesbaden, 17. Aufl. sowie Schulinformationsschrift, Schul- u. Kul-turverwaltungsamt Heidelberg 1989*

[6] *Bund-Länder-Kommission für Bildungsplanung und Forschungsförderung, Bonn Dez. 1990*

2. Die Vielfalt der bestehenden Schulformen/Schularten dürfte auch in Zukunft bestehen bleiben. Allerdings wird sich die Verteilung der Schüler ändern. Aufschluß hierüber geben die Schülerprognosen, die in regelmäßigen Abständen von der Kultusministerkonferenz veröffentlicht werden.

3. Über die künftige Struktur des Bildungssystems in den fünf neuen Ländern lassen sich derzeit keine gesicherten Angaben machen. Hierüber entscheiden die im Aufbau befindlichen Länder.«

3.3.2.2 Städtebauliche Gegebenheiten und Einbindung

Die Schule – vor allem die Grundschule, die Dorfschule und die Hauptschule – sollten vom Schulkind und der Jugend allgemein als ihr Bereich, als ihr Ort für Beziehungen zu Gleichaltrigen und Älteren sowie zur Umwelt über die Schulstunden hinaus empfunden werden. Aus diesem Selbstverständnis heraus ergeben sich der Standort, die Einfügung in Bebauung und Freiräume und ihre Erreichbarkeit entsprechend der jeweiligen Altersgruppe.

Gerade der Schulweg sollte möglichst kurz und mit dem Fahrrad oder zu Fuß zurückgelegt werden können. Der Einzugsbereich einer Gesamtschule mit zu hohen Einwohnerzahlen (zum Beispiel etwa 30 000 Einwohnern) ist in der Regel aus vielen Gründen nicht zu empfehlen, vor allem aus der Sicht der Kinder und der Jugendlichen heraus.

Schulplanung (insbesondere für die Elementar- und Sekundarstufe) darf im übrigen »nicht Planung von Einzelobjekten sein. Sie muß sich vielmehr auf den Nutzungsverbund der Schulen einer Region, eines größeren Stadtteils beziehen. Dann sind Schwerpunktbildungen bei durchschnittlich kleineren Systemgrößen möglich. Kleinere Systemgrößen und ein Nutzungsverbund erleichtern die Erreichbarkeit.«[7]

In dünn besiedelten Räumen und damit vor allem für Dorfschulen ist eine von Fall zu Fall besonders flexible Planung erforderlich. Hier sind neue schulpolitische Konzepte und pädagogische Modelle für die Zukunft erforderlich.

3.3.2.3 Thesen

Schulstandort in Freiflächen einbinden, nicht allseitig von Verkehrsstraßen umfließen lassen, ruhige Lage ist unabdingbar.

Schulwege, insbesondere zu Grundschulen, so kurz wie möglich halten. Gefahrenpunkte wie verkehrsreiche Straßen und besonders Verkehrskreuzungen vermeiden. Erreichbarkeit der Schule durch Rad- und Fußwege ermöglichen, Ganztagsspielplätze mit gesondertem Zugang, Schulhöfe als Spielplätze (Bolzen, Fußball etc.) mit speziellem Sportplatzrasen oder als Wiese, bei Grundschulen mit Spielangeboten und Betätigungsmöglichkeiten. Abstände zwischen den einzelnen Klassen! Keine Klassenzimmer ohne Fenster – auch keine Flure.

Richtwerte für Schulgrößen und -organisation sind stets neu von Fall zu Fall zu überdenken und an den Jahrgangsstärken auszurichten,

Grundschule, Hauptschule und Berufsausbildung brauchen Wohnsitznähe,

Schulen sollten entsprechend ihrem Raumangebot (Musikräume, Werkräume, Spielflächen) auch für außerschulische Anlässe – am Abend, am Wochenende, in den Ferien – geplant werden.

Große Aula für öffentliche kulturelle und sonstige Veranstaltungen!

Kindergärten und Kindervorschulen.

---

[7] *Geissler, C.: soziale Infrastruktur am Beispiel der Schulplanung, Forschungs- und Sitzungsberichte der Akademie für Raumforschung u. Landesplanung, Bd. 108*

3.3.2.4 Orientierungswerte

Die Einrichtungen des Erziehungs- und Bildungswesens zählen zweifellos zu den wichtigsten Gemeinbedarfseinrichtungen. Gerade ihre Bestimmungsfaktoren unterliegen aber sowohl wegen der in letzter Zeit häufig wechselnden bildungspolitischen und pädagogischen Zielvorstellungen als auch infolge der demographischen Veränderungen bedeutsamen Wandlungen. Die nachfolgenden Angaben beziehen sich deshalb nicht allein auf die gegenwärtig üblichen Angebotsformen, sondern auch auf Bildungsmodelle, die sich gegenwärtig in einigen Bundesländern noch in der Erprobung befinden (Vorschule, Gesamtschule u. a.). Insofern können die wiedergegebenen Flächenwerte auch nicht ohne weiteres zu höheren Versorgungsstufen aufaddiert werden. Der Kindergarten, der heute häufig als Teil des Bildungswesens (Primarstufe) verstanden wird, ist aus Gründen der Systematik den Einrichtungen der Jugendpflege zugeordnet worden.

Der Flächen- und Mittelbedarf wird unter anderem bestimmt durch
- Anteile der Schulkinder in den verschiedenen Schultypen an der Gesamtbevölkerung,
- Flächenbedarf je Schulkind und Klassenfrequenzen,
- Ziele und Konzepte der Bildungspolitik.

Als gebräuchliche Mittelwerte des Flächenbedarfs gelten heute 4 bis 6 m^2 je Einwohner.

Grundschule (Primarbereich)
Nutzer: Schulpflichtige von 6 bis 9 Jahren
       Klassen 1 bis 4

Flächenbedarf:	60 bis 2,80 qm/E
Grundstücksfläche	0,6 ha zweizügig
	1,2 ha vierzügig
Mindesteinzugsbereich	3750 E zweizügig
	7500 E vierzügig
max. Entfernung	10 Min. (700 m) Fußweg
	bei mehr als 2 km: Schulbus!)

Der Anteil der Grundschüler an der gleichaltrigen Bevölkerung liegt bei 96 %, der Anteil pro Jahrgang liegt in Neubaugebieten wegen des relativ hohen Anteils junger Ehepaare in der Regel über dem Durchschnitt der Gesamtstadt bei 1,0 bis 1,2 % der Gesamtbevölkerung, bei schrumpfender Bevölkerung unterhalb von 1 %.

Schulfläche pro Schulkind:	25 qm;
	mit Schulsportfläche = 42 qm.
Klassenfrequenzen	15 bis 25 bis 32 Kinder/Klasse

Hauptschule (Sekundarstufe I)
Nutzer: Schulpflichtige von 10 – 15 Jahren
       Klassen 5 bis 9
       10. Schuljahr für 20 % des Abgangsjahrs

Flächenbedarf	0,75 bis 1,25 qm/E
Grundstücksfläche	0,9 ha zweizügig
	1,8 ha vierzügig
Mindesteinzugsbereich	9250 E zweizügig
	18 500 E vierzügig
max. Entfernung	15 – 20 Min.
	(1,0 bis 1,3 km) Fußweg
	oder Fahrrad
	(bei mehr als 4 km:
	Schülertransport)

Der Anteil der Hauptschüler an der gleichaltrigen Bevölkerung liegt bei 50 % bis 57 %, der Anteil pro Jahrgang bei 0,7 % bis 1 % der Gesamtbevölkerung.

Schulfläche pro Schulkind: 25 qm mit Schulspielfläche = 42 qm.
Klassenfrequenz 30 – 35 Kinder/Klasse (Abschlußklassen 25 Ki/Kl.)

Realschule (Sekundarstufe I)
Nutzer: Schulpflichtige von 10 – 16 Jahren
       Klassen 5 – 10

Flächenbedarf:	0,20 – 0,45 qm/E
Grundstücksfläche	1,0 – 1,5 ha
Mindesteinzugsbereich	17 000 – 26 000 E (dreizügig)
max. Entfernung	15 – 20 Min (1 – 1,3 km) Fußweg oder Fahrrad öffentliche Verkehrsmittel bei über 4 km

Der Anteil der Realschüler an der gleichaltrigen Bevölkerung liegt bei etwa 18 % – 20 %, der Anteil pro Jahrgang bei 0,2 % – 0,3 % der Gesamtbevölkerung.

Schulfläche pro Realschüler	25 qm
Klassenfrequenzen	25 (– 30) Kinder/Klasse

Gymnasium (Sekundarstufe I und II)

Nutzer: Sekundarstufe I	Schulpflichtige von 10 – 16 Jahren
	Klassen 5 – 10
Sekundarstufe II	Schüler von 17 – 19 Jahren
	Klassen 11 – 13

Flächenbedarf	0,65 – 1,00 qm/E
Grundstücksfläche	0,8 – 1,85 ha (zweizügig)
Mindesteinzugsbereich	20 000 – 25 000 E (zweizügig)
max. Entfernung	15 – 20 Min (1 – 1,3 km) Fußweg oder Fahrrad öffentliche Verkehrsmittel bei über 4 km

Der Anteil der Gymnasiasten an der gleichaltrigen Bevölkerung liegt in der Sekundarstufe I bei 22 % – 25 % und in der Sekundarstufe II bei 18 % – 33 %. Der Anteil pro Jahrgang liegt in der Sekundarstufe I bei 0,3 % und in der Sekundarstufe II bei 0,5 % der Gesamtbevölkerung.

Schulfläche pro Gymnasiast	25 qm
Klassenfrequenz	20 – 25 Kinder/Klasse

Integrierte Gesamtschule (Sekundarstufe I und II)

Nutzer: Sekundarstufe I	Schulpflichtige von 10 – 16 Jahren
	Klassen 5 – 10
Sekundarstufe II	Schüler von 17 – 19 Jahren
	Klassen 11 – 13

Flächenbedarf	1,60 – 2,70 qm/E
Grundstücksfläche	4,5 – 7,0 ha
Mindesteinzugsbereich	ca. 25 000 – 30 000 E, mind. 1800 Schüler
max. Entfernung	15 – 20 Min. Fußweg oder Fahrrad, öffentliche Verkehrsmittel bei über 4 km

Der Anteil der Gesamtschüler an der gleichaltrigen Bevölkerung liegt in
Sekundarstufe I bei 2,6 %
Sekundarstufe II bei 0,8 % (1977)

Schulfläche pro Schüler	(15) 25 (30) qm
Gruppenstärken i. D.	25 Schüler/Gruppe bzw. Kurs

Erziehungs- und Bildungseinrichtungen

Schulart	Nutzer	Flächenbedarf m²/E	Grundstücksfläche m²	Mindesteinzugsbereich Einwohn.	Maximale Entfernung v. d. Wohnung	Fläche je Schüler mit Schulsportfläche m²	ohne m²	Klassenfrequenz Schüler	Bemerkungen
Grundschule (Primarstufe)	Schulpflichtige von 6–9 Jahren (Klassen 1–4)	1,60–2,80	a) 6.000 b) 12.000	a) 3.750 b) 7.500	10 Min. Fußweg (700 m), bei üb. 2 km Schulbus	25	42	(15)–25 (32)	a) zweizügig b) vierzügig
Hauptschule (Sekundarstufe I)	Schulpflichtige von 10–15 Jahren (Klassen 5–9) 10. Schuljahr für 20 % d. Abggsj.	0,75–1,25	a) 9.000 b) 18.000	a) 9.250 b) 18.500	10–20 Min. FW (1–1,3 km) bei über 4 km Schulbus	25	42	30–35 (Abschl. Kl. 25)	a) zweizügig b) vierzügig
Realschule (Sekundarstufe I)	Schulpfl./Schüler v. 10–16 Jahren (Klassen 5–10)	0,20–0,45	10.000–15.000	17.000–26.000	10–15 Min. FW (1–1,3 km) bei über 4 km Schulbus	25	42	25–30	dreizügig
Gymnasium (Sekundarstufe I) (Sekundarstufe II)	Schulpfl./Schüler v. 10–16 Jahren (Klassen 5–10) v. 17–19 Jahren (Klassen 11–13)	0,65–1,00	8.000–18.500	20.000–25.000	15–20 Min. FW (1–1,3 km) bei über 4 km Schulbus	25	42	20–25	zweizügig
Integrierte Gesamtschule (Sekundarstufe I) (Sekundarstufe II)	wie Gymnasium	1,60–2,70	45.000–70.000	25.000–30.000 (mind. 1.800 Schüler)	15–20 Min. FW (1–1,3 km) bei über 4 km Schulbus	(15) 25 (30)	42	25	Gruppen-Kurssysteme
Berufs-/Berufsfachschule	Jugendliche von 16–18 Jahren und mehr in Berufsausbildung	0,75–2,00	30.000–50.000	66.000 (mind. 2.000 Schüler)	20–30 Min. IV o. ÖNV	15–35			
Sonderschule	Lernbehinderte bis Ende Schulpflicht (Klassen 1–10)	0,10–0,15	3.000–5.000	20.000–25.000	10 Min. Fußweg (700 m)	25	42	15–20	einzügig

3.3.2.5 Literatur

Rauch, M.: Schulhofhandbuch. Planung und Veränderung von Freiräumen an Schulen. Langenau 1981

Regional differenzierte Schulplanung unter veränderten Verhältnissen – Probleme und Erhaltung struktureller Weiterentwicklung allgemeiner und beruflicher Bildungseinrichtungen. Mit Beiträgen von K. Aurin, R. Brockmeyer/R. Hansen, K. Aurin/W. Raether, R. Ritter, H. Weishaupt, H.-J. Back, J.-J. Meister, M. Decker/W. Weis, C. Geißler, R. Derenbach. Hannover 1983

Schulinformationsschrift: Schul- und Kulturverwaltungsamt Heidelberg. 1989

Steiner, A. H.: ETH Zürich, Schweiz. Beitrag zu einer folgerichtigen baulichen Entwicklung. Zürich 1990

3.3.3 Einrichtungen für ältere und behinderte Menschen

Vorbemerkung

Die Lebensbedingungen für ältere Menschen ähneln vielfach denen der Behinderten. Daher werden bestimmte Einrichtungen bei fließenden Übergängen zum Teil für beide Gruppen erforderlich sein.

Im Städtebau Tätige dürfen nicht vergessen, daß diese Menschen zum Teil auch heute noch in ihrer Wohn- und Umweltsituation stark benachteiligt sind. In Deutschland leben rund 5,3 Mio Behinderte, von denen etwa 1,7 Mio durch Verlust oder Krankheit der Gliedmaßen, 0,5 Mio durch Blindheit (mit amtlichem Ausweis) und 0,3 Mio durch Schaden an der Wirbelsäule schwerbehindert sind. Hierzu kommen noch 0,6 – 0,9 Mio Altersbehinderte. Alle Zahlen sind Schätzungen. Es gibt keine exakten Angaben.

Statistisch nicht erfaßt sind die Gruppen der organisch geistig Gestörten und ähnlichen Behinderten, die Sozialbehinderten und die Mehrfachbehinderten.

Gegenüber den heute circa 20 % in Deutschland lebenden Menschen über sechzig Jahre müssen wir im Jahr 2030 mit annähernd 37 %, also einer Verdoppelung rechnen! Eine besondere Schwierigkeit für die hier ganz erheblichen städtebaulichen Vorarbeiten liegen in der Tatsache, daß die Lebenslagen in diesen Altersgruppen außerordentlich unterschiedlich sind. Analysen haben ergeben, daß die Hauptwünsche der Älteren darin zu sehen sind, daß sie solange wie überhaupt möglich einen selbständigen Haushalt führen wollen. Hier gilt es, vom Ortsteil bis zum Hauseingang – von der Wohnung selbst ganz abgesehen –, alles Erforderliche zu planen und zu schaffen, was ein solches Leben ermöglicht. Dabei wird ein altengerechtes Wohnumfeld auch allgemein menschengerecht sein.[8]

Rein zahlenmäßig waren 1988 circa 56 bis 59 % der deutschen Altershaushalte Einpersonen- und circa 38 bis 40 % Zweipersonenhaushalte. Das heißt, es werden überwiegend Wohnungen mit zwei bis drei Wohnräumen für die Erfüllung dieses Bedarfs in Zukunft erforderlich sein. Sie müssen altengerecht sein (Sicherheit!).

3.3.3.1 Einrichtungen für ältere Menschen

Der Bedarf ist sehr unterschiedlich und muß örtlich und regional sorgfältig ermittelt werden.

Altenwohnungen

Ein- oder Zweipersonenwohnungen in allgemeinen Wohngebäuden oder in Altenwohnheimen für ältere Menschen, die unabhängig wohnen wollen und können;

---

[8] *Wenn angezeigt, während der Planung konsultieren: Kuratorium Deutsche Altershilfe, An der Paulus-Kirche 3, 5000 Köln 1; ferner Bundesanstalt für Straßenwesen, Brüderstraße 53, 5080 Bergisch Gladbach*

Altenheime/Altenwohnheime
Einrichtungen für ältere Menschen, die den Bewohnern ständige soziale und wirtschaftliche Betreuung gewähren. In den Gebäuden befinden sich Restaurants mit Zubehör, Wirtschaftsräume, Räume zur Krankenbetreuung, Bäder und Personalräume u.a.;

Altenpflegeheime
für ältere Menschen, die ständiger Hilfe und Pflege sowie ärztlicher Betreuung bedürfen. Sie dienen auch der Entlastung von Krankenhäusern;

Altentagesstätten
oftmals als Altenclubs in der Nähe des Stadtzentrums von Großstädten; nach Bedarf Treffpunkte in der Nähe von Bezirkszentren, stets nahe oder mit guter Verbindung durch öffentliche Nahverkehrsmittel zu anderen Alteneinrichtungen. Sie benötigen in der Regel Bibliotheken, Leseräume, Fernsehräume und Räume für Veranstaltungen.

3.3.3.2 Gegebenheiten, städtebauliche Einbindung
Die alten Menschen haben im Leben der Familie wesentliche Aufgaben: sie können zum Beispiel ihren erwachsenen Kindern bei der Betreuung und Erziehung der Enkel helfen. Sie sollten auch am sozialen Leben ihres Wohngebietes teilhaben, so daß ihr Leben seinen Sinn behält. Überwiegend wehren sie sich auch lange gegen die Übersiedlung in ein Altenheim!
Wenn aber die Versorgung in einem Heim unumgänglich wird, sollte die Verbindung zur Familie und zur gewohnten Umwelt nicht abreißen. Alteneinrichtungen müssen einem alten Ehepaar wie auch dem einzelnen die Möglichkeit der selbständigen abgeschlossenen Haushaltsführung und, wo gewünscht, auch kleine Gärten bieten. Wichtig erscheint mit zunehmendem Alter die Betreuung durch Sozialstationen, um den Verbleib in der eigenen Wohnung zu sichern.
Alte Menschen wollen im pulsierenden Leben der Stadtteile mit Normalwohnungen, Geschäften, Cafés und kulturellen Einrichtungen wohnen. Daher keine Kasernierung, keine Ghettobildungen, sondern Kontaktmöglichkeiten jeder Art zur Verhinderung von Vereinsamung und Isolierung.
Eine ausreichende Zahl von Wohnungen, die den besonderen Bedürfnissen alter Menschen entsprechen – zwischen 50 und 80 qm –, sind in jedem Wohngebiet zur Erhaltung des Lebensmilieus der Bejahrten vorzusehen. Alteneinrichtungen sind in gutem räumlichen Zusammenhang zu zentralen und kulturellen Verwaltungseinrichtungen, zu Geschäften und dem öffentlichen Nahverkehr zu planen. Grünflächen müssen leicht erreichbar sein.

Thesen
1. Erschließungswege, Straßen und Plätze müssen sicher sein, brauchen genügend Bänke zum Ausruhen, abgesenkte gut gekennzeichnete Randsteine.
2. Jede erforderliche Infrastruktur muß leicht erreichbar sein, auch durch Nahverkehrsmittel.
3. Grünanlagen, möglichst gut beleuchtet und Grünparks mit Freizeiteinrichtungen und Wasserspielen belebt.
4. Als negative Milieubeeinflussung sind auszuschalten: Störfaktoren wie Lärm, Geruchserzeuger, schlecht beleuchtete und/oder heruntergekommene Zwischenstücke und finstere Ecken.
5. An funktionellen Hilfen sind erforderlich: Rollstuhlaufzüge, wo immer nötig, längere Ampelphasen für Fußgänger, Bürgersteige und Fußgängerzonen ohne ständige Gefahr durch Radfahrer.

6. Umbau von nicht zeitgemäßen Altenheimen zu Altenwohnungen mit hohem Standard.
7. Genügend eher kleinere Pflegeheime in jedem Orts- oder Stadtteil, gegebenenfalls durch Aus- oder Umbau ehemaliger Krankenhäuser oder Altenheime.

Nahezu jeder siebte Mobilitätsbehinderte hat Orientierungsschwierigkeiten infolge von Seh- und/oder Hörbehinderungen.

Besonderen Restriktionen in diesem Zusammenhang unterliegen die Rollstuhlfahrer in der Bundesrepublik Deutschland (mindestens 50 % davon sind älter als 65 Jahre). Was die Überwindung von Wegdistanzen angeht, sind Rollstuhlfahrer manchem Gehbehinderten überlegen, jedoch können Niveauunterschiede und Engstellen sehr schnell ihren Weg beenden. Die Benutzung von öffentlichen Verkehrsmitteln ist für fast alle Rollstuhlfahrer unmöglich.
Etwa 36 % der 5,3 Mio Mobilitätsbehinderten sind auf technische Gehhilfen (Krükken, Gehstock, Armstützen, Gehgestell) oder den Rollstuhl angewiesen. Der notwendige Bewegungsraum ist gegenüber einem Nichtbehinderten deutlich größer; insbesondere Rollstuhlfahrer können sich nicht »dünn machen«.

Bewegungsraumbedarf Mobilitätsbehinderter

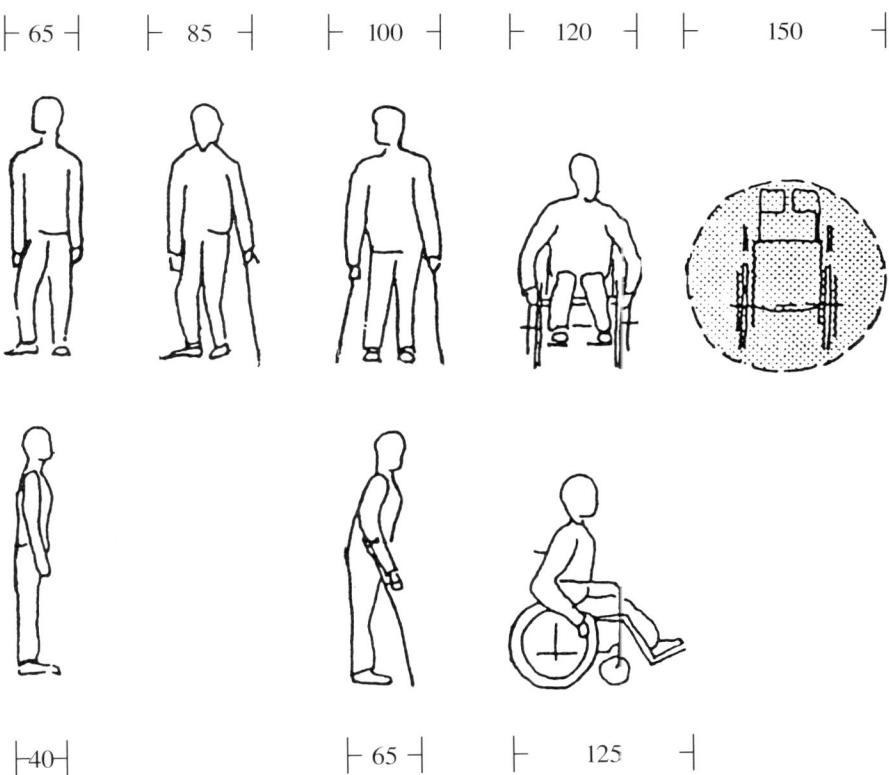

3.3.3.3 Einrichtungen für Behinderte

Die in der Vorbemerkung genannten Zahlen sind beeindruckend, müssen jedoch jeweils regional und kommunal statistisch erfaßt werden, um zu erfahren, welche Maßnahmen in die Entwicklungsplanung aufzunehmen und bei ihrer Realisierung zu berücksichtigen sind.

Begriffe

Erste Gruppe Körperbehinderte:

»Körperbehinderte sind Personen, die in ihrer Bewegungsfähigkeit durch eine Beeinträchtigung ihres Stütz- oder Bewegungssystems nicht nur vorübergehend wesentlich behindert sind oder bei denen Spaltbildungen des Gesichts und des Rumpfs bestehen«. (§ 39 Bundessozialhilfegesetz).

Zu den Körperbehinderten gehören: Behinderte mit Gliedmaßenlähmungen, mit Fehlbildungen von Gliedmaßen, mit nichtoperablen Arthrosen, mit Querschnittslähmungen, Muskelerkrankungen, organischen Nervenschädigungen, Bluterkrankheit, Sehbehinderte und Blinde, Hörbehinderte und Taubstumme, Spastiker und Hirnverletzte.

Zur zweiten Gruppe gehören: organisch geistig Gestörte, wie Epileptiker und Cerebralsklerotiker; Endogen-psychotische wie Schizophrene und Manisch-Depressive; sowie Mongoloide und Oligophrene.

Eine dritte Gruppe bilden die Sozialbehinderten, wie zum Beispiel Drogenabhängige, Milieugeschädigte, Schwererziehbare, Verhaltensgestörte, Altersbehinderte.

Städtebauliche Einbindung

Es ist geboten, die Behinderten als Kinder solange wie möglich im Elternhaus aufwachsen zu lassen. Dazu gehört, daß Wohnungen behindertenfreundlich gebaut werden.

Das Gleiche gilt prinzipiell für die Umweltgestaltung. Als Richtlinien für Stadtplaner und Architekten bestehen die DIN-Blätter 18024 und 18025 sowie weitere Richtlinien von Bund und Ländern.

Thesen

1. Zwei Drittel auch der Körperbehinderten wünschen in normalen Wohnhäusern, in Wohn- oder Mischgebieten voll integriert zu leben, in Wohnungen, die behindertengerecht ausgestattet sind. Die Wohnlage muß lärmgeschützt sein; Erholungsflächen sollen ebenso wie die Stadtmitte leicht erreichbar sein.

2. An Dienstleistungen müssen in der Nähe liegen: eine Haltestelle des öffentlichen Nahverkehrs, dadurch gut erreichbar:
   Ämter und Behörden, Kino und Theater, Cafés und andere Gaststätten, Geschäfte, Post und Telefonzellen, Ärzte und Zahnärzte, ein Schwimmbad, aber auch Sport- und Spielanlagen.

3. Als Hindernisse der Umgebung gelten besonders: Bordsteinkanten, steile Wege, enge oder keine Bürgersteige, hinderliche Zugänge zu Wohnungen, Geschäften und Dienststellen, Treppen, insbesondere ohne Handläufe, kurze Ampelschaltungen für Fußgänger.[9]

4. Regional erforderlich sind Tagesbildungsstätten für Schulpflichtige, gegebenenfalls mit Internaten.

5. Die Behinderten benötigen in Abstimmung mit dem Grad ihrer Behinderung eine weitgehende Integration innerhalb der Wohnbaugebiete, also behindertenfreundliche Wohnungen in normalen Wohngebäuden.

---

[9] *Quelle: »Besondere Wohnformen und Gemeinschaftseinrichtungen«, Schriftenreihe des BMBau 01.062, (1979, SIN-Städtebau-Institut Nürnberg)*

6. Daß die meisten Mehrfach- und Schwerbehinderten auf Servicehäuser oder Pflegeheime mit vollem Therapieangebot angewiesen sind, sei hier am Rande bemerkt. Für die Lage dieser Pflegeheime und Häuser gilt in besonderem Maße das oben Gesagte im Sinne der Humanisierung des Lebens der Betroffenen, insbesondere die Nähe zur Stadtmitte, die Erreichbarkeit von Grünflächen, aber auch von Fußgängerzonen und Verkehrsmitteln.

7. Außen und neben Treppen oder Stufen stets Rampen anordnen, vor allem auch in den Schulen; Bordsteine absenken; behindertengerechte Ampeln (Blindenampeln), WC-Anlagen, Telefonzellen usw. anlegen.

8. Den öffentlichen und privaten Bereich durch klare Wegführung stufenlos einanderzuweisen. Wohnbereiche – integriert beim Siedlungszentrum – bevorzugt in Mittel- und Großstädten einfügen.

9. Wohnheime für geistig Behinderte in der Nähe »Beschützender Werkstätten«[10]) ansiedeln.

10. Behinderte Kinder jeder Art, einschließlich Blinder, zusammen mit gesunden Kindern »gleichberechtigt – gleich wertvoll« in sozialpädagogischen Zentren (Wohngemeinschaften) erziehen, wenn Erziehung zu Hause nicht möglich ist.

Wir empfehlen:
Anstelle der bisherigen Großkrankenhäuser für psychisch Kranke ein gut koordiniertes Netz offener und halbstationärer Dienste und Einrichtungen wie Beratungs- und Kriseninterventionszentren, Tages- und Nachtkliniken, Wohn- und Übergangsheime, beschützte Wohngemeinschaften und Tagesstätten schaffen, Gärten anlegen, die den Wahrnehmungsmöglichkeiten Blinder Rechnung tragen, also »Duft- und Tastgärten« (Beispiele Wien, Ulm, Brixen, Stuttgart, Berlin).

3.3.3.4 Orientierungswerte

Einrichtungen der Sozial- und Gesundheitsfürsorge

Flächenbedarf	2,40 – 3,40 qm/E

Hierin sind folgende Einzelanteile enthalten:
Gemeindepflegestationen/Sozialstationen

Nutzfläche	60 – 80 qm
Mindesteinzugsbereich ca.	25.000 E
max. Entfernung (zentrale Lage)	200 – 300 m zur Haltestelle

Altentagesstätten, Altenclubs (offene Altenhilfe)

Nutzfläche ca.	80 – 100 qm
Mindesteinzugsbereich ca.	25.000 E
max. Entfernung (zentrale Lage)	200 – 300 m zur Haltestelle
Bedarf für ca. 5 % der über 64jährigen	

Altenwohnheime, Altenstifte (Altenwohnungen, in besonderen Gebäuden zusammengefaßt)

Flächenbedarf	0,45 – 0,55 qm/E
Grundstücksfläche	0,7 (– 1,0) ha
Mindesteinzugsbereich	15.000 E

---

[10]) *Beschützende Werkstätten sind Einrichtungen, welche die Eingliederung der Behinderten – auch der seelisch Behinderten – in das Arbeitsleben im Sinne einer Übergangseinrichtung erleichtern sollen. Es handelt sich um eine Institution im Sinne des Schwerbehindertengesetzes. Die Zahl dieser Einrichtungen ist noch gering.*

max. Entfernung 300 – 400 m zu zentralen Einrichtungen und Haltestellen
Bedarf für 1,5 – 2,5 % der über 64jährigen
(Angebot 1979 = 0,8 %)
Investitionsbedarf   500 – 800 DM/E

Altenheime (Wohnplätze für nichtpflegebedürftige, aber voll versorgte alte Men-
schen)
Flächenbedarf   0,45 – 0,60 qm/E
Grundstücksfläche   0,5 (– 1,0) ha
Mindesteinzugsbereich   9.000 E
max. Entfernung 300 – 400 m zu zentralen Einrichtungen und Haltestellen
Bedarf für 2,5 % (– 4,2 %) der über 64jährigen
(Angebot 1979 = 2,3 %)

Altenpflegeheime (Betreuung pflegebedürftiger alter Menschen)
Flächenbedarf   0,20 – 0,35 qm/E
Grundstücksfläche   0,7 (– 1,0) ha
Mindesteinzugsbereich   35.000 E
max. Entfernung 300 – 400 m zu zentralen Einrichtungen und Haltestellen
Bedarf für 1,5 % der über 64jährigen
(Angebot 1979 = 1,2 %)

Einrichtungen der Sozial- und Gesundheitsfürsorge

Einrichtung	Nutzer	Flächenbedarf m^2/E	Grundstücksfläche m^2	Mindesteinzugs-bereiche Einwohner
Gemeinde-pflegestation	Versorgungs-u. Beratungs-bedürftige		60 – 80 Nutzfläche	25.000
Altentagesstätte	Selbstversorger ab 65 Jahre		80 – 100 Nutzfläche	25.000 – 35.000
Altenwohnheim Wohnstifte	Selbstversorger ab 65 Jahre	0,45 – 0,55	7.000 – 10.000	15.000 – 27.000
Altenheim	Nicht-pflegebedürftig aber Vollversorgte ab 65 Jahre	0,45 – 0,60	5.000 – 10,000	9.000
Altenpflegeheim	Pflegebedürftig und Bettlägerig	0,20 0,35	7.000 – 10.000	35.000
Krankenhaus		1,00 – 1,70	30.000 – 35.000	a) 50.000 b) 250.000 c) 1 Mio.

3.3.3.5 Literatur

Architektur und Wettbewerbe: Eine lebenswerte Umwelt für Senioren und Behinderte, Heft 137. Stuttgart 1989

Der Bundesminister für Raumordnung, Bauwesen und Städtebau (Hrsg.): Wohnwünsche der älteren Menschen. Planung, Hilfsmittel, Ausstattung. Bayreuth 1990

Flagge, I. und Steckeweh, C.: Wohnen im Alter – Perspektiven einer Lebensform. Eine Publikation, die in Zusammenhang mit dem gleichnamigen Kongreß unter der Schirmherrschaft der Bundesminister für Raumordnung, Bauwesen und Städtebau sowie Jugend, Familie, Frauen und Gesundheit steht. München 1989

Heil, K.: Altenhilfe als Konzept der Stadterneuerung. Probleme alter Menschen im Prozeß der Sanierung und Modernisierung. Ansätze und Kriterien einer sensiblen Planungsstrategie. Stuttgart 1989

Scheidgen, H. (Hrsg.): Die allerbesten Jahre: Thema: Alter. Weinheim; Basel 1988

Strubelt, Wendelin: Alte Menschen – ihr »Standort« in unserer Gesellschaft. Zum Expertengespräch »Alte Menschen und ihre räumliche Umwelt«. Bonn 1988

Wagner, H. (Hrsg.): Behindertengerechtes Planen – Die Wohnung. Berlin 1981

DIN 18024 – Straßen, Wege, Plätze; dazu Broschüre »Planer und Praktiker – barrierefreie Gestaltung des Straßenraumes«

DIN 18025 – Barrierefreies Wohnen (Gelbdruck 1992), Bundesanstalt für Straßenwesen, Bergisch Gladbach

Studie (Internationale Normerfassung) Bundesministerium für Bauwesen, Raumordnung und Städtebau, Stand der DIN-Normen in 22 Ländern, BMBau Bonn Deutsche Norm 1992

DIN 66079 – Graphische Symbole zur Information der Öffentlichkeit, Symbole für Behinderte (in Vorbereitung)

Marx, L.: Barrierefreies Planen und Bauen für ältere und behinderte Menschen, Karl Krämer Verlag. Stuttgart 1993

Maximale Entfernung von der Wohnung	Fläche je Nutzer m²	Gruppengröße Kinder	Bemerkungen
15 – 20 Min. Fußweg oder ÖNV-Fahrt (300 m zur Haltestelle)			»offene Sozialhilfe« im Bereich lokaler Zentren
15 – 20 Min. Fußweg oder ÖNV-Fahrt (300 m zur Haltestelle)	35 – 70 Besucher Besucher		
300 – 400 m zur Haltestelle und Läden	40 – 50	70 – 120 Apts.	Kombination mit Altenheim zweckmäßig, dann Bettenanteil 30 – 35 %
300 – 400 m zur Haltestelle und Läden		70 – 120 Plätze	Kombination mit Pflegeheim zweckmäßig, dann Bettenanteil 45 – 55 %
30 – 45 Min. Fahrzeit für Verw. Besuche		70 – 140 Plätze	
a) 20 – 25 km b) 40 km und mehr c) 100 km und mehr	75 – 100/Bett	a) 200 – 250 B b) 400 – 600 B c) 700 u. m B	a) Grundversorgung b) Regelversorgung c) Zentralversorgung 7,5 B/1000 E Akut-Krankenhaus 2 B/1000 E Fach-Krankenhaus

3.3.4   Krankenhäuser

3.3.4.1   Begriffe

Krankenhäuser sind Einzelbauten oder Gebäudegruppen zur ärztlichen Behandlung Kranker, bei denen eine stationäre Behandlung mit ständiger pflegerischer Betreuung und ärztlicher Überwachung der Versorgung im häuslichen Milieu vorzuziehen ist. Es werden Allgemeinkrankenhäuser mit mindestens chirurgischen, internistischen, radiologischen und gynäkologischen Abteilungen von Fachkrankenhäusern für bestimmte Krankheiten unterschieden: zum Beispiel Frauen-, Kinder-, Tuberkulose-, Augen- sowie psychiatrische oder orthopädische Krankheiten.

Abteilungen werden in Stationen mit dreißig bis vierzig Betten und den jeweils dazugehörigen Räumen untergliedert.[11])

Krankenhäuser der Zentralversorgung haben heute im Durchschnitt bis zu zehn Fachabteilungen; Krankenhäuser der Maximalversorgung bis zu fünfzehn.

Es gibt verschiedene Arten von Gruppenpflegekonzepten: zum Beispiel die Zusammenfassung von zwei Halbstationen mit je zwanzig Betten zu einer Station von vierzig Betten und zu einer Gruppe von achtzig Betten. Zusätzliche Aufgaben für Universitätskrankenhäuser sind auch: Verwertung der bei der Krankenbehandlung gewonnenen Erfahrungen für Lehre und Forschung, Unterricht am Krankenbett, Patientenvorstellung in Lehrveranstaltungen, klinische Forschung und zum Teil auch Grundlagenforschung mit Bezug auf klinische Fragestellungen, Heranbildung von medizinischem Hochschullehrernachwuchs.

In der Regel sollten Zweibettzimmer, eine kleinere Zahl von Einbettzimmern und eine geringe Zahl von Dreibettzimmern eingerichtet werden. Es gibt aber durchaus Kranke (z. B. in unfallchirurgischen oder orthopädischen Abteilungen), die lieber in einem Raum mit vier bis fünf Patienten liegen.

Man sollte deshalb keine starren Grenzen der Zimmergrößen postulieren. Jedoch sind stets würdige Sterbezimmer einzurichten. Diese Zimmer fehlen noch immer; sie sollten sich möglichst nicht von den anderen Patientenzimmern unterscheiden. Den Sterbenden sollte auch ein Abschied im Familienkreis ermöglicht werden.

3.3.4.2   Allgemeine Ziele, städtebauliche Einbindung, Maßstäbe

Die baulichen Anlagen von Krankenhäusern gehören in ein gepflegtes parkartiges Dauergrün mit Bänken, mit Anbindung an den Individual- wie den öffentlichen Personennahverkehr, dazu geschützt gegen Lärm und andere Immissionen.

Die ärztlich-pflegerische Zielsetzung der allgemeinen stationären Krankenhausversorgung stellt sich vereinfachend in fünf Typen dar:

– Mindestversorgung mit etwa 120 Betten,
– Grundversorgung mit mindestens 200 Betten,
– Regelversorgung mit mindestens 400 Betten,
– Zentralversorgung mit etwa 750 Betten,
– Maximalversorgung mit 1200 bis 1900 Betten (Ausnahme).

   Die Ermittlung des Bettenbedarfs ist infolge der außergewöhnlichen medizinischen Entwicklungsdynamik besonders schwierig und vage. Auch die obigen Daten können daher nur mit großer Vorsicht und Flexibilität zugrunde gelegt werden. Maßstäbe bilden die bestmögliche Ausnutzung zentraler Krankenhauseinrichtun-

---

[11]) *Quellen: dtv Brockhaus-Lexikon, 10. Bd. S. 131 ff, München, 1988; desgl. Handwörterbuch der Raumforschung und Raumordnung, Akademie für Raumordnung und Landesplanung, 2. Aufl., Bd. II, S. 1619 – 1629, Siegfried Eichhorn, Gebr. Jänicke Verlag Hannover 1970 sowie Frik, W., Vorstand der Abt. Radiologie der med. Fakultät d. Rhein.-Westf. Techn. Hochschule Aachen, 1984*

gen, die Aus- und Weiterbildungsaufgaben sowie die Fortbildungsaufgaben des Krankenhauses.

Für Universitätskliniken gelten noch andere Maßstäbe, so insbesondere die Studentenzahl in Relation zur klinischen Ausbildungskapazität. Hierfür setzt die »Kapazitätsverordnung« Maßstäbe.

Es ist ohne Zweifel sehr schwierig, den Eigenbedarf im Rahmen einer regionalen Krankenhausplanung zweckmäßig auf die verschiedenen Krankenhaustypen zu verteilen und mit den anderen Einrichtungen der Krankenversorgung und der Gesundheitsfürsorge abzustimmen, und zwar so, daß im Endeffekt eine gute Krankenversorgung der Bevölkerung erreicht ist.

Thesen

Große Krankenhäuser nicht als große Blocks konzipieren, da solche Blocks Antipathien und Ängste bei den Patienten erzeugen, und dadurch die Heilerfolge negativ beeinflussen; solche Blocks sind aber auch aus landschafts- und stadtgestalterischen Gründen abzulehnen. Natürlich müssen neben die humanitären Gesichtspunkte solche einer wirtschaftlichen Betriebsführung und einer guten Zusammenarbeit – im Universitätsbereich auch mit den theoretischen Instituten – treten. Eine endgültige Lösung ist noch nicht gefunden. Sie befindet sich aber wahrscheinlich in einer günstigen Gliederungsform großer Baumassen mit viel Grün dazwischen. Keine Bettensilos!

Bedarf an Betten und poliklinischen Untersuchungs- und Behandlungsfällen für Zwecke der Lehre

Stoffgebiet	Bettenbestand eines Universitäts-klinikums nach den Überlegungen zur fachlichen Gliederung	Bettenbedarf für die Lehre bei einer Auslastung von		Bedarf an poliklinischen Untersuchungs- und Behandlungsfällen pro Jahr bei Eignung jeden . . . Falles	
		80 %	85 %	achten	fünfzehnten
Innere Medizin	240 – 400	353 [2]	333 [2]	39 500	74 100
Chirurgie	220 – 260	261	246	19 100	35 900
Orthopädie	100 – 120	112	105	8 300	15 600
Urologie	60 – 80	87	82	6 200	11 700
Frauenheilkunde	120	132	125	14 600	27 300
Kinderheilkunde	160	161	151	17 900	33 500
Augenheilkunde	80	76	71	16 200	30 400
Hals-Nasen-Ohren-heilkunde	80	76	71	16 200	30 400
Dermato-Venerologie	60	53	50	11 200	21 100
Psychiatrie	140 – 200	161 [3]	151	14 600	27 300
Neurologie	80	79	75	5 800	10 900
Psychotherapie und Psychosomatik				11 600	21 800
Radiologie	60	–	–	–	–
Insgesamt	1 400 – 1 700	1 551	1 460	181 200	340 000

3.3.4.3 Orientierungswerte

Flächenbedarf	1,00 – 1,70 qm/E
Grundstücksfläche (je nach Krankenhaustyp)	3 – 3,5 ha
mindestens	100 qm/Bett
Mindesteinzugsbereich	50.000 E
	(bis 1,2 Mio. und mehr)
max. Entfernung	20 km (– 100 km)
Bettenbedarf im Durchschnitt	
Akutkrankenhäuser	7,5 Betten/1.000 E
Fachkrankenhäuser	2 Betten/1.000 E
Krankheitshäufigkeit	165 Fälle/1.000 E
Verweildauer	15 – 16 Tage
Bettenbenutzung	85 %

Der konkrete Bedarf an allgemeinen und Fachkrankenhäusern hängt von zahlreichen regionalspezifischen Variablen ab, die in der Regel in sogenannten »Krankenhausbedarfsplänen« (deren Ziel eine flächendeckende Versorgung der Bevölkerung mit allen Abteilungen des Krankenhauswesens ist) berücksichtigt werden müssen.

3.3.4.4 Literatur

Aubel, P. van: Wirtschaftliche Betrachtungen über den Bedarf an Krankenhausbetten und seine Deckung, in: Beiträge zur Krankenhauswissenschaft, Bd. 2 der Schriften des Dt. Krankenhausinstituts. Stuttgart und Köln 1958

Dirichlet, G.; Labryga, F.; Poelzig, P. und Schlenzig, G.: Krankenhausbau. Maßkoordination, Entwurfsstrategie, Anwendungsbeispiele. 1990

Eichhorn, S.: Krankenhausbetriebslehre – Theorie und Praxis des Krankenhausbetriebes. Köln 1967

Eichhorn, S.: Krankenhausplanung, in: Handwörterbuch der Raumforschung und Raumordnung, Akademie für Raumordnung und Landesplanung, Bd. II. Hannover 1970

Gesellschaft Deutsches Krankenhaus (Hrsg.): Auf dem Weg zum Krankehaus 2000. 15. Deutscher Krankenhaustag und Interhospital 1989 vom 6. – 9. Juni 1989 in Hannover. Eine Dokumentation aller Ansprachen und Referate. Stuttgart 1989

Schachner, B.: Das Krankenhaus im Stadtgefüge, in: Medizin und Städtebau, Bd. 2. München, Berlin, Wien 1957

Schneider, J. und Schneider-Granzow C.: Die Atos-Praxis Klinik. Königstein im Taunus 1990

3.3.5 Kirchliche Einrichtungen

3.3.5.1 Begriffe

Evangelische Gemeindezentren

umfassen sinnvollerweise je nach Einzugsbereich: Kirche, Gemeindesaal oder Gemeindehaus, Konfirmandenraum, Jugendzentrum, Altenzentrum, Kindergarten, zwei bis drei Pastorate (120 – 300 Personen), Wohnungen in Ein- und Mehrfamilienhäusern für Pastoren und Küster mit Familien, Gemeindeschwestern und -helfer.

Katholische Pfarrzentren

umfassen in der Regel nach Einzugsbereich: Kirche, Gemeindehaus mit Gemeindesaal (100 – 200 Personen), Gemeindepflegestation, Jugendheim, Kindergarten, Wohnungen in Ein- oder Mehrfamilienhäusern für Pfarrer, Küster, Gemeindeschwestern und -helfer.

Zentren anderer Religionsgemeinschaften – Synagogen, Moscheen u.a.

Die Gotteshäuser des jüdischen, muslimischen und anderen Glaubens sind überall dort erforderlich, wo größere Gruppen solcher Religionsgemeinschaften angesiedelt sind, vor allem in Millionenstädten und einzelnen Städten der Ballungsräume.

Moscheen sind in erster Linie die Gemeindegebetsstätten und Predigträume der Gläubigen. Dazu gehören aber auch – je nach Größe – Gebäude oder Gebäudeteile mit theologischen Lehrstätten, mit Waschanlagen, mit Bibliotheken und für Landsmannschaften oft um einen Hof mit Arkaden herum gruppiert.

Ähnliches gilt für Synagogen, jedoch sind diese auch Orte profaner Versammlungen.[12])

3.3.5.2 Städtebauliche Einbindung

Daß kirchliche Zentren sowohl mit ihren vielfältigen kulturellen und sozialen Funktionen als auch als gestalterische Dominanten innerhalb ihrer Einzugsbereiche an städtebaulich besonders hervorragender Lage einzuplanen sind, sollte selbstverständlich sein. Beispielgebend sind die großen Baudenkmale aus vielen Jahrhunderten, die das Bild der Städte und Dörfer in ihrer Eigenart besonders geprägt haben und deren Wahrzeichen sind.

Möglichst große Lärmfreiheit und gute Einfügung in das Fußwegenetz sind anzustreben und zu sichern.

3.3.5.3 Orientierungswerte

Flächenbedarf:

Maximalwert	1,00 – 1,50 qm/E
Gebräuchlicher Mittelwert	0,50 – 0,70 qm/E
Minimalwert	0,10 – 0,30 qm/E

Der Flächenbedarf hängt unter anderem von der Verteilung der Konfessionen auf die Bevölkerung und der Größe der Kirchengemeinden ab. Im einzelnen rechnet man:

für katholische Kirchen mit	4.000 – 5.000 kath. EW
etwa	0,5 – 0,7 ha Grundstücksfläche (400 – 600 Sitzplätze)
für evangelische Kirchen mit	5.000 – 6.000 evang. EW
etwa	0,3 – 0,5 ha Grundstücksfläche (200 Sitzplätze)
und mit	15.000 evang. EW
etwa	0,6 ha Grundstücksfläche (400 Sitzplätze)

---

[12]) *Brockhaus Enzyklopädie, Wiesbaden 1976*

3.3.6   Kulturelle Einrichtungen, Kunst und Wissenschaft

Zum städtebaulich relevanten Bereich kultureller Einrichtungen gehören Kirchen und kirchliche Zentren, ebenso wie bauliche Anlagen des Bildungswesens, der Wissenschaft und der Kunst.

Diese Einrichtungen sind in unterschiedlicher Weise dafür prädestiniert, unsere Städte und Gemeinden mit vielfältigem Leben, über den Alltag hinaus, zu erfüllen und sie zu prägen.

Kirchen, Schulen und Bildungseinrichtungen wurden bereits in den vorangegangenen Abschnitten behandelt. Nur noch selten werden in absehbarer Zukunft Theater, Konzerthäuser, Bibliotheken, Kongreßhallen, Bürgerhäuser und ähnliche, auch optisch dominierende Großbauprojekte zum Zuge kommen, aber gerade deshalb ist ihre Standortbestimmung von ganz besonderer Bedeutung – ohne daß dafür Rezepte gegeben werden können.

Das Einfügen in die Eigenart der Umgebung ist von ausschlaggebender Bedeutung. Hier sollte auf dem Weg des Architektenwettbewerbs die Lösung gesucht werden.

In mittleren und größeren Städten sollten, wo dies möglich ist, kulturelle Einrichtungen zu Gesamtangeboten – zum Beispiel Theater, Museen, Bibliotheken, Kinos, Kulturhäuser zusammengeführt werden.[13]

Zum kulturellen Leben der Städte und Dörfer gehören auch Straßen- und Stadtteilfeste. Dazu ist ein entsprechender baulich-städtebaulicher Rahmen erforderlich. So werden Straßen und Plätze, aber auch verschiedene alte Gebäude – mit neuen Inhalten und Funktionen –, zu Begegnungsstätten kultureller und künstlerischer Aktivitäten.

3.3.6.1   Orientierungswerte

Flächenbedarf	0,60 – 1,00 qm/E
Bürgerhäuser	
Grundstücksfläche	4.000 – 6.000 qm
Mindesteinzugsbereich	50.000 – 80.000 E
(Dorfgemeinschaftshaus-Hessen)	(ab 500 E)
Entfernung	1 km/15 – 20 Min. Fußweg
Bibliotheken	
Mindesteinzugsbereich	10.000 – 20.000 E (flächen-
Bücherei	8.000 – 10.000 E deckende
(2 Bände incl. Medieneinheit/E, mind. 15.000 Bände)	Versorgung)
Entfernung	1 – 1,5 km/20 Min. Fußweg
Schauspielhäuser/Theater	
Mindesteinzugsbereich (einer selbständigen Einheit)	0,5 – 2,0 Mio E
Konzertsäle	70.000 – 80.000 E
Mehrzweckhallen	50.000 – 80.000 E
Besuchsquote: 0,8 E/J; ca. 5 Besuche/Nutzer/Jahr	
Museen	
Mindesteinzugsbereich	70.000 – 80.000 E
Besuchsquote: 0,5 E/J; ca. 1 – 3 Besuche/Nutzer/Jahr	

---

[13] *Vergleiche hierzu die UNESCO-Empfehlung von 1976 über die Teilnahme und Mitwirkung aller Bevölkerungsschichten am kulturellen Leben.*

3.3.7 Verwaltungseinrichtungen

3.3.7.1 Begriffe

Begrifflich sind zu unterscheiden
die Staatsverwaltung (Bundes- und Landesverwaltung)
mit unmittelbaren und mittelbaren Verwaltungen und Dienststellen;
die Kommunalverwaltung
mit funktionell sehr unterschiedlichen Dienststellen;
die betriebliche oder Unternehmensverwaltung
mit primären (Produktion oder Angebot von Dienstleistungen) und sekundären (z. B. Finanz-, Personal-, Ein- und Verkaufsverwaltung) Unternehmensaufgaben.[14]
Besonders die Kommunalverwaltung ist wegen des Publikumsverkehrs, aber auch aus repräsentativen Gründen, an innerstädtische Standorte – möglichst nahe beieinander – gebunden. Es gibt jedoch auch zahlreiche funktionell nicht standortgebundene Dienststellen.
Am wenigsten citygebunden sind – außer Bankinstituten – die Unternehmensverwaltungen.
Der vor allem von Fourastié als gebräuchlich eingeführte Begriff des tertiären Sektors ist im wesentlichen gleichzusetzen mit der Tätigkeit im Dienstleistungsbereich, im Gegensatz zum primären (Vorproduktions-) und sekundären Verarbeitungssektor. Etwa die Hälfte der Beschäftigten in den Industrieländern ist – mit unterschiedlichen Prozentzahlen – bereits heute im tertiären Bereich tätig.
Ihr Anteil nimmt weiterhin zu. Das bedeutet eine Zunahme der hierfür benötigten baulichen Anlagen und damit ein wachsendes städtebauliches Gewicht.
Dabei sollte die Möglichkeit, Verwaltungseinrichtungen verstärkt in Klein- und Mittelstädten anzusiedeln, kommunalpolitisch und planerisch unterstützt werden. Das Gleiche gilt auch für die Ansiedlung in allgemeinen Wohn- oder in Mischgebieten der Großstädte, wo dieses sinnvoll ist. Standorte für Unternehmensverwaltungen sollten in Gewerbe- oder Industriegebieten stadtplanerisch ausgewiesen werden.
Zu vermeiden ist aus vielen städtebaulichen Gründen die monofunktionale Ballung vieler Bürogebäude auf großen Flächen der Innenstädte.

3.3.7.2 Orientierungswerte

Orientierungswerte für Einrichtungen der öffentlichen Verwaltung und öffentlichen Sicherheit
Flächenbedarf:
je nach Gemeindefunktion, dem Bedarf an Verwaltungseinrichtungen und der Stadtgröße kann man annehmen als

Maximalwert	2,00 qm/E
Gebräuchlicher Mittelwert	0,80 – 1,10 qm/E
Minimalwert	0,50 qm/E

Rathäuser, Kommunalverwaltungen
Angesichts der Vergrößerung der Einzugsbereiche, im Zuge der kommunalen Neugliederung und der Bemühungen um Verwaltungsvereinfachung, lassen sich derzeit sinnvolle Orientierungswerte zu Behördengrößen, Flächenbedarf und Einzugsbereichen von Verwaltungseinrichtungen nicht angeben.

---

[14] *Brockhaus Enzyklopädie, Wiesbaden 1976, sowie Buchholz, E. W., in Handwörterbuch der Raumforschung und Raumordnung, 2. Aufl., Gebr. Jänecke Verlag Hannover 1976, Spalte 647/8*

Post
Grundstücksfläche	ca. 400 – 700 qm
Geschoßfläche bei 2 Schaltern	100 qm
Mindesteinzugsbereich	10 000 – 25 000 E
Briefschalter	3500 E
Paketschalter	5000 E
Poststelle (ländlicher Raum)	500 – 1000 E
	(mind. 200 E)

1 Zusteller/1000 – 1500 E
Entfernung	ca. 2 km

Polizeistation
Grundstücksfläche	ca. 300 – 500 qm
Mindesteinzugsbereich	
Polizeistation	15 000 E
Kreispolizeibezirk	150 000 E
Polizeirevier (Großstadt)	50 000 – 80 000 E

1 Beamter/400 – 500 E (ländlicher Raum 1300 E)
Lage zentral (ländlicher Raum max. 25 km)

Feuerwehr
Grundstücksfläche	ca. 1500 – 4000 qm
Mindesteinzugsbereich	
freiwillige Feuerwehr	2 000 E
Berufsfeuerwehr	100 000 E

Gericht
Bei der Differenzierung des Gerichtswesens sind keine genauen Anhaltswerte möglich.

Mindesteinzugsbereiche für
Amtsgericht	60 000 – 100 000 E
Arbeitsgericht	0,9 – 1,2 Mio E
Landgericht	150 000 – 170 000 E
Oberlandesgericht	1,5 – 2,5 Mio E

3.3.8 Einzelhandel, private Dienstleistungseinrichtungen

3.3.8.1 Begriffe
a) Größenordnungen
Ladengruppe (Kleinzentrum)
mit drei bis fünfzehn Geschäften für den Tagesbedarf, Gemischtwarenhandlung (»Tante Emma-Laden«) zu Fuß erreichbar; Gaststätten nach Bedarf.

Lokales Versorgungszentrum (Ortsteilzentrum)
mit zwanzig bis vierzig Geschäften für den Tages- und Wochenbedarf, zu Fuß oder mit dem Fahrrad gut erreichbar. Gaststätten, Praxen und andere Dienstleistungen nach Bedarf.

Stadtteil- oder Ortszentrum
mit Geschäften für den langfristigen Bedarf, Gaststätten, Hotels, Praxen und andere Dienstleistungseinrichtungen.

Hauptzentrum

mit Geschäften aller Art, Waren- und Kaufhäusern, Gaststätten, Hotels, Praxen und allen öffentlichen und privaten Dienstleistungen.

Für den innerstädtischen Einkauf sind »Galerien« und Passagen in Zukunft voraussichtlich von besonderer Bedeutung (siehe auch 3.3.8.2). Darunter sind in der Regel gemischt genutzte Objekte zu verstehen, die auch dem Bereich Essen und Trinken genügend Raum geben.

b) Betriebsformen

Fachgeschäfte

Einzelhandelsgeschäfte, die Waren einer bestimmten Branche oder Bedarfsgruppe mit ergänzenden Dienstleistungen anbieten.

Spezialgeschäfte

Einzelhandelsbetriebe, deren Warenangebot auf einen Ausschnitt des Sortiments eines Fachgeschäfts spezialisiert ist.

Kaufhäuser

Größere Einzelhandelsbetriebe, die Waren einer Branche oder einiger Branchen anbieten; in der Regel handelt es sich um Textilien, Bekleidung und verwandte Bedarfsrichtungen.

Warenhäuser

Einzelhandelsgroßbetriebe, die Waren aus zahlreichen Branchen (Hauptrichtungen: Bekleidung, Textilien, Hausrat, Wohnbedarf sowie in der Regel auch Nahrungs- und Genußmittel) anbieten.

Einkaufszentren, Verbrauchermärkte

Einkaufsgelegenheiten in oder außerhalb der geschlossenen Bebauung. Sie rufen einen erheblichen motorisierten Käuferverkehr hervor.

Soweit sie auf der grünen Wiese gelegen sind, machen sie den innerstädtischen Zentren Konkurrenz und ziehen von dort Kaufkraft ab. Durch eine solche Entwicklung droht eine Entwertung der Innenstädte. Da die Innenstädte ohnehin – durch Zunahme der Dienstleistungen (Büros) und Verdrängung der Wohnbevölkerung – der Gefahr der Verödung unterliegen, aber auch wegen der zu befürchtenden Zersiedlung und Zerstörung von Landschaftsräumen, muß derartigen Tendenzen entschieden entgegengewirkt werden. Die Erfahrung hat gelehrt, daß ein Geschäftsgebiet ohne ausreichende Parkmöglichkeiten in der Nähe (8 Minuten Fußweg) schwere Verluste erleidet.

Die Baunutzungsverordnung läßt Verbrauchermärkte und Einkaufszentren nur als Sondergebiet zu und gibt damit den Gemeinden die Möglichkeit zur Steuerung dieses Einzelhandelstyps.[15])

3.3.8.2 Städtebauliche Einbindung

Die Vielfalt zentraler Einrichtungen bestimmt die Qualität des Zentrums einer Stadt. Zu fordern ist die Eingliederung in das Gesamtzentrensystem und ihrer Einzugsbereiche.

Die bestmögliche Versorgung der Bevölkerung mit Waren und Dienstleistungen liegt vor, wenn die Einkaufsmöglichkeiten gut erreichbar sind und bei differenziertem

---

[15]) *Die VO zur Änderung der Baunutzungsverordnung v. 19. 12. 1986 (BGBl I S. 2665) läßt auch Sexläden und Spielhallen nur in »Sondergebieten« zu, da diese i. d. R. den Charakter renommierter Geschäftsgebiete in den Innenstädten erheblich beeinträchtigen.*

Angebot und ausreichenden Konkurrenzverhältnissen ein chancengleiches Einkaufen für alle sozialen Schichten, auch für Menschen ohne Auto, für Behinderte und ältere Leute ermöglichen.

Auch jedem Wohngebiet sind Bauflächen (ein oder mehrere Nebenkerne) für Geschäfte und Betriebe, zur Deckung des Tagesbedarfs, zuzuordnen. Hier gehört der sogenannte Tante-Emma-Laden hin. Die Betriebe sollten möglichst als kleine Ladenzentren in Fußgängerbereichen zusammengefaßt werden. Als Standorte kommen Lagen mit guter Anlieferungsmöglichkeit in Betracht, oft zweckmäßig am Zugang zum Wohngebiet bei den Haltestellen der Nahverkehrsmittel.

Ladenzentren in neuen Wohnsiedlungen haben von Anfang an eine erhebliche Bedeutung für das Funktionieren der Siedlung. Die Versorgung der Bevölkerung ist in jeder Phase sicherzustellen, falls erforderlich, über ein Provisorium.

Zu jedem Ladenzentrum, insbesondere in Fußgängerbereichen, sollten Cafés mit Plätzen innen und außen, Sitzbänke in kleinen Grünflächen und Blumen gehören. Niemals sollten Bäume vergessen werden. Aber auch Bedürfnisanstalten – möglichst unterirdisch – müssen leicht erreichbar und auffindbar sein.

Für Großstädte wurde die Passage wiederentdeckt. Ihre Vorteile sind groß, und die Bevölkerung sucht sie gerne auf. Die Planung sollte diese Möglichkeit zur Belebung der Innenstädte im Auge behalten.

Als Branchen für City-Ergänzungszonen mit geringerer Zentralität bieten sich an: Fachgeschäfte für Autos, Fernsehen, Radio, Möbel und anderes; besondere Spezialitäten, gegebenenfalls gemischt mit Arztpraxen, Banken, Druckereien, freien Berufen, Hotels und anderem mehr.

Grundsätzlich ist das innerstädtische Wohnen zu fördern. Wichtig ist die Verbesserung des öffentlichen Personennahverkehrs – wenn möglich mit Verkehrsverbund verschiedener Verkehrsträger –, aber auch die Erreichbarkeit für Kraftwagen mit ausreichendem, gut überwachtem und durch ein Leitsystem begleitetem Parkplatzangebot.

3.3.8.3 Orientierungswerte

Erstellung und Betrieb von privaten Einrichtungen mit zentralen Standortansprüchen, zum Beispiel von Einzelhandelsgeschäften, Handwerksbetrieben, Dienstleistungsunternehmen (Kreditinstituten, Gaststätten) und Praxen freier Berufe (Ärzte, Anwälte), sind weitgehend unabhängig von der Bereitstellung der Gemeinbedarfseinrichtungen der öffentlichen Hand. Letztere sind auch dann in bestimmtem Umfang vorzuhalten, wenn ihre wirtschaftliche Tragfähigkeit nicht gesichert ist, während sich die privatwirtschaftlich betriebenen Einrichtungen ausschließlich an den Gesetzen des Markts orientieren. So sind für die Dimensionierung und Standortwahl von Einzelhandelsgeschäften neben der Erreichbarkeit und den Einwohnerzahlen auch die Kaufkraft und die Kaufgewohnheiten der Einwohner sowie die Lage der Geschäfte zu Konkurrenten oder Nachbarzentren und schließlich auch die regionale Stellung der Gemeinde oder deren Angebotsvielfalt maßgebend. Für Handwerksbetriebe, Kreditinstitute, Rechtsanwaltspraxen und andere spielt ergänzend auch der örtliche Gesamtbedarf, für Ärzte auch die Nähe zu öffentlichen Gesundheitseinrichtungen, eine wichtige Rolle.

Aus all diesen Gründen unterliegt die Bedarfsschätzung für Einzelhandelsgeschäfte und private Dienstleistungseinrichtungen sehr viel größeren Unsicherheiten als für die übrigen Gemeinbedarfseinrichtungen, und in jedem konkreten Fall wird eine frühzeitige Planung, in Verbindung mit den Fachorganisationen des Einzelhandels, unerläßlich sein.

Bei sehr grober Vereinfachung können sich die Einzelhandelseinrichtungen etwa folgendermaßen auf das Siedlungsgefüge verteilen:

Läden für den Tagesbedarf (Einzelläden/Ladengruppe):
Flächenbedarf	$0,7$ bis $1,20\ m^2/E$
Ladenfläche	ca. 75 bis 230 m^2/Normalladen
	ca. 250 bis 600 m^2 SB-Laden
Einzugsbereich	2000 bis 3000 E
Einzelladen	500 bis 600 E
Entfernung	500 m/7 Minuten Fußweg
Abstand zum Nachbarzentrum:	800 m

Läden für den Wochenbedarf (lokales Versorgungszentrum):
Flächenbedarf	$0,80$ bis $1,70\ m^2/E$
Grundstücksflächen	1,2 ha (bei ca. 15 bis 20 Läden)
Einzugsbereich	5000 bis 8000 E
Entfernung	800 m/10 Minuten Fußweg
Abstand zum Nachbarzentrum	mindestens 1,6 km

Läden für den langfristigen Bedarf (Stadtteil- oder Ortszentrum):
Flächenbedarf	$0,80$ bis $1,50\ m^2/E$
Grundstücksfläche	ca. 4 ha
Einzugsbereich	20 000 bis 50 000 E
Entfernung	1,5 km Fußweg/20 Minuten Auto
	oder Bus
Abstand zum Nachbarzentrum	mindestens 3 km

Hauptzentrum
Flächenbedarf	$0,75$ bis $2,50\ m^2/E$
Grundstücksfläche	ca. 15 ha
Einzugsbereich	mindestens 60 000 E
Entfernung	20 Minuten Anfahrt

Über diesen groben Differenzierungsversuch hinaus enthält die Spezialliteratur sehr viel gründlichere Auseinandersetzungen mit Besatzziffern und Verfahren zur Bedarfs-, Umsatzerwartungs- und Wirtschaftlichkeitsberechnung, auf die hier nicht näher eingegangen werden kann.[16]
Die nachfolgende Darstellung verdeutlicht die Beziehungen, die zwischen den notwendigen Einwohnerschwellen der Bruttowohndichte innerhalb des Einzugsbereichs und den für sinnvoll erachteten Fußwegentfernungen für verschiedene Einzelhandelseinrichtungen bestehen können.[17]

Dienstleistungsunternehmen
(Kredit- und Versicherungsinstitute, Hotels und Pensionen, Kinos usw.)

Flächenbedarf	$1,00$ bis $1,70\ m^2/E$
Einzugsbereich	20 000 bis 50 000 E
	(in der Regel erst im Ortszentrum)

---

[16] Hingewiesen sei z. B. auf Kuhn, A. G. u. a.: *Kommunale Gewerbeplanung II – Einzelhandels- und Dienstleistungsbetriebe.* Hrsg.: Inst. f. Städtebau Berlin der Dt. Akademie f. Städtebau und Landesplanung. Berlin (1977), insbes. S. 141 – 146 (Tab. 4 – 9) »Bestimmung betriebswirtschaftl. existenzieller Mindestbetriebsgrößen nach Fachsparten«.
[17] z. B. Hofstädter, M.: »Versorgungsplanung und kommunale Entwicklungsplanung im Ausstrahlungsbereich von Verdichtungsgebieten« Dissertation Universität Bonn. Hrsg. v. Institut für Städtebau, Bodenordnung und Kulturtechnik, 1975

Dienstleistungen freier Berufe	
Praxisgröße	120 bis 180 m^2
Einzugsbereiche	
Praktischer Arzt	1400 bis 3 350 E
Facharzt	1800 bis 4 000 E
Augenarzt	24 500 E
Chirurg	47 500 E
Frauenarzt	16 000 E
HNO-Arzt	30 000 E
Hautarzt	41 000 E
Internist	10 000 E
Kinderarzt	25 000 E
Nervenarzt	50 000 E
Orthopädie	37 000 E
Röntgenologe	60 000 E
Urologe	66 000 E
Zahnarzt	2 400 E
Kieferorthopäde	36 000 E
Vorschlag: Zusammenfassung in Ärztehäusern	
Apotheker	4500 bis 6 000 E
Architekt/Bauingenieur	5 000 E
Steuerbevollmächtigter/Wirtschaftsprüfer	10 000 E
Rechtsanwalt	10 000 E

3.3.8.4 Literatur

Conrads, U.: Umwelt Stadt, Argumente und Lehrbeispiele für eine humane Architektur, Reinbek b. Hamburg, 1974

Bremme, H.; Dichtl, E.; Schenke, W.-R.: Einzelhandel und Baunutzungsverordnung. (Schriften des Betriebs-Beraters, Bd. 72.) Heidelberg 1988

Bundesarbeitsgemeinschaft der Mittel- und Großbetriebe des Einzelhandels e.V. (Hrsg.): Galerien und Passagen im öffentlichen Bau- und Ordnungsrecht. Köln 1987

Janke: Gewerbeplanung im Städtebau. Kirchheim/Teck 1960

Müller, W.: Städtebau/Technische Grundlagen. Stuttgart 1974

Rainer, R.: Für eine Lebensgerechtere Stadt. Wien – Zürich – München 1974

Schriftenreihe der Bundesarbeitsgemeinschaft der Mittel- und Großbetriebe des Einzelhandels e.V., Köln (Hrsg.): Innerstädtische Zentren in Gefahr. Köln 1981

Schriftenreihe der Bundesarbeitsgemeinschaft der Mittel- und Großbetriebe des Einzelhandels e.V., Köln (Hrsg.): Parken und Handel. Köln 1990

Schriftenreihe der Bundesarbeitsgemeinschaft der Mittel- und Großbetriebe des Einzelhandels e.V., Köln (Hrsg.). Köln 1986

Schwanzer, B.: Die Erlebniswelt von Geschäften und Schaufenstern. Die Werbewirkung der Architektur im Einzelhandel, dargestellt anhand von empirischen Untersuchungen. Wien 1988

Wiegand: Funktionsmischung. Zur Planung gemischter Gebiete als Beitrag zur Zuordnung von Wohn- und Arbeitsstätten, (Diss.), hrsg. v. Burckard Planconsult AG, Basel 1972

3.4 Arbeiten

Hier sollen in erster Linie die fast ausschließlich dem Arbeiten gewidmeten gewerblichen Bauflächen nach der Baunutzungsverordnung, die Gewerbe- und Industriegebiete, angesprochen werden.

Nicht nur in gewerblichen Baugebieten, sondern auch in Mischgebieten oder allgemeinen Wohngebieten wird immer wieder die Tendenz zur Mischung von Wohn- und Arbeitsstätten als Optimum des Zusammenwirkens der menschlichen Funktionen favorisiert. Hauptkriterien sind dabei die Störfaktoren (Emissionen/Immissionen verschiedener Art). Eine feinkörnige, mosaikartige Zuordnung von Gebieten verschiedener Nutzung mit dazwischenliegenden Schutzstreifen, die gegenseitige Störungen ausschließen oder mildern, erscheint als Optimum.

Der Unterschied zwischen Gewerbegebieten und Industriegebieten wird nicht immer sofort erkennbar sein; auch werden örtlich große Verschiedenheiten auftreten. Gewerbegebiete werden in der Regel für Handwerksbetriebe und kleinere Betriebe vorzusehen sein, soweit sie die nähere Umgebung versorgen und keine erheblichen Lärm- oder Geruchsbelästigungen erzeugen. Industriegebiete sind für alle Arten von Gewerbe und Industrie vorzusehen, sofern sie nicht die Umgebung gefährden oder wegen übermäßiger Lärm- oder Geruchsbelästigungen in Sondergebiete zu verweisen sind.

In beiden Gebietsarten sind Einkaufszentren und Verbrauchermärkte von regionaler Bedeutung nicht zulässig.

3.4.1 Sekundäre Arbeitsstätten, Gewerbegebiete

Der Begriff »Gewerbe« ist nicht eindeutig. Im weitesten Sinn umfaßt er jede »auf Erwerb gerichtete planmäßige Tätigkeit«[1], im engeren Sinn »die Gesamtheit der klein- und mittelbetrieblichen Wirtschaft einschließlich Handwerk«. Im städtebaulichen Bereich gilt die Regelung der Baunutzungsverordnung: »Gewerbegebiete dienen vorwiegend der Unterbringung von nicht erheblich belästigenden Gewerbebetrieben«. Auch die Zulässigkeit baulicher Anlagen im einzelnen ist in dieser Verordnung geregelt.

Da von den Gewerbegebieten Störungen ausgehen, sind benachbarte nicht gewerbliche Baugebiete durch wirksame Schutzpflanzungen zu trennen.

Die Trennstreifen sollten nicht unter 30 m – besser bis zu 50 m – breit sein.[2] Daß innerhalb der Betriebsgrundstücke Baumpflanzungen und Grünplätze für die Belegschaft anzulegen sind, sollte eine selbstverständliche Planungsauflage sein. Zahlreiche Vorteile für Gemeinden und Betriebe haben als Mittel der Landesentwicklung wie der Wirtschaftsförderung Gewerbe- (und Industrie-) Parks:

– Umfassender Service durch den öffentlichen oder privaten Träger;
– flexibles und bedarfsgerechtes Grundstücks- und/oder Gebäudeangebot erlaubt »maßgeschneiderten Betrieb«;
– künftige Erweiterungsmöglichkeiten sind gesichert;
– Erschließung kann systematisch, frühzeitig, kostengünstig durchgeführt werden;
– imageverbessernde Gesamtgestaltung (Ansiedlungs- und Verkaufswerbung);
– gezielte und frühzeitige Berücksichtigung der Belange des Umweltschutzes, der Ziele der Stadterneuerung und der Wohnumfeldverbesserung;
– Wiedernutzung brachliegender Flächen und leerstehender Gebäude.

---

[1] *Brockhaus Enzyklopädie, Verlag F. A. Brockhaus, Wiesbaden, 17. Aufl. 1969, Bd. 7; Gewerbe*
[2] *Borchard, Klaus, Kommunale Entwicklungskonzepte für Arbeitsstätten, Vortrag im Institut für Städtebau u. Wohnungswesen der Deutschen Akademie für Städtebau u. Landesplanung, 1984 unveröffentlicht.*

Gewerbe- sowie Gewerbe- und Industrie-Parks kommen überwiegend für kleinere und mittlere Betriebe, nicht für großflächige Betriebe in Betracht. Größe für Industrieparks: 20 bis 200 ha.

Die Entwicklung von Gewerbeparks ist auch gerade deshalb besonders empfehlenswert, weil dadurch auf die Bau- und Grüngestaltung und deren Pflege Einfluß genommen werden kann.

Zu empfehlen ist in diesem Zusammenhang auch die Errichtung von »Gewerbehöfen«, die in der Regel die gemeinsame Unterbringung mehrerer voneinander unabhängiger Betriebe in einem Gebäude oder Gebäudekomplex umfassen.

3.4.2 Sekundäre Arbeitsstätten, Industriegebiete

Unter dem Begriff Industrie wird subsumiert »die gewerbliche Verarbeitung von Rohstoffen und Halbfabrikaten zu Produktions- und Verbrauchsgütern, soweit sie im Unterschied zum Handwerk in Fabrikbetrieben vor sich geht«. Die Grenzen zwischen Industrie und Handwerk sind fließend.

Statistisch werden unterschieden:

Bergbau, Grundstoff- und Produktionsgüterindustrien, Investitionsgüterindustrien, Verbrauchsgüterindustrien, Nahrungs- und Genußmittelindustrien.[3]

Auch für Industriegebiete halten wir uns an die Baunutzungsverordnung, hier § 9: »Industriegebiete dienen ausschließlich der Unterbringung von Gewerbebetrieben, und zwar vorwiegend solcher Betriebe, die in anderen Baugebieten unzulässig sind.« Alles, was es an Schutzmaßnahmen gegen Störungen in Gewerbegebieten gibt, ist häufig stärker in Industriegebieten erforderlich, aber abhängig von der Art der Industrie; es muß von Fall zu Fall gesondert bestimmt werden. Neben der Neuansiedlung von Industrien mit großem Flächenverbrauch hat sich mehr und mehr die Verlagerung von Industriebetrieben als kontinuierliches städtebauliches Dauerproblem entwickelt, vor allem die Verbesserung der Standortbedingungen. Es muß dabei vermieden werden, daß neben dem Brachliegen wertvoller Flächen die Stadtränder landschaftlich und gestalterisch zerstört werden.

Was im Kapitel Gewerbegebiete (3.4.1) zur Einrichtung von Gewerbe- und Industrieparks ausgeführt wurde, gilt gleichermaßen für das Thema Industriegebiete.

Daß Industrieanlagen – kleinere oder größere Komplexe – sorgfältig der Umgebung und Topographie der Landschaft eingefügt werden müssen, kann nicht oft genug wiederholt werden, zumal selbst bei großen Konzernen immer wieder darauf verzichtet wird, bei der Planung neuer Anlagen gute Architekten und Landschaftsgestalter einzuschalten. Es ist zu hoffen, daß der seit 1968 mehrfach ausgeschriebene Bundeswettbewerb »Industrie im Städtebau« beispielhaft und maßstabbildend wirken wird.[4]

Auf die Empfehlungen in der Dokumentation des Wettbewerbs von 1978 (BMBau 05.010, 1981) wird hingewiesen. Es geht daraus unter anderem hervor, daß auf die Gestaltung der Außenanlagen immer noch vielfach zu wenig Wert gelegt wird. Das gilt insbesondere für die Anpflanzung zusammenhängender Baum- und Strauchgruppen und großkroniger Bäume, die für Parkplätze, für Freiräume allgemein und für Pausenaufenthalte im besonderen aus gestalterischen, sozialen, verkehrstechnischen und klimatischen Gründen erforderlich sind.

Die Arbeitsstätten des Sekundärsektors – Kennzeichen des Übergangs von der vor-

---

[3] *a.a.O., alle Industriegruppen sind nochmals vielfach aufgegliedert*

[4] *Natur und Landschaft, Heft 1969, mit Beiträgen von Gärtner, Gassner, Olschowy, Richard, Sallmann, Schmitt, Schöning, Strack, Herausgeber Bundesanstalt für Vegetationskunde, Naturschutz und Landschaftspflege, Bonn sowie Borchard, Klaus; Industrie im Städtebau, Dokumentation und Auswertung des 4. Bundeswettbewerbs 1978, bearbeitet von Göttlicher, Manfred, Schriftenreihe Bundeswettbewerbe des BMBau 05.010, 1981.*

industriellen Agrargesellschaft zur industriellen Gesellschaft – haben für lange Zeit zu einer anhaltenden Land-Stadt-Wanderung und damit zur Entstehung der großen Ballungsgebiete und zur Verstädterung, aber auch zur Zersiedlung weiter Landschaftsteile und zu wachsenden Umweltbelastungen geführt.

3.4.2.1 Standortansprüche

Die räumliche Verteilung der Arbeitsstätten des Sekundärsektors ist in erster Linie ein Ergebnis der Abwägung der Standortansprüche. Dabei standen zunächst die Bindung an natürliche Bodenschätze, die Geländebeschaffenheit, die Verkehrsgunst und die Arbeitskraftreserven im Vordergrund des Interesses, während die Zuordnung zu zentralen Einrichtungen von untergeordneter Bedeutung blieb. Die Zuordnung der Arbeitsstätten zu den Wohnstätten betrifft dagegen eines der Zentralprobleme des Stadtgefüges. Weder die umittelbare räumliche Verknüpfung der Wohnstätten mit den sekundären Arbeitsstätten in Fußgängerentfernung noch die vollständige Konzentration der Arbeitsstätten und Erreichbarkeit eines leistungsfähigen Nahverkehrssystems vermögen der heutigen Wirklichkeit gerecht zu werden. Wenn auch die Freizügigkeit in der Wahl des Arbeitsplatzes zum Wesen unseres Wirtschaftssystems gehört, so wird es doch andererseits immer Bevölkerungsgruppen geben, die in ihrer Mobilität beschränkt und daher auf eine gewisse Streuung von Arbeitsstättenstandorten angewiesen sind. Zugleich kann eine solche Arbeitsstättenstreuung die wirtschaftliche Auslastung des Verkehrsnetzes in verschiedener Richtungen während des Berufsverkehrs fördern. In jüngster Zeit sehen sich mit den wachsenden Anforderungen an die Qualifikation der Arbeitskräfte insbesondere die innovativen Industrie- und Gewerbebetriebe auch dazu veranlaßt, ihre Standorte dort festzulegen, wo sie die für ihre Zwecke qualifizierten Arbeitskräfte vorfinden oder wo diese zu siedeln bereit sind. Diese Entwicklung hat bereits zu tendenziellen Zunahmen der sekundären Arbeitsplätze in ländlichen Räumen geführt.

Darüber hinaus wird das Standortwahlverhalten der Betriebe vor allem geprägt durch
– Raumnutzungskosten: Kosten für die Inanspruchnahme von Siedlungsflächen und Umweltgütern, aber auch regionale Steuern und Lohndifferenzen;
– Distanzüberwindungskosten: Transportkosten, Reisezeiten sowie Voraussetzungen zum Austausch von Informationen;
– Produktionskosten: Kosten der Güterherstellung entsprechend den technischen Möglichkeiten am Standort.

Je geringer die Distanzüberwindungs- und Produktionskosten die Unternehmen belasten, um so größer wird die Bereitschaft, die mit allgemein intensiverer Flächennutzung ansteigenden Raumnutzungskosten zu akzeptieren und damit Konzentrationsprozesse zu unterstützen. In den letzten Jahren deuten jedoch Anzeichen darauf hin, daß die Konzentrationstendenzen an Bedeutung verlieren und sich möglicherweise sogar umkehren. Hierfür sind einerseits die wachsenden Umweltschutzanforderungen (auch die bei ihrer Berücksichtigung einzuhaltenden Abstände)[5], andererseits aber auch der technische Wandel wesentliche Ursachen. Bei immer moderneren Kommunikations- und Informationstechniken kommt den Distanzüberwindungskosten immer geringere Bedeutung zu. Unter dem Einfluß neuer Organisations- und Produktionstechniken sind gerade innovationsintensive Betriebe zunehmend zur Reduzierung von früher als »optimal« bezeichneten Betriebsgrößen und zu stärkerer Dezentralisierung bereit. Andererseits sind die Raumnutzungskosten in den letzten Jahren in den Verdichtungsräumen ständig gestiegen (höhere Grundstückspreise, wachsende Umwelt- und Agglomerationsbelastungen).

---

[5] vgl. »Abstandserlaß« NRW. v. 9. 7. 82 (SMBL. 280) »Abstände zwischen Industrie bzw. Gewerbe- und Wohngebieten im Rahmen der Bauleitplanung«. RdErl. d. Min. f. Arbeit, Gesundheit und Soziales Nordrhein-Westfalen

3.4.2.2 Flächenbedarf

Die Flächenbeanspruchung im Sekundärsektor zeigt erhebliche Bandbreiten, je nach Branchen, Personalintensität und Produktionsformen. Den größten Flächenbedarf weisen die Grundstoffgewinnung und die ersten Umformungsstufen wie Stahlwerke, Petro- und Schwerchemie auf. Hier treten bei relativ wenigen Arbeitsplätzen regelmäßig auch die größten Distanzüberwindungskosten (bei großen Transportmengen) und Raumnutzungskosten (bei großem Flächenbedarf und erheblichen Umweltbelastungen) auf.

Die nachfolgenden Zahlenangaben sollen lediglich ungefähre Größenvorstellungen widerspiegeln; sie bedürfen in konkreten Situationen einer gründlichen Überprüfung und können nur dort als Anhaltswerte dienen, wo die Aussagekraft von Durchschnittszahlen genügt.

Durchschnittlicher Flächenbedarf je Beschäftigter in Industriezweigen

	Schwankungs-breite qm/Beschäftigtem	mittlerer Anhalts-wert qm/Beschäftigtem
Grundstoff- und Produktionsgüterindustrie		
Bergbau	100 – 500	250
Chemische Industrie	50 – 250	100
Pharmazeutische Industrie	40 – 80	50
Raffinerien	800 – 5000	1000
Papierindustrie	50 – 500	150
Steine und Erden	200 – 360	220
Glasindustrie	50 – 300	80
Investitionsgüterindustrie		
Maschinenbau	30 – 80	50
Fahrzeugbau	40 – 160	70
Schiffsbau	60 – 200	100
Eisenindustrie	60 – 180	80
Elektrotechnische Industrie	20 – 50	30

3.4.3 Tertiäre Arbeitsstätten, Kerngebiete

Die Arbeitsstätten des Tertiärsektors – Folgen der fortschreitenden Arbeitsteilung in der Wirtschaft – sind Kennzeichen sowohl der vorindustriellen als auch der nachindustriellen Stadt, wobei sich aber die Schwerpunkte vom Handel zur Dienstleistung hin verschoben haben. In den großstädtischen Verdichtungsräumen, in denen rund ein Drittel aller Arbeitsstätten dem Bürobereich und unter Einschluß der Bereiche Handel und Verkehr mehr als zwei Drittel aller Arbeitsstätten dem Tertiärsektor angehören, zeichnet sich dieser Bereich vor allem durch eine hohe Arbeitsplatzdichte aus. Beschäftigten- und Besucherzahlen ergeben zusammen ein Verkehrspotential, das erhebliche Anforderungen an das städtische Verkehrs- und Strukturgefüge stellt.

Die Kerngebiete sind nach der Baunutzungsverordnung vor allem vorgesehen für Handelsbetriebe, zentrale Einrichtungen der Wirtschaft und Verwaltung, für kirchliche, kulturelle, soziale und der Gesundheit dienende Anlagen, für Wohnungen sowie für Hotels, Gast- und Vergnügungsstätten.

Die Stadtkerne sind und sollen auch Zentrum bleiben für: Begegnungsräume der Menschen in ihrer lebendigen Vielfalt und qualitätvollen Mischung von Kultur und Religion, Kunst und Wissenschaft, für Erholung und Freizeit, für Theater, Film und Kleinkunst, für Hotels, Restaurants, Cafés und Handel sowie auch für erwünschten, aber gezielten Verkehr. Sie müssen auch bleiben, was sie Jahrhunderte lang waren und was sie ebenfalls geprägt hat: Markt und damit kommerzieller Mittelpunkt ihrer Stadt und der sie umgebenden ländlichen Region von unterschiedlicher Größe und Bedeutung. In ihrem baulich-gestalterischen Ausdruck müssen sie mit dem Ensemble ihrer repräsentativen Gebäude, in ihren Platz- und Straßenverhältnissen und in ihrer Maßstäblichkeit das charakteristische Stadtbild prägen.

Diese Zentren können und sollen Abbild, Sinnbild und Erlebnisstätten der Historie mit ihrem ständigen Wandel in Jahrhunderten sein. Sie sollen und dürfen auf keinen Fall sein: allzu weite, öde, maßstablose Raumgebilde, Straßen oder Plätze für Aufmärsche und Demonstrationen ohne sonstige humane Funktionen, die ständiges pulsierendes Leben erzeugen.

Sie sollten auch nicht sein: Ansammlungen von Hochhäusern der Banken, der Versicherungen, des Handels oder der Verwaltung, die die jahrhundertelang gewachsene individuelle Stadtsilhouette aus Domen, Kathedralen, Rathäusern, Kulturbauten, Schlössern und sonstigen repräsentativen Gebäuden ersticken und herabwürdigen.

Der Bürger kann sich mit riesigen anonymen Bauten nicht identifizieren, er bleibt unbeteiligt, ablehnend oder gar empört. Dagegen spricht er von seinem (unserem) Rathaus, Dom oder Theater.

Es geht darum, die historische Einbindung sichtbar zu erhalten, die gewachsene Einheit nicht zu zerstören, aber auch um die lebendige, kommunikative Vielfalt, der im humanen Zusammenwirken entwickelten Tätigkeiten oder der erholsamen Erlebnisse und der Besinnung.

Ein wichtiges Problem für die Kernbetriebe ist seit langem die Frage einer Ausblutung durch die Verdrängung von Wohnungen. Hier ist seitens der politischen Gremien und in deren Auftrag seitens der Verwaltung der Städte durch geeignete Förderungsmaßnahmen der vorhandene Wille eines größeren Teils der Bürger, in den Innenstadtteilen zu wohnen, nachhaltig zu unterstützen. Das Baurecht steht dem nicht im Wege. Durch Altbausanierung, Bau von »Stadthäusern« und anderem mehr sind in vielen Städten bereits nachahmenswerte Beispiele geschaffen worden.

Zur Attraktivität gehört nach wie vor die schnelle Erreichbarkeit der Stadtkerne durch funktionierende komfortable Verbundsysteme des Nahverkehrs ohne Vernachlässigung des Individualverkehrs, zum Beispiel durch ausreichenden, gut erreichbaren Parkraum vor allem am Rand dieser Gebiete.

Die Fußgängerbereiche sollten nicht zu groß bemessen werden, um jedes Ziel noch ohne zu weite Wege bis zum Nahverkehrsmittel, zum eigenen Auto oder zum Taxi erreichen zu können – man denke an Behinderte, an Lasten tragende Personen, an Theater- und Konzertbesucher und andere! Bei notwendigen Unterführungen ist nicht der Fußgänger, sondern der Fahrverkehr möglichst unterirdisch zu führen; auch hier an Behinderte, ältere Menschen, Personen mit Kinderwagen oder Lastträger denken.

Weitere Empfehlungen:
– Attraktive Passagen bauen,
– überhaupt viele Fußgänger-Querverbindungen von einer großen längeren Straße zur anderen,
– dort, wo viele Menschen laufen, durchgehende Vordächer als Regenschutz ausbauen,
– noch besser Arkaden!
– in Geschäftsstraßen keine toten Zonen (durch Bürohäuser) entstehen lassen, sondern Geschäfte, Cafés oder Restaurants bauen,
– dort, wo Kommunikationsqualitäten zu stark unterbrochen sind, erhalten oder gewonnen werden müssen, ist die Verlagerung weniger kundenorientierter Nutzungen (wie Bürogebäude) zu fördern.

3.4.3.1 Standortansprüche

Typische Standorte tertiärer Arbeitsstätten sind traditionell die Stadtzentren und in den letzten Jahren zunehmend auch die City-Randgebiete.

Bei einpoligen Verdichtungsräumen wird schon ab etwa einer halben Million Einwohner die Auslagerung zentraler Nutzungen zu einem zwangsläufigen Ziel städtebaulicher Bemühungen, wobei vor allem gute Anbindung an den Individual- und Schienenverkehr erforderlich ist. Auch wenn sich eine Bereitschaft zur Dezentralisierung vermutlich eher bei den »Service-Funktionen« (Einkaufs- und Dienstleistungszentren) als bei den »Management-Funktionen« (Büro- und Verwaltungszentren) finden läßt, muß doch die Funktionsdifferenzierung beide Bereiche umfassen, wenn in Zukunft Häufungen tertiärer Arbeitsplätze in den ihrer Kommunikationsqualitäten zunehmend beraubten Zentren vermieden werden sollen.

3.4.3.2 Flächenbedarf

Der Flächenbedarf für Arbeitsstätten des Tertiärsektors weist – abgesehen von den Unterschieden zwischen personalschwachen (Großhandel) und personalintensiven Branchen – vor allem in den Bereichen der Büroarbeitsplätze eine relative Homogenität auf. Während etwa für einfache Schreibarbeitsplätze 8 qm als ausreichend betrachtet werden, schwankt die Flächenangabe für Sachbearbeiter zwischen 10 und 17 qm, für Sekretariate zwischen 15 und 17 qm und für Dienststellenleiter zwischen 20 und 35 qm. Für überschlägige Berechnungen sind, je nach Arbeitsplatzfunktion, bei Bürogroßbauten zwischen 10 und 20 qm je Arbeitsplatz, im Mittel etwa 15 qm anzusetzen. Die Geschoßflächenanteile belaufen sich damit auf etwa 20 bis 50 qm, im Mittel auf 33 qm je Beschäftigten. Für die innere Verkehrserschließung im Baugebiet mit Büroarbeitsstätten fallen, je nach Dichte der Bebauung pro Arbeitsplatz Flächenanteile zwischen 10 qm (bei Geschoßflächenzahlen oberhalb von 1,0) und über 20 qm (bei Geschoßflächenzahlen um 0,2) im Mittel etwa 12 qm (bei Geschoßflächenzahlen um 0,7 bis 0,8) an. Der Flächenbedarf für Bürofolgeeinrichtungen (allgemeines Grün, Kurzzeiterholung) ist mit rund 5 qm je Arbeitsplatz anzusetzen. Geht man von einem Mittelwert von 33 qm Bruttogeschoßfläche je Arbeitsplatz aus, lassen sich in Abhängigkeit von der Dichte nicht nur der Flächenbedarf für das Netto- und Bruttobauland je Büroarbeitsplatz (Tabelle), sondern auch die Beschäftigtendichte als Verhältnis der unter diesen Annahmen jeweils auf einem Hektar maximal unterzubringenden Beschäftigten und die theoretische Gesamtzahl der Beschäftigten ermitteln, wenn sich diese in einem Radius von 500 m um eine Haltestelle des ÖPNV-Systems konzentrieren würden (Tabelle 1). Die Darstellung zeigt zugleich, daß Erhöhungen im Bereich niedriger Geschoßflächenzahlen zu sehr viel größeren Flächeneinsparungen führen als in oberen Dichtebereichen und daß Dichteerhöhungen jenseits einer GFZ von 0,7/0,8 nicht mehr so stark ins Gewicht fallen.

Die Flächenbedarfswerte für den Bereich Handel unterliegen ebenfalls beträchtlichen Schwankungen. Im Einzelhandelsbereich werden zwischen 18 und 45 qm, im Durchschnitt etwa 25 bis 30 qm je Beschäftigten, im Großhandelsbereich 25 bis 90 qm im Durchschnitt 65 qm je Beschäftigten genannt. Nach 1990 dürften in den Großstädten die Bruttogeschoßflächen im Ladenhandel (ohne Handwerk) zwischen 1,75 und 2,0 qm/Einwohner liegen, wovon auf neue Vertriebsformen wie SB-Warenhäuser, Discount-Geschäfte und Verbrauchermärkte etwa 0,10 bis 0,18 qm/Einwohner entfallen könnten.

Die Auswirkungen der immer komplexer anwendbaren neuen Kommunikationstechniken auf die Flächenansprüche tertiärer Arbeitsstätten lassen sich derzeit überhaupt nicht abschätzen. Sofern sie nicht nur Produktivitätssteigerungen zur Folge haben, sondern auch zu Verschiebungen in der Struktur der Arbeitsplätze führen, kann insgesamt mit einer Stagnation und vielleicht auch mit einem Rückgang der Flächenbeanspruchung gerechnet werden.

| | Geschoßflächenzahl | | | | | | | | | | |
---	0,2	0,3	0,4	0,5	0,6	0,7	0,8	0,9	1,0	1,1	1,2
Flächenbedarf je Arbeitsplatz bei 33 m² BGF im Nettobauland	165	110	83	66	55	47	41	37	33	30	27
im Brutto-bauland	190	132	103	85	73	64	58	53	49	45	42

Erreichbare Beschäftigtendichte und Beschäftigtenzahlen (in 500 m-Radius um eine Nahverkehrshaltestelle)

Geschoß-flächenzahl	0,2	0,3	0,4	0,5	0,6	0,7	0,8	0,9	1,0	1,1	1,2
Beschäftigten-dichte im Bruttobauland Beschäftigte/ha	53	76	97	118	137	156	172	189	204	222	238
Beschäftigten-zahl in 500 m-Radius	4160	5966	7615	9263	10755	12246	13502	14837	16014	17427	18683

---

¹) vgl. hierzu auch Utech, J.: Das Hamburger Dichtemodell 1980 und seine Wirkungsmöglichkeiten auf das Schnellbahn-Fahrgastaufkommen. In: Verkehr und Technik. Bielefeld (1982), Heft 9.

Ausblick

Die technische Dynamik wird nicht nur zu Produktivitätssteigerungen und Verschiebungen in der Struktur der Arbeitsplätze führen, sondern vor allem wachsende Möglichkeiten einer Mobilisierung der Arbeitsplätze eröffnen.

Langfristig wird sie den Prozeß der Dezentralisierung mit seiner anhaltenden Abwanderung von Einwohnern und Arbeitsstätten aus den Stadtregionen weiter fördern.

3.4.3.3 Literatur

Akademie für Raumforschung und Landesplanung (Hrsg.): Entwicklungsprobleme großer Zentren. 23. Wissenschaftliche Plenarsitzung 1984 in Berlin. Mit Beiträgen von G. Brenken, K. Franke, O. Schneider, F. Halstenberg, G. Schmitz, O. Goedecke, A Schmidt, H. Sukopp, G. Albers, H. Kistenmacher, R. Thoss, G. Rexroth, H.-J. Ewers, V. Frhr. v. Malchus. Hannover 1985

Bebauungen und Umnutzungen von Industriegebieten und Industriebrachen, in: architektur + wettbewerbe, Heft 140. Stuttgart 1989

Borchard, K. und Göttlicher, M.: Industrie im Städtebau. Dokumentation und Auswertung des 4. Bundeswettbewerbs 1978, hrsg. von der Schriftenreihe »Bundeswettbewerbe« des BMBau 05.010. Bonn 1981

Dolezalek, C. M. und Warnecke, H. J.: Planung von Fabrikanlagen. Programmplanung, Standortplanung, Generalbebauungsplan, Organisationsplanung u. a. Berlin, Heidelberg, Wien 1981

Gassner, F. und Göttlicher, M.: Industrie im Städtebau. Dokumentation und Auswertung der Bundeswettbewerbe 1968, 1971, 1975, hrsg. von der Schriftenreihe Wettbewerbe des BMBau 05.008. Bonn 1981

Standortwahl und Flächenbedarf des tertiären Sektors in der Stadtmitte, hrsg. von der Schriftenreihe des BMBau 03.024, Vorstudien A und B. Bonn 1974

Simon, H.: Das Herz unserer Städte, Zeichnungen europäischer Stadtzentren des Mittelalters. 9 Bände. Essen 1963 – 84

Sperling, H.: Industrie; Mieth, Wolfram: Industrieansiedlungspolitik; Ritter, U.: Industrieparks; Stavenhagen, G.: Industriestandorttheorien und Raumwirtschaft, in: Handwörterbuch der Raumforschung und Raumordnung. Hannover 1970

Utech, J.: Das Hamburger Dichtemodell 1980 und seine Wirkungsmöglichkeiten auf das Fahrgastaufkommen, in: Verkehr und Technik, Bielefeld, 1982, Heft 9 Stadt und Handel, Dokumentation einer Veranstaltung der BAG in Zusammenarbeit mit dem Universitätsseminar der Wirtschaft (USW), 1983. Bergisch Gladbach 1984

Wernet, W.: Gewerbe, in: Handwörterbuch der Raumforschung und Raumordnung. Hannover 1970

Wildemann, H. (Hrsg.): Fabrikplanung. Neue Wege – aufgezeigt von Experten aus Wissenschaft und Praxis. (Frankfurter Zeitung – Blick durch die Wirtschaft.) Frankfurt 1989

3.5 Landespflege, Erholung, Freizeit

3.5.1 Begriffe

Landespflege
hat die Aufgabe des Schutzes, der Pflege und der Entwicklung aller natürlichen Lebensgrundlagen des Menschen. Sie erstrebt hierzu den Ausgleich zwischen dem Naturpotential des Landes und den Erfordernissen der Gesellschaft. Landespflege umfaßt unter anderem die Landschaftspflege einschließlich der pfleglichen Nutzung des Naturpotentials (»natürliche Hilfsquellen«), den Naturschutz mit verwandten Schutzmaßnahmen und die Grünordnung.[1]

Landschaftspflege
erstrebt den Schutz, die Pflege und die Entwicklung von Landschaften mit optimaler und nachhaltiger natürlicher Leistungsfähigkeit für den Menschen. Die Tätigkeit der Landschaftspflege erstreckt sich auf die freie Landschaft.

Grünordnung
erstrebt die Sicherung und die räumliche und funktionelle Ordnung aller Grünflächen und Grünelemente zueinander und zu den baulichen Anlagen in Zusammenhang mit der städtebaulichen Entwicklung, wie es zum geistigen und körperlichen Wohlbefinden des Menschen erforderlich ist.

Naturlandschaft
ist die vom Menschen unbeeinflußte Landschaft, deren Erhaltung, Struktur, Wirkungsgefüge und Bild nur durch natürliche Landschaftsfaktoren und -elemente bedingt sind.

Kulturlandschaft
ist die vom Menschen beeinflußte Landschaft, deren Erhaltung, Struktur, Wirkungsgefüge und Bild durch natürliche Landschaftsfaktoren und -elemente sowie den Menschen und seine Werke bestimmt sind.[2]

Naturschutz
hat die Aufgabe, aus kulturellen, wissenschaftlichen, sozialen und wirtschaftlichen Gründen schutzwürdige Landschaften und Landschaftsbestandteile einschließlich seltener und gefährdeter Tier- und Pflanzenarten wie deren Lebensstätten zu sichern. Eine wichtige Aufgabe des Naturschutzes ist die Ausweisung von Landschaftsschutzgebieten, in denen Veränderungen nur mit besonderer Genehmigung vorgenommen werden dürfen. In Deutschland bestanden schon 1980 mehr als 7200 Landschaftsschutgebiete. Einzelheiten sind in den Naturschutzgesetzen der Länder geregelt.

Landschaftspflege
hat die Aufgabe, Landschaften mit dem Ziel einer optimalen nachhaltigen Leistungsfähigkeit und einer ökologischen Vielfalt zu pflegen, zu gestalten und zu entwickeln. Sie soll insbesondere Schäden im Naturhaushalt und im Bild der Landschaft verhindern und bereits eingetretene Schäden ausgleichen oder beseitigen.[3]

---

[1] *Die Begriffe Landespflege, Landschaftspflege und Grünordnung wurden vom Forschungsausschuß »Raum und Landespflege« der Akademie f. Raumforschung u. Landesplanung erarbeitet.*
[2] *Olschowy, G., Naturschutz und Landschaftspflege, Lehrumdruck St. Nr. 20, 2. Aufl. 1981 des Lehrstuhls Prof. Dr. Borchard für Städtebau und Siedlungswesen Universität Bonn*
[3] *a.a.O.*

Landschaftshaushalt
umfaßt die Wechselbeziehungen zwischen den Landschaftsfaktoren wie Wasser, Energie und Nährstoffen eines Gebiets und der benachbarten Landschaftsräume.[4]

Stadtlandschaft
bedeutet planerisch das anzustrebende Zukunftsbild einer in Entwicklung befindlichen Stadtregion mit besiedelten Teilen und mit freizuhaltenden Grünflächen – auch wenn sie zunächst den Zustand beinhaltet.

Landschaftsplanung
leistet als Planungsinstrument des Naturschutzes und der Landschaftspflege den erforderlichen Beitrag »zum Schutz und zur Entwicklung der natürlichen Umwelt«, zur Raumplanung.

Grünflächen
sind alle bewachsenen, unbebauten, jedoch nicht der landwirtschaftlichen oder der erwerbsgärtnerischen Nutzung dienenden Flächen.

Wiesen und Felder sind zwar auch Grünflächen im weitesten Sinne, werden in der Regel auch im stadt- und grünplanerischen Sinne als unverzichtbare Teile der Landschaft hoch bewertet, können aber in ihrer Auswirkung auf das Stadtklima mit den mit Baum und Strauch bestandenen Flächen nicht auf eine Stufe gestellt werden.[5]

Öffentliche Grünflächen
im Sinne von Parkanlagen des Baugesetzbuchs sind Grünflächen, die den Freizeit- und Erholungsbedürfnissen dienen wie Parks, Stadtgärten, begrünte Plätze und Promenaden, Stadtwälder und Grünverbindungen.[6]

Biologisches Gleichgewicht
ist das möglichst stabile Verhältnis zwischen den Tier- und Pflanzenarten eines Gebiets.

Artenschutz
bedeutet ein Einsatz gezielter Maßnahmen zur Erhaltung bestimmter Tier- und Pflanzenarten.

Stoffkreislauf
umfaßt die ständigen Auf- und Abbauprozesse der am Lebensgeschehen beteiligten Elemente.[7]

Spielbereiche
sind Flächen, die dem Spiel der Kinder und der Erwachsenen – im weiteren Sinne also der Freizeitgestaltung – dienen.
Natürliche Spielbereiche: Böschungen, Hügel, Schluchten, Sträucher, Bäume, Bäche, Seen, natürlicher Boden.

Spielbereiche, die im Freien angelegt werden können:

---

[4] Senator für Stadtentwicklung und Umweltschutz, Landschaftsprogramm/Artenschutzprogramme, Berlin 1984
[5] Bernatzky, A.: Grün im Wohnbereich, Dt. Bauzeitung, DBZ 2/70
[6] Handwörterbuch der Raumforschung und Raumordnung, Gebr. Jänecke Verlag Hannover 1970
[7] a.a.O

Sand-, Wasser-, Gerätespielbereich, Spiel- und Sportflächen, Leichtathletikanlagen, Anlagen für Turnen am Gerät, Kinderdorf, Robinsonspielplatz, Indianerspielplatz, Freilichtbühne, Spiel- und Erzählecke, Gelände für Straßenspiele und Verkehrsunterricht, Spielbereich für »alte Leute«, Kinder-Pflanzgarten, Liegewiese, Rollerbahn, Rodelbahn.

Spielbereiche, die überdacht beziehungsweise in einem Spielplatzgebäude unterzubringen sind: offene Spielhalle, Gemeinschaftsraum, Gruppenraum, Bastel- und Werkraum, Bibliothek und Lesezimmer, Gymnastikraum, Turn- und Spielhalle, Lehrschwimmbecken, Ausstellungsraum.[8]

Kleingärten von 200 bis 400 qm Größe

sind Gärten für Bewohner von Mietshäusern ohne Wohngarten, stadtplanerisch parkartig zusammengefaßt, von den Wohnungen gut erreichbar, die mit langfristigen Pachtverträgen den Schutz der Kleingarten- und Kleinpachtlandordnung von 1919 genießen (Dauerkleingärten).

Freizeitwohnen

umfaßt vorübergehend benutzte Wohnformen – vornehmlich für Erholungszwecke –, die eine ständige Wohnung an anderer Stelle voraussetzen.[9]

Camping

ist ein zur Erholung im Freien zeitweilig stattfindender Aufenthalt in einer vom Benutzer mitgeführten transportablen Unterkunft.[10]

Freizeitparks

sind einerseits Erlebnis- und Vergnügungsparks, die je nach Gestaltung und Ausstattung auch freizeitsportliche Betätigung zulassen und anregen, andererseits kombinierte Angebote von Grünflächen, Mehrzweckräumen und -flächen für Freizeitsport, Kultur, Geselligkeit. Ihr Einzugsbereich umgreift größere Stadtteile, Stadtgebiete und mehr. Zumeist sind in ihnen mehrere Freizeitstätten und -einrichtungen enthalten.

Ferien- und Naherholungsgebiete

mit großem Einzugsbereich. Sie umfassen in der Regel in unterschiedlicher Anordnung Freizeitsportstätten, Freizeitsporteinrichtungen, Freizeitparks, Landschafts- und Naturgebiete sowie Freizeitwohnmöglichkeiten. Die Angebote dienen vielfach der einheimischen Bevölkerung ebenso wie den Gästen.[11]

8) *Roskam, F.: Spielplätze, Übungsstätten-Beratungsstelle des Dt. Sportbundes, Köln*
9) *David, J. hat in seinem ausführlichen Beitrag im Handwörterbuch der Raumforschung und Raumordnung eine tabellarische Übersicht der 20 verschiedenen Freizeitwohnformen mit ihren Merkmalen gebracht. Gebr. Jänecke Verlag Hannover, 1970*
10) *Ebert, D.: Das Campingwesen und die Anlage von Campingplätzen, Landwirtschaftsverlag, Hiltrup, 1962*
11) *S. Agricola, Deutsche Gesellschaft für Freizeit, 1983*

3.5.2 Landschaftsplanung

PLANUNGS-EBENE	GESAMTPLANUNG	BEITRAG DER LAND-SCHAFTSPLANUNG	Maßstab
Land (Bund)	Landesentwicklungs-programm (-plan) Raumordnungsprogramm	Landschaftsprogramm	
Region	Regionalplan	Landschaftsrahmen-plan	1 : 100 000 −1 : 25 000
Gemeinde	Flächennutzungsplan	Landschaftsplan (in Großstädten auch Grünordnungsplan)	1 : 10 000 −1 : 5 000
Teil des Gemeindegebiets	Bebauungsplan	Grünordnungsplan	(1 : 5 000) 1 : 2 000 −1 : 500
Fachverwaltung	Fachplan Betriebsplan)	Landschaftspflegerischer Begleitplan	(1 : 10 000) 1 : 5 000 −1 : 500

[12])

In zunehmendem Maße werden heute gesamtökologische Gutachten als vorbeugende Untersuchungen und vertiefte Umweltverträglichkeitsprüfungen für Gebiete gefordert, für die Eingriffe mit weittragenden Auswirkungen geplant sind. Schwerpunkte eines solchen Gutachtens sind:

- Erfassung des derzeitigen Zustands,
- Bewertung der natürlichen Gegebenheiten,
- Aussagen zu den erwarteten ökologischen Auswirkungen des Eingriffs einschließlich der daraus abzuleitenden Maßnahmen und Auflagen,
- Aufzeigen der Zielkonflikte mit anderen Nutzungsansprüchen und ihre Abwägung,
- Vorschläge zur Lösung der Zielkonflikte,
- Hinweise auf Forschungen und Untersuchungen, die noch in Teilbereichen durchzuführen sind.

Neben der Erfassung und Darstellung von Natur und Landschaft in ihrem Zusammenwirken hat die Landschaftsplanung in hohem Maße auch die Aufgabe, die Grenzen der Funktionsfähigkeit und Belastbarkeit der Landschaft durch regionale und lokale Eingriffe aufzuzeigen. Die Nutzungsansprüche sind danach zu beurteilen, inwieweit sie umweltverträglich sind.
Umwelt- und Naturschutz sowie Landschaftspflege haben Priorität.[13]
Stets sollten Klimaeignungskarten bei größeren Bauprojekten beim Deutschen Wetterdienst in Offenbach vor Inangriffnahme in Auftrag gegeben werden, um Durchlüftungsbedingungen und Windverhältnisse sowie Kaltluftseen und ähnliches zu erkennen.

---

[12]) a.a.O.
[13]) s. hierzu ausführlich Gutachten des Deutschen Rats für Landespflege, Schriftenreihe 1 – 28, Bonn 2

3.5.3   Freizeit, Erholung, öffentliche Grünflächen

Den Menschen steht immer mehr Freizeit zur Verfügung, was eine sich ständig verändernde Freizeitumwelt, veränderte Erholungsansprüche und -möglichkeiten, erheblich vielfältigere Betätigungswünsche und damit auch eine sich ändernde Qualität und Struktur der öffentlichen Grünflächen bewirkt. In Zukunft wird für eine optimale Freizeitflächenplanung in der Region und in Großstädten eine Analyse der Freizeitbedürfnisse erforderlich und Voraussetzung sein. Dabei spielen unterschiedliche Freizeittätigkeiten für die verschiedenen Altersgruppen, für den Feierabend, für das Wochenende und für den Urlaub eine Rolle.
Unterschiedliche Bevölkerungsgruppen tendieren zu unterschiedlichen Tätigkeiten; das Gleiche gilt für die völlig verschiedenen Neigungen der Einzelpersonen: Dem Ruhebedürfnis des einen steht der Wunsch des anderen nach körperlicher Betätigung und Sport gegenüber oder das Bildungsbedürfnis und der Wunsch nach geistiger Tätigkeit.

Unabhängig von diesen Unterschieden zeigen sich aber doch prozentual stark überwiegende Wünsche nach Freizeiteinrichtungen wie Rad- und Wanderwegen, Liegewiesen und Bademöglichkeiten, die bei Untersuchungen regelmäßig von 40 bis über 50 % der Befragten geäußert werden, wodurch bereits deutliche Hinweise für etwaige Defizite und entsprechende Planungsberechnungen gegeben sind.
Politiker, Landes-, Regional- und Stadtplaner dürfen den Problemen nicht ausweichen, die zum Beispiel die Tatsache mit sich bringt, daß die weitaus überwiegende Zahl aktiver Freizeittätigkeiten mit Bewegungen zu Fuß, mit Fahrrädern und Motorrädern, Autos und öffentlichen Verkehrsmitteln verbunden ist. Konkret bedeutet dies, daß überall dort, wo der Erholungs- und Freizeitwert eine besondere Rolle spielt, etwa in Wohngebieten oder in Erholungs- und Kurgebieten, unter anderem der Durchgangsverkehr durch Umgehungsstraßen abgeleitet werden, Fuß-, Wander- und Radwegenetze bevorzugt ausgebaut werden müssen und ein Parkplatzangebot an den richtigen Stellen ausreichend vorhanden sein sollte.

Städtebaulich erscheint wichtig, daß 70 bis 80 % der Freizeit in der Wohnung oder im Wohnumfeld, 10 bis 15 % außerhalb des Wohnorts und etwa ebensoviel für den Urlaub auf Reisen zugebracht werden. Das bedeutet, daß Freizeit- und Erholungseinrichtungen – neben privatem Grün also vor allem auch öffentliches Grün – den Wohngebieten ein- und zugeordnet werden müssen. Das bedeutet zugleich, daß in der Regel neben dem großen Stadtpark oder Stadtwald viele kleinere öffentliche Grünflächen für die Baugebiete erforderlich sind, die gleichzeitig zur Temperatursenkung im Sommer und zur Verbesserung der Luftfeuchtigkeit dienen. Die möglichst weitgehende Normalisierung des Stadtklimas gehört zu den wichtigsten Funktionen der Grünflächen in den Stadtregionen.
Eine freizeitgerechte Umwelt zu schaffen, ist eine der großen stadtplanerischen, regionalpolitischen und sozialen Aufgaben unserer Zeit. Freizeitinfrastruktur ist dabei ebenso erforderlich an der Peripherie unserer Wohn- und Arbeitsumwelt wie in den Zentren der Städte und Regionen.[14] Dabei ist zu berücksichtigen, daß möglicherweise noch im 20. Jahrhundert das Wochenende der Berufstätigen von 2 auf 3 Tage verlängert wird, das heißt daß der Freitag oder der Montag voll für die Freizeit zur Verfügung stehen werden.[15]

---

[14] *Ausführlich dazu Viggo Graf Blücher, Alfred Ledermann, Erwin K. Scheuch u.v.a. in Freizeit 70, Essen, SV Ruhrkohlenbezirk*
[15] *Bereits 1975 haben sich 52 – 79 % der Erwerbspersonen zwischen 20 und 65 Jahren bei Arbeitsverringerung dafür ausgesprochen, einen vollen Tag mehr Freizeit zu haben.*

Immer mehr Menschen werden darin die Chance sehen, in dieser Freizeit ihr Leben zu gestalten. Das bedeutet Vorrang der Freizeitanlagen im Siedlungsbereich, insbesondere in Wohnungsnähe, vor den Anlagen im Außenbereich. Dadurch werden gleichzeitig weite Teile der Landschaft erhalten werden können.

In einer Studie[16]) zur Verbesserung der Planung und Gestaltung städtischer Grünräume für Freizeitbetätigung wurde als beachtliches Ergebnis festgestellt, daß die Besuchs- und Benutzungshäufigkeit von folgenden Voraussetzungen maßgeblich beeinflußt wird:
1. die Qualität der Grünflächen selbst,
2. die Qualität der Wege dahin und ihre Entfernung zur Wohnung oder Arbeitsstätte.
Das Hauptmotiv ist bei Erwachsenen – aber auch bei Jugendlichen – das Bedürfnis nach Ruhe: die Oase.

Die überwiegende Mehrheit der Befragten kommt von der Wohnung, geht zu Fuß und möchte möglichst nicht mehr als einen Kilometer (ca. 15 Min.) laufen, Berufstätige während der Mittagspause 500 – 700 m (ca. 6 – 7 Min.). Die meisten Erwachsenen möchten spazierengehen, genügend bequeme Sitzgelegenheiten finden und ungestört sein können. Die Grünräume müssen lärm- und abgasfrei sowie durch Gebüsch und Bäume von der gebauten Umwelt abgeschirmt sein. Ältere Menschen bevorzugen Rasen mit vielen Blumen, jüngere Menschen Wiesen zur Betätigung. Von wachsender Bedeutung ist die Sicherheit vor allem in der Dämmerung und bei Dunkelheit. – Eine gute Beleuchtung!
Besonders in dichtbebauten Gebieten ist die Anlage vieler kleiner Grünräume, auch der sogenannten »Briefmarkenparks«, dringend gewünscht.

3.5.4   Spiel- und Sportanlagen, Kleingärten

Unter 3.3.1 ist das Wesentliche zum Thema ausgeführt, so daß hier nur noch Einzelheiten nachzutragen sind. Als Hauptwünsche der Kinder und Jugendlichen werden immer wieder für die Ausstattung von Spielplätzen genannt: Rollschuhbahnen, Indianerdörfer und -zelte, Spielhäuser, Blockhäuser und Hütten, Schaukeln und Wippen, Go-Cart- und Seifenkistenbahnen, Raumhäuser, Klettergerüste, -wände und -stangen, Kletterbäume, vielfältige große lange Rutschen, aber auch Sandkisten ohne Hundedreck, Aufsichtspersonen (!), Papierkörbe und Glasbehälter, Trampoline und Tischtennisplatten, dann – ganz besonders – Flächen für »echtes« Fußballspielen, Wiesen zum Toben, Bäume und See- oder Badebecken mit Springbrunnen. Es ist der Umgang mit den Grundelementen Erde, Wasser, Holz und Pflanzen, der gewünscht wird und wieder erlernt werden muß – und wenn und wo möglich das Verhältnis zu Tieren; aber bitte keine Hunde. Was also vor allem fehlt, sind Naturspielplätze mit Büschen und Bäumen, mit Wasser, mit einer vielfältigen Topografie, mit artenreicher Tier- und Pflanzenwelt und den Angeboten für kreatives Spiel. Eigeninitiativen sind zu fördern. Für das Kleinkind muß überall bei der Wohnung die Spielzone in Sicht- und Rufweite vorhanden sein.

Kleingartenanlagen – stets in zumutbarer Fuß- oder Fahrradwegentfernung – gehören zu Wohngebieten mit überwiegender Zahl an Mietwohnungen. Sie sind in das Netz der Grünverbindungen für Tages- und Naherholung einzuordnen.

---

[16]) *Untersuchung Prognos AG Basel, im Auftrag des Innenministeriums NRW »Entscheidungshilfen für die Freiraumplanung«, Düsseldorf 1978*

Als Begleitbänder an Verkehrsflächen erfüllen sie einen guten Zweck zur Abschirmung lärmempfindlicher Wohngebiete. Dies gilt auch für die Lage zwischen Industrie-, Gewerbe- und Wohngebieten.

Kleingärten sollten nicht auf Bauerwartungsland ein provisorisches Dasein fristen, sondern als Dauerkleingärten ausgewiesen werden.

3.5.5 Friedhöfe

Unabhängig von der vielfältigen, zum Teil heterogenen, geschichtlichen Entwicklung sollten Friedhöfe mit Bezug zu den dazugehörigen Dörfern und Stadtteilen mit etwa 25 – 50 000 Einwohnern – relativ wohnungsnah und eingefügt in das öffentliche Grün – angelegt werden. Ohne die Friedhöfe ihrer Würde zu berauben, sollten sie eher mit parkähnlichem Baumbewuchs, gemischt aus Laubgehölzen und wenigen Nadelbäumen, bepflanzt werden – mit vielen Sitzbänken als Oasen grüner Freiräume auch für Besucher, die kein bestimmtes Grab aufsuchen wollen. Es ist zu empfehlen, innerhalb solcher Friedhöfe die Bestattungsbereiche selbst zu konzentrieren und die Gräberfelder zusammenzufassen.[17])

3.5.6 Camping

Campingplätze sind durch Standortwahl, Platzgliederung, bauliche Anlagen und Vermeidung oberirdischer Leitungen und Einzäunungen in die bevorzugte Landschaft einzufügen. Dies ist erstes Gebot. Reklame ist durch Ortssatzung zu untersagen. Bei der Standortwahl ist auf geräuschdämpfende Anpflanzungen (Immissionen und Emissionen) und entsprechende Abstände (z. B. von Wohngebieten, Industrie, Verkehrsstraßen etc.) zu achten.

Verbindung zu Sportflächen und Schwimmbädern oder Einbindung in öffentliche Grünflächen ist erstrebenswert. Nebel- und Kaltluftlagen sowie feuchte Böden sind zu meiden, windgeschützte und sonnige Lagen zu bevorzugen.[18])

3.5.7 Thesen

1. Wälder, klein oder groß, sind – wo nur möglich – zu schaffen. Sie sind klimatisch unentbehrlich, sorgen für Luftfeuchtigkeit und -reinhaltung, schützen vor Erosionen und sind Lebensräume für Mensch, Tier und Pflanze. Vor allem Mischwälder bringen biologische Vielfalt und ökologisches Gleichgewicht und sind weniger anfällig gegenüber negativen Umwelteinflüssen und Schädlingen.

2. Bäume sind Schattenspender und Sauerstofflieferanten, sie halten das Wasser im Boden und sind gestalterisch unentbehrlich. Sie sind leicht zu beschaffen und billig. Bäume gehören auf jedes öffentliche oder private Grundstück, auf jeden Parkplatz (voll überdeckend), an jede Straße. Als eventuelle Formen freiwilliger Anliegerbeteiligung empfehlen sich Pflanzung, Pflege und Baumpatenschaften.

3. Alle Fluß- und Bachufer sollten konsequent nach und nach zu abwechslungsreichen öffentlichen Grünzügen – so breit wie möglich – ausgebaut werden, aber ohne Spundwände, die die Uferbiotope zerstören!

---

[17]) Es gibt viele ältere und neuere Beispiele, wie den Westfriedhof in Wiesbaden, dargestellt in de la Chevallerie: Mehr Grün in die Stadt, Bauverlag GmbH, Wiesbaden/Berlin 1976

[18]) Ebert, D., Das Campingwesen und die Anlage von Campingplätzen, Landwirtschaftsverlag Hiltrup 1962; Bernatzky, A., Dt. Bauzeitung (DBZ) 2/70; Camping-Journal, Westdt. Verlagsanstalt Herford (monatl.)

4. Auf einfachste Weise können Tier- oder Wildgehege (Haustiere verschiedener Arten oder wenn möglich Damwild, Rotwild, Wildschweine, Mufflons, Bisons) auf Brachlandgrundstücken nahe Wohn- und anderen Baugebieten angelegt werden. Solche Gehege sollten auf Rad-, Geh- und Spielwegen erreichbar sein.

5. Einbeziehung von Wiesen in die städtischen Grünflächen zum Spielen, Drachensteigenlassen, Lagern und anderes; vor allem Kinder sollen und wollen auf die Wiese.

6. Die Schaffung innerstädtischer Freizeit- und Erholungseinrichtungen in Wohnungsnähe ist von besonderem Wert für den Lebensraum der Menschen.

7. Pausenhöfe der Schulen sollten niemals ohne lebendige Grüngestaltung mit großen Bäumen, ohne Blumenbeete zur Anlage und Pflege durch Schulklassen, ohne Sitzecken und Spielmöglichkeiten gestaltet werden. Wo dies noch nicht der Fall ist, zusammen mit Schülern, Eltern und Lehrern nachholen!

8. Die Innen- und Hinterhofbegrünung unter weitgehender Ausräumung anderer Nutzung bei voller Mitwirkung der Bewohner ist außerordentlich effektvoll und finanziell sparsam. Die Kommunalverwaltungen sollten solche Aktionen besonders fördern (zum Beispiel mit öffentlichen Wettbewerben).

9. Bauwerks- und Dachbegrünungen sind als bedeutende Reserveflächen zur Begrünung zu nutzen. Technische Erfahrungen und viele Beispiele und Verfahren liegen vor. Als Objekte bieten sich an: Flachdächer, Parkhäuser und -paletten, Brandgiebel, Lärmschutzwände, Tiefgaragen, Industriebauten, Verbrauchermärkte in der freien Landschaft, Mauern und Zäune jeder Art.

10. Hecken mit dornigem Unterteil pflanzen und pflegen, als Windschutz, Schattenspender und Vogelparadies, für Mikroorganismen als Symbionten artverschiedener Organismen.

11. Auch bei geringerem Bodenertrag weitestgehend auf Überdüngung und Anwendung von Insektiziden verzichten, um zu verhindern, daß die Böden steril werden.

Grundsätzlich geht es um die Sicherung und Entwicklung der Landschaft, darum müssen alle Erholungsaktivitäten auf ihre Umweltverträglichkeit geprüft werden.

3.5.8   Orientierungswerte

Erholungs- und Freiflächen
Flächenbedarf:
Streubereich   6 – 115 qm/E
Mittelwert   28 – 35 qm/E

Darin sind enthalten:
1. Erholungs-, Spiel- und Sporteinrichtungen
     Flächenbedarf:
     Streubereich   2,50 – 24,00 qm/E
     Mittelwert   5,00 – 8,00 qm/E

—   Sportplätze
     Flächenbedarf: 4 – 6 qm/E
     Grundstücksfläche   1,4 – 2,5 ha
     Mindesteinzugsbereich   3000 – 5000 E
     max. Entfernung   10 Min. Fußweg (500 m)

—   Tennisplätze
     Flächenbedarf: 0,20 qm/E
     Grundstücksfläche   0,12 ha
     Mindesteinzugsbereich   5000 E

—   Sportparks/Freisportzentren
     Flächenbedarf: 3,00 – 5,50 qm/E
     Grundstücksfläche   6 – 10 ha
     Mindesteinzugsbereich   (25 000 –) 80 000 E

—   Gymnastikhallen
     Flächenbedarf: 0,20 – 0,40 qm/E
     Grundstücksfläche   300 – 500 qm
     Mindesteinzugsbereich   1000 (– 2000) E

—   Turnhallen
     Flächenbedarf: 0,20 – 0,40 qm/E
     Grundstücksfläche   650 (– 1800) qm
     Mindesteinzugsbereich   1000 – 2500 E

—   Freibäder
     Flächenbedarf: 1 – 2 qm/E
     Grundstücksfläche   2,5 – 3,5 ha
     Mindesteinzugsbereich   (5000 –) 25 000 E

—   Hallenbäder
     Flächenbedarf: 0,05 – 0,10 qm/E
     Grundstücksfläche   0,40 – 0,65 ha
     Mindesteinzugsbereich   30 000 E

2. Öffentliche Anlagen, Parks, Grünzüge
     Flächenbedarf:
     Streubereich   1 – 53 qm/E
     Mittelwerte   8 – 15 qm/E

3. Kleingartenanlagen
   Flächenbedarf:
   Streubereich   1,20 – 30,00 qm/E
   Mittelwerte   10 – 17 qm/E
   Grundstücksfläche   3,5 – 5,0 ha

4. Öffentliche Grünflächen im Bruttobaugebiet
   Flächenbedarf:
   Streubereich   1,00 – 10,00 qm/E
   Mittelwert   3,50 qm/E

   Darin sind u. a. enthalten:
   Spielplätze für Kinder von 7 – 12 Jahren
   Flächenbedarf:
   Streubereich   0,50 – 5,00 qm/E
   Mittelwert   0,75 qm/E
   Grundstücksfläche   0,2 ha
   Mindesteinzugsbereich   2000 E
   max. Entfernung   400 – 500 m

   Spiel- und Bolzplätze für Jugendliche von 13 – 17 Jahren
   Flächenbedarf:
   Streubereich   0,75 – 5,00 qm/E
   Mittelwert   1,50 qm/E
   Grundstücksfläche   0,5 – 0,7 ha
   Mindesteinzugsbereich   1200 – 1700 E
   max. Entfernung   10 Min. von Schule bis 1000 m

	Altersgruppe			
	Kleinkinder bis 6 Jahre	Kinder 6 – 12 Jahre	Jugendliche 12 – 18 Jahre	Erwachsene und Familie
Flächenbedarf Bruttofläche m^2 je Einwohner	0,75	0,75	0,75	1,5
Größe der Spielfläche nutzbare Fläche (Nettofläche) m^2 Bruttofläche m^2	40 – 150 60 – 225	450 – 800 675 – 1200	$\geq$ 800 $\geq$ 900	$\geq$ 1500 $\geq$ 2250
Lage	in Sicht- und Rufweite der Wohnungen gut einzusehen	innerhalb oder in unmittelbarer Nähe der Wohnbebauung gut einzusehen	am Rande der Wohnbebauung	innerhalb oder in unmittelbarer Nähe der Wohnbebauung
zumutbare Entfernung von der Wohnung Fußweg m Radius m	100 75	400 300	1000 750	1000 750
Zugang	nicht direkt auf Fahrstraßen		möglichst ohne Überschreiten stark befahrener Straßen	

[19]

---

19) Quelle: DIN 18034, s. Veröffentlichungen/Normen, 3.47

3.5.9 Naturschutz- und Landschaftspflegerecht

1. Gesetz über Naturschutz und Landschaftspflege (Bundesnaturschutzgesetz – BNatSchG) v. 20. Dez. 1976, Bundesgesetzblatt, Jahrg. 1970, Teil I, S. 3574 ff
2. Verordnung des Bundesministers für Ernährung, Landwirtschaft und Forsten über besonders geschützte Arten wildlebender Tiere und Pflanzen (Bundesartenschutzverordnung – BArtSchVO) v. 25. Aug. 1980 (BGBl. I S. 1565)
3. Landespflegegesetz des Landes Rheinland-Pfalz v. 14. Juni 1973 i. d. F. v. 5. Febr. 1979 (GVBl. S. 36)
4. Gesetz für Naturschutz und Landschaftspflege (Landschaftspflegegesetz) des Landes Schleswig-Holstein vom 16. April 1973 i. d. F. v. 20. Dez. 1977 (GVBl. S. 507)
5. Hessisches Gesetz über Naturschutz und Landschaftspflege (Hessisches Naturschutzgesetz) v. 19. Sept. 1980 (GVBl. S. 309)
6. Gesetz über den Schutz der Natur, die Pflege der Landschaft und die Erholung in der freien Natur des Landes Bayern (Bayerisches Naturschutzgesetz) v. 18. Febr. 1973 i. d. F. v. 24. März 1977 (GVBl. S. 101)
7. Gesetz zur Sicherung des Naturhaushaltes und zur Entwicklung der Landschaft (Landschaftsgesetz) des Landes Nordrhein-Westfalen v. 18. Febr. 1975 i. d. F. v. 26. Juni 1980 (GV.NW. S. 498)
8. Gesetz zum Schutz der Natur, zur Pflege der Landschaft und über die Erholungsvorsorge in der freien Landschaft (Naturschutzgesetz) des Landes Baden-Württemberg vom 27. Juli 1973 i. d. F. v. 30. Mai 1978 (GBl. S. 286)
9. Niedersächsisches Gesetz über Spielplätze (NSpPG) v. 6. 2. 1973 (Nds. GVBl. S. 29)
10. Schillinger/Künkele, Naturschutzrecht für Baden-Württemberg, Testausgabe, Verlag W. Kohlhammer Stuttgart – Berlin – Köln – Mainz (m. 22 Gesetzen, Verordnungen, Erlassen, Merkblättern und Mustern; hier beispielhaft angeführt)

3.5.10 Literatur

Akademie für Raumforschung und Landesplanung (Hrsg.): Verwirklichung der Landschaftsplanung in der Regional- und Kommunalplanung. Mit Beiträgen von K. Haubner, P. Kleiner, K.-A. Gaede, G. Hahn-Herse/H. Kiemstedt/S. Wirz, H. L. Schulz, E. K. Stoll, D. Valentien, R. Thomas, G. Jachimsky, V. Wille, W. Mrass/F. Arnold, A. Schmidt. Der Band befaßt sich einerseits mit grundsätzlichen Überlegungen zur Rolle und Wirkungsmöglichkeit der Landschaftsplanung und zum anderen mit der Umsetzung landschaftsplanerischer Vorstellungen in der Regional- und Kommunalplanung. Letzteres wird an Fallbeispielen erörtert. Ergänzt wird der Band durch zwei Beiträge zu Informationsgrundlagen für die Landschaftsplanung. Hannover 1984

Baumann, R.: Begrünte Architektur. Bauen und Gestalten mit Kletterpflanzen. München 1985

Barthelmeß, A.: Landschaft – Lebensraum des Menschen. Probleme von Landschaftsschutz und Landschaftspflege geschichtlich dargestellt und dokumentiert. (ORBIS ACADEMICUS, Sonderbände 2/1 ff.) Freiburg/München 1988

Bernatzky, A. u. Böhm, O.: Bundesnaturschutzrecht. Kommentar zum Gesetz über Naturschutz und Landschaftspflege mit Ausführungsvorschriften. Wiesbaden 1989

Breloer, H.: Was ist mein Baum wert? Ein Ratgeber für Bürger. Erndtebrück 1989

Brookes, J.: Gärten im ländlichen Stil. Planung, Gestaltung, Pflege. München 1988

Brookes, J.: Der kleine Garten. Die Gestaltung grüner Oasen auf engem Raum. München 1989

Bundesinstitut für Sportwissenschaft (Hrsg.): Sportplätze. Freianlagen für Spiel, Sport, Freizeit und Erholung. Planung – Bau – Ausstattung – Pflege. (Schriftenreihe Sport- und Freizeitanlagen P1/82.) Köln 1989

Ehlers, M.: Baum und Strauch in der Gestaltung und Pflege der Landschaft. Berlin 1985

Ehmke, F., u. a.: Schatten im Garten. Stuttgart 1989

Ernst, W.: Schadensbuch Dachbegrünung. Planungs-, Material- und Konstruktionsfehler. Fehlerquellen – Behebung – Vorbeugung. Wiesbaden 1990

Evans, H.: Terrassen und Innenhöfe. Planen – Bepflanzen – Ausstatten. München 1989

Grub, H.: Unternehmen Grün. Ideen, Konzepte, Beispiele f. mehr Natur in der Arbeitswelt. München 1990

Handbuch Garten. Das große Nachschlagewerk für alle Fragen der Gartenpraxis. München 1988

Jantra, H.: Reihenhausgärten. Planen – Anlegen – Pflegen. Niedernhausen 1989

Kalcher, H. K.: Selbst Terrassen, Pergolen und Zäune bauen. München 1987

Kaub, R.: Der liebe Nachbar. Rechtsfälle rund um Garten und Grundstück. München 1986

Künkele u. Heiderich: Naturschutzgesetz für Bad.-Württemberg. Kommentar und Vorschriftensammlung. Stuttgart 1984

Liesecke, H.-J.: Dachbegrünung. Berlin 1985

Meyer, F. H. (Hrsg.): Bäume in der Stadt. Stuttgart 1982

Niesel, A.: Bauen mit Grün. Die Bau- und Vegetationstechnik des Landschafts- und Sportplatzbaus. Hamburg, Berlin 1989

Ohlwein, K.: Dachbegrünung – ökologisch und funktionsgerecht. Biologische u. technische Grundlagen, bauphysikalische Auswirkungen, Aufbausysteme, gebaute Beispiele. Augsburg 1989

Remmert, Hermann: Naturschutz: e. Lesebuch, nicht nur für Planer, Politiker u. Polizisten, Publizisten u. Juristen / Hermann Remmert. Berlin; Heidelberg; New York; London; Paris; Tokyo 1988

Rothe, K.-H.: Bundeskleingartengesetz. Kommentar mit Auszügen aus anderen Gesetzestexten. Wiesbaden 1983

Saunus, C.: Planung von Schwimmbädern. Bau und Betrieb von privaten und öffentlichen Hallen- sowie Freibädern einschließlich Whirlpools und medizinische Bäder. Düsseldorf 1989

Schemel, H.-J. und Erbguth, W.: Umweltverträgliche Freizeitanlagen. Eine Anleitung zur Prüfung von Projekten des Ski-, Wasser- und Golfsport aus der Sicht der Umwelt. Berlin, Bielefeld, München.
Band I: Analyse und Bewertung. 1988
Band II: Rechtsfragen. 1988

Schillinger, J. und Künkele, S.: Naturschutzrecht für Baden-Württemberg. Stuttgart 1989

Schoot, P. van der: Behindertengerechte Sport- und Freizeitanlagen. (Sport- und Freizeitanlagen, B 79,1.) Köln 1980

Steinberg, R.: Das Nachbarrecht der öffentlichen Anlagen. Nachbarschutz gegen Planfeststellungen und sonstige Anlagen der öffentlichen Hand. Stuttgart 1988

Stifter, R.: Dachgärten. Grüne Inseln in der Stadt. Stuttgart 1988

Stoklas, K.-H. (Bearb.): Dachgärten. Bepflanzung flacher Dachflächen. Konstruktive und gestalterische Durchführung. Umbaute Freiräume zur Nutzung und Umweltverbesserung. Dachbegrünung; Terrassengarten; Dachterrasse. Stuttgart 1991

Wagenfeld, H., Stadtgrünplätze; Planung – Anlage – Nutzung. Wiesbaden und Berlin 1985

Winkler, A. und Salzmann, H. C.: Das Naturgarten-Handbuch für Praktiker. CH-Aarau 1989

Zur Hausen, W.: Hausgärten. Planen, Anlegen, Gestalten, Pflegen. München 1988

3.6 Erschließung und Verkehr

3.6.1 Begriffe

Erschließungsanlagen
sind eine wesentliche Voraussetzung jeder städtebaulichen Maßnahme. Sie werden differenziert in Anlagen der äußeren Erschließung und inneren Erschließung. Erschließung umfaßt die Maßnahmen, Anlagen und Einrichtungen außerhalb der Baugrundstücke, die deren bauliche Nutzung erst ermöglichen.
Hierzu gehören
– Verkehrsflächen,
– öffentliche Parkflächen,
– Grünanlagen, die öffentlichen Straßen und Wegen zugeordnet sind,
– öffentliche Versorgungsanlagen (Wasser, Gas, Strom, Telefon, Fernwärme),
– öffentliche Entwässerungsanlagen und die Anlagen zur Abwasserbehandlung.

Zur äußeren Erschließung
gehören alle außerhalb der Baugebiete gelegenen Anlagen, die zu deren Erschließung notwendig sind, wie Zubringerstraßen zu Baugebieten, Hauptzuleitungen und Hauptableitungen für die Baugebiete, Anteile an sonstigen Versorgungs- und Entwässerungsanlagen (z. B. Hochbehälter, Rückhaltebecken und Kläranlage). Zu unterscheiden sind bei den Verkehrsflächen der äußeren Erschließung Straßen, in denen der überörtliche und ortsteilverbindende Verkehr vorherrscht, wie Autobahnen, Schnellverkehrsstraßen, Hauptverkehrsstraßen, aber auch Umgehungsstraßen. Diese sind in der Regel Ortsumgehungen, das heißt im äußeren Ortsbereich oder außerhalb des Orts planmäßig angelegte Straßen, die den Durchgangsverkehr zur Entlastung des innerörtlichen Verkehrs aufnehmen.

Zur inneren Erschließung
zählen dagegen die innerhalb der Baugebiete gelegenen Anlagen, soweit sie zu deren Erschließung erforderlich sind. Innerhalb der Baugebiete gelegene Anlagen, die für diese keine Erschließungsfunktion ausüben (z. B. Hauptverkehrsstraßen), zählen zur äußeren Erschließung.
Häufig haben Erschließungs-Straßen und -Wege mehrere Funktionen – insbesondere in Altbaugebieten – wie die Nutzung für Aufenthalt, Begegnung und Spiel sowie für die Bildung städtebaulicher Räume in Verbindung mit Bebauung und Bepflanzung. In der Regel werden benötigt: Sammelstraßen, Anliegerstraßen, Wohnwege und Fußgängerstraßen (Gemischtnutzung), Gehwege, Radwege.

Sammelstraßen
Die Verkehrsfunktion herrscht vor, das bedeutet Trennung der Verkehrsarten. Diese Straßen sollten möglichst anbaufrei bleiben, wenn die Spitzenstunde voraussichtlich 800 Kfz/h erreicht (Einzugsbereich max. 1500 Wohnungen). Sammelstraßen sollten von Fuß- und Radwegen begleitet werden.
Bei anbaufähigen Sammelstraßen sind Längs- oder Schrägparkstreifen mit Baumpflanzungen gegliedert anzulegen.

Anliegerstraßen
dienen vor allem der Erschließung der zugeordneten Grundstücke aber auch dem Spielen von Kindern.

Befahrbare Wohnwege
dienen der Erschließung der zugeordneten Häuser, aber überwiegend spielenden Kindern und dem Treffen von Erwachsenen.

Nicht befahrbare Wohnwege
sind in der Regel für den Kraftfahrzeugverkehr gesperrt.

Straßenbegleitende Geh- und Radwege
sind bei angebauten Straßen mindestens einseitig erforderlich. Bei stärkerem Radverkehr sind Radwege zwischen Fahrbahn und Gehweg anzulegen.
Selbständig geführte Geh- und Radwege bilden ein Netz mit den Wohnwegen und den straßenbegleitenden Wegen als möglichst kurze Verbindungen, zum Beispiel auch zwischen den Enden von Stichstraßen.

Fußgängerstraßen und -plätze
gelten dem Bestreben, öffentliche Bereiche in Kern-, Misch- und Wohngebieten als Aufenthaltsflächen ohne Fahrzeugverkehr einzurichten.

Grünflächen des Straßenraumes
sind wesentliche Bestandteile von Straßen und Plätzen zu deren Gestaltung, zur Verbesserung des Kleinklimas, als Schattenspender, als Trennflächen, zur Staubfilterung und zur optischen Leitwirkung.

Individualverkehr
ist die Beförderung mit eigenem Fahrzeug.

Verkehrsberuhigung
dient der Verbesserung des Wohnumfelds durch Verringerung des Kraftverkehrs mit den Mitteln der räumlichen und/oder zeitlichen Verlagerung und/oder der Veränderung der Verkehrsart.[1]
Sie soll auch der Verbesserung der Gestaltqualität dienen und gegebenenfalls dazu auf den Einzelhandel positive Auswirkungen erzeugen.

Ruhender Verkehr
ist der haltende oder parkende Individualverkehr, dabei sind zu unterscheiden
– Parkflächen: allgemein zum Abstellen von Fahrzeugen vorgesehene Flächen einschließlich der Zufahrten;
– Parkplätze: Parkflächen außerhalb des dem fließenden Verkehr dienenden Straßenraums;
– Standspuren: in der Fahrbahn liegende Spuren, die sowohl dem ruhenden wie dem fließenden Verkehr dienen;
– Parkstreifen: neben der Fahrbahn verlaufende Streifen, die ausschließlich dem ruhenden Verkehr dienen;
– Parkbuchten: Parkstreifen für Parallelaufstellung, unmittelbar an die Fahrbahn angrenzend;
– Parktaschen: Parkstreifen für Schräg- oder Senkrechtaufstellung;
– Stellplätze: dienen nicht dem öffentlichen Verkehr, sondern der Erfüllung der gesetzlichen individuellen Stellplatzpflicht auf den Grundstücken.

Öffentlicher Personenverkehr/öffentlicher Personen-Nahverkehr:
Öffentlicher Personenverkehr umfaßt die Beförderung von Personen mit öffentlichen Verkehrsmitteln wie Eisenbahn, Straßenbahn, Untergrundbahn, Omnibus, Taxi, Flugzeug, Schiff.
Unterbegriff: Öffentlicher Personennahverkehr (ÖPNV) umfaßt die Verkehrsbeför-

---

[1] *Planungsfibel zur Verkehrsberuhigung, Bd. 03.090/1982 der Schriftenreihe Städtebauliche Forschung des BMBau*

derung von Personen mit öffentlichen Verkehrsmitteln innerhalb eines Nahbereichs (besonders innerhalb des Einzugsbereichs einer Stadt oder Region)

Öffentliche Verkehrsmittel

– Bahnen (schienengebunden): Stadtschnellbahnen sind unabhängig vom Straßenverkehr betriebene Nahtransportsysteme mit Triebwagenzügen im Zweirichtungsbetrieb.
  Beförderungskapazität: ca. 40 – 50 000 Pers./h
  Mittlere Reisegeschwindigkeit: 30 – 50 km/h.

– Untergrundbahnen (U-Bahnen) stellen ebenfalls ein eigenständiges Transportsystem dar, in einigen Städten (z. B. Berlin, Hamburg) im Wechsel als Hochbahn oder im Einschnitt geführt.
  Beförderungskapazität: max. ca. 25 000 Pers./h
  Mittlere Reisegeschwindigkeit: 25 – 35 km/h.

– Untergrundstraßenbahnen (U-Strab) stellen ein Zwischenglied zwischen U-Bahn und Straßenbahn dar. Hierbei werden in der Regel Tunnel oder Hochbahnabschnitte in das vorhandene Straßenbahnnetz eingebunden und von Fahrzeugen befahren, die sowohl im Tunnel als auch im Straßenraum verkehren können. Zumeist werden Tunnelbahnen in der Innenstadt in Betrieb genommen, wo die Verkehrsnot und der Gewinn an Fahrzeit am größten sind. Die Fahrgäste behalten hierbei ihre durchgehenden Verbindungen zur Innenstadt.

– Straßenbahnen sind Nahtransportsysteme, deren Gleise vorwiegend im Straßenraum, entweder im Straßenpflaster oder auf besonderen Bahnkörpern, verlegt sind und an vielen Stellen vom Straßenverkehr niveaugleich gekreuzt werden.
  Beförderungskapazität: max. ca. 18 000 Pers./h
  Mittlere Reisegeschwindigkeit: 20 – 26 km/h

– Omnibusse gehören zu einem früher fahrspurfrei an den Straßenraum gebundenen – heute möglichst mit eigenen Busspuren – flächendeckenden System.
  Oberleitungsomnibusse (O-Bus, Trolley-Bus) bilden eine Zwischenstufe zwischen Straßenbahnen und Omnibussen mit dem Vorteil der Spur- und Abgasfreiheit.
  Beförderungskapazität: max. ca. 10 000 Pers./h
  Mittlere Reisegeschwindigkeit: 16 – 24 km/h

Verkehrsdichte

Die Zahl an Fahrzeugen unterschiedlicher Art, die sich innerhalb einer bestimmten Zeit (z. B. pro Stunde) auf einer Fahrstrecke von bestimmter Länge (x km) fortbewegen, gehört ebenso zum Begriff Verkehrsdichte wie die Menge ruhenden Verkehrs (Stellplätze, Parkplätze) auf einer bestimmten Fläche. Die Verkehrsdichte ist von vielen zusammenwirkenden Faktoren abhängig, in besonderem Maße aber direkt oder indirekt von der Einwohner- und Beschäftigtendichte, die ihrerseits die Siedlungsdichte beeinflußt.

Aus dieser Erkenntnis heraus sind von den Vordenkern und Erarbeitern der Baunutzungsverordnung die Geschoßflächenzahl und die Baumassenzahl (§ 17 BauNVO) als Höchstwerte entwickelt. Sie sind damit zu den effizientesten Rechtsinstrumentarien der Städtebauer und Planer zur Einschränkung der Verkehrsdichte geworden.

Dies ist geltendes Bundesrecht, was nicht übersehen werden darf.

3.6.2 Gegebenheiten

Der Bestand an Pkw und Kombifahrzeugen bezogen auf Deutschland (W) stieg von rund 1,5 Mio (1939) über 5 Mio (1960) auf 31,3 Mio im Jahre 1991. Bis zum Jahr 2010 wird mit einem Sättigungsgrad von 46 Mio in Gesamtdeutschland gerechnet. Davor darf die Straßenplanung die Augen nicht verschließen.

In der EG kommen rund 350 Pkw auf 1000 Einwohner. In den USA beträgt diese Quote etwa 560. Die höchste Pkw-Dichte in der EG hatte 1989 Luxemburg mit 443 pro 1000 Einwohner. Es folgt Deutschland (W) mit 417, Italien mit 408, Frankreich mit 394. In größerem Abstand Belgien und die Niederlande mit 348. Dänemark mit 321 und Großbritannien mit 318 lagen noch über der Marke von 300. Mit Abstand folgen Spanien mit 266 und Irland mit 201. Einen großen Abstand weisen Griechenland mit 130 und Portugal mit 124 Pkw je 1000 Einwohner auf. Die Zahlen steigen von Jahr zu Jahr.

Die Bewältigung und Gestaltung des Verkehrsgeschehens in der Stadt und ihrem Umland wird zu den wichtigsten und brisantesten Zukunftsaufgaben gehören.

Nach den Berichten des DIW gliedert sich die Verkehrsleistung nach Fahrtzeiten wie folgt auf:

Berufsverkehr	10 %
Ausbildungsverkehr	6 %
Geschäfts- und Dienstreiseverkehr	21 %
Urlaubsverkehr	22 %
Ausflugsverkehr	6 %
Einkaufsverkehr	4 %
Sonstiger Verkehr	31 %
Insgesamt	100 %

Zwischen 1970 und 1989 ist in Deutschland (W) der Bestand an Kraftfahrzeugen um 98 % gestiegen. Das Straßennetz hat sich um etwa 17 % erhöht (km-Länge), das überörtliche Straßennetz um 8,9 %.[2]

Bei aller Unsicherheit von Vorhersagen sei bemerkt, daß seit drei Jahrzehnten die jährlichen Prognosen für den Motorisierungsgrad stets zu niedrig lagen. Für eine sachliche Beurteilung der Flächeninanspruchnahme folgen einige zusammengefaßte statistische Zahlen des Jahres 1980:

Verkehrsfläche einschließlich DB, Privatbahnen, ruhender Verkehr etc. in Deutschland (W)	ca. 5,6 % der Gesamtfläche
davon Kraftverkehrsstraßen	ca. 1,3 % = 26 %
davon Autobahnen	ca. 0,2 % = 4 %
Straßen des sonstigen Fernverkehrs	ca. 0,4 % = 8 %
Straßen des Orts-, Anlieger- u. Nachbarschaftsverkehrs	ca. 0,7 % = 14 %
	= Anteil an der Verkehrsfläche

In den siebziger Jahren betrug die jährliche Zuwachsrate für Straßen des weiträumigen Verkehrs durchschnittlich ca. 0,33 %. Diese Zuwachsrate ist in den achtziger Jahren erheblich gesunken, danach wird der jetzt noch als erforderlich angesehene Bedarf an Zuwachs erst zwischen den Jahren 2000 und 2010 erfüllt sein.

Die Entwicklung der Mobilität bleibt dabei ein Unsicherheitsfaktor, da sie von der Wirtschaftsentwicklung abhängig ist. Die Querverbindungen zwischen ÖPNV und Straßen erweisen sich als nicht ausreichend, da sich der Individualverkehr in den

---

[2] *Quelle: Industrie- und Handelskammer Rhein-Neckar Mannheim*

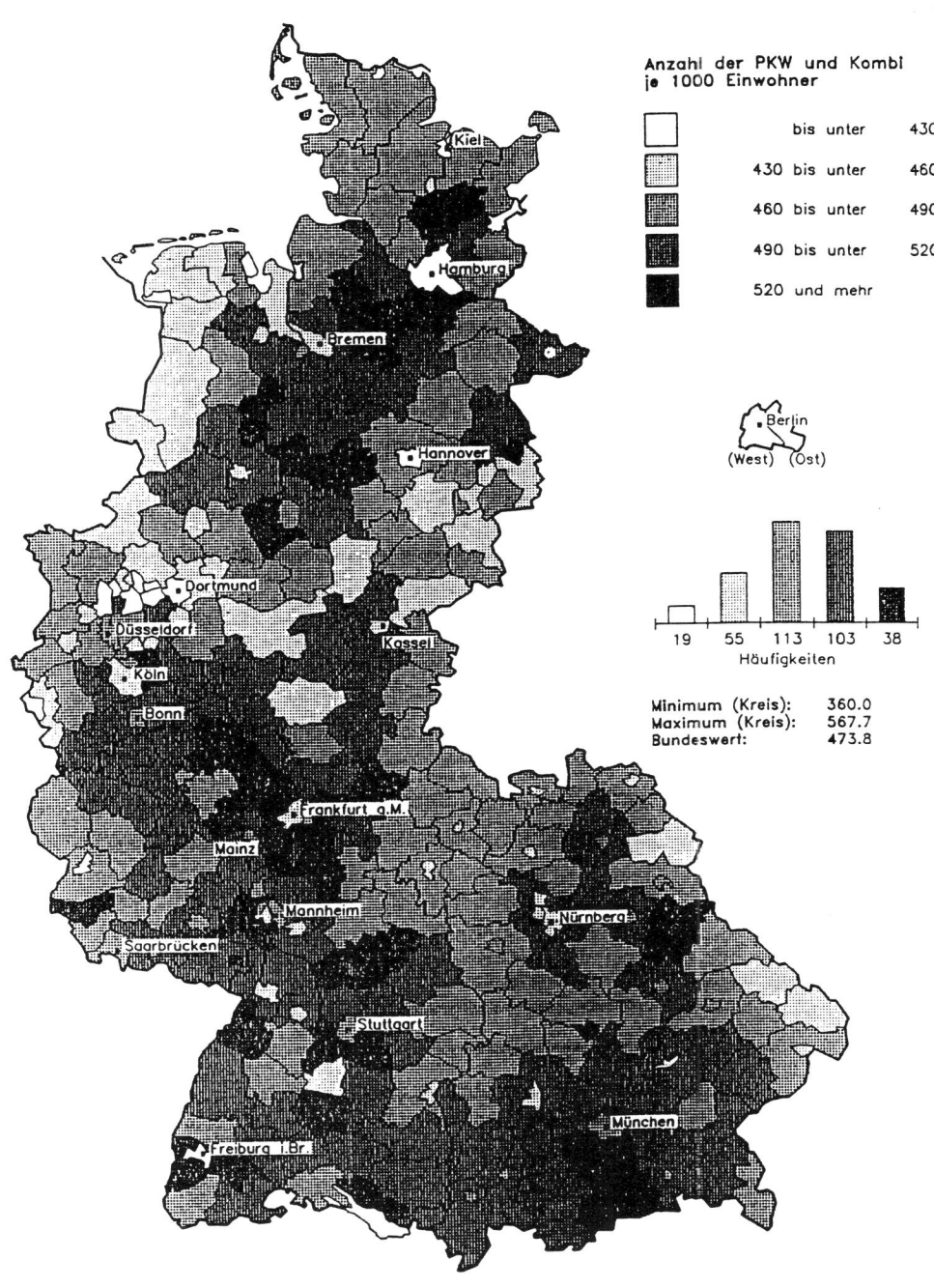

*Quelle: Laufende Raumbeobachtung der Bundesforschungsanstalt
    für Landeskunde und Raumordnung*

Randzonen verstärkt. Diesem Umstand müssen die Überlegungen zur Verkehrsverbesserung Rechnung tragen.

Das Verkehrswachstum hat viele Ursachen, beim Personenverkehr ist es zum Beispiel das enorm gestiegene Mobilitätsbedürfnis der Bevölkerung. Dieses beruht unter anderem auf dem gestiegenen Wohlstand und der gewachsenen Freizeit sowie dem länger dauernden Rentenalter und auch darauf, daß die Rentner heute viel mehr als früher Führerscheininhaber sind. Das Straßennetz muß ausreichend dimensioniert werden, damit die Zahl der Staus nicht weiter ansteigt und damit schnell, pünktlich, treibstoffsparend, abgasarm und mit weniger Unfallgefahren transportiert werden kann: umweltfreundlich, menschenfreundlich.

Wer gegen die angemessene Erweiterung des Straßennetzes plädiert, ist notwendigerweise für mehr Staus, für mehr Treibstoffverbrauch und menschenunwürdiges Fahren. Ein sechsspuriger Ausbau fast aller Autobahnen und leistungsfähige mehrspurige Bundesstraßen sind notwendig. Der Flächenbedarf steigt beim Ausbau von 4 auf 6 Fahrspuren um weniger als 1 ha pro km, während eine neue vierspurige Autobahn mindestens 8 ha/km beansprucht, das heißt mehr als das Achtfache!

Die Entwicklung des Verkehrs in Deutschland ist nur zu bewältigen, wenn alle verfügbaren Verkehrssysteme parallel ausgebaut und integriert werden. Dies wird Jahrzehnte dauern. Der deutsche Verkehrswegeplan des Bundesverkehrsministers sieht allein für die fünf neuen Bundesländer vor:

Schienennetz der Reichsbahn	48 Milliarden DM
Öffentlicher Personennahverkehr	12 Milliarden DM
Binnenwasserstraßen	8 Milliarden DM
Kommunalstraßen	30 Milliarden DM
Bezirksstraßen	15 Milliarden DM
Bundesfernstraßen	13 Milliarden DM
Luftverkehr	1 Milliarde DM

3.6.3 Erschließung der Baugrundstücke

Alle nachstehend behandelten Maßnahmen beschränken sich auf das Vermeiden von Fehlern der Vergangenheit und daraus folgende Erkenntnisse für die Zukunft. Sie stellen keine Ausführungen im Sinne eines Lehrbuchs dar. Bezüglich der Vollzähligkeit sei besonders auf die einschlägige Fachliteratur verwiesen.

1. Wir beschränken uns im wesentlichen auf Hinweise zu Erschließungsmaßnahmen, die unsere Wohnbezirke »wirtlicher, wohnlicher, menschenwürdiger« machen sollen und können. Hierzu sind vor allem auch Verkehrsberuhigungsmaßnahmen verschiedener Art geeignet. Hierzu gehört speziell die Förderung der Möglichkeiten für Kinder, ungefährdet auf der Straße spielen zu können, die Sicherheit älterer Menschen im Verkehr, die Verbesserung der Fußgänger- und Radwege-Verbindungen und das Fernhalten des Fernverkehrs aus den Wohngebieten.
   Im Sinne solcher Maßnahmen sind als Kriterien einer menschengerechten Verkehrssituation regelmäßig die Straßenbegrünung, die weitgehende Verhinderung von Abgas- und Lärmimmissionen sowie von Störungen durch die Unterbringung des ruhenden Verkehrs zu beachten.
   Im einzelnen bedeutet Verkehrsberuhigung:
   - keine Zerschneidung der Wohnbezirke durch breite Verkehrsbänder;
   - durch Verengung der Wohnstraßen (z. B. auf 3,50 m Breite mit Ausweichstellen) das Tempo verringern;
   - breitere Bürgersteige mit Straßengrün;
   - Verhinderung beidseitigen Parallelparkens;
   - Einfügung von begrünten Sitz- und Spielflächen;
   - versetzte Fahrbahnen, auch an Kreuzungen;

- gelegentlich auch Stichstraßen mit Wendeplatz, aber nur bei vollem Parkverbot;
- Absetzen der Wohnstraße von der Verkehrsstraße durch Materialwechsel der Fahrbahndecke;
- Einfügen von Zebrastreifen an Einmündungen zur Bevorrechtigung des Fußgängers;
- Wohnsammelstraßen als Rückgrat der inneren Verkehrserschließung von Wohnbereichen;
- Förderung des Verkehrsflusses der Fußgänger und Radfahrer – beide grundsätzlich getrennt.

2. Nicht nur in Baugebieten jeder Art sollten Bäume an Straßen und Wegen selbstverständlich angepflanzt werden. Insbesondere an allen Straßen für überörtlichen Verkehr ist in dieser Hinsicht noch viel zu tun!

   Bei der Neuanpflanzung von Bäumen an Verkehrsstraßen sollte ein Abstand von etwa 2 m vom befestigten Fahrbahnrand eingehalten werden, wenn nicht der Querschnitt infolge Graben, Einschnitts- oder Dammböschung einen anderen Abstand verlangt. Der Deutsche Rat für Landespflege empfiehlt, soweit es die Verkehrsverhältnisse zulassen, vor die Bäume einen federnden Strauchmantel zu setzen, um von der Fahrbahn abirrende Fahrzeuge aufzufangen.

   Bei der Umgestaltung alter Alleen sollte zumindest stets eine Alleereihe erhalten bleiben. Dabei ist die Fahrbahn von dieser Reihe abzurücken.

3. Für Autoschnellstraßen wird empfohlen, den Mittelstreifen auf 6 bis 8 m festzulegen, wobei durch Pflanzungen auch ein ausreichender Blendschutz erreicht werden kann.

3.6.4 Individualverkehr

Die Durchsetzungsschwierigkeit des öffentlichen Verkehrs und der kardinale Vorteil des Individualverkehrs liegen darin, daß ein Bürger frei über sein Fahrzeug, mit dem er ein entferntes Ziel erreichen will, verfügen kann. Daher wird das Auto unentbehrlich bleiben, insbesondere für den Wirtschaftsverkehr in den Innenstädten, für den Freizeitverkehr und für den Erholungsverkehr aus den Wohngebieten heraus.

Innerhalb der Regionen bedeutet dies auf lange Sicht den Bau von Fernstraßen und damit bevorzugt den sinnvollen Ausbau vorhandener Bundesstraßen, aber auch den Bau von Ortsumgehungen. Ganz zurückhaltend ist der Neubau von Stadtautobahnen anzugehen, wenn wir die Landschaft und die Städte nicht zerstören wollen.

Grundsätzlich ist zur Vermeidung einer Belästigung durch Fern- und Durchgangsverkehr zu empfehlen:

- die Ableitung durch tangentiale Fernstraßen oder Autobahnen;
- Ableitung des Durchgangsverkehrs von der Innenstadt durch Tangenten oder Ringstraßen um das Zentrum herum;
- Bündelung der zur Innenstadt gerichteten Verkehrsströme in der äußeren Zone auf leistungsfähige Radialstraßen;
- Auffangen dieser Ströme durch Parkflächen in der Übergangszone und kostenpflichtige Parkhäuser und Tiefgaragen am Rand der Fußgängerbereiche der Innenstädte.

Stets sollte der Ausbau vorhandener Straßen, je nach Gegebenheit und Erfordernis, um ein oder mehr Fahrspuren Vorrang haben vor der Anlage neuer Straßenzüge.

3.6.5 Technische Zukunftsmöglichkeiten des Individualverkehrs

Neue Techniken im Kraftfahrzeugbau brauchen lange Entwicklungszeiten und lange Produktionsvorbereitung für Serienfertigung.

Neben der Erforschung anderer Energieträger zielen die Erprobungen
- auf erhöhte Straßenverkehrssicherheit,
- auf weniger Verkehrslärm,
- auf geringere Luftverschmutzung,
- auf Gewichtseinsparung und Verkürzung der Fahrzeuglänge.

Verbesserungen des Individualverkehrs in naher Zukunft sind zu erreichen durch
- Leit- und Informationssysteme zur Vermeidung von Staus und zur Verringerung des Treibstoffverbrauchs,
- vollautomatische Zielortsteuerung,
- Verbesserung der Verkehrsflußmaßnahmen (grüne Welle, bedarfsgesteuerte Ampeln usw.).

3.6.6 Radwege

Ein Viertel – besser ein Drittel – des Gesamtstraßennetzes sollte – wenigstens einseitig, besser beidseitig – von gesonderten Radwegen begleitet werden. Dies ist anzustreben in weitgehend flachen Baugebieten. In überwiegend hügeligem Gelände kann je nach Grad der Steigungen der Anteil erheblich geringer sein.

Hauptverkehrszüge sind sinnvoll durch Radwege-Querverbindungen zu verknüpfen. Wichtig ist die Schaffung eines zusammenhängenden Netzes.

In den Innenstädten sollten Radwege zur Fahrbahn hin Sicherheitsstreifen erhalten. Das Radwegenetz sollte stets gleichzeitig – gegebenenfalls durch Ergänzungen – als Radwandernetz genutzt werden können.

So wie zum motorisierten Verkehr gehören auch zum Radverkehr ausreichende Parkplätze, soweit erforderlich und möglich überdacht und überwacht.

Von besonderer Dringlichkeit sind im Hauptgefahrenbereich der Radfahrer, an Straßenkreuzungen, markierte Fahrstreifen mit Schildern und Signalsicherung, die jedoch nicht zu Lasten der Fußgänger gehen dürfen.[3]

Rad- und Fußwege stets trennen!

Radfahrer brauchen ein weites Sichtfeld, daher keine dicht bepflanzten Wege oder enge Tunnelstrecken, was nicht bedeutet, daß Radwanderwege nicht in Grünzügen verlaufen sollten.

Grundsätzlich gehören Radwege als Verbindungen in die Nähe von Schulen, Sportstätten, Einkaufszentren und Kommunikationsstätten jeder Art. Innerhalb der bebauten Gebiete ist das Fahrrad als umweltfreundliches, gesundheitsförderndes und energiesparendes Verkehrsmittel mit wenig Flächenbedarf in jeder Weise zu fördern.

Aus Sicherheitsgründen sollte man den Führerschein einführen und gegebenenfalls entziehen.

3.6.7 Fußwege

Vieles, was für Radwege gilt, trifft im Grundsatz auch auf Fußwege zu. Es geht vor allem darum, Fuß- und Gehwege für Kinder, ältere Menschen und Behinderte zurückzugewinnen oder neu zu schaffen. Dabei sind in Wohnbereichen Fußwegenetze anzustreben, die beim Hauseingang beginnen, womöglich an geeigneten Stellen platzartige Erweiterungen mit Bänken und Grün aufweisen und die für Aktivitäten der Kinder und der Erwachsenen geeignet sind.

Diese Fußwegenetze sollten wo möglich mit denen benachbarter Wohnbereiche wiederum durch Fußwege verknüpft werden für Spazier- und Schulwege usw.

---

[3] *Nach Entscheidung des Verwaltungsgerichts Karlsruhe vom März 1982 dürfen Fahrräder auf Fußwegen und in Fußgängerzonen nur geschoben werden.*

Dort, wo Fußwege gleichzeitig Wohnwege sind, darf ihre Länge nicht mehr als 250 bis 300 m betragen, wobei das Befahren in Sonderfällen (z. B. Arzt, Taxi, Lastentransport usw.) zu sichern ist.

3.6.8 Ruhender Verkehr

Zunehmende Bedeutung hat die Erreichbarkeit der Städte für den Pkw-Besucher aus dem näheren und weiteren Einzugsgebiet. Ein Großteil des Pkw-Verkehrs in Innenstädten sind Parkplatzsucher.

Parkmöglichkeiten sind stets gut auffindbar anzulegen, zum Beispiel durch elektronische Leitsysteme.

Kein oberirdischer Parkplatz darf aber in Zukunft mehr ohne Bäume angelegt werden – auch als Laubdach gegen Süd- und Westsonne. Auch dann nicht, wenn sich darunter eine Tiefgarage befindet! Tiefgaragen am Hang sollten unter grünen Terrassen verschwinden.

Bei Wegfall bestehender Parkplätze, etwa bei Baulückenschließung, ist Ersatz zu schaffen.

Tiefgaragen haben Vorteile:

»Die Unterbringung des ruhenden Verkehrs in Tiefgaragen fördert eine Mischung von Wohngebieten mit nichtstörendem Gewerbe; durch eine unterirdische Abwicklung wird die Störungsquelle Verkehr verringert; eine wirtschaftliche Mehrfachnutzung der privaten Stellplätze wird zusammen mit dem Wirtschaftsverkehr möglich, da dieser gerade in die sonst nutzungslose Tageszeit fällt.

Tiefgaragen sind das wirksamste Mittel zur Vermeidung der besonderen Lärmquelle beim Kaltstart auf Stellplätzen. Die dabei ebenfalls auftretende Immission von Abgasen in der Garage belästigt keine Unbeteiligten. Die Gefährdung spielender Kinder und älterer Menschen auf engen, beparkten Fahrstraßen wird reduziert. Die drei Nachteile Gefahr, Lärm und Geruchsbelästigung treten nur noch an wenigen Stellen und vermindert auf.

Der Vorteil von Tiefgaragen ist aber nicht nur sozialer Art, sondern hat auch seine wirtschaftliche Dimension. Unzweifelhaft hat ein solches, von vielen negativen Auswirkungen des Verkehrs befreites Wohngebiet einen höheren Wohnwert.«[4]

Tiefgaragen bedürfen jedoch wegen ihrer starken Gefährdung durch Kriminelle absoluter Übersichtlichkeit, bester Ausleuchtung, Vermeidung dunkler Ecken, der Anordnung von Kontrollspiegeln u.a.m.

Wo Verkehrsfluß und Zugänglichkeit garantiert bleiben, wo die Hauptverkehrswege und kombinierten Verkehrssysteme aus motorisiertem Straßen- und aus öffentlichem Verkehr nachfragegerecht ausgebildet werden und wo ausreichend Parkraum zu angemessenen, gestaffelten Parkgebühren zur Verfügung steht, können die Städte auch in Zukunft ihre Attraktivität erhalten. Es sollten zum Beispiel wenige Schritte vom Parkplatz entfernt viel mehr Nahverkehrsmittel als heute für die Weiterfahrt zur Verfügung stehen – U-Bahnen, Straßenbahnen, Sammeltaxis und individuell zu mietende Stadtautos mit Elektroantrieb.

Zusätzlich ist eine solche Anlage durch Läden und Cafés aufzuwerten und attraktiv zu gestalten.

Mit der Bereitstellung eines ausreichenden Parkraumangebots wird die erwünschte Zugänglichkeit und intensive Benutzbarkeit aller Einrichtungen der Innenstädte sichergestellt.

Zur Erleichterung der Schaffung von Park- oder Stellplätzen empfiehlt sich auch das »Parksafe-System«.[5] Es funktioniert nach dem Prinzip eines Hochregallagers: Die

---

[4] *Untersuchung Städtebau-Institut Nürnberg SIN*
[5] *Otto Wöhr, Basel/Rheinfelden*

»Regalfächer« werden von einem Aufzug bedient und die Fahrzeuge vollautomatisch eingeparkt. Eine so leistungsfähige mechanische Anlage wie das Parksafe-System kann beispielsweise auch in Sanierungsgebieten dazu beitragen, alten Baubestand durch attraktive Parkplatzangebote aufzuwerten. Die Stellplätze werden über codierte Schlüssel im Steuertableau angewählt.

Von besonderer Dringlichkeit und Effizienz ist das Park-and-Ride-System. Es funktioniert überall dort, wo die S- oder U-Bahnstationen einen Fahrtakt von mindestens 20 Minuten anbieten (Beispiel Verkehrsregion München) und genügend Parkplätze zur Verfügung stehen. Schon vor den Toren der Stadt müssen die Verkehrsströme auf diese Parkplätze geleitet werden.

Thesen

1. Im Straßenraum sollte das Parken dort mit Hilfe der Querschnittsbemessung und Gestaltung ausgeschlossen werden, wo es unerwünscht ist.

2. Die Grenze für eine Verdichtung von Baugebieten bildet die Möglichkeit, den ruhenden Verkehr unterzubringen, ohne das Ziel der Wohnumfeldverbesserung in Frage zu stellen.
   Keine zu hohen Geschoßflächenzahlen!

3. Gehwegparken ist illegal, wird jedoch zumeist durch Fehlplanung erzeugt.

4. Die Qualität einer Stellplatz- oder Parkplatz-Anlage hängt ab vom Umfang der Beeinträchtigungen wie Verkehrsgefährdung, Lärm, Abgase, Einschränkung von Spielräumen u.a.

5. Wenn Parkhäuser unumgänglich sind, sollten sie in Baulücken – gestalterisch gut eingebunden – gebaut werden. Oft sind Grundstücke ausgelagerter Gewerbebetriebe hierfür gut geeignet.

6. Ein statisches Parkleitsystem ist notwendiger Bestandteil eines Parksystems.

7. Das Park-and-Ride-System ist von größter städtebaulicher Bedeutung, es bedarf besonders exakter Planung und staatlicher Förderung.

8. Selbständig geführte Geh- und Radwege bilden ein Netz mit den Wohnwegen und den straßenbegleitenden Wegen als möglichst kurze Verbindungen, z. B. auch zwischen den Enden von Stichstraßen.

9. Fußgängerstraßen und -plätze gelten dem Bestreben, öffentliche Bereiche in Kern-, Misch- und Wohngebieten als Aufenthaltsflächen ohne Fahrzeugverkehr einzurichten.

10. Grünflächen des Straßenraums sind wesentliche Bestandteile von Straßen und Plätzen zu deren Gestaltung, zur Verbesserung des Kleinklimas, als Schattenspender, als Trennflächen, zur Staubfilterung und zur optischen Leitwirkung.

11. Individualverkehr ist die Beförderung mit eigenem Fahrzeug.

12. Verkehrsberuhigung dient der Verbesserung des Wohnumfelds durch Verringerung des Kraftverkehrs mit den Mitteln der räumlichen und/oder der zeitlichen Verlagerung und/oder der Veränderung der Verkehrsart.[6]
    Sie soll auch der Verbesserung der Gestaltqualität dienen und gegebenenfalls dazu auf den Einzelhandel positive Auswirkungen erzeugen.

13. Ruhender Verkehr ist der haltende, parkende Individualverkehr. Dabei sind zu unterscheiden:
    Parkflächen: allgemein zum Abstellen von Fahrzeugen vorgesehene Flächen einschließlich der Zufahrten,
    Parkplätze: Parkflächen außerhalb des dem fließenden Verkehr dienenden Straßenraums.

---

[6] *Planungsfibel zur Verkehrsberuhigung, Bd. 03.090/1982 der Schriftenreihe Städtebauliche Forschung des BMBau*

3.6.9   Verkehrsberuhigung

Ein ausreichendes Parkraumangebot besitzt für die integrierte Städtebau- und Verkehrsplanung eine zentrale Bedeutung. Verkehrsberuhigungsmaßnahmen in Stadtzentren und Wohnquartieren zwingen zu bedarfsgerechten Lösungen im ruhenden Verkehr. Parkplätze und Parkbauten in und am Rand der Innenstädte, an Außenhaltestellen leistungsfähiger Schnellbahnen sowie als Quartiergaragen in Wohngebieten mindern unerwünschten Parksuchverkehr, unterstützen das verkehrsgerechte Parkverhalten, erleichtern eine Umgestaltung der häufig vom ruhenden Verkehr mißbrauchten öffentlichen Straßenräume und sichern dadurch eine mit der Verkehrsberuhigung angestrebte höhere Stadt- und Aufenthaltsqualität.

Die Voraussetzung für Maßnahmen der Verkehrsberuhigung ist eine Grundausstattung ausreichend leistungsfähiger Verkehrsstraßen. Je flächenhafter die verkehrsberuhigten Bereiche wie Fußgängerzonen und nur noch begrenzt für den Kfz-Verkehr zugängliche Einkaufs- und Wohnstraßen sind, desto aufnahmefähiger muß das Hauptsammel- und Verteilerstraßennetz am Rande der verkehrsberuhigten Quartiere ausgebildet werden, damit es in der Lage ist, den verdrängten Kfz-Verkehr sowie den straßengebundenen öffentlichen Verkehr sicher und reibungslos aufzunehmen.

3.6.10   Öffentlicher Nahverkehr

Dem öffentlichen Nahverkehr, vor allem dem öffentlichen Personennahverkehr (ÖPNV) wird überall in dichtbesiedelten Gebieten der Welt Vorrang vor dem Individualverkehr eingeräumt.

Trotz vielfältiger, oft teurer und unrentabler Investitionen in den vergangenen Jahrzehnten ist es leider bisher nicht gelungen, den Autofahrer vom Individualverkehr zum ÖPNV in nennenswertem Maße hinzulenken. Möglichkeiten städtebaulicher Natur liegen vorwiegend in der Schaffung ausreichender Zubringerstraßen zu Bahnhöfen und Haltestellen mit Parkplätzen an den Zielpunkten (Park-and-Ride-System). Weitere Möglichkeiten liegen in der Beschleunigung des öffentlichen Verkehrs, wie Führung des Straßenbahnverkehrs auf unabhängigen Fahrstreifen, der von Bussen und gegebenenfalls Taxen mitzubenutzen ist.

Für Busse gilt:
–   Kleinbusse mit computergesteuertem Rufverkehr an vielen Stellen einrichten,
–   möglichst nicht am Rande von Baugebieten, sondern zentral fahren,
–   Ein- und Aussteigen dort, wo dies den Fahrgästen am angenehmsten ist,
–   überdachte Haltestellen einrichten.

Grundsätzlich ist bei den öffentlichen Verkehrsmitteln – soweit möglich – eine Stärkung des schienengebundenen Verkehrs auf dem vorhandenen oder noch zu ergänzenden Streckennetz (und gegebenenfalls des schienenparallelen Omnibusverkehrs) anzustreben.

Durch Signale und erforderliche Abstände liegt die Spitzenleistung für Ferngleise bei 12 Fahrten/h, bei S- und U-Bahnen bei 40 Fahrten/h, bei Straßenbahnen bis zu 180 Fahrten/h.

Zum Vergleich: je Straßenfahrspur 1800 – 2000 Fahrzeuge/h. In Mitteleuropa stehen 70 000 Bahnkilometern rund 1 000 000 Straßenkilometer (mehrspurig) gegenüber. Die Schiene dient dem Massenverkehr zwischen Punkten, die Straße dem Einzelverkehr in der Fläche. Der Schienenverkehr ist vor allem dort geboten, wo Busse nicht ausreichen und die Schiene eine erheblich kürzere Fahrzeit erreicht als der Bus, auch auf eigener Spur.

Kurze Tunnel für Busse und O-Busse, die den Stadtkern oder wichtige Knotenpunkte unterfahren, sind in Aufwand und Nutzen ungleich günstiger als unterirdische Bahnbauten.

Grundsätzlich:

– Trennung von öffentlichem und individuellem Verkehr. Soweit die Trennung nicht durch Sonderspuren möglich oder ausreichend ist, sollte der öffentliche Verkehr in die Ebene unterhalb der Straße verlegt werden, weil er flächensparsam ist und elektrische Bahnen frei von Abgasproblemen sind.

– Um zu einer größeren Attraktivität des Eisenbahnfernverkehrs beizutragen, sollte in allen Städten eine sinnvolle Überdachung von Bahnhöfen als Parkdecks für Privatwagen (Park-and-Ride-Dienst, der nur bei Zeitvorteilen angenommen wird) ernsthaft überlegt werden.

3.6.11 Technische Zukunftsmöglichkeiten des öffentlichen Nahverkehrs

Es ist damit zu rechnen, daß unter den vorhandenen Systemen des ÖPNV die Bus-Systeme weiter ausgebaut werden müssen und einen besonders hohen Anteil am öffentlichen Verkehr auch in Zukunft haben werden. Inwieweit Neuentwicklungen, wie Kabinentaxis, Magnetbahnen, Luftkissenfahrzeuge oder andere Nahverkehrssysteme die Chance haben, sich durchzusetzen, ist bei aller Intensität der wissenschaftlichen und praktischen Erprobung noch nicht eindeutig zu beantworten. Neuentwicklungen werden auch in Zukunft einem erheblichen Kostendruck unterliegen.

Aussichtsreich erscheint ein Standard-Liniengelenkbus mit Oberleitungs-Elektro- und schadstoffarmem Dieselantrieb (Entwicklung von Daimler Benz, MTU und Dornier).

Nicht ohne Chancen ist auch ein sogenannter Untergrund-Omnibus, der von seitlichen Spurschienen gelenkt wird. Innerhalb bebauter Gebiete kann er in Tunnels mit geringem Querschnitt – einer Erdröhre – fahren. Er ist dadurch um ein Vielfaches erschwinglicher als jede U-Bahn. Erprobungen sind mit Hilfe des Bundesforschungsministeriums in Regensburg und Essen in Gang.

In diesen zukunftsträchtigen Zusammenhang gehört auch die Magnetbahn (M-Bahn der AEG Westinghouse Transport-Systeme GmbH), die in Berlin bereits im Demonstrationsbetrieb erprobt wird. Dabei sorgt ein Magnetfeld für das Schweben der Wagen. Transportkapazitäten von bis zu 40 000 Personen pro Stunde und Richtung scheinen real möglich. Für eine fernere Zukunft (wohl nicht vor dem Jahr 2010) hat auch die Transrapid-Schwebebahn erhebliche Chancen, vor allem für Fernstrecken. Hier sind aber noch verschiedene technische Schwierigkeiten zu überwinden.

3.6.12 Literatur

Baier, R. und R. Schnüll: Empfehlungen für die Anlage von Erschließungsstraßen – EAE 85 (Integrierte Fassung der »Richtlinien für die Anlage von Straßen – Teil: Erschließung RAS-E 81« und der »Empfehlungen für die Anlage von Erschließungsstraßen – EAE 82«) im Auftrag des Bundesministers für Raumordnung, Bauwesen und Städtebau und der Forschungsgesellschaft für Straßen- und Verkehrswesen. Aachen/Hannover 1984

Baier, R. u. a.: Parken in der Stadt, hrsg. in der Schriftenreihe Städtebauliche Forschung des Bundesministers für Raumordnung, Bauwesen und Städtebau, 03.109, Bonn 1984

Baier, R. u. a.: Haupt(verkehrs)straßen und Verkehrsberuhigung, Baustein 6, hrsg. von der Schriftenreihe des Instituts für Landes- und Stadtentwicklungsforschung. Dortmund 1984

Fiedler, J.: Grundlagen der Bahntechnik. Eisenbahnen, S-, U- und Straßenbahnen. (WIT, Band 38.) Düsseldorf 1989

Richtlinien für die Anlage von Landstraßen (RAL), hrsg. von der Forschungsgesellschaft für das Straßenwesen e.V. Landschaftsgestaltung. Bonn

RAL-K 2: Knotenpunkte Abschnitt 2: Planfreie Knotenpunkte. 1976

RAL-N: Straßennetzgestaltung. 1977.

RAS-Richtlinien für die Anlage von Straßen

RAS-K-1: Knotenpunkte (RAS-K.) Abschnitt 1: Plangleiche Knotenpunkte. 1988.

RAS-L-1: Elemente der Linienführung. 1984

RAS-Ö-1: Straßenbahn. 1977.

RAS-Ö-2: Omnibus und Obus. 1979.

RAS-Q: Querschnitte. 1982.

RAS-W: Wirtschaftlichkeitsuntersuchungen

RAS-LG-Richtlinien für die Anlagen von Straßen, hrsg. von der Forschungsges. f. Straßen- und Verkehrswesen. Landschaftsgestaltung Bonn

RAS-LG 1: Landschaftsgerechte Planung. 1980

RAS-LG 2: Grünflächen-Planung, Ausführung, Pflege, 1980.

RAS-LG 3: Landschaftsgestaltung – Lebendverbau. 1983.

Fugmann-Heesing, A.: Parkvorsorge in Städten. Rechtl. u prakt. Auswirk. auf die Stadtstruktur unter bes. Berücksicht. US-amerik. Erfahrungen. Stuttgart 1984

Goerner, E. und Kühn, H.: Straßenbau A – Z. Sammlung technischer Regelwerke und Amtlicher Bestimmungen für das Straßenwesen. Ergänzbare EDV-Textsammlung. Berlin, Bielefeld, München 1991

Haller, W. und Schnüll, R.: Städtebauliche Integration von innerörtlichen Hauptverkehrsstraßen – Problemanalyse und Dokumentation, hrsg. v. d. Schriftenreihe Städtebauliche Forschung des Bundesministers für Raumordnung, Bauwesen und Städtebau, 03.107, Bonn 1984

Heinze, G. W. und Schreckenberg, W.: Verkehrsplanung für eine erholungsfreundliche Umwelt – Ein Handbuch verkehrsberuhigender Maßnahmen für Kleinstädte und Landgemeinden. Hannover 1984

Höpfner, U. u. a.: Pkw, Bus oder Bahn? Schadstoffemissionen und Energieverbrauch im Stadtverkehr 1985 und 1995. Eine Studie des IFEU-Instituts Heidelberg. (IFEU-Bericht Nr. 48.) München 1988

Kodal, K.: Straßenrecht. Eine systematische Darstellung des Rechts der öffentlichen Straßen, Wege und Plätze in der Bundesrepublik Deutschland mit den Straßen- und Wegegesetzen des Bundes und der Länder. München 1985

Kretschmer, M. und Fliegner, E.: Unterwassertunnel. In offener und geschlossener Bauweise. Berlin 1987

Maidl, B.: Handbuch des Tunnel- und Stollenbaus. Essen

Band I: Konstruktionen und Verfahren. 1984

Band II: Grundlagen und Zusatzleistungen für Planung und Ausführung. 1988

Walprecht, O.: Fahrradverkehr in Städten und Gemeinden, hrsg. von Planung, Ausbau, Förderung. Köln 1988

Haltestellen für Busse und Straßenbahnen – Anordnung, Gestaltung, Bemessung und Ausstattung. Verband öffentlicher Verkehrsbetriebe, VÖV Schriften, Reihe Technik VÖV 1.15.2 vom September 1988

3.7 Versorgung / Energie / Entsorgung

3.7.1 Begriffe

Anmerkung: Hier sind überwiegend Oberbegriffe aufgeführt, die den Begriffsteil wiedergeben, der in städtebaulicher Hinsicht von besonderer Bedeutung ist. Weitere Begriffe siehe Anhang zu 3.7.1.

Versorgung
Die Belieferung der Bevölkerung und der Wirtschaft mit lebenswichtigen Gütern wie Elektrizität, Gas, Wasser durch öffentliche und private Versorgungsbetriebe (z. B. Kommunale oder Eigenbetriebe).[1]

Energie
allgemein: Kraft, Tatkraft, Arbeitsfähigkeit, physikalisch gespeicherte Arbeit oder Kraft; hier: die Kraft, die aus Braunkohle, Steinkohle, Erdgas, Erdöl, Uran (Kernenergie), Sonne, Wasser und Wind gewonnen werden kann. Die bei Kernreaktionen (Kernspaltung und -verschmelzung) frei werdende Energie ist die Atomenergie.

Entsorgung
Die Beseitigung von Abwässern, Abfällen und Abgasen einschließlich deren Behandlung zum Schutz der Umwelt wie Kläranlagen, Müllbeseitigungs- und verwertungsanlagen verschiedener Art und Anlagen zur Ablagerung von Sonderabfällen.

Primärenergie
Die Energien, die in der Natur in einer noch nicht durch den Menschen behandelten Form vorkommen, zum Beispiel Sonnenstrahlung, Kohle, Uran, Holz, Erdöl, Erdgas; nicht aber Kokereigas oder Benzin.

Man unterteilt die Primärenergien in die Gruppen der »sich aufbrauchenden« Energien und »sich ständig erneuernden« Energien. Zu den sich ständig erneuernden Energien gehören die regenerativen Energieträger:
– Biomasse
– Gezeiten
– Wind
– Wasser
– Sonnenstrahlung
– Erdwärme.
Zu den sich aufbrauchenden Energien gehören die nicht regenerativen Energieträger:
– feste Brennstoffe (Kohle, Torf usw.)
– flüssige Brennstoffe (Mineralölprodukte usw.)
– gasförmige Brennstoffe
– Kernbrennstoffe.
Die festen, flüssigen und gasförmigen Brennstoffe geben durch Verbrennung die chemisch gespeicherte Energie ab. Die Erdwärme bezieht ihre Energie zum einen aus dem ständigen Wärmefluß vom heißen Erdkern an die Oberfläche, zum anderen aus dem stetigen Zerfall natürlicher radioaktiver Stoffe in der Erdrinde.

---

[1] *Zur Versorgung gehören auch die Güter und Dienste, »deren ausreichende Deckung für Leben und Gedeihen einer Gemeinschaft kulturell, materiell und administrativ unumgänglich ist« (Isbary) wie Schulen, Läden u.a. Sie bleiben hier außer Betracht. Siehe 3.3*

Sekundärenergie
Sekundärenergien werden durch Umwandlung aus Primärenergien erzeugt, zum Beispiel Strom aus Gas, Kernenergie, Kohle, Öl oder Strömungsenergie des Wassers; Heizöl, Benzin u.a. aus Erdöl; Koks und Kokereigas aus Steinkohle.

Energieformen
Wärmeenergie, Bewegungsenergie, Höhenenergie, chemische Bindungsenergie sind Formen, in denen Energie vorkommt und in die die Energie umgeformt werden kann.

Energieträger
Öl, Kohle, Gas, Uran aber auch strömendes Wasser und Wind oder hochgespannter Dampf sind Träger von Energie. In ihnen ist die Energie in unterschiedlichen Formen gespeichert und kann bei Bedarf in Nutzenergie oder in Arbeit umgeformt werden.

Energiewandler
Der Energiewandler dient der Umwandlung einer Energieform in eine andere, zum Beispiel chemisch gebundene Energie wird mit dem Verbrennungsmotor in Bewegungsenergie umgewandelt oder elektrische Energie mit der Glühlampe in Licht.

Energieumwandlung
Die letztliche Umformung von Primär- oder Sekundärenergie in Nutzenergie für den Endenergiebedarf, zum Beispiel die Umwandlung von elektrischer Energie in Wärme für das Wasser einer Waschmaschine.

Ressourcen
Alle in geologischen Formationen oder an der Erdoberfläche vorhandenen Energieträger bezeichnet man als (geologische) Ressourcen, unabhängig davon, ob sie jemals nutzbar gemacht werden können. Die weltweite Menge an Ressourcen auf der Erde kann nur verhältnismäßig grob geschätzt werden. Nicht alle Lagerstättengebiete der Primärenergieträger sind uns heute bekannt. Vor allem die noch relativ geringen Forschungsaktivitäten der Entwicklungsländer lassen große Mengen bislang unentdeckter Vorkommen vermuten.

Reserven
Die unter technischen und wirtschaftlichen Gesichtspunkten als förderwürdig angesehenen Ressourcen bezeichnet man als Reserven. Sie stellen den gewinnbaren Teil der Gesamtmenge an Energieressourcen dar. Die Gesamtmenge an Reserven der wichtigsten Primärenergieträger auf der Erde ist weitgehend bekannt.

Kernenergie
Durch eine Kernspaltung werden unter Arbeitsaufwand die Kernbindungskräfte überwunden; so wird durch die abstoßenden Kräfte Energie frei. Übertrifft die freiwerdende Energie den Energieaufwand für die Spaltung, so läßt sich die Überschußenergie nutzen.

Strahlenschutzkommission
Beratungsgremium des Bundesministers des Innern in allen Fragen des Strahlenschutzes. Sie setzt sich aus unabhängigen Wissenschaftlern der verschiedenen biologischen, medizinischen und technischen Strahlenschutzdisziplinen zusammen.

Reaktorsicherheitskommission
Beratungsgremium des Bundesministers des Innern, bestehend aus Wissenschaftlern verschiedener, mit der Kern- und Reaktortechnik zusammenhängender Disziplinen.

Die Reaktorsicherheitskommission ist das wesentliche Beratungsorgan im Genehmigungsverfahren für Kernkraftwerke.

Überwachungsbereich
Die Strahlenschutzverordnung unterscheidet den betrieblichen und außerbetrieblichen Überwachungsbereich. Zum betrieblichen Überwachungsbereich gehören alle Bereiche, in denen Personen bei dauerndem Aufenthalt im Kalenderjahr eine Ganzkörperdosis von mehr als 500 mrem (Millirem) erhalten können. Beim außerbetrieblichen Überwachungsbereich gilt als entsprechender Zahlenwert 30 mrem.

Berstschutz
Baukonzept, um durch Umgeben des Reaktordruckbehälters mit einem Stahlbetonmantel ein Bersten des Druckbehälters, das zum Durchschlagen des Sicherheitsbehälters führen könnte, zu verhindern.

Reaktor, thermischer
Kernreaktor, in dem die Spaltungskettenreaktion durch thermische Neutronen aufrechterhalten wird. Die meisten existierenden Reaktoren sind als thermische Reaktoren konstruiert.

Sicherheitsbehälter
Gasdichte Umhüllung um einen Reaktor und um Kreislauf- und Nebenanlagen, damit – auch nach einem Unfall – keine radioaktiven Stoffe unkontrolliert in die Atmosphäre und Umgebung entweichen können.

Notkühlung
Kühlsystem eines Reaktors zur sicheren Abführung der Nachwärme bei Unterbrechung der Wärmeübertragung zwischen Reaktor und betrieblicher Wärmesenke. Die Notkühlung ist so ausgelegt, daß auch bei Verlust des Reaktorkühlmittels – zum Beispiel bei doppelendigem Bruch einer Frischdampfleitung – der Reaktor gekühlt und die Nachzerfallswärme über Wochen hinweg abgeführt werden kann. Ein sehr hohes Maß an Funktionssicherheit wird durch Mehrfachauslegung erreicht. Auf diese Weise ist die Notkühlung selbst dann sichergestellt, wenn ein Systemteil ausfällt.

Solartechnik
Sammelname für Techniken, die sich der Sonnenenergie bedienen. Hierzu gehören neben der direkten Umwandlung von Sonnenenergie in Elektrizität (Photovoltaik) die Umwandlung von Sonnenenergie in Wärme zur Beheizung von Gebäuden und Schwimmbädern, zur Wasserverdampfung (Elektrizitätsgewinnung) und Salzwasserdestillation. Solarenergie soll in Zukunft auch zur Wasserstoffgewinnung genutzt werden.

Solarzelle
Silizium-Photozelle aus dünnen Platten reinen Siliziums mit geringen Bor- und Arsen-Beimengungen zur Umwandlung von Sonnenenergie in elektrische Energie. (Vergleich Photovoltaik).

Photovoltaik
Die Erzeugung elektrischen Stroms direkt aus dem Sonnenlicht mittels Solarzellen.

Solar-Kollektor
Ein Kollektor ist eine Vorrichtung zur Umwandlung der Sonnenstrahlung in Wärme und zur Übergabe dieser Wärme an einen Wärmeträger.

Absorber
Der Absorber ist der Teil des Solar-Kollektors, der die einfallende Sonnenstrahlung absorbiert, sie in thermische Energie umwandelt und einem Wärmeträger zuführt.

Flachkollektor
Ein Flachkollektor ist ein Solar-Kollektor, dessen Eintrittsfläche gleich der Absorberfläche ist. Im Gegensatz dazu steht der konzentrierende Kollektor, bei dem die Strahlung auf der Empfangsfläche auf eine kleinere Absorberfläche gebündelt wird.

Solar-Speicher
Notwendige Komponente einer Solar-Anlage, da das Sonnenenergieangebot täglich und jahreszeitlich schwankt. Ein Solar-Speicher für Brauchwasser soll den mehrfachen Tagesbedarf enthalten.

Niedertemperaturheizung
Heizsysteme mit Vorlauftemperatur bis 60 °C (heute immer noch gebräuchliche Ölheizungen mit Radiatoren arbeiten mit bis zu 95 °C Vorlauftemperatur).

Wärmepumpe
Sie ist ein technisches Gerät, das einen Wärmestrom bei niedriger Temperatur aufnimmt und mittels Energiezufuhr zur Nutzung bei höherer Temperatur wieder abgibt.

Wasser
Vor allem für die Dritte Welt stellt diese regenerative Energie ein großes Nutzungspotential dar.

Wind
Mit Windkraft als Energieträger wird zunehmend experimentiert. Die Chancen zur großtechnischen Nutzung sind noch nicht abzuschätzen.[2])

3.7.2 Versorgung / Energie

3.7.2.1 Allgemeines, Fakten

Das Kapitel Energie wird so ausführlich behandelt, weil die Diskussion ganz allgemein, aber auch zwischen Fachleuten, die in der Raum- und Stadtplanung tätig sind, infolge mangelnder Sachkenntnis über Fakten, Ursachen und Folgen der unterschiedlichen Energie-Erzeugungsarten emotional oder sogar ideologisch geführt und entsprechend auch politisch entschieden wird. Eine unvoreingenommene Versachlichung ist erforderlich. Dies möge der Leser akzeptieren.
Energiekonzeptionen müssen eng mit der städtebaulichen Entwicklungsplanung der kommunalen Selbstverwaltung verknüpft sein. Was auch immer in Zukunft an lebensfreundlichen Energien entwickelt werden wird, es werden stets Einflüsse auf die städtebaulichen Zusammenhänge auftreten. Im Städtebau Tätige müssen über Energiefragen, über die Probleme der Ver- und Entsorgung Bescheid wissen.

---

[2]) *Quellen: Handwörterbuch der Raumforschung und Raumordnung, 2. Aufl. 1970, Gebr. Jänecke Verlag Hannover; Brockhaus Enzyklopädie Wiesbaden 1976; Umwelt und Chemie, Wörterbuch, Verlag Herder Freiburg 1976; Natur und Umwelt, Compact Verlag München 1983; Abwassertechnik 1 – 3, DIN-Taschenbücher 13/50/138, Bauverlag Wiesbaden; Bundesforschungsministerium; Bundesgesundheitsamt; Informationszentrale der Elektrowirtschaft; Energie- und sinnvolle Energieanwendung, Energie-Velag Heidelberg, 5. Aufl.; Handbuch der Energieforschung und -entwicklung, Verlag C. F. Müller Karlsruhe 1980; Energieversorgung – Daten und Fakten, Energie-Verlag Heidelberg 1981; Kiss, Miklos G., Energiekonzepte in der Bauplanung, Bauverlag Wiesbaden/Berlin 1983.*

Eine sinnvolle Energieverwendung und die Verringerung der Abhängigkeit vom Öl können nur dann verwirklicht werden, wenn den Energieverbrauchern das Bewußtsein über die Zusammenhänge von Energieaufkommen, -verteilung und -verwendung vermittelt werden kann. Die meiste Energie wird bei uns im privaten Bereich, das heißt im Haushalt und beim Autofahren verbraucht, gefolgt von der Industrie. In allen Bereichen gibt es noch vielfältige Möglichkeiten, den Energieverbrauch durch eine rationelle Verwendung zu senken.

Forscher hoffen, durch intensive Sonnenenergienutzung mit Hilfe von Satelliten-Kraftwerken auf geostationären Umlaufbahnen in absehbarer Zeit die Erde über Mikrowellen mit elektrischer Energie beliefern zu können und so einen Teil der umweltbelastenden Kohlekraftwerke ausschalten zu können.

Bis zum Jahr 2030 wird mit einer Verdoppelung der Gesamtbevölkerung der Erde gerechnet.

Jahr, Einheit Ländergruppe	1985 Mio.	2000 Mio.	2020 Mio.
OECD-Staaten	785	830	880
Staatshandelsländer	1365	1570	1800
Entwicklungsländer	2550	3600	5320
Welt insgesamt	4700	6000	8000

Was dies allein für die Problembereiche Energieversorgung, Siedlung und Umwelt bedeutet, sollen die folgenden Abschnitte in groben Zügen erläutern.[3]

3.7.2.2 Die Energien

Elektrizität wird zu etwa 90 % in Wärmekraftwerken einschließlich Kernkraftwerken mit Hilfe von Wasserdampf, der dann gekühlt werden muß, in einem Kreislauf erzeugt. Das Speisewasser wird erhitzt, verdampft und treibt mit Turbinen einen Generator zur Stromerzeugung an. Danach ist der Dampf ohne Druck, muß durch Kühlung wieder zu Wasser werden und erneut verdampfen. Dabei entsteht Abwärme, mit deren sinnvoller Nutzung sich die Forschung noch beschäftigt, zum Beispiel für Fernwärme, Landwirtschaft oder Fischzucht. Überlaufwehre sorgen für genügend Sauerstoff in den Flüssen, während die Kühltürme verhindern, daß die Flüsse zu warm werden (amtliche Wärmelastpläne). Die von den Kühltürmen ausgehenden Dampfschwaden verdunsten Wasser in die Atmosphäre, die mittlere Zunahme der Luftfeuchtigkeit beträgt auch in Kühlturmnähe weniger als 1 %. Die Temperaturänderung bleibt im Winter unter 0,6 °C und ist im Sommer nicht erfaßbar.

Radioaktive Substanzen können – auch von Kernkraftwerken – bei Einhaltung der in der Bundesrepublik Deutschland verbindlichen Bestimmungen nicht abgegeben werden.

Klimatische Einflüsse auf Vegetation, Landwirtschaft oder Weinbau sind ausgeschlossen. Auch weit über das Jahr 2000 hinaus gibt es noch genügend Strom, wenn Kraftwerke bedarfsgerecht gebaut werden.

---

[3] *Quelle: VDEW, Die volkswirtschaftliche Bedeutung der elektrischen Energie auf dem Wärmemarkt, Frankfurt (M)*

Zukunftsträchtig erscheinen die gasförmigen Sekundärenergieträger, die sich durch bequeme Anwendung, durch gute Transport- und Speichereigenschaften und durch Umweltfreundlichkeit auszeichnen. Sobald Erdgas nicht mehr ausreichend zur Verfügung steht, wird synthetisches Gas an seine Stelle treten.

Als Wärmelieferant, zum Beispiel für Haushalte, kann die Abwärme von Kraftwerken und Industrie bis zur Jahrhundertwende auf etwa 30 % des Bedarfs vervierfacht werden. Das Schwergewicht der Stromerzeugung liegt bei der Kohle, die in Deutschland weit über das Jahr 2000 hinaus ausreichend vorhanden ist.

Zusammen mit der Fernwärme steht Strom besonders hoch auf der Rangliste umweltfreundlicher Heizenergien.

Bei der Umwandlung von Endenergie in Nutzenergie bringt der Einsatz der elektrischen Energie die bei weitem geringsten Energieverluste mit sich. Daß bei der Elektrizitätsanwendung nur ein kleiner Teil verloren geht, liegt an der praktisch verlustlosen Umwandlung von elektrischer Energie in Wärme sowie an der guten Regelbarkeit und Dosierbarkeit der Elektrowärme.

Kernenergie und Kohle

Die Nutzung der Kernenergie ist vorerst zur Sicherung der Energieversorgung nicht entbehrlich solange der Energieverbrauch – weltweit – weiter wächst, aber auch, weil die Vorräte an fossilen Brennstoffen ständig abnehmen. Auch die Verringerung der Abhängigkeit vom Öl ist von entscheidender Notwendigkeit.

Kernkraftwerke erzeugen weder chemische Schadstoffe wie Schwefeldioxid, noch Kohlendioxid oder nitrose Gase. Das Gesetz über die friedliche Verwendung der Kernenergie und den Schutz gegen ihre Gefahren vom 23. Dezember 1959, mehrfach geändert und ergänzt, legt fest:

1. Die Erforschung, die Entwicklung und die Nutzung von Kernenergie zu friedlichen Zwecken zu fördern;
2. Leben, Gesundheit und Sachgüter vor den Gefahren der Kernenergie und der schädlichen Wirkung ionisierender Strahlen zu schützen und durch Kernenergie oder ionisierende Strahlen verursachte Schäden auszugleichen;
3. zu verhindern, daß durch Anwendung oder Freiwerden der Kernenergie die innere oder äußere Sicherheit der Bundesrepublik gefährdet wird;
4. die Erfüllung internationaler Verpflichtungen der Bundesrepublik auf dem Gebiet der Kernenergie und des Strahlenschutzes zu gewährleisten.

Ein Verzicht auf Kernenergie wird in Deutschland sofort erfolgen, wenn andere Energietechniken soweit ausgereift sind und in ausreichender Menge zur Verfügung stehen. Diese neuen Energiearten müssen vor allem auch in jeder Hinsicht umweltfreundlich sein.

Die deutschen Kernkraftwerke sind teurer als ausländische, da sie die höchsten Sicherheitsstandards haben. Das für viele beunruhigende an einem Kernkraftwerk ist, daß hier nicht wie in einem herkömmlichen – konventionellen – Kraftwerk Kohle, Erdöl oder Erdgas verheizt und in Wärme umgesetzt wird: Die Wärme zum Erhitzen des Dampfes wird im Kernreaktor durch kontrollierte Kernspaltung produziert.

Bei Betriebsgenehmigungen wird die gesetzlich vorgeschriebene Strahlenbelastungs-Höchstgrenze von 30 mrem noch deutlich herabgesetzt. Zum Vergleich:
Mittlere Strahlenbelastung in der

Röntgendiagnostik	pro Jahr ca.	50 mrem pro Person
Fernsehen	pro Jahr ca.	2 mrem pro Person
friedliche Kernkraft	pro Jahr ca.	1 mrem pro Person
natürliche Strahlen (terrestrische und Höhenstrahlung)[4]	pro Jahr ca.	110 mrem pro Person

---

[4] Quelle: Bundesgesundheitsamt; die Einheit mrem/a ist die Maßeinheit für die biologische Wirkung der Strahlung auf den Menschen (radiation equivalent man)

In den drei Jahrzehnten, in denen in der Bundesrepublik Deutschland mit Kernenergie gearbeitet wird, sind auf den Straßen fast 400 000 Menschen dem Verkehr tödlich zum Opfer gefallen, jedoch niemand durch Strahleneinwirkungen. Die langfristige Lagerung hochradioaktiver Stoffe ist noch nicht völlig gelöst, doch ist die Vorbereitung dazu in Deutschland sehr weit gediehen. Die gefahrlose Beseitigung beziehungsweise Wiederaufarbeitung ist möglich. Kernkraftwerke dürfen nicht in Flugschneisen angelegt werden. Sie sind so gebaut, daß sie Wandstärken von 1,50 m Stahlbeton haben und nicht durch Aufprall etwa abstürzender Flugzeuge zerstört werden. Sicherheitstechnische Einrichtungen sind stets mehrfach da und mit Abstand voneinander angeordnet. Die Berechnungen für diese Anlagen gehen von mehrfacher Erdbebensicherheit aus. Die nukleare Explosion eines Kernreaktors ist in Deutschland nicht möglich, da das eingesetzte Uran nur zu 3 – 4 % aus spaltbarem Uran 235 und zu 96 – 97 % aus nichtspaltbarem Uran 238 besteht.[5]

Die Sorge, daß durch die Kühltürme Keime oder Bakterien emittieren, ist unbegründet, da alle bisherigen Untersuchungen ergeben haben, daß solche Emissionen in Bodennähe nicht nachweisbar sind.

Geräusche, die durch Ventilatorenanlagen, durch Motoren oder durch im Kühlturm herunterrieselndes Wasser erzeugt werden, sind nicht vermeidbar. Der Geräuschpegel ist ständig zu kontrollieren und gegebenenfalls durch Erdwälle oder auf andere Weise zu reduzieren – bei allen Kraftwerken!

Kühltürme sollten nur noch in geeigneter Weise unterhalb der Geländeoberfläche gebaut werden.

Kraftwerke gehören nicht in unmittelbare Nähe von bewohnten Siedlungen, und Kühlwasser sollte nie in Flüsse geleitet werden; dieses Wasser kann zur Wärmeerzeugung nutzbringend und energiesparend verwendet werden.

Wärmepumpen, Fernwärme

Als Langzeit-Speicherwärmepumpe ist das noch in der Erprobung befindliche Verfahren mit der Anwendung des Minerals Zeolith nach neueren Erkenntnissen für die nahe Zukunft als praktisch anwendbar zu bezeichnen.

Für Fernwärmeversorgung sind Wirtschaftlichkeitsuntersuchungen unentbehrlich, vor allem im Hinblick auf die hohen Fortleitungs- und Verteilungskosten.

Je mehr Fernwärme, umso weniger umweltbelastende Einzelheizungen. Sie erfordert langfristige Ausbaustrategien. Transportentfernung derzeit ca. 20 km.

Fernwärmeversorgung ist in der Regel nur dann wirtschaftlich, wenn in einem begrenzten Gebiet viel Wärme gebraucht wird – beispielsweise in dichtbesiedelten Gebieten.

Die Energiebilanz führt zu folgendem Ergebnis:

Mit einer Fernwärmeversorung in Großstädten lassen sich gegenüber öl- oder gasbefeuerten Hausheizungen erhebliche Mengen Primärenergie sparen.

Da sich Metallhydride zum Bau von Wärmepumpen eignen, können Zeolith als Absorbersubstanz und Wasser als Arbeitsmedium verwendet werden, zumal Silikate auch hohen Temperaturen standhalten.

Dadurch kann bei Solarkollektoren die erforderliche Temperatur von 300 Grad mit Langzeit-Speicherung erreicht werden. Dies Verfahren eröffnet auch eine sinnvolle Nutzung von Windenergie.

Wasserkraftwerke

belasten die Luft überhaupt nicht. Wenngleich die Wasserkräfte Mittel- und Westeuropas schon weitgehend ausgebaut sind, wird die Energie der wirtschaftlich erschließbaren binnenländischen Wasserkräfte weltweit gesehen noch längst nicht voll

---

[5] *Quelle: Grupe, H., Koelzer, W.: Fragen und Antworten zur Kernenergie IZE, Bonn 1980*

genutzt. Schätzungen kommen zu dem Ergebnis, daß davon erst etwa 13 Prozent für die Stromerzeugung herangezogen werden. Das wirtschaftliche Potential der Welt-Wasserkräfte umfaßt rd. 1,1 Milliarden Kilowatt. Vor allem die Länder der Dritten Welt können aus einer stärkeren Erschließung der Wasserkräfte Nutzen ziehen. Landschaftszerstörung, Erosion, Überschwemmungsgefahr und klimatische Folgen müssen durch technische Maßnahmen ausgeschaltet werden.

Windkraftwerke,
deren Beitrag zum Gesamtenergieaufkommen vielleicht nur gering bleiben dürfte, können in Küstenregionen wegen der dort verhältnismäßig gleichmäßigen Windgeschwindigkeit erfolgversprechend betrieben werden.
Größere Inseln, wie England oder Irland, sind für Windkonverter besonders günstige Gebiete. Bei Windkraftanlagen sind kleinere, mit anderen Kraftwerken gekoppelte Anlagen besser als große: es empfiehlt sich, additive Energien (Netzverbund) anzuwenden, zum Beispiel auch zusammen mit Müllverbrennungsanlagen.

Erdgas
gehört ebenfalls zu den umweltfreundlichen Heizquellen. Es entwickelt bei der Verbrennung keinen Ruß und wenig schädliche Abgase, es ist frei von Schwefel. Erdgas entsteht als Gemisch aus Kohlenwasserstoffen im Erdinnern oft zusammen mit Erdöl. Es ist ungiftig und hat den doppelten Wärmewert wie Stadtgas.
Nicht unerwähnt bleiben sollen als denkbare Entwicklungen:
– Abwärme und Klärgas aus städtischen Kläranlagen;
– Biogas aus Heusilos oder aus Biogasanlagen, die Exkremente aus der Großtierhaltung zur Methanerzeugung benutzen (wobei gleichzeitig ein sehr wertvolles Düngemittel erzeugt wird);
– Müllverbrennung beziehungsweise Müllvergasung, energetische Nutzung von Altdeponien.

Sonnenenergie
Von den erneuerbaren Energieträgern vermag die Sonnenenergie langfristig einen erheblichen Beitrag zur Deckung des Energiebedarfs zu leisten. Sie kann sowohl unmittelbar (über die Sonneneinstrahlung) als auch mittelbar (über die in Luft, Erdreich und Wasser gespeicherte Sonnenenergie) genutzt werden. Sie könnte theoretisch als nahezu unerschöpfliche Primärenergiequelle ausreichen und die Ansprüche der Menschen übererfüllen. Sonnenkraftwerke aber erfordern eine jährliche Sonnenscheindauer von 3000 bis 4000 Stunden, die zum Beispiel in Mitteleuropa und der gesamten gemäßigten Zone nicht einmal zur Hälfte erreicht wird. Der bisher erreichte technische Stand der Solarzellenentwicklung kann noch nicht als ausreichend für die Bewältigung von solartechnischen Zukunftsaufgaben angesehen werden.
Alle Arten von Solarkraftwerken benötigen außer dem wolkenlosen Himmel laufend Kühlwasser. Diese »Bewässerung« sollte aber nicht zu strahlungsdämpfendem Pflanzenwuchs, zur Verdunstung und Wolkenbildung führen. Somit kommen als Standorte nur Küsten in Frage, wo heißes Land und kaltes Wasser aneinandergrenzen. Optimale Standorte wären unter anderem die ägyptische Wüste zwischen Nil und Rotem Meer oder Neu Mexico, Georgia, Kalifornien und Texas.
Hierzulande erlaubt die niedrige Energiedichte der Sonnenstrahlung und ihre Unregelmäßigkeit nur eine Nutzung im Bereich der Niedertemperaturwärme, zum Beispiel für Warmwasserbereitung, als Heizungsbeitrag für Schwimmbäder, Gewächshäuser oder zur Klimatisierung.
Sonnenkollektoren wandeln maximal 16 % Sonnenenergie in Wärme um, die in sogenannten Puffertanks gespeichert wird.

Zusammenfassend ist Sonnenenergie derzeit vor allem vorteilhaft zu nutzen:
- durch Umwandlung in Wärme für Raumheizung und Warmwasserbereitung,
- in Sonnenkraftwerken, die mit Sonnenenergie Dampf für die Stromgewinnung erzeugen,
- durch Solarzellen, die photoelektrisch Sonnenstrahlen in Elektrizität umwandeln.

Wasserstoffenergie

Wasserstoff läßt sich als Druckgas oder in flüssiger Form speichern. Als Energieträger befindet er sich in einem offenen Kreislauf (zum Beispiel die Ozeane stehen als nahezu unerschöpfliche Vorräte zur Verfügung).

Flüssigwasserstoff als Energieträger ist in Kalifornien in Erprobung, dürfte aber voraussichtlich erst in etwa vier Jahrzehnten für die praktische Anwendung ausgereift sein. Für Heizung und Wasserbereitung müssen noch besondere Brenner entwickelt werden.

Wasserstoff ist besonders auch für die Luftfahrt geeignet, da sein Gewicht – bezogen auf den Energiegehalt – nur etwa ein Drittel des Gewichts von Düsentreibstoff, Benzin oder Öl beträgt. Mit der Wasserstoffwirtschaft ist in Zukunft eine weitgehende Unabhängigkeit von fossilen Brennstoffen verbunden. Weil Wasser fast unbegrenzt verfügbar ist und bei der Verbrennung von Wasserstoff keine Schadstoffe frei werden, ist Wasserstoff der Brennstoff der Zukunft. Schon heute bestehen die technischen Voraussetzungen, Wasserstoff durch Solar- oder Kernenergie zu gewinnen und durch Pipelines zum Bestimmungsort zu transportieren.

3.7.2.3 Energie-Einsparungen

Energie-Einsparungen – bezogen auf Primärenergie – in Höhe von ca. 14 % gegenüber 1985 werden für das Jahr 2000 erwartet, davon etwa die Hälfte seitens der Industrie, 40 % seitens der Haushalte und Kleinverbraucher und der Rest seitens des Verkehrs.

Für jedes regionale oder kommunale Entwicklungskonzept gelten als Richtlinien:
- Der Ausbau des Fernwärmenetzes – zumindest bei hoher Besiedlungsdichte – muß vorangetrieben werden.
- Bestehende Heizwerke sollten möglichst durch Heizkraftwerke ersetzt werden. Wir können es uns nicht leisten, mit unseren Heizwerken bis zu 30 % der Primärenergie zu verschwenden, die wir bei gleichzeitiger Stromerzeugung in Form von Strom gewinnen könnten.
- Für weniger dicht besiedelte Bereiche und Bereiche, für die die Anschlußkosten an das Fernwärmenetz oder die Leitungsverluste zu hoch sind, sollten Blockheizkraftwerke vorgesehen werden, die ebenfalls mit dem Prinzip der Kraftwärmekopplung arbeiten. Hier ist der Aufbau »teilzentraler« Versorgungsnetze geboten, die es ermöglichen, später ein großräumiges Fernwärmenetz zu schaffen.

Zu einem sparsamen Energieverbrauch tragen bei:
- den Bau von Hochhäusern vermeiden (Aufzüge, Pumpen, Abkühlung)
- Wärmedämmung verstärken,
- Wohnräume mit großen Fenstern und Terrassen in nord- und mitteleuropäischen Breitengraden nach Süden bis Südwesten ausrichten (8 – 13 % Ersparnis). Der Fensterglasanteil – stets gut isolierend – soll an der Südfassade von Wohn- oder Büroräumen optimal etwa 30 % betragen. Alle Fenster in Wohn-, Büro- und sonstigen Arbeitsgebäuden mit Jalousien, die während der Heizperiode nachts und bei Nichtbenutzung wärmedämmend und in voller Fläche dicht und schließend sind, versehen.
- Wohnräume mit Zusatz- oder Übergangsheizung versehen, zum Beispiel Kamin, Kachelofen. Bei zentraler Beheizung grundsätzlich keine Büro- oder Wohnräume ohne Temperaturregler (Thermostaten) ausstatten.

3.7.3 Abfall und sonstige Entsorgung

3.7.3.1 Begriffe
Entsorgung
Die Beseitigung von Abfällen, Abgasen und Abwässern

Abfälle
Sie umfassen die festen und flüssigen Stoffe, die aus Wohnungen, Gewerbe- und Industriebetrieben »als unbrauchbar abgestoßen werden«.[6]

Siedlungsabfall
Die technischen Maßnahmen zur Sammlung, Aufbereitung und Beseitigung der festen und flüssigen Abfälle in für die Umwelt unschädlicher Weise. »Die für die Versorgung der Bevölkerung notwendigen Nahrungsstoffe können auf die Dauer nur dann dem Haushalt der Natur entnommen werden, wenn die in den Wohn- und Industriezentren entstehenden Abfälle entsprechend ihrer Zusammensetzung möglichst schnell wieder in den natürlichen Kreislauf zurückgeführt werden.«[7]
Die Arten der Siedlungsabfälle werden von Pöpel und Haug wie folgt zusammengestellt:

3.7.3.2 Abfall

Art	Definition und Zusammensetzung	
Hausmüll	Abfälle aus Haushaltungen und Gewerbe mit hausmüllähnlichem Charakter, die in genormten Mülleimern gesammelt werden können; keine Sonderabfälle!	
	organisch	Küchenabfälle, Speisereste, Papier, Textilien, Verpackungsmaterial, Holz
	mineralisch	Aschen und Schlacken, Haushaltsgegenstände aus Glas, Porzellan, Steingut
Häuslicher Abwasserschlamm	Gesamtheit der in Klär- und Reinigungsanlagen für Einzelhäuser und Kommunen ausgeschiedenen Feststoffe	
	Frischschlamm: der aus den Klärbecken entnommene Schlamm	
	Faulschlamm: der in Faulräumen anaerob abgebaute Schlamm	
Abwasser	Das durch häuslichen, gewerblichen und industriellen Gebrauch verunreinigte Wasser und das Niederschlagswasser aus den Siedlungsbereichen	
Gewerbe- und Industriemüll	Abfälle aus der Produktion von Rohstoffen oder ihrer Verarbeitung zu Fertigfabrikaten	
	organisch	Produktionsabfälle der Lebensmittelindustrie, Gerbereien, Textilfabriken, chemische Werke, Verpackungsmaterial, Holzabfälle, Sägespäne, Farben
	mineralisch	Produktionsabfälle der Industriezweige, Aschen und Schlacken, Verpackungsmaterialien
Gewerbliche und industrielle Schlämme	Flüssige Rückstände aus der Produktion oder Verarbeitung oder aus den Industrieabwasserreinigungsanlagen	

---

[6] *Pöpel, F. u. Haug, H. P., Müll- u. Abfallbeseitigung, Handwörterbuch der Raumforschung u. Raumordnung, Gebr. Jänecke Verlag, Hannover 1970*
[7] *Gesetz zur Vermeidung von Abfällen vom 11. Mai 1990 (AbfG) BGBl. S. 870*

Sperrmüll	Abfälle, die aus Haushaltungen und Gewerbe stammen und wegen Sperrigkeit gesondert gesammelt werden müssen Hauseinrichtungsgegenstände, großstückige Gartenabfälle, großstückiges Verpackungsmaterial, Gummireifen, usw.
Gartenabfälle	Rasenschnitt, Baumschnitt, Laub, Unkraut usw.
Straßen-kehrricht	Abfälle, die Straßen und Märkte verschmutzen und von der Straßenreinigung gesammelt werden
	organisch Abfälle von Märkten und Markthallen, Laub- und Astabwurf von Straßenbäumen, Papierreste, Tierkot
	mineralisch Abrieb der Straßenoberfläche, Streumaterial, Flugasche und Staub
Aushub, Bauschutt	Bei Bauarbeiten anfallende Abfälle
	organisch Holz und Kunststoff
	mineralisch Steine, Erde, Metallteile
Abfälle der Schlacht- und Viehhöfe	In Viehhöfen, Schlachthäusern und Abdeckereien anfallende Abfälle
Krankenhaus-abfälle	Verbände, Präparate, Abfälle aus Krankenzimmern, Behandlungsräumen, Labors
Radioaktive Abfälle	In Kernkraftwerken und entsprechenden Forschungsinstituten anfallende kontaminierte Abwässer, Schlämme, Feststoffe
Sonderabfälle	Öl-, Benzin- und Abscheiderrückstände

Das Abfallaufkommen wächst. Im Schnitt beträgt allein der pro Jahr anfallende Hausmüll mehr als 600 kg je Einwohner in Deutschland. Deponien (kontrolliert!) sind nur noch in dünn besiedelten Regionen auf längere Sicht akzeptabel – und nur mit erheblichen Auflagen. Viele Deponien bergen in sich die Gefahr der Bodenverseuchung und auch Gefahren für Wasser, abgesehen von Geruchsbelästigungen schwerster Art.

Zeitgleich begrenzte Genehmigung, ständige sukzessive Rekultivierung und Verhinderung von Grundwasserverseuchung oder Verwehungen sind Bedingungen.

Günstig ist eine gemischte Lagerung von Müll und Erdaushub. Erforderlich ist grundsätzlich auch ein verstärktes Vorsortieren bereits am Ort des Müllanfalls und die Reduzierung der Mengen durch Wiederverwertung, Kompostierung oder Energieerzeugung.

Der Trend geht zu Konzentration und Abstimmung über kommunale Grenzen hinweg.[8]

Als umweltfreundliche Vernichtung gilt noch immer die Verbrennung (nicht Verklappung!) auf Spezialschiffen auf dem hohen Meer, da die Reststoffe vielfach einem Kreislauf wieder zugeführt werden können.

Grundsätzlich ist zu fordern: Weg von der Verlagerung »durch Verteilung der Schadstoffe in Luft, Wasser und Boden« hin zur Müllvermeidung und Müllverwertung.

Das Gesetz stellt den Prioritätenkatalog auf: Abfallvermeidung vor Abfallverwertung, Abfallverwertung vor Abfallbeseitigung.

Das Spektrum der Möglichkeiten reicht von der – modernen! – Kompostierung über die Brennstoffgewinnung, die Pyrolyse (Zersetzung von Stoffen durch höhere Temperaturen), die Rohstoffrückgewinnung, die getrennte Wertstofferfassung bis zur Biogasgewinnung.

Das Bundesgesetz schreibt wichtige Rahmenbedingungen vor. Die Länder haben außerdem Abfallbeseitigungsgesetze. Umwelt- und zukunftsbewußte Gemeinden ar-

---

[8] *Schmitz, Gottfried, IHK Rhein-Neckar, Die Wirtschaft*

beiten längst mit Abfallbeseitigungssatzungen, die es in jedem Stadt- oder Landkreis gibt. Sie sind zwingend für jedermann zusammen mit einem Rekultivierungsprogramm vorzuschreiben. Rückgewinnungsanlagen mit Sortiermöglichkeiten für Papierarten (ca. 45 % am Gesamtvolumen), für Glas (ca. 30 %), für Kunststoff sowie für Eisen und Nichteisenmetalle sind allen Müllbeseitigungsanlagen, besonders den Deponien, vorzuschalten.

3.7.3.3 Grundwasser

Unbedingt erforderlich sind stets wissenschaftlich begleitete Maßnahmen zur Bekämpfung der Grundwasserverunreinigung wie von Fall zu Fall
– Erdreichaustausch,
– Abpumpen und ähnliches, vor allem in Industrie- und Gewerbegebieten und in deren Nähe.

Das Abwässersystem muß eindeutig von allen Gewässern getrennt werden, Einleitungen dürfen nur nach der vollbiologischen Klärstufe zugelassen werden. Versickerungsanlagen, die das Regenwasser sammeln und in den Untergrund einspeisen, können eine wirksame Entsorgungsmöglichkeit darstellen. Fehlende Vorfluter machen häufig den Bau langer kostenaufwendiger Transportkanäle, oft in Verbindung mit Hebewerken, für die Ableitung des Regenwassers aus neuen Baugebieten erforderlich; diese können bei Versickerungsanlagen weitgehend entfallen. Zusätzlich bewirkt der Versickerungseffekt eine ökologische Grundwasseranreicherung. Die entsprechenden hydrogeologischen Bedingungen müssen am Standort gegeben sein.

Das Grundwasser ist durch Chlorkohlenwasserstoffe, durch hohe Nitratbelastung oder durch Fermente aus mikrobiologischen Prozessen stark gefährdet. Grundsätzlich ist überall die höchse Trinkwasserqualität ohne Schadstoffe zu gewährleisten.

Höchste Beachtung ist auch der Hygiene in Stallungen zu schenken, damit nicht durch Exkremente mit Infektions- oder Arzneimittelresten die Felder und die darauf wachsenden Pflanzen für die menschliche Ernährung vergiftet werden.

Ökologische Aspekte haben Vorrang vor ökonomischen. Zur Filterung und Sorption schwefelsäure- und bleihaltiger Industrieabwässer sind seit Anfang der achtziger Jahre nach experimentellen Versuchen Verfahren in die Praxis überführt, die erwarten lassen, daß ein wesentlicher Beitrag zur Entlastung unserer Gewässer erfolgt.

In der Zellstoff- und Papierindustrie konnte durch thermische Abwasserreinigungsanlagen in eineinhalb Jahrzehnten die Abwasserbelastung entscheidend auf ein Minimum reduziert werden. Diese Beispiele zeigen, daß durch konsequente Forschung, praktische Verbesserungen und unternehmerische Anstrengungen die Entsorgung stetig fortschreitend umweltschonender vor sich gehen kann – und muß!

Obwohl in den letzten Jahrzehnten seitens der Gemeinden und der Industrie Milliardenbeträge in die Wasserreinhaltung investiert wurden, muß auf diesem Gebiet noch mehr geschehen. Daher hier noch einmal die wichtigsten Forderungen in kurzen Thesen:
– Trennung der Schmutzwasser,
– mechanisch-chemisch-biologische Kläranlagen mit Absetzen der Schwimmstoffe,
– Abscheidung der chemischen Substanzen,
– Umwandlung biologisch abbaubarer Stoffe in Bakterienmasse und Kohlendioxid,
– Entfernung von Nitraten in besonderer Zone,
– Verbrennung des Klärschlamms,
– Meßstationen am Auslauf der Kläranlagen.

3.7.3.4 Sondermüll

Als besonders giftig und umweltgefährdend sollen hier ohne Anspruch auf Vollständigkeit genannt werden:

- Schwermetalle wie Quecksilber, Cadmium, Blei,
- Batterien
- Autowracks und -reifen (sind jedoch in der Regel weder giftig noch umweltschäd-lich, aber die Landschaft schwer verunstaltend)
- Altöl
- Pflanzenschutzmittel
- Medikamente

Die Sonderabfälle stammen aus der Industrie, dem Gewerbe, den Krankenhäusern, und sie fallen auch in privaten Haushalten an. Nach § 2 des Abfallgesetzes müssen an die Entsorgung dieser Abfälle erhöhte Anforderungen gestellt werden, da sie nach »Art und Beschaffenheit der Menge in besonderem Maß gesundheits-, luft- oder was-sergefährdend, explosibel oder brennbar sind oder Erreger übertragbarer Krankhei-ten enthalten oder hervorbringen können«.

Die Technische Anleitung (TA) Sonderabfall erweitert den Katalog von 86 auf 340 Sonderabfallarten. Zudem schreibt sie bestimmte Entsorgungswege für die jeweili-gen »besonders überwachungsbedürftigen Abfälle« vor. So dürfen in Zukunft nur noch Rückstände deponiert werden, die weniger als zehn Prozent organische Stoffe aufweisen. Eine Vorbereitung der Abfälle durch Verbrennung wird daher zwingend notwendig. Genügte früher eine »verantwortliche Erklärung« im Umfang eines Blat-tes über die Art und Menge des abgelieferten Mülls, muß der Abfallbesitzer jetzt ei-nen »Entsorgungsnachweis« ausfüllen.

In den Müllverbrennungsanlagen Deutschlands fallen in einem Jahr rund 50 000 Ton-nen Filterstaub an. Aus Abfall entsteht so neuer Abfall, der nur noch auf Sondermüll-deponien gelagert werden kann.

3.7.3.5 Sonstige Entsorgung

Zur »sonstigen Entsorgung« gehören in erster Linie die Endlagerung und Aufberei-tung radioaktiver Abfälle, worauf bereits im Abschnitt Energie/Versorgung ausführ-lich eingegangen wurde.

Seit 1984 wird über die Klassifizierung nach schwach-, mittel- und hochradioaktiven Abfällen hinaus nach Definitionen und Merkmalen entschieden, die Rückschlüsse auf alle aus Sicherheitsgründen relevanten Daten auch für die Zukunft erlauben.

Carl Friedrich von Weizsäcker hat festgestellt: »Das deutsche Programm der Endla-gerung eingeschmolzener Rückstände in geologisch seit vielen Jahrmillionen stabi-len Salzstöcken gilt als eines der besten, wenn nicht das beste heute in der Welt be-kannte. Ich glaube persönlich, daß wir unseren Nachkommen viele Erbschaften hin-terlassen, die ihnen mehr Gefahr bringen als diese sorgfältig versenkte Radioaktivi-tät.«

Für den Sicherheitsnachweis über die Endlagerung radioaktiver Abfälle wurde der in der Bundesrepublik Deutschland bereits angefallene Atommüll kategorisiert. Dies geschieht in Zukunft mit besonderer Sorgfalt.

Danach wird künftig unter den Gesichtspunkten der Herkunft und der Art der Abfälle sowie der Art der Behälter und der Fixierung der Abfälle in den Behältern über die Endlagerfähigkeit der Abfallgebinde geurteilt. Die Betreiber von Kernkraftwerken und anderen kerntechnischen Anlagen, die solche Abfälle verursachen, müssen diese Merkmale angeben und gewährleisten, daß sie die Endlagerungsbestimmungen ein-halten.

3.7.4   Literatur

Aurand, K. u. a. (Hrsg.): Die Trinkwasser-Verordnung. Einführung und Erläuterungen für Wasserversorgungsunternehmen und Überwachungsbehörden. Berlin, Bielefeld, München 1987

Dt. Babcock AG (Hrsg.): Handbuch Wasser. Essen 1989

Betriebstagebuch für Kläranlagen. Wiesbaden 1991

Bilitewski, B. und Händtle B.: Abfallwirtschaft. Eine Einführung. Berlin, Heidelberg, Wien 1990

Blume, H. und Brune, D.: Entsorgungstechnologien. Überblick über den Entwicklungsstand der Verfahren zu Sammlung, Transport, Verwertung, Behandlung und Beseitigung von Siedlungsabfällen. (Abfallwirtschaft in Forschung und Praxis. Band 25.) Berlin, Bielefeld, München 1988

Braha, A.: Bioverfahren in der Abwassertechnik. Erstellung reaktionstechnischer Modelle mittels Labor-Bioreaktoren und Scaling-up in der biologischen Abwasserreinigung. Wiesbaden 1988

Brehm, E.: Deponie Erde – Das große Buch vom Müll. BUND. Baden-Baden 1991

Breuer, R.: Öffentliches und privates Wasserrecht. (Schriftenreihe der Neuen Juristischen Wochenschrift Heft 24.) München 1987

Bundesforschungsanstalt f. Landeskunde u. Raumordnung (Hrsg.): Örtliche u. regionale Energieversorgungskonzepte. Statusbericht 1985. Bonn

Der Bundesminister f. Raumordnung, Bauwesen und Städtebau (Hrsg.): Energiesparbuch für das Eigenheim. 1989

DIN Taschenbuch 12: Wasserversorgung 1 – Normen über Wassergewinnung, Wasseraufbereitung. Wiesbaden – Berlin 1983

DIN Taschenbücher 13, 50 u. 138: Abwassertechnik 1, 2 u. 3. Wiesbaden 1983

Dütz, A., Märtin, H. u. a.: Energie und Stadtplanung, Leitfaden. Berlin – Bielefeld – München 1982

Gieseke, P. u. a.: Wasserhaushaltsgesetz. Kommentar. Unter Berücksichtigung der Landeswassergesetze und des Wasserstrafrechts. München 1985

Glässel, I.: Städtische Sonnenräume. Konzept f. klimagerechtes Bauen in nördlichen Breiten. Karlsruhe 1985

Faber, M.; Stephan, G.; Michaelis, P.: Umdenken in der Abfallwirtschaft. Vermeiden – Verwerten – Beseitigen. Berlin 1989

Feist, W. und Klien, J.: Das Niedrigenergiehaus. Die Zukunft des energiesparenden Bauens. Karlsruhe 1988

Hakansson, K.: Handbuch der Fernwärmepraxis. Essen 1986

Müll- und Abfallbeseitigung. Ergänzbares Handbuch. Berlin – Bielefeld – München 1983

Hebgan, H.: Bauen mit der Sonne. Vorschläge und Anregungen. Heidelberg 1987

Michael H. und Schmidt, A.: Der Atom-Atlas. Kernenergie zwischen Angst und Hoffnung. Zahlen – Fakten – Hintergründe. München 1986

Heinz, I.: Ökonomische Kriterien zur Neuordnung der Grundwassernutzung. Die Entnahme von Grundwasser im Spannungsfeld zwischen industrieller und öffentlicher Wasserversorgung. Berlin, Bielefeld, München 1988

Henseler, P.: Das Recht der Abwasserbeseitigung. (Schriftenreihe Recht – Technik – Wirtschaft, Bd. 28.) Köln 1983

Hösel, G. und Lersner, H. v.: Recht der Abfallbeseitigung des Bundes und der Länder. Kommentar zum Abfallbeseitigungsgesetz. Nebengesetze und sonstige Vorschriften. Loseblatt-Ausgabe. Berlin, Bielefeld, München 1988

Honert, S. und Rüttgers, J.: ABC der Abwasserabgabe. (Schriftenreihe Fortschrittliche Kommunalverwaltung, Bd. 33.) 1983. Köln

Hosang, W. und Bischof, W.: Abwassertechnik. (Stadtentwässerung.) Stuttgart 1984

Jung, G.: Die Planung in der Abfallwirtschaft. Aktuelle Fach- und Rechtsfragen. (Abfallwirtschaft in Forschung und Praxis, Bd. 20.) Berlin, Bielefeld, München 1988

Kiraly, J.: Architektur mit der Sonne. 1 x 1 der passiven Sonnenheizsysteme. (Fundamente alternativer Architektur, Bd. 1.) Karlsruhe

Band 1: Entwurfs-, Planungs- und Berechnungsgrundlagen. 1984.

Band 2: Planungsgrundlagen, Projekte und ausgeführte Beispiele. 1987

Koblin, W., Krüger, E., Schuh, U.: Handbuch passive Nutzung der Sonnenenergie. München 1984/90

König, F. v.: Bau und Betrieb von Biogasanlagen. Wiesbaden 1985

Kohler, St., Leuchtner, J., Muschen, K.: »Sonnenenergie-Wirtschaft«. Frankfurt am Main 1987.

Kummert, R. und Stumm, W.: Gewässer als Ökosysteme. Grundlagen des Gewässerschutzes. Zürich 1988

Mach, R. E. und Blickwedel, P. T.: Biogas aus Abfall und Abwasser, Berlin – Bielefeld – München 1983

Martz, G.: Siedlungswasserbau. Düsseldorf

Teil 1: Wasserversorgung. (Werner-Ingenieur-Texte, Band 17.) 1985

Teil 2: Kanalisation. (WIT, Band 18.) 1987.

Teil 3: Klärtechnik. Werner-Ingenieur-Texte, Band 19.) 1981

Teil 4: Aufgabensammlung zur Wasserversorgung. (Werner-Ingenieur-Texte, Bd. 72.) 1985

Teil 5: Aufgabensammlung zur Kanalisation und Klärtechnik. (Werner-Ingenieur-Texte, Bd. 73.) 1988

Morell, K. D.: Verordnung über Allgemeine Bedingungen für die Versorgung mit Wasser (AVB WasserV) Kommentar. Berlin, Bielefeld, München 1988

Müller, W. D. und Hossner, R. (Hrsg.): »Jahrbuch der Atomwirtschaft 1989«. Düsseldorf, Frankfurt 1989

Mutschmann, F. und Stimmelmayr, F.: Taschenbuch der Wasserversorgung. Technik der Wasserversorgung. Bau und Betrieb von Wasserversorgungsanlagen. Vorschriften, Richtlinien, Zahlentafeln, Statik, Vermessung. Stuttgart 1986

Petschallies, G.: Entwerfen und Berechnen in Wasserbau und Wasserwirtschaft. Fließgewässer, Sohlenbauwerke, Durchlässe, Düker, Wehranlagen, Rückhaltebecken, Dämme, Rohrdränung. Wiesbaden 1989

Pöpel, F.: Lehrbuch für Abwassertechnik und Gewässerschutz. Wiesbaden 1988

Quentin, K.-E.: Trinkwasser. Untersuchung und Beurteilung von Trink- und Schwimmbadwasser. Berlin, Heidelberg, Wien 1988

Roth, H. (Hrsg.): Wasserhaushaltsgesetz. Textausgabe mit Erläuterungen und Ausführungsvorschriften sowie Einführung zum gesamten Recht der Wasserwirtschaft. (Wasserrecht und Wasserwirtschaft. Bd. 20.) Berlin, Bielefeld, München 1988

Scheer, H. (Hrsg.): »Die gespeicherte Sonne«. Wasserstoff als Lösung des Energie und Umweltproblems. München 1987

Schenkel, W. (Hrsg.): Abfallwirtschaft in großen Städten und Verdichtungsräumen. (Beihefte zu Müll und Abfall. Bad. 25.) Berlin, Bielefeld, München

Teil 1: Entsorgungskonzepte – national und international. 1987

Teil II: Altlasten – Sanierungsverfahren, Kosten, Finanzierung. 1987

Schmeken, W. (Hrsg.): Abfallrecht des Bundes. Abfallgesetz – AbfG, Klärschlammverordnung – AbfKlärV, Altölverordnung – AltölV. Textausgabe mit Einführung und Sachregister. Göttingen 1988

Statistisches Faltblatt 1984. Quellen: Statistisches Bundesamt, Bundesministerium für Wirtschaft, BGW-, HEA-, VDEW- und ZVEI-Statistik, Arbeitsgemeinschaft Energiebilanzen, Statistik der Energiewirtschaft

Triebel, W. u. a.: Lehr- und Handbuch der Abwassertechnik. Schriftl. hrsg. von der Abwassertechnische Vereinigung e.V., St. Augustin. Berlin

Band 1: Wassergütwirtschaftliche Grundlagen, Bemessung und Planung von Abwasserleitungen. 1982

Band 2: Entwurf und Bau von Kanalisationen und Abwasserpumpwerken 1982

Band 3: Grundlagen für Planung und Bau von Abwasserkläranlagen und mechanische Klärverfahren. 1983

Band 4: Biologisch-chemische und weitergehende Abwasserreinigung. 1985

Band 5: Organisch verschmutzte Abwässer der Lebensmittelindustrie. 1985

Band 6: Organisch verschmutzte Industrieabwässer, Tiererzeugungs- und verwertungsbetriebe sowie chemische und verwandte Industrie. 1986

Band 7: Industrieabwässer mit anorganischen Inhaltsstoffen. 1985

Techn. Vorschriften für die Abfallbeseitigung (TVAB), Ergänzbare Sammlung. Berlin – Bielefeld – München 1983

Bayerisches Wassergesetz. Textausgabe mit ergänzenden landesrechtlichen Vorschriften. Wasserhaushaltsgesetz des Bundes und Wasserverbandverordnung. München 1982

Wärmeschutzverordnung. Texte und Materialien zu Energieeinsparung und Wärmeschutz. Wärmeschutzverordnung. Energieeinsparungsgesetz. Stoffwerte für die Berechnung des Wärmeschutzes nach der Wärmeschutzverordnung. Heizungsanlagen-Verordnung. Heizungsbetriebs-Verordnung. Feuerungsanlagen-Verordnung (1. BImSchV). Wiesbaden 1985

Wüsthoff, A. und Kumpf, W.: Handbuch des Deutschen Wasserrechts. Neues Recht des Bundes und der Länder. Berlin, Bielefeld, München 1989

3.8 Umweltschutz / Immissionen

3.8.1 Begriffe

Umwelt
ist die gesamte auf einen Organismus (Mensch, Tier, Pflanze) einwirkende belebte und unbelebte Umgebung, die ständig verändert und belastet wird. Die Umweltlehre unterscheidet nach persönlicher Wohn-, Werk- und Wirkwelt sowie nach Innenumwelt (innerhalb geschlossener Räume) und nach Außenumwelt (offene Landschaft bis Atmosphäre).
In der Umweltmedizin werden 7 Zonen unterschieden:
1. Kleidung; 2. Wohnung, Arbeitsplatz, Verkehrsmittel; 3. Gebäude, Wohnanlage; 4. Wohnviertel, Stadtviertel; 5. Wohnort, Stadt; 6. Siedlungs- und Landschaftsraum; 7. Klimazone.
Darüber hinaus wird unterschieden nach:
– physischer Umwelt mit den natürlichen Bedingungen wie Klima, Luft, Wasser, Oberflächenformen, Gesteine und Boden, Pflanzen- und Tierwelt, die wir im ganzen als Landschaft bezeichnen;
– kultureller Umwelt als Ergebnis der technischen Werke, die der Mensch selbst geschaffen hat;
– sozialer Umwelt unserer Gesellschaft, deren Glieder die Menschen sind.[1]

Umweltschutz
hat das Ziel und die Aufgabe, Umweltbelastungen zu vermeiden oder auf ein Minimum zu reduzieren. Er umfaßt alle Maßnahmen zur Sicherung der Umwelt und zur Erhaltung des biologischen Gleichgewichts sowie zur Verbesserung der Umweltqualität. Es wird unterschieden zwischen ökologischem (Naturschutz, Landschaftspflege) und technischem Umweltschutz (Luft- und Wasserreinhaltung, Abfallbeseitigung, Lärmschutz, Strahlenschutz).[2]
Zum Umweltschutz gehören stets ebenso die Erhaltung und Gesunderhaltung der Lebewesen, die für das ökologische Gleichgewicht erforderlich sind wie das umweltgerechte Verhalten jedes einzelnen.

Immissionen
im Sinne des Bundesimmissionsschutzgesetzes[3] »sind auf Menschen sowie Tiere, Pflanzen oder andere Sachen einwirkende Luftverunreinigungen, Geräusche, Erschütterungen, Licht, Wärme, Strahlen und ähnliche Umwelteinwirkungen«, Immissionen sind also, vereinfachend ausgedrückt, Einwirkungen von Emissionen auf Menschen, Tiere, Pflanzen und Gegenstände.

Emissionen
»sind die von einer Anlage ausgehenden Luftverunreinigungen, Geräusche, Erschütterungen, Licht, Wärme, Strahlen und ähnliche Erscheinungen«, § 3 (3). Zu den Emissionen gehört zum Beispiel der Auswurf von Schadstoffen bei Verbrennungsvorgängen und chemischen Reaktionen in die Atmosphäre. Hauptverursacher sind Industrie, Hausbrand und Verbrennungsmotoren. Zu den Emissionen gehören stets

---

[1] *Jakob Johann von Uexküll, Schöpfer der Umweltforschung, 1864 – 1944, Streifzüge durch die Umwelten von Menschen und Tieren, mit G. Kriszat 1934, Neuausg. 1970*
[2] *Schneider, Chr., Natur und Umwelt, Lexikon mit vielen weiteren Begriffen, Compact Verlag München 1983*
[3] *Begriffsdefinitionen des Bundes-Immissionsschutzgesetzes (BImSchG v. 15. 3. 1974, BGBl. I S. 721, geändert am 28. 3. 1980, BGBl. I S. 373) zuletzt durch Gesetz v. 4. 3. 1982 (BGBl. I S. 281)*

Abgase, Gerüche, Lärm, Rauch, Ruß, Staub, Strahlen, Erschütterungen, Wärme, Licht, Flüssigkeiten, Aerosole, Dämpfe. Es wird unterschieden nach Gewerbe-, Verkehrs-, Wohn- und Freizeitemissionen.

Luftverunreinigungen
»sind Veränderungen der natürlichen Zusammensetzung der Luft, insbesondere durch Rauch, Ruß, Staub, Aerosole, Dämpfe oder Geruchsstoffe«, § 3 (4). Luftverschmutzung entsteht vor allem durch Konzentration luftfremder Stoffe (Schadstoffe), die das Wohlbefinden der Individuen nachteilig beeinflussen oder Sachschaden verursachen.[4])

3.8.2   Gegebenheiten und Bezug des Umweltschutzes zum Städtebau

Für die Umwelt des Menschen ist das Klima von lebenswichtiger Bedeutung. Gebiete mit zu dichter Bebauung, sehr hohem Verkehrsaufkommen und Industrieanlagen verändern das Klima negativ. Gefährliche Folgen entstehen bei Wetterlagen, die den horizontalen und vertikalen Luftaustausch vermindern (Inversionslagen), durch Flugzeug- und Autoabgase, Hausbrand, Industrieemissionen und durch hohe Konzentration an Schadstoffen. An Baudenkmalen sind zum Teil bereits irreparable Schäden eingetreten.[5])
Leider sind die biologischen und chemischen Kreisläufe so kompliziert, daß trotz jahrelangen intensiven Forschens[6]) noch immer mehr Vermutungen als fundierte Erkenntnisse vorliegen. In den folgenden Ausführungen gehen wir kurz auf wenige wesentliche Fakten zur Klärung der Situation ein.
Besonders dringlich ist die Verhinderung der Emissionen. Aber trotz des 1979 in Genf von den Ländern der EG (außer Griechenland!) ratifizierten Abkommens zur Eindämmung der Luftverschmutzung ist außerhalb der Bundesrepublik Deutschland noch nicht viel an effektiven Maßnahmen oder Gesetzen veranlaßt worden. Dies ist bei der geografischen Lage Deutschlands besonders schlimm, da etwa die Hälfte des Schwefeldioxids bei uns aus dem Ausland stammt.[7])
Von größter Bedeutung sind für das Gleichgewicht der Lebenssphäre aufgrund der Fähigkeit zur Bindung von 90 % des Kohlenstoffes der Urwald und Wälder überhaupt. Infolge der Rodungen und »Urbarmachungen« wird mit alarmierender Geschwindigkeit der Boden von der Sonne ausgetrocknet, wird steril, die Wüsten der Erde erfahren eine ständige Erweiterung. Innerhalb von zwei Jahrtausenden hat sich der Waldbestand nach Schätzungen der Wissenschaftlicher bereits um etwa zwei Drittel verringert![8])
Dabei sei am Rande vermerkt, daß Mischwald aus überwiegendem Anteil an Nadelhölzern nach derzeitigen Erkenntnissen der Forstwissenschaft besonders günstig ist: 1 ha Fichten filtern 900 kg Schwefel aus, 1 ha Buchen nur 300 kg. Die Gründe für das Baumsterben sind unter anderem mit Sicherheit in SO_2-Verunreinigungen (Schwefeldioxid) und bleihaltigem Benzin zu finden. In einigen Regionen Mitteleuropas fallen beispielsweise Niederschläge, die infolge des Stickstoffoxid- und Kohlensäuregehalts in Verbindung mit anderen Schadstoffen einen Säuregehalt als Bestandteil aufweisen, der sich dem von Weinessig annähert. Zusätzlich werden Infektionen mit

---

[4]) *American Medical Associations Council of Industrial Health*
[5]) *Der Kölner Dom verwittert heute ca. 8mal so schnell wie vor 100 Jahren (Stickoxyd, Schwefeldioxyd)! Ausgaben: 4 Mio. DM/Jahr*
[6]) *Seit der Umweltkonferenz der UNO in Stockholm 1972 intensiv*
[7]) *Fast 80 % der ca. 3,5 Mio. Tonnen kommen aus Industrie, Kohle- und Ölkraftwerken und aus Fernheizungen, der Rest vom Auto- und Flugverkehr und aus Privatheizungen*
[8]) *Alle angeführten Beispiele können nicht darüber hinwegtäuschen, daß vor allem eine Verminderung der Erdbevölkerung für die Rettung der Erde vonnöten ist!*

123

zellwandlosen (Mykoplasmen) und parasitischen Bakterien, aber auch Viren und Viroide (Nukleinsäuren) ebenso wie noch unbekannte Erreger als Auslöser vermutet. Hier ist die systematische Forschung der Biologen und Botaniker weiter gefordert.

Für Europa ist eine wirksame Reduktion der Ursachen nur über zusammenwirkende Maßnahmen der Länder der Europäischen Gemeinschaft möglich. Dazu gehört unter vielem anderen eine sofortige Einigung über die angemessenen ph-Werte![9]

Es ist damit zu rechnen, daß der Transport von Staub und Abgasen über große Gebiete hinweg infolge der Bevölkerungsexplosion – der größten Lebensgefahr für die Menschheit – und daraus folgend der weiteren Industrialisierung und des immer schneller zunehmenden Verbrauchs von Ressourcen drastisch ansteigt.

Eine Fülle durch Luftverunreinigungen hervorgerufener Erkrankungen ist inzwischen vor allem in Städten des Ruhrgebiets und Sachsens – aber auch anderswo – festgestellt worden. Betroffen sind insbesondere die Augen, die Knochen und das Blut bei Kindern und Säuglingen, zum Beispiel Rachitis bei 15,1 % der Stadtkinder und 7,6 % der Landkinder, oder Augenschäden bei 6,6 % der Stadtkinder und 1,7 % der Landkinder. Von entsprechender wachsender Bedeutung ist daher für die Planung die Immissionsklimatologie – nicht nur in Ballungsgebieten.

Seit 100 Jahren steigt der Kohlendioxidanteil in der Erdatmosphäre durch Flugzeuge, Fabriken und Heizung. Er gefährdet das Bioklima der Erde durch Temperaturanstieg, dadurch wächst die Gefahr des Abschmelzens der Polarkappen.[10]

3.8.3 Städtebaulicher Lärmschutz

Begriffe

Unter Lärm werden »schnellwechselnde oder unharmonische Schallschwingungen, die lästige, vom Menschen individuell als Störungen empfundene Hörwahrnehmungen auslösen«, zusammengefaßt.[11]

Es handelt sich dabei um Geräusche, die nur als belästigend empfunden werden bis hin zu solchen, durch die es zu einer Schädigung des menschlichen Organismus kommen kann.

Es hat sich eine vierstufige Einteilung nach Phonstärken durchgesetzt, und zwar:

nur psychische Belastung	= Lärmstufe I	30 – 65 Phon
psychische Belastung und vegetative Reaktion	= Lärmstufe II	65 – 90 Phon
schädigende Wirkung auf Gehörgang	= Lärmstufe III	90 – 120 Phon
mechanische Schäden	= Lärmstufe IV	120 Phon und darüber.

Phon ist das »Hinweiswort für die subjektiv empfundene Lautstärke, durch Hörvergleich bezogen auf den Pegel des Normaltons von 1000 Hz (Hertz). Die Phonskala reicht von 0 Phon (Hörschwelle) bis etwa 130 Phon (Schmerzschwelle). Nur beim Normalton stimmen die Zahlenwerte des Schallpegels überein, sonst nicht, da die Lautstärkeempfindung für tiefere und höhere Frequenzen geringer als die für die mittleren Frequenzen um 1000 Hz ist«.[12]

Heute wird international die Lärmstärke in dB(A) (Dezibel [A]) gemessen: Dezibel ist die Maßeinheit für die Lärmstärke.

---

[9] pH = potentia hydrogenii, eine 1909 in Chemie eingeführte Maßzahl für die Aktivität der freien Wasserstoffionen in einer Lösung

[10] Foschungsauftrag Physikalische Grundlagen des Klimas und Klimamodelle, Institut für theoret. Meteorologie der F. U. Berlin, Prof. H. G. Fortok, Schwerpunktprogramm der Deutschen Forschungsgemeinschaft.

[11] s. auch dtv Brockhaus Lexikon, Band 10, 1988

[12] s. auch dtv Brockhaus Lexikon, Band 14, 1988

Lärmempfindlichkeit variiert subjektiv, das heißt die Schallstärke stimmt nicht immer mit der Empfindung der Betroffenen überein.

Lärmemission ist die Schallabstrahlung einer oder mehrerer Schallquellen.

Lärmimmission ist der Empfang des Schalls einer oder mehrerer Schallquellen an einem Punkt. Die Geräuschstärke nimmt mit dem Quadrat der Entfernung ab.

Aktiver Lärmschutz reduziert die Lärmemissionen an der Quelle, passiver Lärmschutz hat die Verringerung der Lärmimmissionen zum Ziel.

Imissionsrichtwerte[13])

a) Gebiete, in denen nur gewerbliche oder industrielle Anlagen und Wohnungen für Inhaber und Leiter der Betriebe sowie für Aufsichts- und Bereitschaftspersonen untergebracht sind, auf 70 dB(A)

b) Gebiete, in denen vorwiegend gewerbliche Anlagen untergebracht sind, auf tagsüber 65 dB(A) nachts 50 dB(A)

c) Gebiete mit gewerblichen Anlagen und Wohnungen, in denen weder vorwiegend gewerbliche Anlagen noch vorwiegend Wohnungen untergebracht sind, auf tagsüber 60 dB(A) nachts 45 dB(A)

d) Gebiete, in denen vorwiegend Wohnungen untergebracht sind, auf tagsüber 55 dB(A) nachts 40 dB(A)

e) Gebiete, in denen ausschließlich Wohnungen untergebracht sind, auf tagsüber 50 dB(A) nachts 35 dB(A)

f) Kurgebiete, Krankenhäuser und Pflegeanstalten auf tagsüber 45 dB(A) nachts 35 dB(A)

g) Wohnungen, die mit der Anlage baulich verbunden sind, auf tagsüber 40 dB(A) nachts 30 dB(A)

Die Nachtzeit beträgt acht Stunden; sie beginnt um 22 Uhr und endet um 6 Uhr. Die Nachtzeit kann bis zu einer Stunde hinausgeschoben oder vorverlegt werden, wenn dies wegen der besonderen örtlichen oder wegen zwingender betrieblicher Verhältnisse erforderlich und eine achtstündige Nachtruhe des Nachbarn sichergestellt ist.

Der nachstehende Vergleich zeigt beispielhaft die Verursacher und die Wahrnehmung einiger Lautstärken.

Danach gehören zur

Lärmstufe I	(30 – 65 Phon)	Gespräch, Schreibmaschine, Telefon
Lärmstufe II	(65 – 90 Phon)	normaler Straßenverkehr, Rasenmäher
Lärmstufe III	(90 – 120 Phon)	Lastwagen, Motorräder, Diskothek
Lärmstufe IV	(120 Phon und mehr)	Flugzeuge, Preßlufthammer, Motorsäge

Das bedeutet, daß bereits Lastwagen und Motorräder, aber auch Diskotheken gehörschädigenden Lärm verursachen – was erhebliche städtebauliche Konsequenzen nach sich zieht. Aber auch andere physiologische, nervöse und vegetative Auswirkungen sind wissenschaftlich festgestellt worden, wie zum Beispiel Herz-, Blutdruck- und Magenerkrankungen, Aggressivität und reduzierte Leistungsfähigkeit[14]), von seelischen Folgen einmal ganz abgesehen.

Zu den Folgen von Lärmbelastung bereits in Lärmstufe II gehören Kreislaufstörungen, Herzrhythmusänderungen und Verdauungsbeschwerden, die Voraussetzungen für einen Herzinfarkt sein können. Gewöhnung an Lärm gibt es nicht. Eine der Hauptursachen der Lärmbelastung ist noch immer der Kraftverkehr. Kraftfahrzeuge dürfen nach der Straßenverkehrszulassungsordnung (§ 49) das nach dem jeweiligen Stand der Technik unvermeidbare Maß für Fahrzeuggeräusche nicht übersteigen.

---

[13]) *Techn. Anleitung Lärm / TA LÄRM*
[14]) *18 – 25 % der Arbeitsunfälle gehen auf Lärmimmissionen zurück.*

Nach der EG-Richtlinie 77/212/EG betragen die zulässigen Emissionswerte in dB(A) für die verschiedenen Fahrzeuge:

Pkw	80 dB(A)	
Lkw	81 – 88 dB(A)	je nach Tonnage
Kraftomnibusse	81 – 85 dB(A)	je nach Tonnage
Krafträder	84 dB(A)	
Kleinkrafträder	73 – 79 dB(A)	je nach Höchstgeschwindigkeit
Fahrräder mit Hilfsmotor	70 – 73 dB(A)	je nach Höchstgeschwindigkeit
Zugmaschinen	85 – 92 dB(A)	je nach Gesamtgewicht bzw. PS

Lärmstärketabelle[15]

30 dB(A)	nächtlicher Immissionsgrenzwert in Wohnungen, entspricht Kühlschrankbrummen
50 dB(A)	Straßenverkehrslärm in 30 m Abstand hinter geschlossenen Fenstern
70 dB(A)	Schreibmaschine in 1 m Abstand
90 dB(A)	schwerer Lkw in 5 m Abstand
120 dB(A)	Schmerzgrenze

Es ist unbestritten, daß die Grenzwerte besonders bei Motorrädern laufend willentlich (durch Manipulation) unerträglich bis zur Schmerzgrenze (bis 105 dB) überschritten werden. Hier sind keine städtebaulichen, sondern nur polizeiliche Maßnahmen wirksam.

Das Düsentriebwerk eines Flugzeugs erzeugt mit etwa 140 dB(A) den schmerzhaftesten Lärm. Dagegen sind politische, regionale, aber auch raumordnerische und technische Maßnahmen und Entscheidungen wirksam.

Lärmbeurteilung
Die Deutsche Gesellschaft für Wohnungsmedizin e. V. hat in Abstimmung mit der Association Internationale Contre le Bru (AICB) »Leitsätze zur medizinischen Lärmbeurteilung« erarbeitet, die als Orientierungshilfe dienen.
Daraus:
»Zumutbarkeits-Grenzwerte zur Lärmbeurteilung

	Grundgeräuschpegel in dB(A) tags/nachts (22 – 7 h)		Grenze der physikalischen Belastung in dB(A) tags/nachts (22 – 7 h)	
in Schlafräumen bei geöffneten Fenstern (unabhängig von Wohngebietseinteilungen)	30	25	50	40
in Wohnräumen	45	35	50	40
in Krankenzimmern und Ruheräumen in Krankenanstalten, Sanatorien und Kureinrichtungen	30	25	40	40
bei Arbeiten, die Konzentration erfordern	30	30	45	45
in Erholungsgebieten, Anlagen, Gärten und Aufenthaltsbalkonen*)	35	30	45	45
in Lärmbereichen (z. B. Betriebe)	80		83	

---

[15] *dtv Brockhaus Lexikon, Band 10, 1988*

*) Für die Beurteilung der Geräusche im Erholungsbereich genügen Schallpegelangaben im allgemeinen jedoch nicht. Denn manche natürlichen Geräusche (z. B. Blätterrauschen, Wind, Wassergeräusche) verursachen relativ hohe Schallpegel.«

Obwohl diese Naturgeräusche durchweg als Ruhe empfunden werden, wirken technische Geräusche, auch wenn sie niedrigere Schallpegel bewirken, vielfach lästig.
Zu empfehlen sind für diesen Bereich Angaben, wieviel Prozent der Zeit kein Lärm (abgesehen von Geräuschen der Natur) herrscht. Anzustreben sind Mindestruhezeiten zumindest für Kurgebiete, Naturschutzgebiete, Parks und Gärten.

Schutzmaßnahmen gegen Straßenlärm
– Straße in Tieflage mit möglichst steiler bepflanzter Böschung. Zur Bepflanzung eignen sich farbenfrohe Beetrosen, Rhododendren, Eiben und Bodendecker. Für Wasser sorgen!
– Hügelige Anschüttung oder durchsichtige Glaswand oder Lärmschutzwand, beidseitig angeschüttet und bepflanzt, auch Ladengebäude, Garagen und eingeschossige Bauten.
– Bei Einzelhausbebauung Zwischenmauern oder Garagenbauten einfügen, Terrassenhäuser von der Rückseite her erschließen.
– Geschlossene Bebauung zur Straße mit abgewandten Innenhöfen sowie bei Einfamilienhäusern Ketten- oder Atriumbauweise bevorzugen. Möglichst keine offenen Zeilen oder Reihenhäuser quer zur Straße, sonst nur im Innern von Wohnbaugebieten; Treppenhäuser und Nebenräume zur Straße, Wohnräume – vor allem Schlafräume – abgewandt von der Straße; generell Straßen möglichst nördlich, nordöstlich oder nordwestlich an Wohngebieten vorbeiführen![16])
– Grundsätzlich: Bepflanzung unter Einschaltung eines Landschaftsgärtners. Wohnbereiche ruhigen Außenbereichen zuordnen.
– Als teuere Lösung bieten sich – wo möglich – Tunnelführungen an.
– Sinnvoll: verschiedene Verkehrsarten bündeln!
– Stets Lärmkarten anfertigen, Gutachter, Hochschulinstitute einschalten, relevante Gesetze, Rechtsverordnungen und DIN-Normen anwenden und ausnutzen, schon während der Planung festgelegte Lärmschutzmaßnahmen sind besonders effektiv. Großen Einfluß haben die Straßennetzplanung und die Fahrbahnausbildung.
– Beispiel:
  Je näher der Wall an der Verkehrsstraße liegt, um so günstiger ist es für die Geräusche höherer und niederer Frequenzkomponenten[17])

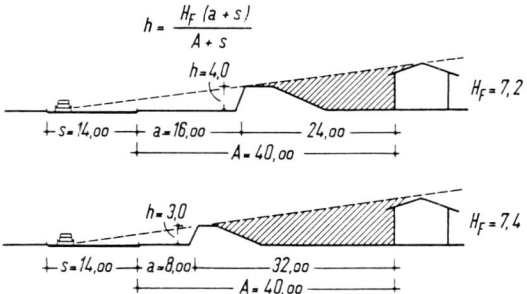

[16]) Laage, G., Sieberitz, L., Engel, J.: Verbesserung der Wohnverhältnisse in verdichteten städtebaulichen Bereichen, Schriftenreihe des BMBau, Bd. 01.070, Bonn sowie Einfluß städtebaulicher Einzelelemente auf die Lärmausbreitung, Schriftenreihe des BMBau, Städtebauliche Forschung, Bd. 03.035
[17]) Kalesky, G.: Schutzmaßnahmen gegen Verkehrslärm, Bauzentrum.

3.8.4 Abgase

Begriffe

Abgase sind die heißen Gase (Trägergase, gasförmige Emissionen), die bei allen Verbrennungsprozessen im Haushalt, im Verkehr, bei Arbeitsprozessen durch Maschinen, aus industriellen Feuerungen und in Hochöfen entstehen und entweichen.[18]

Sie enthalten vorwiegend:

- Schwefeldioxid – Bestandteil fast jeden Feuerungsabgases und chemischer Betriebe;
- Stickstoffdioxid – ein unter hohen Temperaturen in Feuerungsanlagen und in Verbrennungsmotoren sowie bei verschiedenen chemischen Prozessen gebildetes Gas;
- Chlorid – eine weitverbreitete Verbindung, darunter Chlorwasserstoff, der insbesondere von chemischen Anlagen und von Müllverbrennungsanlagen emittiert wird;
- Fluorwasserstoff – Fluorverbindung, die schon in sehr niedrigen Konzentrationen die Vegetation schädigt (Waldschäden); Emissionen stammen von Feuerungsanlagen und industriellen Betrieben der Chemie, der Metallverarbeitung, der Steine und Erden (Ziegeleien, Emaillewerke u. a.);
- Phenol – organisch-chemische Verbindungen, die mit den Abgasen von Kraftfahrzeugen, von Kokereien, von chemischen und kunststoffverarbeitenden Betrieben emittiert werden;
- Formaldehyd – ein stechend riechendes Gas, das insbesondere mit Kraftfahrzeugabgasen emittiert wird;
- Kohlenmonoxid – entsteht bei unvollständiger Verbrennung in Hausbrand, Industrie und Kraftfahrzeugen, ist hochgiftig, reiz-, farb- und geruchlos;
- Kohlenwasserstoffe – Stammkörper aller organischen Verbindungen als geruchlose Gase, Flüssigkeiten oder feste Stoffe von unterschiedlicher Giftigkeit, als Benzpyren zum Beispiel krebsfördernd. Unverbrannt aus dem Auspuff entweichende Gase sind Blutgifte. Kohlenwasserstoffverbindungen kommen in Erdöl, Erdgas, in Braun- und Steinkohle vor; sie bewirken schwere Umweltschäden in der Luft und in Gewässern.

Emissionssituation für Abgase

Vor allem die Stickoxid-Emissionen (NO_X) müssen vermindert werden, wenn zum Beispiel die ozonbedingten Waldschäden zum Stillstand gebracht werden sollen,[19] während die Schwefeldioxid-Emissionen an zweiter Stelle liegen.

Eine Verminderung von NO_X-Emissionen ist möglich durch feuerungstechnische Maßnahmen, Abgasreinigung, Rauchgasrückführung, Temperaturverminderung, Brennerumbau und anderes.

Seit 1960 gingen im Bereich Hausbrand-Kohlefeuerungen die NO_X-Emissionen um ca. 70 % in der Bundesrepublik Deutschland zurück, bei Ölfeuerungen hat der Emissionsfaktor jedoch zugenommen.

Der Anteil am Gesamtausstoß betrug 1980:

Hausbrand/Kleinverbrauch	4,7 %
Verkehr	49,2 %
Kraftwerke	36,7 %
Industriefeuerungen	9,4 %.

---

[18] *Umwelt und Chemie von A – Z, Wörterbuch Verlag Herder, Freiburg; ferner Natur und Umwelt, Schneider, Chr., mit Bayr. Staatsmin. f. Landesentwicklung und Umweltfragen, Compact Verlag München.*

[19] *Stratmann, H., Präsident der Landesanstalt für Immissionsschutz NRW u. LIS-Bericht Nr. 34 von Bröker, G., Essen 1983, aus dem Einzelheiten über die Bildung von Stickoxiden, über die unterschiedlichen Feuerungsarten, über Verkehrsemissionen und Kraftwerke sowie Schrifttum zu entnehmen sind.*

Die Schwefeldioxid-Emissionen (SO$_2$) bewirken Schäden an Bauwerken, Maschinen und in der Natur. Sie können durch Rauchgas-Entschwefelung bis um 90% abgesenkt werden.[20]

Die Entwicklung emissionsarmer Verfahren hat zum Teil (z. B. bei chemischen Werken) zur Verminderung von Geruchsemissionen bis zu 99% geführt.

In Skandinavien sind inzwischen mit Erfolg »Sprühabsorptions«-Anlagen erprobt, die weitere Vorteile (z. B. kein Schlamm, kein Abwasser) haben. Andere Verfahren werden in Deutschland erprobt.

3.8.5 Staub

Begriffe

Als Staub wird feinzerriebenes Material bezeichnet, das in Form fester Teilchen in beliebiger Struktur und Dichte in der Luft schwebt. Die Staubteilchen werden überwiegend vom Erdboden aufgewirbelt oder entstammen Verbrennungsvorgängen. Staub braucht längere Zeit zur Ablagerung und bildet einen wesentlichen Teil der Luftverschmutzung.[21]

Seiner Herkunft nach wird unterschieden:
pflanzlicher, metallischer, mineralischer, radioaktiver und tierischer Staub. Auch in Abgasen und Ruß enthaltene Teilchen gelten als Staub.

Zur Reduzierung von Staubemissionen werden Entstaubungsanlagen in Form von technischen Staubabscheidern sowie Elektro-, Luft- und Naßfiltern verwendet.

Blei, ein hochgiftiges Schwermetall, bewirkt durch verschiedene organische Verbindungen, durch Bleistaub, Bleirauch und Bleidämpfe schwere Vergiftungen.[22] Es wird zum Beispiel als Antiklopfmittel (Bleitetrachlorid) dem Vergaserkraftstoff zugesetzt und kann das Calcium in den Knochen zersetzen und über Verhaltensstörungen zu unheilbaren Gehirnschäden führen. Ein wesentlicher Bestandteil des atmosphärischen Staubes ist Bleistaub, der vom Kraftverkehr erzeugt wird.

Möglichkeiten zur Reduzierung von Staubemissionen und -immissionen

Abgesehen von dem vorrangigen Erfordernis, die Staubemissionen an der Quelle durch technische Maßnahmen auf ein Minimum zu verringern, sind für unser Thema die Möglichkeiten der Luftreinigung von Staubimmissionen von Bedeutung.

Es leuchtet ein, daß dort, wo Abgase und Staub den Wuchs von Pflanzen verhindern, eben keine Schutzpflanzungen mehr möglich sind. Uns aber geht es vor allem um die Wirksamkeit möglicher Waldpflanzungen für die Staubfilterung. Großflächige Wälder sind sehr viel wirksamer als relativ kleine Schutzpflanzungen. Dabei setzen sich Schwebstoffe um so mehr ab (sedimentieren), je mehr eine Windabschwächung erfolgt. Dies geschieht leichter bei hohen stufig gegliederten Waldstreifen und durchblasbaren Baumreihen als bei einem »kompakten Strömungshindernis Wald«.[23]

Laubwälder erzielen im Winter 40% weniger Staubfilterung als im Sommer. Außerdem muß hier auf den Wert von Baumpflanzungen in Straßen hingewiesen werden. Schon im August 1937 wurde in Frankfurt/Main festgestellt, daß an einem windstillen Tag in einer baumfreien Straße dreimal so viel Staubteilchen im gleichen Luftquantum enthalten waren wie in einer voll baumbestandenen Straße. Auch wenn dieses Ergebnis nur den Wert einer Faustregel hat, so ist es doch bezeichnend und von grundsätzlicher Bedeutung.

---

[20] *Kaminsky, W., Institut f. anorg. u. angewandte Chemie der Universität Hamburg 1983*
[21] *Chemie von A – Z, Verlag Herder Freiburg, 1976 sowie Natur und Umwelt, Compact Verlag München 1983*
[22] *Ebenda*
[23] *Dr. Bernatzky, A., Schutzpflanzungen zur Luftreinigung und Besserung der Umweltbedingungen, Deutsche Bauzeitung 1969, Heft 6*

Wir können festhalten: Anpflanzungen wirken als Staubfilter besonders dann, wenn sie senkrecht zur Hauptwindrichtung liegen.

Je nach Lage und Zweck sind locker durchblasbare Pflanzungen mit solchen, die als Strömungshindernis wirken, zu koppeln. Konzentrische Anpflanzungsringe um zu schützende Bezirke bieten zusammen mit grünen Radialverbindungen einen Schutz der umschlossenen Bezirke. Abpflanzungen von Industriebetrieben bedeuten bei richtiger Lage, Aufbau und Zusammensetzung der Pflanzungen ein wirksames Mittel zur Staubfilterung.[24]

Staub – zum Beispiel auf Fensterbrettern – besteht in der Regel zu 25 bis 35 % aus Ruß, an dem sich als Produkt unvollständiger Verbrennung krebserregende Kohlenwasserstoffe, Benzpyren und andere Substanzen anlagern. Von besonderer Gesundheitsgefährdung ist Feinstaub, der bis zu einem Jahr in der Luft schwebt, bei Mensch und Tier bis in die Bronchien gelangt und Blähung der Lungenbläschen, Ausschaltung der Sauerstoffaufnahme, chronische Bronchitis und Krebs erzeugen kann.[25]

Zu fordern ist eine möglichst starke Lufterneuerung durch horizontale und vertikale Luftbewegung, die durch Luftschneisen gefördert wird. Dies ist insbesondere in Städten und Dörfern mit vielen Inversionstagen erforderlich, in denen es bei nächtlicher Abkühlung zu Warmluftbarrieren kommt, die zu hohen Schadstoffkonzentrationen führen.[26]

Zu fordern ist nach wie vor eine Umsiedlung von Gewerbe und Industrie aus Wohngebieten, soweit sie Schadstoffe emittieren wie Fluor, Phenole, Kresole, Schwefelwasserstoff, Ammoniak, Phosgen etc. Daß solche Mischung von Wohnen und Arbeiten nicht etwa per Planung erzeugt werden darf, bedarf wohl keiner Erörterung.

Nur der Vollständigkeit halber ist auch im Problembereich Staub die Forderung zu stellen: nach mehr Grün, nach Umgehungsstraßen, nach Parkbauten, nach mehr Wohnstraßen ohne Kraftverkehr und nach ähnlichen Maßnahmen.

Folgerungen

1. Durch gleichbleibende oder weiter steigende Kohlendioxid-Emissionen könnte sich die Gesamttemperatur der Erde erhöhen, das Eis an den Polen zum Schmelzen gebracht werden und das Wasser der Ozeane steigen.
   Sofort-Gegenmaßnahmen: Weniger Öl, Kohle und Gas verbrennen und Wälder pflanzen, da diese Kohlendioxid wieder zerlegen, den Kohlenstoff zum Aufbau brauchen und die Atmosphäre dadurch entlasten.

2. Die das Leben des Waldes und anderer Pflanzen bedrohenden Schadstoffe werden nicht nur durch Regen herangebracht. Ähnlich gefährlich sind bestimmte Staubarten und Abgase. Dies gilt zum Beispiel besonders für Schwefeldioxid. Gasförmig wird es durch Winde bis ins Hochgebirge getrieben und setzt sich an Blättern oder Nadeln und unter der Rinde fest. Die Zellen sterben ab. Die zerstörende Tätigkeit der Schadstoffe wird durch Nebel noch verstärkt. Schadstoffexperten und Mikrobiologen müssen gemeinsam an den Forschungen und Untersuchungen der Kausalketten des Baumsterbens arbeiten.
   Erfahrungsgemäß setzt sich die robuste Fichte am ehesten durch, aber Buche und Bergahorn sind zum Beispiel wichtig für jungen Mischwald. Kiefern sind besonders gefährdet, aber auch Buchen sind anfällig.
   Erforderlich ist die Trennung von Wald und Weide – vor allem im Gebirge, wo die Bauern noch immer gern das Grün des Waldes als Viehfutter nutzen.

---

[24] Dr. Bernatzky a.a.O.

[25] Prof. Dr. med. Guthof, Köln, Lufthygiene und Wohnbereich, Bauzentrum 2. 1979

[26] Inversion ist meteorologisch die Temperaturumkehr in der Atmosphäre, d.h. Zunahme statt Abnahme der Wärme in der Höhe, z.B. in Los Angeles, in Gebirgslagen. Brockhaus-Enzyklopädie, 9. Bd., Wiesbaden 1970

Richtige Düngung und Nährstoffversorgung entsprecherd den ph-Werten[27]) des Bodens schützt die Pflanzen und fördert das Wachstum.

3. »Stehender Verkehr« bei Stau führt ohne Motorabschaltung zu hohem Schadstoff-Ausstoß im Leerlauf der Motoren, da Teile des Gases unverbrannt ins Freie geleitet werden. Forderung: Durchgangsstraßen soweit und soviel ausbauen, daß auch in der rush hour der Verkehr flüssig bleibt.

4. Durch Fernheizwerke werden Abgasemissionen in besiedelten Gebieten erheblich vermindert.

5. In engen Tälern sollten Gebäude stets parallel (längs) der Talrichtung errichtet werden, in allen übrigen Fällen (weiten Ebenen) möglichst parallel der Hauptwindrichtung. Blockinnenbereiche brauchen Ventilationsdurchlässe, die im Erdgeschoßbereich (höchste CO-Konzentration) liegen und mindestens 3,50 m hoch und möglichst breiter als 4,00 m sein sollten.

6. Die Rauchgas-Entschwefelungsanlagen mit dem objektiv höchsten Wirkungsgrad müssen allgemein zur Norm werden. Innerhalb weniger Jahre könnte so der Schwefelausstoß um mehr als die Hälfte reduziert werden.

Industrieabgase enthalten heute so wenig Schwefeldioxid, daß selbst im Januar, dem Monat mit der höchsten SO_2-Belastung, Smog allein durch diese Abgase unwahrscheinlich geworden ist.

Die Luft über dem Industriestandort München ist zum Beispiel seit 1965 trotz gestiegener Produktion sauberer geworden, sie enthält weniger Kohlenmonoxid, Stickstoffoxide, Schwefeldioxid und Staub. Die höchste Gefahr für Smogalarm geht vom Schwefeldioxid (SO_2) aus.

Der Anteil von SO_2 in der Münchner Luft sank im Jahresmittel von 130 Mikrogramm pro Kubikmeter im Jahr 1965 auf 20 Mikrogramm pro Kubikmeter im Jahr 1990. Die Vorwarnstufe für Smogalarm wird bei 600 Mikrogramm pro Kubikmeter ausgelöst.

SO_2-Emissionen im Vergleich (Bundesrepublik Deutschland/West)

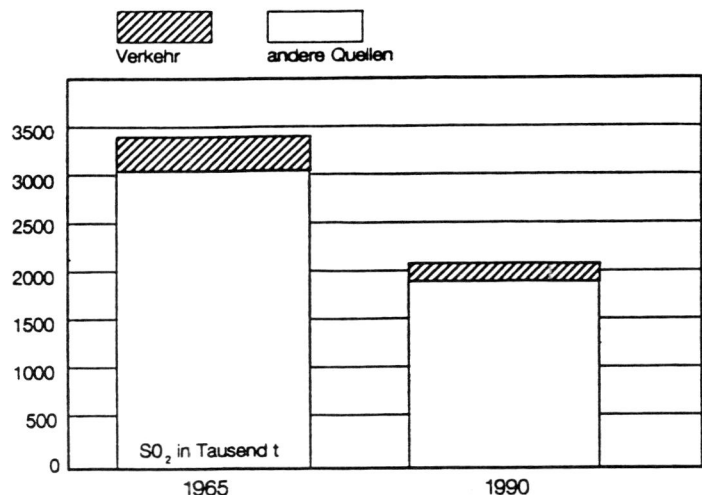

---

[27]) ph-Wert (potentia hydrogenii) dient zur Angabe der Wasserstoffkonzentration in wässrigen Lösungen und zur Erkennung des basischen oder sauren Verhaltens. Umwelt und Chemie von A – Z, Verlag Herder, Freiburg, 1976; s. auch Fußnote 9

3.8.6 Gesetze und Verordnungen

Dreißigstes Gesetz zur Änderung des Grundgesetzes (Art 74 GG – Umweltschutz) vom 12. April 1972 (BGBl. I S. 593)

Gesetz zur Ordnung des Wasserhaushalts (Wasserhaushaltsgesetz) vom 27. Juli 1957 (BGBl. I S. 1110), zuletzt geändert durch das Vierte Gesetz zur Änderung des Wasserhaushaltsgesetzes vom 26. April 1976 (BGBl. I S. 1109)

Abwasserabgabengesetz vom 13. September 1976 (BGBl. I S. 2721)

Gesetz über die Beseitigung von Abfällen (Abfallbeseitigungsgesetz – AbfG) vom 7. Juni 1972 (BGBl. I S. 873)

Gesetz über die Umweltverträglichkeit von Wasch- und Reinigungsmitteln (Waschmittelgesetz) vom 20. August 1975 (BGBl. 1 S. 2255)

Gesetz zum Schutz vor schädlichen Umwelteinwirkungen durch Luftverunreinigungen, Geräusche, Erschütterungen und ähnliche Vorgänge (Bundes-Immissionsschutzgesetz – BImSchG) vom 15. März 1974 (BGBl. I S. 721; ber. S. 1193), zuletzt geändert durch Gesetz vom 25. Mai 1975 (Verwaltungsverfahrensgesetz) (BGBl. I S. 1253)

Gesetz über Maßnahmen zur Sicherung der Altölbeseitigung (Altölgesetz) vom 23. Dezember 1968 (BGBl. I S. 1419), zuletzt geändert durch Gesetz vom 4. Mai 1976 (BGBl. I S. 1147)

Gesetz zur Verminderung von Luftverunreinigungen durch Bleiverbindungen in Ottokraftstoffen für Kraftfahrzeugmotore (Benzinbleigesetz – BzBlG) vom 5. August 1971 (BGBl. 1 S. 1234), zuletzt geändert durch Gesetz vom 25. November 1975 (BGBl. S. 2919)

Gesetz zum Schutz gegen Fluglärm vom 30. März 1971 (BGBl. I S. 282) geändert durch Gesetz vom 2. März 1974 (BGBl. I S. 469)

Gesetz zur Erhaltung des Waldes und zur Förderung der Forstwirtschaft (Bundeswaldgesetz) vom 2. Mai 1975 (BGBl. I S. 1037)

Bundesgesetz über Naturschutz und Landschaftspflege vom 20. Dezember 1976 (BGBl. I S. 3574)

Technische Anleitung zur Reinhaltung der Luft – TA Luft Erste Allg. Verwaltungsvorschrift zum Bundes-Immissionsschutzgesetz; vom 28. August 1974 unter Berücksichtigung der Änderungen vom 23. Februar 1983 (GMBl. S. 94)

Dt. Umweltschutzrecht; Kloepfer, Michael, Sammlung des Umweltschutz-Rechts der BRD, 1980, Verlag R. S. Schulz, Percha a. Starnberger See, 30. Ergänzungslieferung

Umweltschutzgesetze; Schulz, Rolf S., Sammlung des gesamten Umweltschutz-Rechts des Bundes und der Länder 1981, 33. Ergänzungslieferung, Verlag R. S. Schulz, Per.

Gesetze und Verordnungen zum Thema Umwelt (Auswahl)

Die ersten Gesetze und Verordnungen zum Schutz der Umwelt und der Verbraucher wurden schon am 20. 10. 1919 (»Verordnung für die Schädlingsbekämpfung«) sowie am 10. 2. 1937 (»Gesetz zum Wasserverband«) erlassen.
Bis heute sind zahlreiche Gesetze und Verordnungen geschaffen worden – nicht nur von der Bundesregierung, sondern auch von den Ländern und Kommunen.
Deshalb sind Orientierungshilfen erforderlich, die über den letzten Stand der Gesetze und Verordnungen informieren

Gesetze/ Verordnungen	verabschiedet am:	letztgültige Änderung vom:
AbfallbeseitigungsG	07. 06. 1972	27. 08. 1986
AbfallbeförderungsVO	24. 08. 1983	
AbfallnachweisVO	02. 06. 1978	
AbwasserabgabenG	13. 09. 1976	05. 03. 1987
AltölG	23. 12. 1968	11. 12. 1979
BaumaschinenlärmVO	10. 11. 1986	
BenzinbleiG	05. 08. 1971	18. 12. 1987
Brennbare FlüssigkeitenVO	27. 02. 1980	03. 05. 1982
BundesemissionsschutzG	15. 05. 1974	04. 03. 1982
1. Feuerungsanlagen	28. 08. 1974	24. 07. 1985
2. Chemischreinigungsanlagen	28. 08. 1974	21. 04. 1986
3. Schwefelgehalt Heizöl und Diesel	15. 01. 1975	18. 02. 1986
4. Genehmigungsbedürf. Anlagen	14. 02. 1975	24. 07. 1986
5. Immissionsschutzbeauftragte	14. 02. 1975	24. 07. 1985
6. Fachkunde des Immissionsschutzbeauftragten	12. 04. 1975	24. 07. 1985
7. Auswurfbegr. Holzstaub	18. 12. 1975	–
8. Rasenmäherlärm	28. 07. 1976	11. 08. 1980
9. Grundzüge d. Genehmigungsverf.	18. 02. 1977	27. 06. 1980
10. Verwendungsbeschränkung für PCB, PCT und VC	26. 07. 1978	–
11. Emissionserklärung	20. 12. 1978	24. 07. 1985
12. StörfallVO	27. 06. 1980	24. 07. 1985
13. Großfeuerungsanlagen	22. 06. 1963	–
BundesnaturschutzG	20. 12. 1976	12. 03. 1987
BundeswaldG	02. 05. 1975	27. 07. 1984
BundeswasserstraßenG	02. 04. 1968	01. 06. 1980
ChemikalienG	16. 09. 1980	15. 09. 1986
Flüssigkeiten, brennbare, VO über	27. 02. 1980	03. 05. 1982
Fluglärm, SchutzG	30. 03. 1971	16. 12. 1986
GefahrstoffVO	26. 08. 1986	–
GefahrgutVO, See	05. 07. 1978	27. 07. 1982
GefahrgutVO, Straße	23. 08. 1979	
KlärschlammVO	25. 06. 1982	
Lärm, Techn. AnleitungsVO	16. 07. 1968	
Luft, Techn. AnleitungsVO	28. 08. 1974	23. 02. 1983
PflanzenschutzG	10. 05. 1968	15. 09. 1986
Pflanzenschutz-AnwendungsVO	19. 12. 1980	02. 08. 1982
Pflanzenschutz-HöchstmengenVO	24. 06. 1982	
SchallschutzVO	05. 04. 1974	
StrahlenschutzVO	31. 08. 1979	19. 12. 1986
TierkörperbeseitigungsG	02. 09. 1975	–

TierschutzG	24. 07. 1972	18. 08. 1986
TrinkwasserVO	31. 01. 1975	25. 06. 1980
TrinkwasseraufbereitungsVO	19. 12. 1959	20. 12. 1977
Wassergefährdende Stoffe VO	19. 02. 1973	05. 04. 1976
WasserhaushaltsG	27. 07. 1957	23. 09. 1986
WasserverbandsG	10. 02. 1937	–
WasserversorgungsstatistikVO	22. 08. 1969	–
ZusatzstoffverkehrsVO	20. 12. 1977	24. 02. 1982
ZuatzstoffzulassungsVO	22. 12. 1981	13. 03. 1984

Quelle: Mittelstandsbroschüre der Deutschen Bank, Frankfurt/Main 1988

3.8.7 Literatur

Adam, K. und Grohé, T.: Ökologie und Stadtplanung, Erkenntnisse und praktische Beispiele integrierter Planung, Reihe Handbücher zum Umweltschutz, Deutscher Gemeindeverlag. Köln 1984

Akademie f. Naturschutz u. Landschaftspflege (ANL) (Hrsg.): Begriffe aus Ökologie, Umweltschutz und Landnutzung. Frankfurt a. M. 1991

Albrecht, R. u. a.: Umweltentlastung durch ökologische Bau- und Siedlungsweisen. Wiesbaden

Band 1: Planungsvorschläge und bauliche Maßnahmen. 1984

Band 2: Auswirkungen auf Baustoffverwendung, Energiebedarf, Luft, Klima, Abfallbeseitigung, Wasserhaushalt, Lärm, Flächenbedarf, Kosten und Arbeitsmarkt. 1984

Althaus, Gebriel, Krusche, Weig-Krusche u. a.: Ökologisches Bauen. Wiesbaden und Berlin 1983

Barth, W.-E.: Praktischer Umwelt- und Naturschutz. Anregungen für Jäger und Forstleute, Landwirte, Städte- und Wasserbauer sowie alle anderen, die helfen wollen. Hamburg, Berlin 1987

Baur, H. und Bossenmayer, H.: Wärme- und Feuchteschutz im Hochbau. Stuttgart 1989

Bausch, D. und Dietsch, W.: Lärmschutz an Straßen. Planungsgrundlagen – Systeme aus Beton. Düsseldorf 1988

Bender, B. und Sparwasser, R.: Umweltrecht. Eine Einführung in das öffentliche Recht des Umweltschutzes. München 1988

Blick u. a. (Hrsg.): Angewandte Ökologie – Mensch und Umwelt. Stuttgart

Band 1: Einführung, räumliche Strukturen, Wasser, Lärm, Luft, Abfall. 1984

Band 2: Landbau, Energie, Naturschutz und Landschaftspflege, Umwelt und Gesellschaft. 1984.

Bock, Castro, Fiebig, Grzella, Heikenfeld, Hinzen, Mühlen, Schäfer: Umweltqualität und Wohnstandorte, Ratgeber für die Bebauungsplanung, hrsg. vom Umweltbundesamt. Wiesbaden und Berlin 1983

Buchta, E.: Meßtechnische Ermittlung der Schallausbreitung bei verschiedenen Bebauungsformen, hrsg. vom Institut für Lärmschutz, Düsseldorf, 1977

Buna B.: Verminderung des Verkehrslärms. Berlin, Heidelberg, Wien. 1988

Burhenne, W. u. a. (Hrsg.): Umweltrecht – Raum und Natur. Systematische Sammlung der Rechtsvorschriften, Entscheidungen und organisat. Grundlagen zur Raumplanung und Landespflege. Berlin, Bielefeld, München 1989

Buss, H.: Schallschutzkonstruktionen am Bau. Praxiskommentare und schallschutzgerechte konstruktive Ausführungsbeispiele nach der neuen DIN 4109. Kissing 1989

Buss, H.: Aktuelles Tabellenhandbuch. Feuchte, Wärme, Schall. Mit Formeln und Erläuterungen. Kissing 1987

Deutsche Bank AG (Frankfurt a. M.) (Hrsg.): Umweltschutz, Fakten, Prognosen, Strategien. Mit Checklisten und Rechtsnormen. Stuttgart 1988

Deutsche Umweltstiftung (Hrsg.): Adreßbuch Umweltschutz. Wiesbaden 1988

DIN Taschenbuch 35: Normen über Schallschutz, Planung, Berechnung, Prüfung. Wiesbaden-Berlin 1982

Feldhaus, G. und Hansel, H. (Hrsg.): Bundes-Immissionsschutzgesetz mit Durchführungsvorschriften und DDR-Umweltrahmengesetz. Textausgabe mit einer Einführung und Erläuterung der wichtigsten Begriffe, Wiesbaden, 1990

Förstner, U.: Umweltschutztechnik. Eine Einführung. Berlin, Heidelberg 1990

Gösele, K.: Schallschutz im Hochbau. DIN Taschenbuch 4109. Ein Praxiskommentar. Wiesbaden 1989

Gösele, K. und Schüle, W.: Schall, Wärme, Feuchte. Grundlagen, Erfahrungen und praktische Hinweise für den Hochbau. Wiesbaden 1989

Heindl, W. u. a.: Wärmebrücken. Grundlagen. Einfache Formeln. Wärmeverluste, Kondensation. 100 druchgerechnete Baudetails. Berlin, Heidelberg, Wien 1987

Hübler, K.-H. und Otto-Zimmermann, K. (Hrsg.): Bewertung der Umweltverträglichkeit. Bewertungsmaßstäbe und Bewertungsverfahren für die Umweltverträglichkeitsprüfung. Taunusstein 1989

Ihle, C.: Erläuterungen zur DIN 4701/83. Mit Beispielen, einschl. Wärmedämmung und Wärmeschutzverordnung. (»Der Heizungsingenieur« Bd. 1.) Düsseldorf 1984

Kaminsky, W.: Verfahren zur Entschwefelung von Rauchgas, Chem.-Ing.-Techn. 55, Nr. 9. Weinheim 1983

Kimminich, O. u. a.: Handwörterbuch des Umweltrechts (HdUR). Berlin, Bielefeld, München
Band I: (A – M). 1986
Band II: (N – Z). 1988

Klippel, P.: Straßenverkehrslärm. Immissionsermittlung und Planung von Schallschutz. Ehningen 1984

Leitfaden zur Emissionsüberwachung. Vom Umweltbundesamt Berlin. Berlin, Bielefeld, München 1985

Möcker, V. und Tempel, K. G.: Was Sie schon immer über Lärmschutz wissen wollten, hrsg. vom Bundesminister für Umwelt, Naturschutz und Reaktorsicherheit. Stuttgart 1986

Möcker, V. u. a.: Was Sie schon immer über Wasser und Umwelt wissen wollten. Stuttgart 1987

Oeser, K. und Beckers J. H. (Hrsg.): Fluglärm. Ein Kompendium für Betroffene. (Umwelt Aktuell.) Karlsruhe 1987

Otto-Zimmermann, K. (Hrsg.): Umweltdaten in der kommunalen Praxis. Taunusstein 1991

Pfeiffer, M. und Fischer M. (Hrsg.): »Unheil über unseren Köpfen?« Flugverkehr auf dem Prüfstand von Ökologie und Sozialverträglichkeit. Stuttgart 1989

Redakt. Naturwissenschaft und Medizin unter der Leitung v. Ahlheim. Mannheim (hrsg. u. bearb.): Wie funktioniert das? Die Umwelt des Menschen 1989

Remmert, H.: Ökologie, ein Lehrbuch. Berlin, Heidelberg. New York 1984

Sälzer, E.: Schallschutz im Massivbau. Luftschall – Trittschall – Körperschall. Grundbegriffe – Anforderungen – Konstruktionsbeispiele. Deckenwände – Treppen. Wiesbaden 1989

Sälzer, E.: Städtebaulicher Schallschutz. Planerische und technische Maßnahmen. Wirtschaftlichkeit, Dimensionierung und Gestaltung. Wiesbaden 1982

Schmidt, R.: Einführung in das Umweltrecht. (JuS-Schriftenreihe, Heft 98.) München 1989

Schneider, Chr.: Natur und Umwelt, Lexikon mit Fachberatung des Bayr. Staatsmin. f. Landesentwicklung u. Umweltfragen, München 1983

Schwarze, R.: UMPLIS. Informations- und Dokumentationssystem Umwelt/Bibliographie Umweltökonomie. Berlin 1987

Siebert, H.: Umweltschutz für Luft und Wasser. (Hrsg. Studies in Contemporary Exonomics.) Berlin, Heidelberg, Wien 1988

Steinebach, G.: Lärm- und Luftgrenzwerte. Entstehung, Aussagewert, Bedeutung für Bebauungspläne. Düsseldorf 1987

Umweltbundesamt (Hrsg.): Daten zur Umwelt 1988/89. Berlin, Bielefeld, München 1989

Umweltbundesamt (Hrsg.): Umweltentlastung durch ökologische Bau- und Siedlungsweisen. 2 Bände. Wiesbaden u. Berlin 1984

Schirmer, H.: Stadtklima und Luftreinhaltung, hrsg. von der VDI-Kommission. Ein wissenschaftliches Handbuch für die Praxis in der Umweltplanung. Berlin, Heidelberg, Wien 1988

Verband d. Chem. Industrie Frankfurt (Hrsg.): Umwelt und Chemie von A – Z. Wörterbuch. Freiburg 1976

Vester, F.: Neuland des Denkens. Vom technokratischen zum kybernetischen Zeitalter. München 1985

Walletschek, H. und Graw, J.: Öko-Lexikon. Stichworte und Zusammenhänge. (Beck'sche Reihe, Band 344.) München 1988

Weizsäcker, E. U. v. (Hrsg.): Konflikt von Wasserversorgung und Gewässerschutz. Karlsruhe 1989

Wicke, Lutz/Hucke, Jochen: Der ökologische Marshallplan. Berlin 1989

Winter, G.: Das umweltbewußte Unternehmen. Ein Handbuch der Betriebsökologie. München 1990

Zimmermann, M. (Hrsg.): Umweltberatung in Theorie und Praxis (Stadtforschung aktuell, Bd. 18.) CH-Basel 1988

4 BESONDERE PROBLEME DES STÄDTEBAUS

4.1 Stadtgestaltung

4.1.1 Begriff

Metzger[1]) spricht von Struktur und Gefüge als Eigenschaften der Anordnung und des Aufbaus, von Beschaffenheit und Material als stofflichen Eigenschaften und vom Wesen als physiognomischen, charakterlichen Eigenschaften der Gestaltqualität. Zur guten Gestalt gehört seines Erachtens das Geschlossene, Einfache und Zusammenhängende. Gestaltung ist laut Brockhaus das Gestaltgeben, insbesondere der künstlerische Gestaltungsprozeß. Im philosophischen Wörterbuch wird Gestalt als ein durch »anschaulich-räumliche Form wahrnehmbarer Gegenstand« begriffen.[2]) Sicher entsteht gute Stadtgestalt durch einfühlsame Einbindung in die Eigenart der Landschaft und durch das Zusammenwirken von Gebäuden, durch Baugruppen, durch Ensembles, durch Plätze und Straßenräume.

4.1.2 Wesen der Stadtgestaltung

Da die Städte und Ortschaften für Menschen gebaut werden, die darin leben, wohnen, arbeiten, sich erholen wollen und sollen, die sich darin wohlfühlen müssen, für die diese gebaute Umwelt Bleibe und Heimat sein soll, ist ein »künstlerischer Gestaltungsprozeß« zum Erreichen einer optimalen Gestaltqualität erforderlich.
Eine wichtige Voraussetzung hierfür ist die politische Willensbildung der Gemeinde ebenso wie die Beteiligung der Bürger an der Meinungsbildung bis hin zu einem möglichst weitgehenden Konsens. So können »humanere Umweltgestaltung, menschengerechtes Bauen, Identitäts- und Heimatgefühl fördernde Lebensqualität« verwirklicht werden.[3])
Nur dann können zum Beispiel rechtliche Instrumente wie Gestaltungssatzungen wirklich hilfreich sein, vorausgesetzt, daß trotz des dabei erforderlichen Grades an Konkretisierung die Beschränkung der Gestaltungsfreiheit die Bauherren und Architekten nicht stärker einengt, als unbedingt nötig ist. Soll ein Modernisierungsgebot wegen Mängeln an einer baulichen Anlage angeordnet werden, so können diese unter anderem in der Beeinträchtigung des »Straßen- oder Ortsbildes« liegen. Auch beim Vollzug der Vorschriften des Baugesetzbuchs werden das »Ortsbild, die Stadtgestalt und das Landschaftsbild« bzw. die »städtebauliche oder künstlerische Bedeutung« herangezogen bei der Prüfung, ob eine bauliche Anlage hierfür »prägend« beziehungsweise qualifiziert ist.[4])
Das Bundesnaturschutzgesetz verlangt:
– die Sicherung der »Vielfalt, Eigenart und Schönheit von Natur und Landschaft«,
– die Erhaltung »historischer Kulturlandschaften von besonders charakterisitischer Eigenart«,

---

[1]) *Metzger, W., Gestaltpsychologie, Gesetze des Sehens, 1936/1953*
[2]) *Schmidt, H., Schischkoff, G. (Bearb.), Philosophisches Wörterbuch, 18. Aufl., Kröner Verlag Stuttgart 1969*
[3]) *Deilmann, H., Gestaltungszwang und Gestaltungsfreiheit in Realisierung städtebaulicher Maßnahmen, Bd. 2.034 d. Schriftenreihe Landes- u. Stadtentwicklungsforschung NRW, Dortmund*
[4]) *Ortsbild und Stadtgestalt, Begriffe und Methoden der Erfassung, Lehrumdruck Lehrstuhl für Städtebau u. Siedlungswesen, Uni Bonn, o. Prof. Dr.-Ing. Klaus Borchard, 5. Aufl. 1980, bearb. v. Streich, B., unveröff.*

- den Schutz von Natur und Landschaft wegen ihrer »hervorragenden Schönheit« beziehungsweise der »Vielfalt, Eigenart oder Schönheit des Landschaftsbildes«,
- den besonderen Schutz von Naturdenkmalen wegen ihrer »Eigenart oder Schönheit«.

Die Aufzählungen zeigen, »daß planerische Maßnahmen, Satzungen, Gebote und Verordnungen gegebenenfalls umfangreiche gestalterische Analysen erfordern, um eine ausreichende rechtliche Begründung zu gewährleisten, und daß solche Analysen, wenn sie anschaulich dargestellt werden, auch als Informationshilfen bei der Bürgerbeteiligung und bei Beratungen in kommunalen Gremien dienlich sind.«[5]
Nicht zu übersehen ist die Tatsache, daß sich die Wertmaßstäbe für Gestaltung in ständigem Wandel befinden, wie unter anderem die begrüßenswerte Abwendung von der Hochhausmanie zeigt. Begrüßenswert vor allem, weil sich die Architekten und Stadtplaner inzwischen wieder auf einen menschlicheren Maßstab besonnen haben, wieder bescheidener und rücksichtsvoller – in vielerlei Hinsicht – geworden zu sein scheinen.
Vieles wirkt beim Orts- und Stadtbild zusammen und steht miteinander wirksam in Verbindung;
- gebaute Umwelt und Landschaft,
- das Wasser in seiner vielfältigen Form,
- die Stadtsilhouette,
- das vielfältige Grün und die Bauten,
- der saubere Stadtrand ohne Auswucherungen,
- das Zusammenwirken der Bebauung,
- die Farbe im Stadtbild.
Der künstlerische Gestaltungsprozeß darf bei keiner städtebaulichen Maßnahme in Vergessenheit geraten. Anders ist die Stadt in ihren Teilbereichen und als Ganzes – in ihrer Identität – nicht auszudrücken und erkennbar. Ein Versagen bei dieser Aufgabe wird stets langwierige Folgen haben.
Nach den Erfahrungen der vergangenen Jahrzehnte wissen wir auch, daß wir empfindlich gegen Ortsgestaltungsprinzipien verstoßen, wenn wir in kleinteilige, gewachsene Strukturen vom gegebenen Maßstab abweichende Großnutzungen, wie ungegliederte Kaufhäuser, Verwaltungsgebäude oder Produktionsstätten, einfügen.
»Es ist die Wiederkehr des Maßes, die stattfindet, und zwar des einzigen Maßes, das wirklich zeitenthoben ist – das des Menschen.«[6]
Es ist wichtig, daß Maßstabsbrüche der verschiedenen Arten vermieden werden, auch Grobheiten im Detail. Durch brutale Formen oder Farbgebungen sind nach medizinischen Feststellungen sogar negative psychische Einwirkungen auf die Menschen nicht auszuschließen. In diesem Zusammenhang sei hier auf das Sonderthema »Farbe im Stadtbild« eingegangen, da auch dadurch ein wesentlicher Einfluß auf visuell wahrnehmbare Ortsgestaltung ausgeht.
Durch feinfühlig abgestimmte Farbigkeit, bei der die unterschiedlichen Farben sich nicht gegenseitig stören, sondern zusammenwirken, wird das Stadtbild erhöht und belebt. Keine grellen oder modischen Farben anwenden, anerkannte Fachleute hinzuziehen!
Der Deutsche Werkbund Bayern hat beachtenswerte Thesen zur Farbgebung von Gebäuden entwickelt.[7] Sie lauten auszugsweise:

---

[5] *Streich, B., ein Teil der ausführlichen Darstellungen wird im Anhang als anschauliches Hilfsmittel gezeigt.*
[6] *Siedler, W. J., Die Architektur und die Wende, in Bilder und Zeiten FAZ Nr. 92, 1985*
[7] *Deutsche Akademie für Städtebau und Landesplanung, Materialien zur Akademie-Versammlung. Mitteilungen, 22. Jahrg., Bd. II.*

Thesen

1. Farbe ist keine individuelle Geschmackssache, weil sie ein Element visueller und psychisch wirksamer Ordnung ist.
2. Durch die falsche Anwendung von Farben ist es möglich, die Dinge und den Menschen negativ zu beeinflussen, ohne daß man sich dieser Einwirkung entziehen kann.
3. Die Farbe muß auf das räumliche und räumlich-farbige Milieu Rücksicht nehmen (bei Plätzen und Straßenräumen in gleicher Weise wie im ländlichen Bereich auf den Umraum). Begründung: Falsche Akzentsetzung in den Straßen, Plätzen und im ländlichen Raum zerstört den Zusammenklang, die Einheit des Wahrnehmungs- und Lebensraums.
4. Die Farbe muß dem jeweiligen architektonischen Charakter eines Bauwerks entsprechen. Begründung: Dies ist dann der Fall, wenn der Zusammenhang von Konstruktion, Fläche, Körperlichkeit und Gliederungselementen durch die Farbgebung gewahrt wird.
5. Bei der Farbgebung von Fassaden sollte die starke Kontrastierung zwischen intensiven und verhaltenen, hellen und dunklen, kalten und warmen Farben vermieden werden. Die beste Voraussetzung für eine farbliche Ordnung bieten die Erdfarben. Begründung: Ein zu starker Kontrast stört oder zerstört den Zusammenhang der Teile und das Ganze.
6. Die Farbgebung sollte nie der Stofflichkeit des Farbträgers entgegenwirken. Begründung: Die Farbe am Bau darf sich nicht verselbständigen, da sie ein integrierter Bestandteil von Architektur und Umwelt sein soll.

Viel stärkerer Aufmerksamkeit als bisher bedarf es bei der Auswahl, bei der Detailgestaltung und bei der Standortwahl der vielen städtebaulich wirksamen Einzelelemente wie Straßenmöblierung, Wartehallen, Telefonhäuschen, Reklameeinrichtungen, Trafostationen, Lampen; eine federführende Koordinierung der allzu vielen beteiligten Ämter innerhalb der kommunalen Verwaltungen ist unentbehrlich.

Besondere Aufmerksamkeit sei nochmals auf ein oft viel zu wenig beachtetes Element der gegebenen Landschaft gelenkt: das Wasser. Meer und Seen, Ströme, Flüsse und Bäche sind so einmalige von der Natur geschenkte Gestaltungsmittel für Städtebau und Landschaft, daß es erschreckend ist festzustellen, welche Sünden in dieser Hinsicht bei der Orts- und Stadtentwicklung zum Teil jahrhundertelang geschehen sind. Der tief verwurzelte Wunsch der Menschen, sich am Wasser zu erholen, das Wasser aus nächster Nähe zu erleben, gerade auch im Zusammenklang mit Besiedlung und Landschaft, ist so stark, daß das Freihalten der Uferzone von jeder Art Bebauung (außer erforderlichen Häfen oder Bädern) uneingeschränktes Gebot der Stadtplanung sein muß.

Viel stärker als bisher sollten auch Brunnen, Wasserspiele und Wasserbecken, aber auch das Vermeiden unnötiger Bachverrohrungen als stadtgestalterische Elemente genutzt werden. Zu vermeiden und möglichst wieder rückgängig zu machen sind Gewässerverbauungen wie Kanalisierungen, Spundwände oder Begradigungen u. a. m.

Das Vorhandensein von Versorgungseinrichtungen genügt dem heutigen Städter nicht mehr. Er sucht die Möglichkeit, sein Leben mit anderen zusammen individuell zu gestalten, sich in einer möglichst unverwechselbaren Stadt selbst zu verwirklichen.

»Die kleinen Plätze, die in Berlin den Kurfürstendamm entlang vorhanden sind, und fast jede Straßenkreuzung werden als Chance zu einer Platzgestaltung erkannt – ob die Planer dies wahrhaben wollen oder nicht.« (Hannelore Schäfer)

Im Jahr 1933 hatte die internationale Architektenvereinigung CIAM die städtebaulichen Leitsätze der Charta von Athen aufgestellt, um die alten, übervölkerten und von Fabriken durchsetzten Städte aufzulockern und funktional zu gliedern.

Es wird der Charta von Athen eine zu konsequente Funktionstrennung vorgeworfen. In die geltenden deutschen Städtebaugesetze und Verordnungen sind diese Prinzipien nicht eingegangen. Unter den 95 Punkten sind (im Anhang 4.1) nur die Maximen im Wortlaut abgedruckt, die für den Themenkomplex dieser Schrift noch heute beziehungsreich sind.

Die stadtgestalterischen Probleme sind 1933 nicht so ausreichend behandelt worden, wie es ihrer Bedeutung entspricht.

4.1.3 Literatur

Deutsche Akademie f. Städtebau und Landesplanung. Stadt am Wasser – Wasser in der Stadt. 1988

Albers, G.: Gedanken zur Stadtsiedlungsstruktur. Münster 1969

Albers, G.: Unbehagen an Architektur und Städtebau – war alles falsch? in: »Die Zeit« Nr. 35. Hamburg 1978

Braunfels, W.: Mittelalterliche Stadtbaukunst in der Toskana. Berlin 1988

Breitling, P.: Charta von Athen. Handwörterbuch der Raumforschung und Raumordnung. Hannover 1970

Bonatz, P.: Leben und Bauen. Stuttgart 1950

Bongartz, N., Werner, F., Dübbers, D.: Paul Bonatz 1877 – 1956 (Stuttgarter Beiträge Heft 13) Stuttgart 1977

Bund Deutscher Architekten (Hrsg.): Die Architektur der nahen Zukunft – Architektur im Jahre 2003. Bonn 1983

Conrads, U.: Umwelt, Stadt, Argumente und Lehrbeispiele für eine humane Architektur. Reinbek 1974

Deilmann, H.: Gestaltungszwang und Gestaltungsfreiheit, Schriftenreihe Institut für Landes- u. Stadtentwicklungsforschung NRW (ILS) Bd. 2.034. Essen 1979

Fischer, Th.: Sechs Vorträge über Stadtbaukunst. München 1941

Gruber, K.: Die Gestalt der Deutschen Stadt. München 1977

Hegemann, W.: Das steinerne Berlin 1930. Geschichte der größten Mietskasernenstadt der Welt. (Bauwelt Fundamente Band 3.) Wiesbaden 1988

Hillebrecht, R.: Politische und städtebauliche Gestaltungsaufgaben. Landeshauptstadt – Bundeshauptstadt. Deutsche Akademie für Städtebau und Landesplanung. Hannover 1979

Jobst, G.: Leitsätze für städtebauliche Gestaltung, Deutsche Akademie für Städtebau und Landesplanung. Tübingen 1949

Krause, K.-J.: Stadtgestaltung und Stadterneuerung, Bundesvereinigung Dt. Heimstätten e.V. Frankfurt-Schwanheim 1974

Landesgruppe Niedersachsen-Bremen der Deutschen Akademie für Städtebau und Landesplanung e.V. (Hrsg.): Umgang mit der Geschichte heute – Zur Rolle des Historischen im Städtebau. Hildesheim/Hannover 1987

Lembke, G.: Städte am Wasser. Berlin 1955

Lynch, K.: Das Bild der Stadt, Berlin – Wien – Frankfurt 1965

Mielke, Gaentzsch, Semmler, Dyong: Stadtgestaltung und Außenwerbung. Stuttgart – Berlin – Köln – Mainz 1980

Probst, H. und Schädlich, C.: Walter Gropius. Berlin
Band 1: Der Architekt und Theoretiker. Werkverzeichnis Teil 1. 1986
Band 2: Der Architekt und Pädagoge. Werkverzeichnis Teil 2. 1987
Band 3: Ausgewählte Schriften. 1987

Rauda, W.: Lebendige städtebauliche Raumbildung. Stuttgart 1956

Rainer, R.: Kriterien der wohnlichen Stadt. Trendwende in Wohnungswesen und Städtebau. Graz 1978

Schmidt, H. und Schischkoff, G. (Bearb.): Philosophisches Wörterbuch. Stuttgart 1969

Schumacher, F.: Der Geist der Baukunst. Stuttgart 1983

Schumacher, F.: Vom Geist der Baukunst. Hamburg 1956

Schumacher, F. (Hrsg.): Lesebuch für Baumeister. Äußerungen über Architektur und Städtebau. (Bauwelt Fundamente, Band 49.) Wiesbaden 1977

Siedler, W. J. und Niggemeyer, E.: Die gemordete Stadt. Berlin 1964

Simon, H.: Das Herz unserer Städte. Essen 1963/5/7 ff – 1989

Sitte, C.: Der Städtebau nach seinen künstlerischen Grundsätzen. Wien 1901 und Nachdruck des Originalmanuskripts aus dem Jahre 1889 mit einer Einführung von R. Wurzer. Band 19 der Schriftenreihe des Instituts für Städtebau, Raumplanung und Raumordnung, Technische Hochschule Wien. Wien 1972

Streich, B.: Ortsbild und Stadtgestalt – Begriffe und Methoden der Erfassung, Lehrstuhl für Städtebau und Siedlungswesen Klaus Borchard. Universität Bonn. 1980

Tessenow, H.: Geschriebenes. Gedanken eines Baumeisters. (Bauwelt Fundamente, Bd. 61.) Wiesbaden 1982

Tessenow, H.: Hausbau und dergleichen. Wiesbaden 1986

Tessenow, H.: Die kleine und die große Stadt. München 1980

Trieb, M.: Stadtgestaltung, Theorie und Praxis. (Bauwelt Fundamente, Bd. 43.) Braunschweig 1977

Umlauf, J.: Zur Farbe im Stadtbild, hrsg v. der Deutschen Akademie f. Städtebau u. Landesplanung, Landesgruppe Bayern. München 1978

Wetzel, H.: Stadtbaukunst, Gedanken und Bilder. Stuttgart 1962

4.2 Denkmalpflege und Stadterhaltung

4.2.1 Begriffe

Denkmalpflege
Der Denkmalpflege ist die Aufgabe gestellt, Bau- und Kunstdenkmale zu schützen und durch Restaurierungen zu erhalten. Als Denkmale gelten Werke zumeist einer vergangenen Epoche, die durch Qualität oder Einmaligkeit wertvoll sind und deren Erhaltung wegen ihres geschichtlichen, wissenschaftlichen oder künstlerischen Werts im öffentlichen Interesse liegt. Der Denkmalbegriff ist nicht eindeutig, die Entscheidung über den Wert der Einzelobjekte oder Ensembles ist der Fachwissenschaft überlassen. Träger der Entscheidungen sind die Länder als obere und die Stadt- und Landkreise als untere Denkmalschutzbehörden.
Grundsätze sind in der »Internationalen Charta über die Erhaltung und Wiederherstellung von Denkmalen« (Charta Veneziana) 1964 festgelegt worden.
Von der Denkmalpflege der Bau- und Kunstdenkmale unterscheidet sich die Bodendenkmalpflege, die den Bereich archäologischer Sachwerte umfaßt. Deren Erhaltung an Ort und Stelle ist nicht immer möglich und meist äußerst kostenaufwendig. Ihre Erforschung und möglichst weitgehende Sicherung ist kulturgeschichtlich wertvoll.[1]

Stadterhaltung
hat über den Denkmalschutz und die Denkmalpflege hinaus den Schutz und die Pflege, die Nutzung und Verbesserung erhaltenswerten Gebäudebestands zum Inhalt. Stadterhaltung hat auch zum Ziel, die spezifische Stadt- oder Ortsqualität zu erhalten oder wiederherzustellen.

4.2.2 Wesen und Wert von Stadterhaltung und Denkmalpflege

Ziel der Stadterhaltung und der Denkmalpflege sind nicht museale Konservierung ohne bauliche Änderungs- oder Entwicklungsmöglichkeiten. Letztere müssen sich jedoch dem Wesen der Einzelbauwerke oder Ensembles einfügen, wozu es der einschlägigen Beratung kompetenter Fachleute bedarf. Stets spiegelt das Erscheinungsbild einer Stadt oder eines Dorfs den Inhalt der gesellschaftlichen, sozialen und politischen Auffassung in der Zeit der Erbauung wider – und deren Wandel. Keineswegs entsteht Gestalt allein oder überwiegend durch noch so gute Funktionstüchtigkeit.
Auch und gerade für eine besonders attraktive Wohnlichkeit dürfte durch Stadterhaltung – in Verbindung mit Modernisierung! – oft manches gewonnen werden, wenn es sich um vom Ursprung her gute verwendbare Bauqualität handelt. Ganze Bauviertel aus vergangenen Jahrzehnten geben hierfür Zeugnis.
In allen größeren Gemeinden sollten darüber Analysen erarbeitet werden, welche Gebiete mittels Bebauungsplan oder Ortssatzung auszuweisen sind, in denen nicht »saniert«, sondern nur modernisiert werden darf. Sodann müßten solche Gebiete durch Bebauungspläne und/oder Satzungen als »geschützte Baubereiche« gesichert werden. Diese Gebäudesicherung ist auch über den Ensembleschutz nach dem Denkmalschutzrecht erreichbar.
Hier sei die Forderung erhoben, in den Schulen und Hochschulen der jungen Generation durch fachkundige Unterrichtung klarzumachen, welche in vieler Hinsicht unersetzlichen Werte im persönlichen und im Allgemeininteresse des Schutzes bedürfen. Nicht alles ist erhaltenswert, was alt ist.

---

[1] *Handwörterbuch der Raumforschung und Raumordnung, Gebrüder Jänecke Verlag Hannover 1970*
dazu s. Ergänzungen im Denkmalschutzgesetz NRW; ferner: Georg Dehio 1905 ... »das Baudenkmal ist ein Geschichtszeugnis« ...

Für die Funktion erhaltenswerter Bausubstanz – soweit es sich nicht um Kirchen, Schlösser, große administrative oder repräsentative Gebäude mit spezieller Nutzung handelt – gelten als vorrangig geeignet das Wohnen, aber auch Alten- oder Jugendtreffpunkte, Cafés, Restaurants, Bildungs- und Kultureinrichtungen, sonstige öffentliche Einrichtungen sowie Geschäfte des Einzelhandels.

Oberstes Ziel einer Stadterhaltung bei jeder Planung mit denkmalpflegerischer Zielsetzung sollte der Stadtgrundriß als historische Urkunde sein.

Einzelziele sind dagegen
- die Erhaltung der Straßenräume mit ihren Vor- und Rücksprüngen der Gebäude,
- die Erhaltung der Fassaden oder ihrer Gliederung,
- Ensembleschutz und Erhaltung der sogenannten Dachlandschaft, also die Erhaltung der Dächer und wechselnden Traufhöhen, Dachneigungen und Gauben,
- die Anwendung des ortsspezifischen Materials für Aufbau und Dachdeckung (z. B. Schiefer oder Ziegel),
- Rahmenvorschriften für Werbeanlagen[2]),
- die unterirdische Verlegung von Leitungen,
- Fernseheinzel-Dachantennen durch Sammelantennen ersetzen oder noch besser verkabeln.
- in den zwanziger und dreißiger Jahren mußten alle Architekturstudenten ein historisches Gebäude mit allen Details aufmessen, um ihr Diplomhauptexamen machen zu können. Diese Arbeit wurde voll benotet. In den sechziger Jahren wurde sie abgeschafft. Sie wird wieder gebraucht, als Beitrag zu wohlverstandener Denkmalpflege.[3])

Anmerkung: In Washington D.C. dürfen keine Gebäude errichtet werden, die höher sind als das Kapitol.

4.2.3   Dorferhaltung und Denkmalpflege

Im Grundsatz gilt für die Erhaltung und die Denkmalpflege des Dorfes das gleiche in der Zielsetzung wie für die Stadt. Dennoch erscheinen hier die Gegensätze von Erhaltenswertem und Neugeplantem noch gewaltiger. Das Überkommene ist empfindlicher. Die Tankstelle, der Industriebetrieb oder das hohe Haus stören das früher so harmonische Bild des in die Landschaft eingebetteten Dorfes. Das gilt gleichermaßen für die Behandlung baulicher Details, wie das sprossenlose Fenster, für die Materialauswahl der Fassadenbehandlung oder für die Auswechslung der Haustüren, von Werbeanlagen ganz zu schweigen. Hier greifen baulicher und städtebaulicher Denkmalschutz besonders deutlich ineinander. Dazu kommt etwas ganz Wesentliches:
»Von 1949 bis 1979 hat sich die Zahl der landwirtschaftlichen Betriebe von mehr als 1,5 Millionen auf 815000 halbiert und nur 400000 zählen zu den auf außerlandwirtschaftliches Einkommen nicht angewiesenen Vollerwerbsbetrieben. Die Gehöfte sind größtenteils noch erhalten. Ihr Bauvolumen steht leer oder hat eine veränderte Nutzung.
Heute ist der ländliche Raum durch die Verkehrswege und die Medien so weit aufgeschlossen, daß die Zeitgleichheit als Realität angesehen werden kann. Dem Dorf wachsen neue Bewohnerschichten zu, die eine schöne Umwelt wollen. Das Dorf ist mehr als ein historisches Relikt. Wer an die Zukunft des Dorfes glaubt, der akzeptiert auch seine Veränderung.«[4]

---

[2]) *Vorbildliche Rahmenvorschriften bestehen u. a. in Hamburg und Zürich*
[3]) *Romero, W., Gedanken zur Ausbildung der Architekten in den Fächern Altstadtsanierung und Denkmalpflege, der Architekt 12/1976*
[4]) *Landzettel, W., Ländliche Siedlung in Niedersachsen, Druckhaus Quensen GmbH Lamspringe 1981*

4.2.4 Thesen[5])

Die Gestaltwerte historischer Substanzen reichen von landschaftlicher Einbettung und städtebaulichen Zusammenhängen bis zum Gebäude und seinen Einzelelementen. Charakteristische Züge finden sich in der Vielfalt der Raumbildungen, in maßstäblicher Ausgewogenheit, in spezifischen Dachlandschaften und im Reichtum des baulichen und städtebaulichen Details.

Historische Substanzen machen daher viel von der Eigenart des Orts aus. Sie ermöglichen dem Bürger die Identifikation mit seinem Lebensraum. Die gewachsene bauliche Umgebung mit ihrem Nutzungsgefüge hat zudem eine besondere atmosphärische Qualität.

Die Standortplanung in der Stadt schließt Überlegungen ein, ob und welche historischen Gebäude und Gebäudegruppen von der öffentlichen Hand selbst sinnvoll genutzt werden können.

Die Nutzung historischer Stadtgebiete überwiegend durch die bisherigen Bewohner ist häufig gut und sollte auch dann akzeptiert werden, wenn die Bewohner wirtschaftlich schwachen Bevölkerungsgruppen angehören.

Eine funktionale Kopplung von benachbarten Häusern mag von Kunsthistorikern abgelehnt werden, ist aber in geschäftlich genutzten Gebieten ein oft unvermeidlicher Kompromiß, der im Interesse einer funktionsgerechten wirtschaftlichen Nutzung in größeren Betriebseinheiten hingenommen werden muß.

Für die zu schützenden historischen Stadtkerne sind (bei enger sachlicher Abstimmung mit der kommunalen Entwicklungsplanung) Stadtteil-Entwicklungspläne anzufertigen und fortzuschreiben, aus denen Zielsetzung, Planungskonzeptionen und Durchführungsstrategien ersichtlich sind.

4.2.5 Denkmalschutzrecht

Die gesetzliche Regelung des Denkmalschutzes fällt nach der Kompetenzverteilung des Grundgesetzes (vgl. Art. 30, 70 GG) in den Zuständigkeitsbereich der Länder.

Auf Länderebene ist der Denkmalschutz jedoch unterschiedlich geregelt. Der Denkmalbegriff hat eine entscheidende Erweiterung durch die Einführung des Begriffs der Gesamtanlage (Ensemble) erfahren. Hierunter versteht man eine Mehrheit von baulichen Anlagen, die als Ganzes Denkmalcharakter besitzt.

Die Erfassung der Denkmäler und ihre Zusammenstellung wird meist Denkmalliste (z. B. in Bayern und Hamburg) oder Denkmalliste und Denkmalbuch (Baden-Württemberg und Hessen) genannt. Sie wird von den zuständigen Landesdenkmalämtern (Landeskonservatoren) betreut und fortgeführt.

Es bestehen Anzeige- und Genehmigungspflichten, Instandhaltungs- und Instandsetzungspflichten und gegebenenfalls Enteignung.[6])

In den Ländern gelten nachstehend aufgeführte Gesetze:

Baden-Württemberg: Gesetz zum Schutz der Kulturdenkmale vom 25. Mai 1971
Bayern: Gesetz zum Schutz und zur Pflege der Denkmäler
         vom 25. Juni 1973

---

[5]) *Auszüge aus den Mitteilungen der Deutschen Akademie für Städtebau und Landesplanung, 18. Jahrgang, Lübeck 1974*

[6]) *Praxis mit erhaltenswerter Bausubstanz, Schriftenreihe Stadtentwicklung d. BMBau 02.003, 1975 und ausführlich Gaentzsch, G., Köln, Rechts- u. Verwalt.Vorschriften in Denkmalschutz heute, Sonderdruck d. BMI aus Der Landkreis 8/9, Bonn 1975 sowie Brönner, W., Deutsche Denkmalschutzgesetze, Dt. National-Komitee für Denkmalschutz, Geschäftsstelle beim BMI, Bonn 1982. Hier sind die Ländergesetze mit ihren Verordnungen in vollem Wortlaut abgedruckt, dazu die jeweiligen Denkmalbehörden sowie die Regelung in der ehemaligen DDR*

Berlin:	Gesetz zum Schutz von Denkmalen in Berlin vom 22. Dezember 1977
Bremen:	Gesetz zur Pflege und zum Schutz der Kulturdenkmäler vom 27. Mai 1975
Hamburg:	Denkmalschutzgesetz vom 3. Dezember 1973
Hessen:	Gesetz zum Schutz der Kulturdenkmäler vom 23. September 1974
Niedersachsen:	Niedersächsisches Denkmalschutzgesetz vom 30. Mai 1978
Nordrhein-Westfalen:	Gesetz zum Schutz und zur Pflege der Denkmäler im Lande Nordrhein-Westfalen vom 11. März 1980
Rheinland-Pfalz:	Landesgesetz zum Schutz und zur Pflege der Kulturdenkmäler vom 23. März 1978
Saarland:	Gesetz Nr. 1067 zum Schutz und zur Pflege der Kulturdenkmäler im Saarland vom 12. Oktober 1977
Schleswig-Holstein:	Gesetz zum Schutz der Kulturdenkmale vom 7. Juli 1958 in der Fassung vom 18. September 1972

Der Bundesgesetzgeber läßt dem Denkmalschutz im Rahmen seiner Kompetenz durch das

– Gesetz zur Erhaltung und Modernisierung kulturhistorisch und städtebaulich wertvoller Gebäude vom 22. Dezember 1977, BGBl I Nr. 92 am 30. Dezember 1977 und das
– Gesetz zur Berücksichtigung des Denkmalschutzes im Bundesrecht vom 1. Juni 1980, BGBl I Nr. 27 am 7. Juni 1980 die erforderliche Beachtung zukommen.

4.2.6 Literatur

Arendt, C.: Erneuerung von Altbauten – Leitfaden zur Erhaltung und Modernisierung alter Häuser. Stuttgart 1977

Breitling, P.: Stadterhaltung – Modetrend oder Neuorientierung, Mitteilungen d. Heimstätten u. Landesentwicklungsgesellschaften. Bonn 1974

Brönner, W.: Deutsche Denkmalschutzgesetze, Dt. Nationalkomitee für Denkmalschutz, Geschäftsstelle beim BMI. Bonn 1982

Bundesforschungsanstalt f. Landeskunde u. Raumordnung (Hrsg.): Stadterneuerung auf innerstädtischen Gewerbe- und Industriebrachen. Heft 10/11 der Informationen zur Raumentwicklung. Bonn 1984

Cramer, J. (Hrsg.): Bauforschung und Denkmalpflege. Umgang mit historischer Bausubstanz. Stuttgart 1987

Städtebauliche Denkmalpflege der Fritz-Thyssenstiftung (Hrsg.): Die Kunst, unsere Städte zu erhalten. Stuttgart 1976

Ebert, W., Schiedermair, W. und Petzet, M.: Bayerisches Denkmalschutzgesetz. Stuttgart 1985

Hönes, E.-R.: Denkmalrecht und Dorferneuerung. Eine praxisbezogene Abhandlung zur Erhaltung des ländlichen Raumes. Stuttgart 1988

Kiesow, G.: Einführung in die Denkmalpflege. Darmstadt 1989

Landzettel, W.: Ländl. Siedlung in Niedersachsen. Lamspringe 1981

Mehlhorn, D.-J.: Stadterhaltung als städtebauliche Aufgabe. Grundlage und Sicherung der Erhaltungsziele durch historisch-genetische Siedlungsanalyse und Bauleitplanung gem. BauGB. Düsseldorf 1988

Mielke, F. und Brügelmann, K.: Denkmalpflege. In: »Die Stadt in der Bundesrepublik Deutschland«, hrsg. von W. Pehnt. Stuttgart, 1974

Norberg-Schulz, C.: Bauen in alter Umgebung als Problem des Ortes. Stuttgart 1979

Pahl, J.: Stadtgestalt zwischen Tradition, Verwahrlosung, Nostalgie und neuer

Orientierung, Schriftenreihe 2 Stadtentwicklung – Städtebau NRW, Bd. 2.028. Essen 1979

Rothe, K.-H.: Denkmalschutzgesetz Nordrhein-Westfalen. Kommentar. Wiesbaden 1981

Schöning, C. G.: Stadt- und Dorferneuerung, in: Handwörterbuch d. Raumforschung u. Raumordnung, S. 3237 – 47. Hannover 1970

Schriftenreihe »Stadtentwicklung« des BMBau 02.010. (Hrsg.): Erhaltung im Städtebau – Grundlagen – Bereiche – gestaltbezogene Ortstypologie. 1978

Schriftenreihe »Stadtentwicklung« des BMBau 02.003 (Hrsg.): Praxis des Umgangs mit erhaltenswerter Bausubstanza. 1975

Stich, R. und Burhenne, W. u. a.: Denkmalrecht der Länder und des Bundes. Berlin, Bielefeld, München 1988

Strobl, H. u. a.: Denkmalschutzgesetz für Baden-Württemberg. Kommentar mit ergänzenden Rechts- und Verwaltungsvorschriften. Stuttgart 1989

Trieb, M. u. a.: Erhaltung und Gestaltung des Ortsbildes. Denkmalpflege, Ortsbildplanung und Baurecht. Stuttgart 1988

Watzke, H.-G.: Denkmalschutz und Stadtplanungsrecht, hrsg. von difu Berlin. Berlin 1976

4.3 Stadterneuerung/Sanierung

4.3.1 Begriffe

Stadterneuerung

Die Erneuerung von Städten (und Dörfern) umfaßt die behutsame erhaltende Umwandlung von Teilgebieten bestehender Gemeinden in der Weise, daß städtebauliche und andere Mißstände beseitigt werden. Erforderlich ist in der Regel die Beseitigung funktioneller, struktureller und baulicher Mängel in Gebieten mit unzureichenden Wohn-, Arbeits-, Freizeit-, Verkehrs- und/oder Versorgungsverhältnissen. Ziel ist stets die lebenswert gestaltete Umwelt – die Verbesserung der Lebensqualität.[1]

Sanierung

Teilgebiet der Stadterneuerung. Bessere Lebensbedingungen durch eine besser geplante und gebaute Umwelt schaffen, darum geht es auch hier. Es gibt keine eindeutige Trennungslinie zwischen den Begriffen Sanierung und Stadterneuerung.[2] Für beide ist die Einführung der erforderlichen Maßnahmen in den Ortskernen, in den älteren Wohngebieten oder anderen vorhandenen Baugebieten in die städtebauliche Gesamtkonzeption Vorbedingung.

4.3.2 Wesen und Wirkungsweise von Stadt- und Dorferneuerung einschließlich Sanierung

Stadt oder Dorf sind, wo erforderlich, als Wohn- und Arbeitsort, als Raum für Freizeittätigkeit und als sozialer und kultureller Treffpunkt lebendig und lebenswert umzugestalten. Dazu gehören auch Stadt- und Dorfgestaltung, -erhaltung und Denkmalpflege. Es ist die große kommunale Planungsaufgabe der absehbaren Zukunft. Dabei ist jede Kombination möglich aus Umbau und Erweiterung, aus baulicher Erneuerung, aus Modernisierung, Auskernung und Verbesserung des Lebensraumumfelds, aus Einfügung neuer Wohngebäude und -formen, aus Ergänzung kultureller und sozialer Infrastruktur oder aus Maßnahmen zur Durchgrünung, Verkehrsverbesserung und -beruhigung und zur Versorgung. Stets wird es sich um Kombinationen handeln, stets sollen es überschaubare Gebiete sein, niemals nur Maßnahmen an Einzelobjekten. Stets ist eine Beteiligung und Mitbestimmung der Betroffenen von den ersten Überlegungen für die beabsichtigten Maßnahmen an erforderlich.

Da die Verbesserung der Wohnverhältnisse in Altbaugebieten ein Hauptanliegen der Erneuerung ist, sind die Bewohner auch regelmäßig die Hauptbetroffenen. Umsetzungen sollten möglichst innerhalb des Quartiers, Erneuerungen schrittweise erfolgen. Unvermeidbare vorübergehende Umsetzungen außerhalb des Quartiers nicht zu lange dauern lassen, bei Umsetzungen nach außerhalb Wünschen zur Gruppenumsetzung mit Bekannten und Freunden entsprechen! So können soziale Zusammenhänge und menschliche Beziehungen erhalten werden. Jede Erneuerung – in Stadt oder Dorf – muß von den sozio-ökonomischen Verhältnissen des Gebiets ausgehen und deren Verbesserung zum Ziel haben.

Für das Dorf sind zudem bestimmte spezifische Ziele vordringlich.
- Die Dorfkerne müssen dominierend bleiben und ausgebaut werden,
- die Ortskernwiederbelebung hat Vorrang,
- Denkmalpflege besonders ernst nehmen, auch im Sinne der guten Einfügung der Neubauten in Bauart, Größe, Baumaterialien, Dachform, Dachdeckung,
- Herausnahme des Durchgangsverkehrs mit Hilfe von Umgehungsstraßen.

---

[1] *Handwörterbuch d. Raumforschung und Raumordnung, Bd. III, S. 3237 ff, Gebr. Jänecke Verlag Hannover 1970, Herausgeber Akademie für Raumforschung und Landesplanung.*
[2] *Püttner, G. u. Schöning, C. G., Kommentar zum Städtebauförderungsgesetz, 2. Aufl., Werner-Verlag Düsseldorf 1976*

Recht der Stadterneuerung und Sanierung

Wenn wir vom Wohnungsmodernisierungsgesetz (1976)[4] absehen – weil es eine sehr spezielle und zu wenig städtebaubezogene Materie gesetzlich regelt –, dann ist das Gesetz über städtebauliche Sanierungs- und Entwicklungsmaßnahmen in den Gemeinden (Städtebauförderungsgesetz) – StBauFG vom 27. Juli 1971, BGBl. I S. 1125 – *das* für Stadt- und Dorferneuerung und Sanierung geschaffene Rechtsinstrument in seinen Teilen 1 und 2 und 5 bis 8. Die Bundesländer haben dazu Ausführungsgesetze erlassen.

Nach § 3 des Gesetzes kann die Gemeinde »ein Gebiet, das städtebauliche Mißstände aufweist«, . . . »förmlich als Sanierungsgebiet festlegen« . . . In den Absätzen (2) und (3) heißt es dann:

Bei der Beurteilung, ob in einem städtischen oder ländlichen Gebiet städtebauliche Mißstände vorliegen, sind insbesondere zu berücksichtigen

1. die Wohn- und Arbeitsverhältnisse oder die Sicherheit der in dem Gebiet wohnenden und arbeitenden Menschen in Bezug auf
   a) die Belichtung, Besonnung und Belüftung der Wohnungen und Arbeitsstätten,
   b) die bauliche Beschaffenheit von Gebäuden, Wohnungen und Arbeitsstätten,
      – die Begrünung dieser Innenhöfe und die Anlage von Spiel- und Erholungsflächen im Wohnumfeld,
      – die Schaffung von Anlagen für den ruhenden Verkehr,
      – die Umgestaltung und Einbeziehung von öffentlichen Verkehrsflächen wie Wegen, Straßen und Plätzen, in das Wohnumfeld,
      – Maßnahmen zur Verkehrsberuhigung und für den Umweltschutz,
      – Maßnahmen zur Stadtbildpflege und zur Instandsetzung und Modernisierung von Gebäuden.[3]
   c) die Zugänglichkeit der Grundstücke,
   d) die Auswirkung einer vorhandenen Mischung von Wohn- und Arbeitsstätten,
   e) die Nutzung von bebauten und unbebauten Flächen nach Art, Maß und Zustand,
   f) die Einwirkungen, die von Grundstücken, Betrieben, Einrichtungen oder Verkehrsanlagen ausgehen, insbesondere durch Lärm, Verunreinigungen und Erschütterungen,
   g) die vorhandene Erschließung;
2. die Funktionsfähigkeit des Gebiets in bezug auf
   a) den fließenden und ruhenden Verkehr,
   b) die wirtschaftliche Situation und Entwicklungsfähigkeit des Gebiets unter Berücksichtigung seiner Versorgungsfunktion im Verflechtungsbereich,
   c) die infrastrukturelle Erschließung des Gebiets, seine Ausstattung mit Grünflächen, Spiel- und Sportplätzen und mit Anlagen des Gemeinbedarfs, insbesondere unter Berücksichtigung der sozialen und kulturellen Aufgaben dieses Gebiets im Verflechtungsbereich.

4.3.3 Literatur

Albers, G.; Breitling, P.; Bühler, F.: Stadtkernerneuerung und Entwicklungsplanung. Beispiel Altstadt Ulm, hrsg. von der Forschungsgemeinschaft Bauen und Wohnen. Stuttgart 1972

Bahrdt, H. P.; Herlyn, U.; Schaufelberger, H.-U. u. a.: Innenstadt und Erneuerung. Eine soziologische Analyse historischer Zentren mittelgroßer Städte. Band 007 der

---

[3] *Deutsche Akademie für Städtebau und Landesplanung, Mitteilungen Bd. 3, 1979 und Bd. 2, 1980*

[3] *Recht der Stadterneuerung und Sanierung*

Schriftenreihe »Städtebauliche Forschung« des BMBau. Bonn 1972

Baldauf, G.: Ortsentwicklung und -erneuerung im ländlichen Raum, u. v. a., in: Der Architekt 11/1982. Bonn

Bielenberg, W. u. a.: Städtebauförderungsgesetz. Kommentar und Handbuch, 2 Bände. München 1990

Burger, B., Gutschow, N., Krause, K. J.: Bebauungspläne und Ortsbausatzungen, Instrumente der gestalterhaltenden Erneuerung historischer Stadtquartiere, Dt. Institut f. Urbanistik. Berlin 1978

Fischer, K., Folgeeinrichtungen im ländlichen Nahbereich, in: Der Landkreis 5/1968. Bonn

Heidtmann-Frohne, S., Schulz zur Wiesch, J.: Sozialplanung in Sanierungsgebieten, Dt. Institut für Urbanistik. Berlin 1975

Ilien, A. u. Jeggle, U.: Leben auf dem Dorf. Wiesbaden 1978

Institut f. Landes- und Stadtentwicklungsforschung (ILS) (Hrsg.): Berichte der 10 Beispielstädte Nordrhein-Westfalens über städtebauliche Erneuerungsmaßnahmen. Bd. 0.025/1981

Jürgensen, H. und Vogt, K.: Zur Rentabilität von Maßnahmen der Stadt- und Dorferneuerung. Weltwirtschaftliche Studien, Heft 12. Institut f. Europ. Wirtschaftspolitik d. Universität Hamburg. Göttingen 1969

Kempf, W.: Stadterneuerung; Rahmenbedingungen der Instanderhaltung und Modernisierung von Altbauten. Frankfurt 1979

Maier, W. u. Simons, D.: Dorf im ländlichen Raum – Dorf im verdichteten Raum, u. v. a. in: Der Architekt 6/1979. Bonn

Püttner, G. und Schöning, C. G.: Kommentar zum Städtebauförderungsgesetz. Düsseldorf 1978

Schöning, C. G.: Stadt- und Dorferneuerung, in: Handwörterbuch d. Raumforschung u. Raumordnung, S. 3237 – 47. Hannover 1970

Schriftenreihe Landes- u. Stadtentwicklungsforschung NRW (Hrsg.): Erhaltung und Erneuerung überalterter Stadtgebiete. Bd. 3.016 Dortmund 1981. Duisburg

Schriftenreihe Stadtentwicklung des BMBau 02.007 (Hrsg.): Vorbereitende Untersuchungen in der Stadterneuerungplanung. Bonn 1976

Sieverts, Th. u. a.: Europäische Kampagne zur Stadterneuerung, Freiheit macht Stadt. Darmstadt 1981

Sieverts, Th.: Die Stadt als Erlebnisgegenstand, in: Die Stadt, Stuttgart 1974

Spiegel, E.: Über Wert und Unwert alter Städte für die Bewohner, in: Zeitschrift für Stadtgeschichte, Stadtsoziologie und Denkmalpflege, Heft 2/1975

Bayerisches Staatsministerium des Innern, Oberste Baubehörde (Hrsg.): Alte Stadt heute und morgen. Gestaltwert und Nutzen alter Stadtkerne. Eine Dokumentation über Grundlagen und Merkmale der Stadtqualität, dargestellt am Beispiel Dinkelsbühl. Mit Beiträgen von Schmidt, H.-U., Breitling, P. u. Gebhard, H. München 1975

Wieland, D.: Bauen und Bewahren auf dem Lande. Stuttgart 1978

Anhang

Schematische Darstellung des Nutzungsprinzips der Baunutzungsverordnung:
Je kleiner das Grundstück, umso kleiner die nutzbare Geschoßfläche (im Gegensatz und in
Umkehrung des jahrzehntelangen Prinzips (Gründerzeit) vor 1962).
Die in § 17 als nicht überschreitbare Höchstwerte dekretierten Geschoßflächenzahlen besonders der stärker bebauten Grundstücke wurden jahrelang immer wieder rechnerisch überprüft,
um sicherzustellen, daß die durch die Einwohner-, Beschäftigten-, Anlieferer- und Besucherzahlen erzeugten Autos unter Anwendung mehrgeschossiger Park- und Stellplatzsysteme auch
bei der erwarteten Fahrzeugverdichtung gerade noch unterzubringen sind.

Berlin 1926

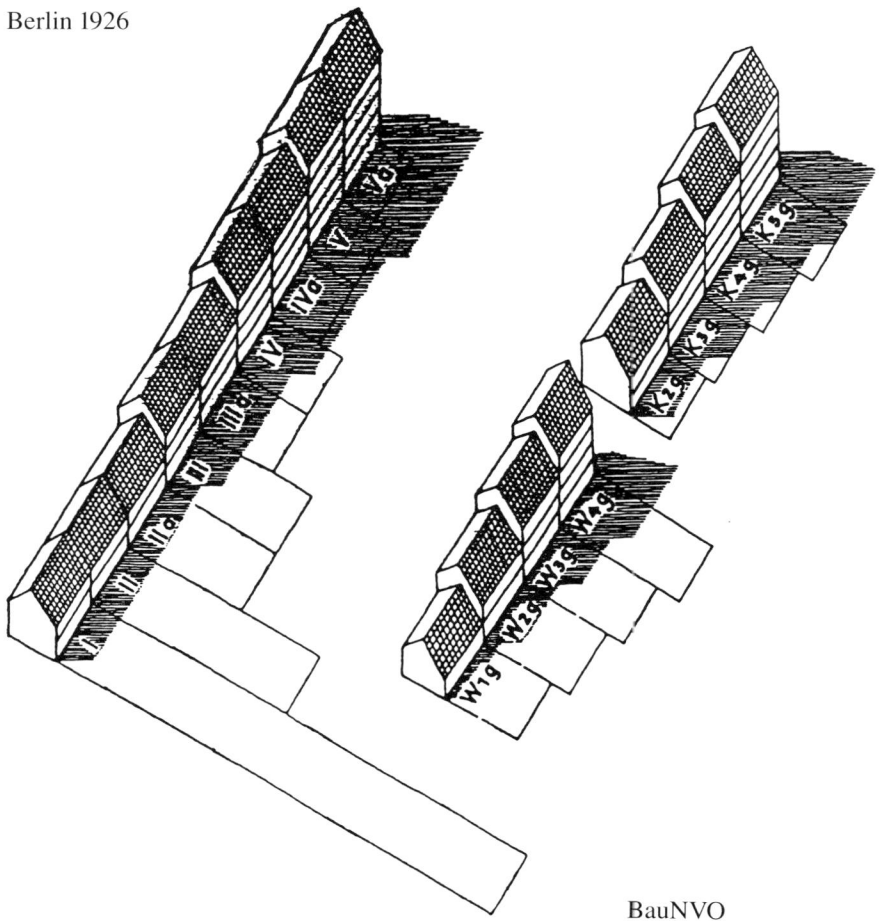

BauNVO

Annahmen über den Flächenverbrauch in der Flächennutzungsplanung des UVF

| | Veränderungen 1970 – 1980 | | | Veränderungen 1980 – 1984 | | |
	absolut	∅ jährlich absolut	%	absolut	∅ jährlich absolut	%
Gebäude- und Freiflächen	3728	373	2,2	938	235	1,13
Verkehrsflächen	1529	153	1,3	464	116	0,9
Erholungsflächen	655	66	8,2	562	141	10
Betriebsflächen	188	19	2,7	–6	–	–
Siedlungs- und Verkehrsflächen	6100	610	2,0	1958	490	1,3

Entwicklung der Siedlungsflächen und der Verkehrsflächen 1970, 1980, 1984 gemäß Flächen-erhebung des Statistischen Landesamtes

Der 1985 beschlossene und 1987 rechtswirksam gewordene Flächennutzungsplan sieht eine außerordentlich starke Ausweitung der Flächen für Grün- und Freizeitanlagen im Flächennutzungsplan in Form von Kleingärten, Sportplätzen, Freizeitanlagen, Kleintierzuchtanlagen usw. vor; andererseits eine vergleichsweise maßvolle Ausweisung neuer Bauflächen. Dabei hat neben dem Eindruck, daß die Nachfrage nach Bauland aufgrund der demographischen und wirtschaftlichen Rahmendaten allmählich nachläßt, natürlich auch das »ökologische« Argument eine wesentliche Rolle gespielt. Dem Zuwachs an neuen Bauflächen von ca. 1,0 % p.a. zwischen 1981 und 2000 steht ein Zuwachs bei den Grünflächen für den gleichen Zeitraum in der Größenordnung von über 3,1 % p.a. gegenüber.
... die Zunahme der Freizeitflächen mit der Abnahme der Arbeitszeit in Verbindung zu bringen, und diese Abnahme ist ein langanhaltender Prozeß. Die Freizeit wird nicht nur vor dem Fernseher verbracht, sondern für andere Aktivitäten, sportliche, gärtnernde oder solche der sozialen Arbeit in Vereinen und Verbänden genutzt. Für alle diese Aktivitäten werden meist auch Flächen gebraucht und das schlägt sich in den Bilanzen nieder.
Sehr viel mehr gibt das Studium der Katasterbilanzen mangels Differenziertheit der Nutzungskategorien nicht her. Immerhin aber: Der Eindruck der Verlangsamung des Bauflächenverbrauchs Ende der siebziger und Anfang der achtziger Jahre sowie die Erfahrung der enormen Flächennachfrage nach Grün und Freizeit hat die Planer und Politiker im Rhein-Main-Gebiet bei der Erarbeitung der gegenwärtig gültigen übergreifenden Pläne – des Regionalen Raumordnungsplanes Südhessen und des Flächennutzungsplanes des UVF (Umland Verband Frankfurt) – wesentlich geprägt.
Quelle: Deutsche Akademie für Städtebau und Landesplanung
Fragen an künftige Stadt- und Regionalplanung, 1989
Bericht der Landesgruppe Niedersachsen-Bremen 11

zu 3.3.2 Schulen/Bildungseinrichtungen

a) Bedarf an Schularten

Dargestellt am Beispiel Heidelberg, einer Stadt in der Größenordnung von 150 000 Einwohnern und einem Einzugsbereich von 700 000 Einwohnern. Unter den EW-Zahlen sind nicht aufgeführt ca. 40 000 Studierende; in der Zusammenstellung sind nicht enthalten die Universität und die Hochschulen verschiedener Art.[1]

1. 10 Grundschulen (4 Jahre)
2. 9 Grund- und Hauptschulen (5 Jahre, Klassen 5 – 9)
3. 5 Sonderschulen,
    darunter 2 Schulen für Lernbehinderte,
    1 Schule für Geistigbehinderte,
    1 Schule für Sprachbehinderte,
    1 Schule für Gehörlose und Schwerhörige
4. 4 Realschulen (6 Jahre, mittl. Reife)
5. 1 Gesamtschule (5 – 9 Jahre, Abitur)
6. 1 Freie Waldorfschule (12 – 13 Jahre, Abitur)
7. 10 Gymnasien (9 Jahre, Abitur),
    darunter 1 Wirtschaftsgymnasium und
    1 Techn. Gymnasium mit 3 Jahren Ausbildung und Fachgebundener
    Hochschulreife
8. 3 Abendschulen (2. Bildungsweg der Volkshochschule:
    Abendhauptschule 1 Jahr
    Abendrealschule 2 Jahre
    Abendgymnasium 4 Jahre)
9. 10 Kaufmännische Berufsschulen
    (1 – 3 Jahre, unterschiedliche Fachschulreife, Fachhochschulreife,
    Wirtschaftsassistent, Hotelbetriebswirt, Gastronom u.ä.)
10. 6 Schulkindergärten (Vorbereitung nicht schulreifer Kinder)
11. 1 Vorschule an der Internationalen Gesamtschule (5 – 6-jährige Kinder)
12. 18 gewerbl.-technische Schulen (1 – 3 ½ Jahre, Facharbeiterprüfung, Fachschulreife, staatl. gepr. Techniker)
13. 8 hauswirtschaftl.-pflegerisch-sozialpädagogische Schulen (1 – 3 Jahre, Fachschulreife, Hauswirtschafterin, hauswirtschaftlich-technischer Helfer, Anerkennung als Praktikum, Meister der Hauswirtschaft)
14. 47 sonstige Schulen und Weiterbildungseinrichtungen (½ – 4 Jahre je nach Schulart, darunter z. B. Berufsfortbildungswerk, Altenpflegeschule, Krankenpflegeschule, Hebammenschule der Universität, Medizinisch-technische Assistenten des Universitäts-Klinikums, Kinderpflegeschule der Universität. Lehranstalt für Massage des Universitäts-Klinikums, Schule für Diätassistentinnen, Jugend- und Heimerziehung, Stiftung Rehabilitation/Berufsfindung und Arbeitserprobung, desgleichen Schule für Körperbehinderte, desgleichen Berufsfortbildungswerk, desgleichen Berufsförderungswerk, Bildungseinrichtung für Fortbildung und Umschulung, Meisterschule im Gastgewerbe, Hotelberufsfachschule, Sprachen- und Dolmetscherschule, Export- und Industriekaufleute und Sekretärinnen im sprachlichen Bereich, Dolmetscher und Übersetzer, Gartenbauschule, Fachschule für Kosmetik, Hauswirtschaftsschule, Akademie für Ältere, Musik- und Singschule, Ballettschule, Schule für Bühnentanz und Gymnastik).

Als hochkomplexes Sozialsystem umfaßt das Schulwesen mehr als die Verbindung von Stellenplänen und Stundentafeln. So elementar eine zureichende Ausstattung der Schulen mit Stellen und Mitteln auch ist – mindestens ebenso wichtig sind qualitative Faktoren.

»Die Wissensüberflutung wirft die Frage nach der Allgemeinbildung, nach dem einen Notwendigen auf. Hier ist neue Konsensbildung über einen Kanon des Wissenswürdigen und -notwen-

---

[1]) *Schul- u. Kulturverwaltungsamt der Stadt Heidelberg, 1989 »Schulstadt Heidelberg« 4. Aufl. mit ausführlichen Informationen und Entscheidungshilfen, 72 Seiten*

digen nötig. Welcher Part kommt der Schule im Zeitalter der Medien zu? Es ist ein kritisch-korrigierender Part, ein Gleichgewicht herstellender Part. Und die Orientierungspunkte heißen, im Unterschied zu den auf Bild und Ton gestellten Medien, Sprechen, Denken, Begreifen, Unterscheiden, Verarbeiten. Entscheidend ist Einübung von Denk- und Urteilsfähigkeit.«

Hans Maier

»Zwei Möglichkeiten werden diskutiert, welche Wege zum Abitur führen sollen. Der eine soll darin bestehen, durch Einrichtung besonderer praktischer Ausbildungsgänge für Gymnasialabiturienten den Übertritt von höherer Bildung in Berufspositionen effizienter zu gestalten, ihnen also die Aufgabe einer stärkeren beruflichen Fixierung zu übertragen. Die andere Vorstellung beharrt darauf, die gymnasiale Ausbildung auf einen Kern von allgemeinbildenden Fächern – und zwar durchgängig von der Unterstufe bis zur gymnasialen Oberstufe einschließlich – zu stellen. Das Abitur muß der Ausweis bleiben für Berufsfähigkeit, nicht für Berufsfertigkeit. Fachliches Wissen und allgemeine Grundbildung sind keine sich ausschließenden Alternativen.«

Lothar Theodor Lemper
Rheinischer Merkur/Christ und Welt

In Zukunft sollen im Rahmen der europäischen Zusammenarbeit in der EG die Ausbildungsabschlüsse anerkannt werden. In einigen Ländern gibt es 9, in anderen 10 Pflichtschuljahre. Die Lehrerausbildung ist nicht einheitlich, ebensowenig wie die Gesetze, Erlasse, Verordnungen und Richtlinien zu Versetzungen, Lernkontrollen oder die »Freigabe des Elternwillens«.
In Deutschland gilt vorerst das Gymnasium noch immer als die Hauptschule. 1987/88 sind z. B. in Nordrhein-Westfalen 36 Prozent aller Schüler von der Grundschule ans Gymnasium gewechselt, 24 Prozent an die Realschule, nur noch 29 Prozent an die alte Hauptschule und jeder zehnte an eine Gesamtschule.
Offen ist, ob die Schüler das Gymnasium künftig nach insgesamt zwölf Schuljahren verlassen sollen, wie es in der DDR der Fall war, oder nach dreizehn Pflichtschuljahren. Auch in den neuen Bundesländern werden Realschulen und Gymnasien von den Eltern gewünscht. Es steht zur Diskussion, ob die Hauptschule um ein freiwilliges zehntes Schuljahr aufgestockt werden soll, das die mittlere Reife verleiht; die Realschule soll als »Realoberschule« eine Oberstufe erhalten (Klassen 11 und 12), die zur Fachhochschulreife führt. An einer seriös vorbereiteten und ergebnisoffenen Diskussion über die Frage, wie das dreizehnte Schuljahr sinnvoll gestaltet werden könnte, sind alle großen deutschen Fraktionen des Bundestags interessiert.

b)   Die Vorstellungen in den neuen Ländern,
     Diskussion über Schulen und Universitäten
»Die generelle Aufteilung der bestehenden Einheitsschulen in Gymnasien, Real- und Hauptschulen streben mit Ausnahme Brandenburgs alle Länder an. Gesamtschulen sieht das Konzept nur im Rahmen einzelner Schulmodelle vor.«   Johannes Leithäuser, 1991, FAZ

Die Bildungssysteme der bisherigen beiden deutschen Staaten müssen zusammenwachsen. Die Kultusminister werden sich darüber auseinandersetzen, ob die vom Grundgesetz geforderte Einheitlichkeit der Lebensverhältnisse im Bildungswesen einen hohen Grad von Gleichförmigkeit verlangt oder ob man im Blick auf die Vereinigung Europas mit einer gewissen Vielfalt von Strukturen im eigenen Land leben könnte.

»Schließlich müssen sich die Länder im Zuge der Schulreform entscheiden, ob sie bei einer zwölfjährigen Schuldauer bis zum Abitur bleiben sollen. Es wird das Argument vorgetragen, es sei besser, die Jugendlichen in der Schule weiterzubilden, als sie in der derzeitigen schlechten wirtschaftlichen Situation in die Arbeitslosigkeit zu schicken. Unter besonders hohem Anpassungsdruck dürfte das Hochschulwesen stehen. Vordringlich wird dabei sein, was mit den Akademien und Zentralinstituten geschieht, an die nach sowjetischem Vorbild die Forschung weitgehend ausgelagert war. Es wird auch zu entscheiden sein, ob die Ingenieurhochschulen in der ehemaligen DDR, zur gleichen Zeit entstanden wie die westdeutschen Fachhochschulen, sich in Fachhochschulen umwandeln lassen – was bisher erst zwei getan haben – oder in technische Hochschulen.«

Brigitte Mohr/FAZ, 1991

155

In seinem Bericht »Fachstudiendauer an Universitäten 1988« hat der Wissenschaftsrat 1991 festgestellt, daß in 79 verschiedenen Fächern mit den Abschlußarten Diplom, Magister, Staatsexamen und Lehramtsprüfung die Diskrepanzen im gleichen Studienfach an verschiedenen Hochschulen bezüglich der Studiendauer sehr groß sind: zwischen 10 und 16 Semestern. Gerade in den Fächern mit schlechten Berufsaussichten halten sich die Studierenden besonders lange an den Hochschulen auf; ob aus Angst vor dem Arbeitsmarkt oder in dem Bestreben, sich durch Zusatzqualifikationen vermehrte Chancen zu verschaffen, geht aus den Statistiken nicht hervor. Städtebauliche Konsequenzen sind aus den vielen obigen Fakten nicht zu entwickeln.

c)   Die medizinischen Fakultäten

Von besonderem Gewicht ist die Tatsache, daß sich seit einem Jahrhundert die medizinischen Fakultäten – unabhängig von Geisteswissenschaften, aber auch von den technischen Fächern – immer stärker zu großen klinischen Bereichen außerhalb der Innenstädte mit weiten Ausdehnungsmöglichkeiten zwangsläufig entwickeln.

Die Terrassierung der Gebäude, die Konzeption und intensive Begrünung der Höfe und Außenbereiche, eine differenzierte Farbgebung und Materialwahl sollen dem ganzen Baukomplex eine angenehm menschliche Atmosphäre vermitteln, die der psychischen Empfindsamkeit kranker Menschen Rechnung trägt. Alle Gebäude sind behindertengerecht anzulegen.

Regelmäßig gehören zu den großen Universitätsklinikkomplexen:

1. Medizinische- und Poliklinik
    mit Endokrinologie, Psychosomatik, Kardiologie, Angio- und Pulmologie, Gastroenterologie, Infektionen, Vergiftungen, Hämatologie, Onkologie, Rheumatologie, Klin. Pharmakologie, Sport- und Leistungsmedizin;
2. Chirurgische Klinik
    mit Unfallchirurgie, Allg. Chirurgie, Herzchirurgie, Kinderchirurgie, Urologie, Epidemiologische Kardiochirurgie;
3. Anaesthesiologie;
4. Frauenklinik
    mit Allg. Frauenheilkunde, Geburtshilfe, gynäkologische Endokrino- und Morphologie
5. Kinderklinik
    mit Allg. Kinderheilkunde, Pädiatrische Kardiologie, Neurologie und Endokrinologie, Neonatologie
6. Psychiatrische Klinik
    mit Allgemeiner, Kinder- und Jugendpsychiatrie;
7. Psychosomatische Klinik
    mit Psychosomatik, Psychotherapie, Grundlagenforschung und Familientherapie;
8. Kopfklinik;
9. Hautklinik
    mit Dermatologie und Venerologie, Ultrastrukturforschung der Haut;
10. Klinik für Mund-, Zahn- und Kieferkrankheiten
    mit Zahnerhaltungskunde, Prothetik, Kiefer- und Gesichtschirurgie, Kieferorthopädie;
11. Augenklinik
    mit Allgemeiner Augenheilkunde, Orthoptik, Pleoptik und Motilitätsstörungen, Klinisch-experimentelle Augenheilkunde;
12. Hals-, Nasen-Ohrenheilkunde
    mit Behandlung von Stimm- und Sprachstörungen, Pädoaudiologie;
13. Neurologische Klinik
    mit Neurologie und Neuroradiologie;
14. Neurochirurgische Klinik;
15. Radiologische Klinik
    mit Radiodiagnostik, Nuklearmedizin, pädiatrische Radiologie, gynäkologische und geburtshilfliche Radiologie.

d)   Beitrag zu einer folgerichtigen baulichen Entwicklung von Universitätsbaugebieten
     Es ist stets die zweifache Aufgabe gestellt, einerseits der Hochschule Räume für Lehre und Forschung zur Verfügung zu stellen und andererseits der Bevölkerung der Stadt die Möglichkeit einer Durchwanderung des gesamten Hochschulgeländes zu bieten. Damit sollen zugleich ideelle und kulturelle Werte für Benutzer und Besucher geschaffen werden.

Dies wird unterstützt, wenn die intensive Beziehung zwischen der Wissenschaft und der Bevölkerung baulich ihren Niederschlag findet. Eine Abkapselung der Hochschule baut auf der Vorstellung einer überholten elitären Stellung der Hochschule auf, womit die Gefahr einer rein formalistischen, bevölkerungsfeindlichen Durchbildung gegeben ist. Die Bauten für den Unterricht sollen zentral liegen, anschließend die Forschungsbauten.

Die Forschungsbauten und Laboratorien sollen durch überdeckte Gänge in guter Beziehung zu den Bauten für den Unterricht stehen. Die Anlage kann allseitig durchwandert werden und ergibt Blicke ins Grüne.

Öffentlicher Verkehr wird unterirdisch geführt und dient als Zugang in den Schwerpunkt des Unterrichts und wird damit zum Zubringerverkehr. Der übrige Durchgangsverkehr, der nicht mit der Hochschule in Verbindung steht, soll tangential am Hochschulareal vorbeigeführt werden. Die Bedienung des Hochschulareals durch den öffentlichen und den Pendelverkehr soll gedeckt unter der Grünfläche bis in den Schwerpunkt der Lehre erfolgen. Die Hauptbusstation ist als zweigeschossige Halle mit Galerie auszubilden, eine Wendemöglichkeit für den Pendelverkehr einzuplanen. *Prof. A. H. Steiner, ETH-Hönggerberg Zürich*

e) Schulen im ländlichen Raum

Die infrastrukturelle Bedeutung der Schule im ländlichen Raum für die Bildungschancen der Jugendlichen, die Sicherung des Fachkräftenachwuchses und des Innovationspotentials sowie für das kulturelle Leben erfordert die Sicherung der Schulstandorte im ländlichen Raum.

Die für die Allgemeinbildenden Schulen von den Ländern entwickelten Konzepte sind geeignet, die Schulstandorte im Bereich der Grundschule sowie des Sekundarbereichs I und II zu sichern. Zur Erhaltung der Schulen wird ein Weniger als Differenzierung in Kauf genommen, wenn dadurch Schulstandorte erhalten bleiben. *BfLR 1988*

Zwei Säulen

Wo ländliche Strukturen vorherrschen, ist es schwer, für alle Schularten genug Schüler zu finden. Aber die pragmatischen Gründe haben nicht den Ausschlag dafür gegeben, daß Sachsen, Sachsen-Anhalt und Thüringen sich auf zwei Säulen beschränken wollen. Die Schule soll nicht einem System, sondern dem Schüler bei der Entfaltung seiner Individualität dienen, und dieser Aufgabe müssen ihre Inhalte und ihre Organisation Rechnung tragen. Darüber ist man sich einig. Zwei Säulen sind daher das mindeste, was die Eltern, über die Parteigrenzen hinweg, erwarten, und sogar Brandenburg läßt neben Gesamtschulen Gymnasien und auch Realschulen zu. Aber keine Hauptschulen. *Kurt Reumann, 1991*

f) Für gegliedertes Schulsystem im Osten

Reu. FRANKFURT, 15. November. Der Verband Deutscher Realschullehrer appelliert an die Regierungen der fünf neuen Länder, so schnell wie möglich ein dreigliedriges Schulwesen einzurichten. In der ehemaligen DDR waren alle Schüler von der ersten bis zur zehnten Klasse einschließlich zusammen an die Polytechnische Oberschule gegangen. In einigen der fünf neuen Bundesländer deutet sich eine Tendenz an, nach dem Beispiel West-Berlins eine sechsjährige Grundschule einzurichten und anschließend zwei Schulformen anzubieten: ein Gymnasium und eine »Realschule«. Der Verband der Realschullehrer hält das aber für einen Etikettenschwindel: Hinter dem Namen Realschule verberge sich die alte Polytechnische Oberschule. Dagegen setzt sich der westdeutsche Verband für die Realschule alter Art ein, neben der es außer dem Gymnasium auch die Hauptschule gibt. Der Realschullehrerverband begrüßt dagegen die Pläne zur Reform der Lehrerbildung in den neuen Bundesländern. Grundlage für jedes Lehrerstudium müsse die allgemeine Hochschulreife sein.

Ursprünglich hatten alle vier von bürgerlichen Regierungen geführten neuen Bundesländer auf ein breitgegliedertes Schulwesen hinausgewollt. Aber dann ist nur Mecklenburg-Vorpommern dabei geblieben, daß es Gymnasien, Realschulen, Hauptschulen und Gesamtschulen anbieten will. Dagegen werden die drei anderen nur Gymnasien und eine zweite Schulart einrichten, die in Sachsen Mittelschule, in Sachsen-Anhalt Sekundarschule und in Thüringen Regelschule heißt. Die verschiedenen Namen dürfen nicht darüber hinwegtäuschen, daß es sich um das gleiche handelt: die mehr oder weniger straffe Zusammenfassung von Haupt- und Realschule zu einer »kleinen Gesamtschule« ohne gymnasialen Zweig und ohne Oberstufe. Dieses Modell wird auch den alten Ländern schmackhaft gemacht. *1991*

zu 3.5   Landespflege

Waldschäden: Viren, Mikroorganismen u.a. Krankheitserreger

Zu den Krankheitserregern, welche bei unseren landwirtschaftlich genutzten Pflanzen zu erheblichen Ertragsausfällen führen, zählen Viren und Mikroorganismen.

Im Gegensatz zu Mikroorganismen sind Viren keine Lebewesen. Beiden ist zwar gemeinsam, daß sie als genetische Information Nukleinsäuren und Proteine vielfältiger Art für Struktur und Funktion besitzen, aber sich dennoch in zahlreichen Eigenschaften unterscheiden.

Die Schäden in unseren Wäldern entstehen durch einen Ursachenkomplex, wobei regional und zeitlich einzelne Faktoren besondere Bedeutung haben können.

Ein Zusammenhang zwischen Emissionen aus bestehenden kerntechnischen Anlagen sowie den in die Umwelt abgegebenen Radar- und Mikrowellen und den neuartigen Waldschäden ist nicht herstellbar.

Gegen eine solche Vermutung sprechen:

1. die bekannten Dosis-Effekt-Beziehungen der Wirkung von Strahlen auf Lebewesen,
2. die bei den Waldschäden beobachteten Schadensbilder, die in keiner Weise denen von Strahlenschäden entsprechen.

Gegen eine Beteiligung von Emissionen aus kerntechnischen Anlagen sprechen zudem:

3. der Vergleich zwischen der Höhe natürlicher Radioaktivität und der Menge, die zusätzlich aus kerntechnischen Anlagen abgegeben wird,
4. der Vergleich zwischen den Steigerungsraten der natürlichen Radioaktivität in der Bundesrepublik und dem Auftreten von Schäden.

F. Nienhaus, Abt. Virologie
Institut für Pflanzenkrankheiten
der Universität Bonn

zu 3.6   Erschließung und Verkehr

Straßenbahn als gut ausgebauter Verkehrsträger
Wer heutzutage als Benutzer des Hamburger öffentlichen Personennahverkehrs (ÖPNV) nicht
das – allerdings gut ausgebaute – und vom Straßenverkehr unberührte Netz der U- und S-Bahnen nutzen will, muß im Stau auf den Bus warten. Dennoch: Zugleich mit der Sperrung einiger
Straßen für den Autoverkehr und mit Ampelvorrangschaltungen könnten auf gummigelagerten
Schienen (aus Gründen des Schallschutzes) und auf begrüntem Schotter und weitgehend eigenen Trassen Niederflurwagen verkehren, die mit einer Einstiegshöhe von nur achtzehn Zentimetern älteren Menschen wie Fahrgästen mit Kinderwagen die Nutzung erleichtern würden.
Bei einer gegenüber den Bussen erheblich höheren Kapazität wäre bei gleicher Haltestellenhäufigkeit eine Fahrtgeschwindigkeit zu erreichen, die fast an die der U- und Hochbahn heranreichte.   Eckhart Kauntz 1990

Wir haben ein umweltfreundliches Schienenverkehrssystem, das gegenüber dem Straßenverkehr weniger als ein Drittel je Personenkilometer an Energie verbraucht und fünfhundertmal
sicherer ist. Für den Nahverkehr können Straßenbahn, U-Bahn, Elektro-Personenwagen und
Fahrräder eingesetzt werden. Den Fernverkehr kann die Eisenbahn mit zusätzlichen Autozügen für Elektroautos übernehmen.   1991

Automobilindustrie / Gesamtverkehrskonzept
Als Orientierungshilfe enthält das Papier zunächst eine Verkehrsprognose für die nächsten
zwanzig Jahre. Demnach wird der Güterverkehr auf der Straße, der sich in der bisherigen Bundesrepublik in den vergangenen drei Jahrzehnten mehr als verdreifacht hatte, im neuen
Deutschland nochmals um dreißig Prozent zunehmen. Dabei wird sich die Verkehrsleistung in
den neuen Bundesländern mehr als verdoppeln (von 20 auf 54 Milliarden Tonnenkilometer),
im bisherigen Bundesgebiet wird eine Steigerung von 168 auf 210 Milliarden Tonnenkilometer
erwartet. Hier wird auch die Transport-Leistung von Schiene und Binnenschiffahrt zunehmen,
während in den neuen Bundesländern, wo bisher 70 Prozent der Transporte über die Schiene
abgewickelt wurden, der Schwerpunkt auf die Straße verlagert werden wird. Dies sei nötig,
weil das Schienennetz völlig veraltet sei. Insgesamt wird eine Zunahme der privaten Fahrten
mit dem Auto bis zum Jahr 2010 um achtzehn Prozent erwartet. Es wird aber auch deutlich herausgestellt, daß es in der Wirtschaft an Bereitschaft mangele, stärker die Bahn zu nutzen. Im
Nahverkehr sieht das Konzept eine seit 20 Jahren unbewältigte Aufgabe. Verlangt wird hier
eine Individualisierung des Angebots. Außerdem müsse in der Fläche mehr Leistung geboten
werden. Daß Umweltbelastungen abgebaut werden müssen, wird als selbstverständlich erachtet. Dies könne durch technische Verbesserungen, aber auch durch einen flüssigeren Verkehr
erreicht werden.   Boris Schmidt

Untersuchungen zu Tempo 30 aus der Schweiz
Größere Abgasmengen
Für Tempo 30 spricht vieles, aber nicht alles.
Viel weniger eindeutig fällt die Meinung von Fachleuten aus, wenn es um die Frage geht, wie
Kraftstoffverbrauch und Schadstoffemission beeinflußt werden. Die renommierte schweizerische Automobil-Revue hat sich jetzt mit einer Studie der Eidgenössischen Materialprüfungsanstalt beschäftigt. Danach ergeben sich vor allem zwei Erkenntnisse. Die behördlich verordnete
Langsamfahrt sorgt bei modernen Automobilen (im Vergleich zu 50 km/h) keineswegs für
niedrigere Verbräuche. Außerdem ist anzunehmen, daß mit einer geringeren Belastung der
Luft durch gasförmige Schadstoffe nicht zu rechnen ist. Die Studie basiert auf Messungen mit
einem Fahrzeugpark von elf Personen- und einem Lieferwagen, alle mit geregeltem Katalysator. Außerdem gingen die eidgenössischen Verkehrsforscher von einer häufig geforderten, sogenannten flächendeckenden Einführung des Kriechtempos aus.
Besonders im Vergleich mit Tempo 50 kommt das 30-km/h-Limit in Sachen Verbrauch und
Schadstoffausstoß schlecht weg. Wie die unerwünschten Nebenwirkungen dieser Art von Verkehrsregulierung vermieden werden können, sagen die Forscher ebenfalls: »Ganz deutlich verbrauchsmindernd dagegen wirken sich Maßnahmen zur Verflüssigung des Verkehrs aus.«
Unangenehm sind die Ergebnisse der Studie vor allem deshalb, weil sie die Relativität der

bisherigen Bemühungen um eine bessere Luft in den Städten vor Augen führen. Der geregelte Katalysator kann nämlich gerade jenen Schadstoff, der für die »Klimakatastrophe« mitverantwortlich gemacht wird, nicht verringern. Und die Menge des Kohlendioxyds ist unmittelbar abhängig von der Menge des verbrannten Kraftstoffs.

Für Tempo 30 spricht also vor allem eine höhere Verkehrssicherheit. Ohnehin sind deutsche Verkehrsfachleute der Ansicht, die verringerte Höchstgeschwindigkeit sollte nicht für komplette Städte, sondern nur für ausgewählte Reviere vorgeschrieben werden. Zudem sei darauf zu achten, daß für den nicht stadtteilbezogenen Verkehr Straßen vorhanden sind, die mit höherer Geschwindigkeit befahren werden können. Weniger Unfälle in den Wohnquartieren sollten schon Überlegungen in Richtung 30 lohnend erscheinen lassen. Jedoch erscheint es nach der schweizerischen Studie nicht ratsam, den Zwang zum extremen Langsamfahren auf das gesamte Gebiet deutscher Städte auszudehnen.   Wolfgang Peters 1990

Kombinierter Ladungsverkehr (KLV)
Der KLV bietet mit seinen modernen Techniken die Möglichkeit, eine sinnvolle Arbeitsteilung und Kooperation mit den Verkehrsträgern vorzunehmen. Dies gilt besonders für den Bereich Schiene und Straße. Dementsprechend hat der KLV im Leistungsangebot der DB einen hohen Stellenwert.
Der Güterverkehrszweig KLV mit seinen erfreulichen Steigerungsraten (durchschnittlich 10 Prozent im Jahr) umfaßt bei der DB die Bereiche:
1. Containerverkehr (Transfracht, Intercontainer)
2. Huckepackverkehr mit Sattelaufliegern und Wechselbehältern (Kombiverkehr KG)

Kombinierter Ladungsverkehr gewinnt an Bedeutung
Wie bundesweit feststellbar, gewinnt dabei der Kombinierte Ladungsverkehr (KLV) mit Großcontainern und mit Wechselaufbauten im Huckepackverkehr zunehmend an Bedeutung. Seit Jahren liegt die BD Karlsruhe beim Versand von Großcontainern an erster Stelle der Direktionen mit ca. 25 Prozent Anteil am DB-Aufkommen. Im gesamten KLV befördert sie rd. 350 000 Einheiten jährlich.
Wertvolle Anregungen
Die Tarif- und Serviceangebote der DB werden in knapp über 40 Prozent der Antworten als marktgerecht bezeichnet. Unterstrichen wird diese noch verbesserungsfähige Akzeptanz auch durch die in die Befragung eingebrachten Wünsche und Vorschläge.
Die Forderungen
– Tarifangebote einfacher gestalten,
– Pünktlichkeit verbessern,
– mehr Parkplätze an Bahnhöfen,
– bessere mündliche und fernmündliche Auskunft,
– Bahnhöfe moderner gestalten,
– besonderer Schalter für Leih-/Mietwagen
– und Bezahlungsmöglichkeiten mit Kreditkarte
zeigen die Richtung, in der die Bahn ihre Kunden in Zukunft noch besser bedienen kann.
                    IHK Rhein-Neckar 5/91

Vernetzung der Verkehrsträger
Dabei ist auch auf eine stärkere Vernetzung aller Verkehrsträger zu achten. Da Bahn und Binnenschiffahrt besonders umweltverträglich sind, sollte ihr Anteil am Gesamtverkehr durch Stärkung ihrer Attraktivität stärker ausgebaut werden. Nunmehr muß der Schienenverkehr auf den wichtigsten Verkehrsachsen auf eine qualitativ neue, spürbar verbesserte Basis gestellt werden. 5 Korridore sind es, in denen das Schienennetz ausgebaut werden muß:
● Berlin – Hannover mit Verlängerung ins Ruhrgebiet und nach Köln
● Berlin – deutsche Nordseehäfen
● Berlin – Stuttgart/München
● Sachsen/Thüringen – Rhein/Ruhr sowie
● Sachsen/Thüringen – Rhein/Main.
Für den Ausbau des Binnenwasserstraßennetzes ist die Verbindung von den wichtigsten Nord-

seehäfen und den Wirtschaftszentren im Westen der Bundesrepublik mit den Räumen Magdeburg und Berlin als bedeutendste Verbindung anzusehen. Dringlich sind die Sanierung und der Ausbau des Mittellandkanals und des Elbe-Havel-Kanals. Ziel ist der Ausbau für ein europäisches Niveau. Ein besonders schwieriger Punkt in dieser Verbindung ist die Kreuzung des Mittellandkanals mit der Elbe bei Magdeburg. Untersuchungen, welche technische Lösung die richtige ist, laufen noch.

Investitionen in das Straßennetz

Nicht weniger wichtig sind die Investitionen in das Straßennetz, denn der gegenwärtige Straßenzustand birgt große Sicherheitsrisiken.

Vordringlich ist der Ausbau der wichtigsten Ost-West-Transversalen. Sie tragen die Hauptlast des Straßenverkehrs und sind heute jedem Bürger nicht zuletzt aufgrund der täglichen Staumeldungen ein Begriff. Umweltexperten schätzen, daß durch Staus z. Z. im Jahr rd. 25 Prozent mehr Schadstoffe vom Straßenverkehr emittiert werden.

- A 2 Hannover – Magdeburg – Berlin
- A 4 Bad Hersfeld – Erfurt – Dresden – Bautzen und Verlängerung nach Görlitz
- A 9 Nürnberg – Leipzig – Berlin

Zusätzlich zu diesen 3 Strecken müssen zwei Ost-West-Achsen dringend ergänzt bzw. verbessert werden. Dies ist die Verkehrsachse im Norden, in Mecklenburg/Vorpommern sowie eine Achse aus dem sächsisch-thüringischen Raum am Südharzrand vorbei nach Hessen und Nordrhein-Westfalen.

Die Verkehrsrichtung der beiden bisher getrennten Teile Deutschlands dreht sich im sächsisch-thüringisch-bayrischen Grenzraum von Ost-West nach Nord-Süd um. Hier bedarf es einer grundlegenden Verbesserung der Verbindung Erfurt – Schweinfurt.

Bei den Neuplanungen sind die Abschnitte Halle – Magdeburg und Kassel – Eisenach notwendig, um die verkehrsintensivsten Räume Westdeutschlands und Mitteldeutschlands ihrer Funktion entsprechend miteinander zu verbinden.   Klaus Wefer

Generalvertreter Personenverkehr, Deutsche Bundesbahn

Reduktion des Flugverkehrs (auch des militärischen mit 24 Prozent des Flugtreibstoffs).

13 Prozent des Welt-Treibstoffs gehen für weniger als 1 Prozent der Welt-Transportleistung in den Flugverkehr. In den Luftschichten über 9000 Meter Höhe liegen jedoch sehr viel mehr Abgasschadstoffe des Flugverkehrs, als den 13 Prozent entsprechen würden. Dort oben ist nämlich auch das Verbrennungswasser aus den Flugmotoren schädlich. Es vermehrt die Cirrus-Eiskristallwolken. Diese lassen das Sonnenlicht nahezu voll passieren, reflektieren aber die von der Erde kommenden Wärmestrahlen zur Erde zurück und steigern damit den Treibhauseffekt. Katalysatoren sind bei Düsenmotoren nicht anwendbar. Die Stickoxidabgase gehen somit voll in die Luft, etwa zehnmal so viel wie bei der Verbrennung der gleichen Menge Heizöl. Etwa ein Drittel dieser Stickoxide werden zwischen 9000 und 13 000 Meter Höhe ausgestoßen, weltweit etwa eine Million Tonnen. Sie verbleiben und schaden dort etwa hundertmal so lang wie in Bodennähe. Stickoxide bilden in großen Höhen ab −80 Grad Celsius Salpetersäure-Eiswolken.   Robert Egli, Schaffhausen

Der Forschungsbeirat Waldschäden/Luftverunreinigungen (FBW), eine Einrichtung des Bundes und der Länder, hat folgendes festgestellt: »Die (daran geknüpfte) Vermutung, daß der radioaktiven Strahlung eine Rolle beim Waldsterben zukommt, wurde jedoch bisher in keinem einzigen Fall durch belastbare Daten auch wirklich nachgewiesen. Die gesamte aus den Kernkraftwerken emittierte Radioaktivität macht nur weniger als ein Tausendstel der natürlichen Radioaktivität aus, so daß sowohl von der Belastungsseite als auch vom Wirkungsmechanismus her eine Beteiligung von radioaktiven Emissionen an den Waldschäden ausgeschlossen werden kann.«

Es geht dem FBW auch darum, die gemeinsamen Ursachen für die großflächig aufgetretenen Waldschäden zu ermitteln. Im Bereich kerntechnischer Anlagen liegt weniger als ein Prozent der geschädigten Waldfläche, und die in der Literatur zugänglichen Ergebnisse der Befürworter einer Korrelationshypothese Radioaktivität und Waldschäden lassen keinen Zweifel daran, daß es sich hier um keine weiterreichenden Schadeinflüsse handelt.

Professor Dr. Wolfgang Klose, Mitglied des Vorstandes Kernforschungszentrum, 1990

zu 3.7 und 3.8 Energie und Umwelt

In den nachstehenden Kapiteln lassen die beiden Autoren neben weiteren Daten und Fakten mehrere Experten und deren Meinungen zu Wort kommen. Die dabei getroffene Auswahl kann nur willkürlich sein und ohne jeglichen Anspruch auf Ausführlichkeit. Sie wurde nach dem Gesichtspunkt der überhaupt nur möglichen Objektivität getroffen: Weg von jeder Ideologie, weg von Parteidenken, weg von Emotionen hin zur Ratio und zu den Überlegungen für die Vorausschau in das 21. Jahrhundert, für das humane Wohl der zu erwartenden Milliardenzahl der die Erde bevölkernden Menschen mit Lebensansprüchen nicht unter dem Niveau der heutigen Industrievölker. Kein Raum-, Landes- und Ortsplaner, kein irgendwie mit planerischer Vorausschau Konfrontierter kann daran vorbeigehen, er muß sich darüber sehr ernsthafte Gedanken machen.

Dazu mögen die folgenden Kapitel ergänzend ihren sachlichen Beitrag leisten.

zu 3.7.1 Weitere Begriffe aus dem Energiebereich

Fossile Brennstoffe
Fossil (lat.) = vorweltlich. Die Brennstoffe, deren Entstehung in der Erdgeschichte weit zurückliegt, werden als fossile Brennstoffe bezeichnet: Steinkohle, Braunkohle, Torf, Öl, Erdgas.

Heizwert
Der Heizwert von Brennstoffen gibt die Energie an, die bei vollständiger Verbrennung frei wird. Da die Verbrennung von Kohle, Öl und auch von Motortreibstoffen immer unvollständig erfolgt, ist die nutzbare Energiemenge immer geringer als der Heizwert.

Braunkohle
Wird im Tagebau bis zu 600 m Tiefe gewonnen. 1979 wurden weltweit 952 Mio. t gefördert.

Steinkohle
Obwohl in den Kohlebecken noch geologische Ressourcen von fast 7000 Mrd. t lagern, wird der Abbau immer schwieriger. Die technische Abbaugrenze von 1600 m Tiefe ist in einigen Schächten fast erreicht.

Erdgas
Vor 10 bis 500 Millionen Jahren entstanden, ist Erdgas die sauberste fossile Energiequelle. Beim derzeitigen Verbrauch reichen die bekannten Vorräte noch 160 Jahre.

Erdöl
Von dem wertvollen Energieträger sind nur 127 Mrd. t SKE nachgewiesen. Verbraucht wurden allein 1980 3,9 Mrd. t.

Ölsand
Dieses sogenannte unkonventionelle Öl ist nur mit hohem technischen Aufwand zu fördern und zu verarbeiten. Die Reserven von 1600 Mrd. t liegen vor allem in Nord- und Südamerika.

Erdwärme
Die glühende, flüssige Energiemasse des Erdinnern, das Magma, wird dem Menschen verschlossen bleiben. Allenfalls können wir vereinzelt einen winzigen Bruchteil als geothermische Energie nutzen.

Atomkern
Der positiv geladene Kern eines Atoms. Sein Durchmesser beträgt einige 10^{-13} (zehn Billionstel) cm, das sind rund $1/10000$ des Atomdurchmessers. Er enthält fast die gesamte Masse des Atoms. Der Kern eines Atoms ist, mit Ausnahme des Kerns des normalen Wasserstoffs, zusammengesetzt aus Protonen und Neutronen. Die Anzahl der Protonen bestimmt die Kernladungs- oder Ordnungszahl, die Anzahl der Protonen plus Neutronen die Nukleonen- oder Massenzahl des Kerns.

Elektron

Elementarteilchen mit einer negativen elektrischen Elementarladung. Elektronen umgeben den positiv geladenen Atomkern und bewirken dadurch, daß das Atom als ganzes elektrisch neutral ist.

Elektronvolt

In der Atom- und Kernphysik gebräuchliche Einheit der Energie. Ein Elektronvolt (eV) ist die Energie, die ein Elektron beim Durchlaufen einer Spannungsdifferenz von 1 Volt erhält. Verglichen mit im Alltag gebräuchlichen Energieeinheiten ist die Einheit eV sehr klein:
1 eV entspricht $4,5 \times 10^{26}$ kWh.
Abgeleitete größere Einheiten:
keV = Kiloelektronvolt = 1 000 eV
MeV = Megaelektronvolt = 1 000 000 eV

Krypton

Krypton (Kr) gehört zur Gruppe der Edelgase. Bei der Kernspaltung entstehen als Spaltprodukte unter anderem auch verschiedene Krypton-Isotope. Für die Strahlendosis in der Umgebung einer Wiederaufbereitungsanlage ist wegen seiner langen Halbwertszeit von 10,7 Jahren das Isotop Kr-85 von Interesse.

Uran

Brennstoff mit hohem Energiegehalt zur Erzeugung elektrischer Energie. Seine Lagerstätten sind über die ganze Welt verstreut.

Natururan

Uran in der Isotopenzusammensetzung, in der es in der Natur vorkommt. Natururan ist ein Gemisch aus Uran-238 (99,2739 Prozent), dem spaltbaren Isotop Uran-235 (0,7205 Prozent) und einem sehr geringen Prozentsatz Uran-234 (0,0056 Prozent).

Kernfusion

Bildung eines schweren Kerns aus leichteren Kernen, wobei Energie, die Bindungsenergie, frei wird. Bei der Kernfusion müssen unter Arbeitsaufwand die abstoßenden Kräfte der Nukleonen überwunden werden, um die Kernbausteine zu verbinden. Ist die Energiebilanz positiv, so bleibt die nutzbare Fusionsenergie (s.a. Kernenergie).

Kernbrennstoff

Spaltbare Nuklide (U-235, Pu-239) enthaltendes Material, das zur Aufrechterhaltung der Kettenreaktion in einem Reaktor geeignet ist.

Kernspaltung

Spaltung eines Atomkerns in zwei etwa gleichgroße Teile unter Freisetzung von Energie und 2 bis 3 Neutronen zur Aufrechterhaltung der Kettenreaktion.

Kettenreaktion

Reaktion, die sich von selbst fortsetzt. In einer Spaltungskettenreaktion absorbiert ein spaltbarer Kern ein Neutron, spaltet sich und setzt dabei mehrere Neutronen frei, die weitere Spaltungen auslösen können.

Brennelement

Aus einer Vielzahl von Brennstoffstäben montierte Anordnung, in der der Kernbrennstoff in den Kernreaktor eingesetzt wird. Ein Brennelement eines Druckwasser- oder Siedewasserreaktors enthält rund 530 bzw. 190 kg Uran.

Brennstoffkreislauf

Eine Reihe von Verfahrensstufen bei der Versorgung und Entsorgung von Kernreaktoren mit Kernbrennstoff. Dazu gehören Gewinnung und Aufbereitung des Uranerzes, die erstmalige Fabrikation der Brennelemente, ihre Verwendung in einem Reaktor, die chemische Wiederaufbereitung zur Rückgewinnung des im bestrahlten Brennstoff verbliebenen Urans und des entstandenen Plutoniums, die Wiederanreicherung des Urans und die Refabrikation neuer Brennelemente.

Brennstoffwiederaufbereitung
Die Aufarbeitung von Kernbrennstoff nach seiner Verwendung im Reaktor zur Entfernung der Spaltprodukte und zur Rückgewinnung der Spaltstoffe.

Brüten
Umwandlung von nichtspaltbarem in spaltbares Material, zum Beispiel Uran-238 in Plutonium-239.

Reaktor
Einrichtung, mit deren Hilfe sich eine Spaltungskettenreaktion einleiten, aufrechterhalten und steuern läßt. Hauptbestandteil ist eine Spaltzone mit spaltbarem Kernbrennstoff. Ein Reaktor hat im allgemeinen einen Moderator, einen Reflektor, eine Abschirmung und Regelvorrichtungen. Ein Kernreaktor wird zu Forschungszwecken (Forschungsreaktor) oder zur Leistungserzeugung (Leistungsreaktor) errichtet.

Brutreaktor
Ein Reaktor, der mehr Spaltstoff erzeugt, als er verbraucht.

kritisch
Ein Reaktor heißt kritisch, wenn ebensoviel Neutronen erzeugt werden wie durch Absorption und Ausfluß verlorengehen. Der kritische Zustand ist ein normaler Betriebszustand eines Reaktors.

Leichtwasserreaktor
Sammelbezeichnung für alle H_2O-moderierten und -gekühlten Reaktoren.

Druckwasserreaktor
Leistungsreaktor, bei dem die Wärme aus der Spaltzone durch Wasser abgeführt wird, das unter hohem Druck steht, damit eine hohe Temperatur erreicht und ein Sieden in der Spaltzone vermieden wird. Das Kühlwasser gibt seine Wärme in einem Dampferzeuger an den Sekundärkreis ab.

Reaktor, schneller
Reaktor, bei dem die Spaltungen überwiegend durch schnelle Neutronen ausgelöst wird. Ein schneller Reaktor hat im Gegensatz zum thermischen Reaktor keinen Moderator.

Hochtemperaturreaktor
Die sicherheitstechnischen Eigenschaften eröffnen den Hochtemperaturreaktoren ein breites Einsatzspektrum im Strom- und Wärmemarkt. Bei diesem Kernkraftwerktyp ist die Nutzung der passiven, systeminhärenten Sicherheitseigenschaften konsequent durchgeführt. Dieser neue Reaktortyp wurde für den Bedarf von Industrie und Stadtwerken an kleinen und flexiblen Kraftwerkseinheiten zur wirtschaftlichen Stromerzeugung sowie zur Kraft-Wärme-Kopplung entwickelt. Ob Hochtemperaturreaktoren in Deutschland noch eine Chance haben, hängt ab von der Erzeugung des kommenden Energieträgers Wasserstoff mit Hilfe von nuklearer Prozeßwärme. Ebenso dürften die Kohlevergasung, die tertiäre Ölförderung und die Fernwärmeversorgung langfristig zu den Aufgaben von Hochtemperaturreaktoren gehören. Es kommt darauf an, den Hochtemperaturreaktor als Option für die Zukunft offenzuhalten.

Wiederaufbereitung
Anwendung chemischer Verfahren, um aus Kernbrennstoff nach seiner Nutzung im Reaktor (abgebrannter Kernbrennstoff) die Wertstoffe – das noch vorhandene Uran und den neuentstandenen Spaltstoff Plutonium von den Spaltprodukten – den radioaktiven Abfällen – zu trennen.

Entsorgung
bezeichnet in der Kerntechnik alle Anlagen und Verfahrensschritte, die zur weiteren Behand-

lung des aus dem Reaktor entladenen abgebrannten Brennstoffs erforderlich sind: Zwischen-lagerung, Wiederaufarbeitung, Rückführung nutzbarer Spaltstoffe, Behandlung und Endlage-rung radioaktiver Abfälle. Das Gegenstück zur Entsorgung ist die Versorgung des Reaktors mit nuklearem Brennstoff: Uransuche, -förderung, -aufbereitung, -anreicherung, Herstellung der Brennelemente.

Endlagerung
Endgültige Lagerstätte für radioaktive Abfälle (»Atommüll«), besonders geeignet sind zu Salz-domen aufgefaltete Steinsalzlagerstätten.

Die wichtigsten Maßeinheiten der radioaktiven Strahlung und ihre Umrechnungen

Bedeutung	Einheit	alte Einheit (bis 31. 12. 85)	Umrechnung	
Aktivität	Becquerel (Bq)	Curie (Ci)	$1\ Ci = 3{,}70 \cdot 10^{10}\ Bq$	$1\ Bq = 2{.}70 \cdot 10^{-11} Ci$
Äquivalent-dosis	Sievert (Sv)	rem	$1\ rem = 10^{-2} Sv$	$1\ Sv = 100\ rem$
Äquivalent-dosisleistung	Sv/h; Sv/min	rem/h, rem/s	$100\ rem/h = 1\ Sv/h$	$1\ rem/h = 2{,}78 \cdot 10^{-6} \dfrac{W}{kg}$
Energiedosis	Gray (Gy)	Rad (rd) 1 RD = 100 erg/g	$1\ rd = 10^{-2} Gy$	$1\ Gy = 100\ Rd$
Energiedosis-leistung	Gy/h; Gy/d	rd/h; rd/s	$1\dfrac{Gy}{h} = 100\dfrac{rd}{h}$	$1\dfrac{W}{kg} = 3{,}6 \cdot 10^{3}\dfrac{Gy}{h}$
Ionendosis	Röntgen (R)	Röntgen (R)	$1\ R = 2{,}58 \cdot 10^{-4}\dfrac{C}{kg}$	$1\dfrac{C}{kg} = 3{,}88 \cdot 10^{3}\ R$

Anzahl der radioaktiven Zerfälle pro Sekunde
Sie wurde früher angegeben mit der Einheit Curie (Ci). 1 Curie war gleich der Zahl der Kern-umwandlungen in einer Sekunde in einem Gramm Radium-226, also $3{,}7 \times 10^{10}$ Zerfälle. Heute übliche Maßeinheit ist das Becquerel (Bq). 1 Bq bedeutet 1 Zerfall pro Sekunde. Wichtig ist, daß die Einheit Becquerel immer in Verbindung mit einer Menge oder Fläche genannt wird, also zum Beispiel: 10 000 Bq pro Quadratmeter Wiese, 500 Bq pro Liter Milch, 2000 Bq pro Kilogramm Salat.
Sehr oft in einen Topf geworfen wurden nach Tschernobyl die Einheiten für die Aktivität eines strahlenden Stoffes und die Strahlendosis, die auf einen Organismus einwirkt. Der Unter-schied entspricht in etwa der Emission und Immission von Schadstoffen eines Automobils. Da-nach kann man die Aktivität eines radioaktiven Stoffes mit der Emission vergleichen, also dem, was das Kraftfahrzeug an Schadstoffen durch den Auspuff ausstößt. Die Strahlendosis wäre dann der Immission gleichzusetzen, also dem, was ein Mensch an Autoabgasen ein-atmet.

Abkürzungen
im allgemeinen ständigen fachlichen Gebrauch

Energie, Arbeit
1 Ws (Wattsekunde)   = 1 J (Joule)
1 kWh (Kilowattstunde) = 3,6 MJ (Mega-Joule)
SKE = Steinkohleeinheit.
      Für Vergleiche bei der Bewertung verschiedener Energieträger wird die Bezugseinheit
      SKE verwendet. Sie entspricht etwa dem Heizwert der Steinkohle.
1 kg SKE   = 29,3076 MJ (Mega-Joule)
1 Mio. t SKE = 29,3076 PJ (Peta-Joule)
1 Mrd. t SKE = 29,3076 EJ (Exa-Joule)

Energie-Formelzeichen: W (work).
1 J = 1 Ws; 1 kJ (Kilo-Joule) = 1000 J = 0,239 kcal.

Bewegungsenergie
Die Energie einer bewegten Masse. Auch kinetische Energie.
Formelzeichen: W (work)

$$W = \frac{1}{2} m \cdot v^2$$
                                          m = Masse
                                          v = Geschwindigkeit

Energieeinheiten
Die Einheit der Energie ist 1 Joule (1 J),
es gilt: 1 Joule = 1 Wattsekunde (1 J = 1 Ws)

Vielfache der Einheit
Kilojoule 1 kJ	$= 10^3$ J	
Megajoule 1 MJ	$= 10^6$ J	
Gigajoule 1 GJ	$= 10^9$ J	
Terajoule 1 TJ	$= 10^{12}$ J	
Petajoule 1 PJ	$= 10^{15}$ J	
Exajoule 1 EJ	$= 10^{18}$ J	
Kilowattstunde 1 kWh	$= 3,6$ MJ $= 3,6 \times 10^6$ J.	

Eine Steinkohleeinheit ist die Wärmemenge, die aus einem Kilogramm Steinkohle mit einem Heizwert von 7000 kcal/kg gewonnen werden kann.
Die Steinkohle stellt den Energieträger dar, der als erster großtechnisch genutzt wurde. In der Energiewirtschaft stellt daher der Energieinhalt (Heizwert) von 1 kg einer genormten Steinkohle (29,3 MJ) eine oft benutzte Energieeinheit dar:
1 kg Steinkohleeinheit (1 kg SKE) = 29,3 MJ.

Bei der Charakterisierung der Ressourcen bzw. Reserven an Energieträgern sind zwei Vorgehensweisen möglich:
Angaben von Mengen bzw. Volumina,
z. B. 1 kg Steinkohle
     1 kg Erdöl
     1 m^3 Erdgas

Angabe des zugehörigen Energieinhalts (Heizwerts),
z. B. bei Steinkohle   1,00 kg SKE = 29,3 MJ
    bei Erdöl   1,43 kg SKE = 42,3 MJ
    bei Erdgas   1,09 kg SKE = 31,9 MJ

Bei der Angabe des Energieinhalts lassen sich die Energieinhalte verschiedenartiger Energieträger zusammenfassen. So besitzen zum Beispiel 1 kg Steinkohle, 1 kg Erdöl und 1 m^3 Erdgas zusammen einen Energieinhalt von 3,52 kg SKE = 103,5 MJ.

Ci
Kurzzeichen für Curie

Curie
Einheit der Aktivität eines Radionuklids. Die Aktivität von 1 Curie (Ci) liegt vor, wenn von einem Radionuklid $3,7 \cdot 10^{10}$ (37 Milliarden) Atome je Sekunde zerfallen.
Abgeleitete, kleinere Einheiten:
1 mCi = 1 Millicurie = 10^{-3} Ci = ein Tausendstel Curie
1 µCi = 1 Mikrocurie = 10^{-6} Ci = ein Millionstel Curie
1 nCi = 1 Nanocurie = 10^{-9} Ci = ein Milliardstel Curie
1 pCi = 1 Pikocurie = 10^{-12} Ci = ein Billionstel Curie

Bei einer Aktivität von 1 Mikrocurie zerfallen pro Minute rund 2 Millionen Atomkerne, bei 1 Pikocurie sind es entsprechend rund 2 Zerfälle pro Minute. Die Aktivitätseinheit Curie wurde ersetzt durch die neue Einheit Becquerel.

1 Curie = $3,7 \cdot 10^{10}$ Becquerel.

Bq Kurzzeichen für Becquerel.

Elektrische Spannung

1 V = 1 Volt

1 kV = 1 Kilovolt = 1000 Volt

Elektrische Arbeit

1 kWh = 1 Kilowattstunde

1 MWh = 1 Megawattstunde = 1000 Kilowattstunden

1 GWh = 1 Gigawattstunde = 1 Mio. Kilowattstunden

1 TWh = 1 Terawattstunde = 1 Mrd. Kilowattstunden

Elektrische Leistung

1 kW (Kilowatt)	=	1000 W		= 10^3 W
1 MW (Megawatt)	=	1000 kW		= 10^6 W
1 GW (Gigawatt)	=	1000 MW		= 10^9 W
	=	1 Million kW		
1 TW (Terawatt)	=	1000 GW	= 1 Milliarde kW	= 10^{12} W
1 PW (Petawatt)	=	1000 TW	= 1 Billion kW	= 10^{15} W
1 EW (Exawatt)	=	1000 PW	= 1 Billiarde kW	= 10^{18} W

MWth

Megawatt thermisch; Gesamtleistung eines Kernreaktors in Megawatt.

Rem

Einheit der Äquivalentdosis, Kurzzeichen: rem.

Die Äquivalentdosis ist ein Maß für die Schädlichkeit einer Strahlung für den Menschen.

Mrem

Millirem, $^1/_{1000}$ rem

DWR

Druckwasserreaktor

Ansprechadressen für Informationen zum Thema Energie in der Bundesrepublik Deutschland (Auswahl)

Bundesministerium für Forschung und Technologie
Neinemannstraße 2
5300 Bonn-Bad Godesberg

Physikalisch-Technische Bundesanstalt (PTB) Abt. SE
Bundesallee 100
3300 Braunschweig

Arbeitsgemeinschaft für sparsamen und umweltfreundlichen Energieverbrauch e. V. (ASUE)
Heidenkampsweg 101
2000 Hamburg 1

Arbeitsgemeinschaft Fernwärme e. V.
Kennedyallee 89
6000 Frankfurt/Main 70

Bundesverband Solarenergie e.V. (BSE)
Kruppstraße 5
4300 Essen 1

Kernforschungsanlage Jülich (KFA)
Stabsstelle Öffentlichkeitsarbeit
5170 Jülich

Kernforschungszentrum Karlsruhe (KFK)
Stabsabteilung Öffentlichkeitsarbeit
Weberstraße 5
7500 Karlsruhe

Kernforschungszentrum Karlsruhe GmbH
Postfach 3640
7500 Karlsruhe

Deutsches Atomforum e.V.
Heussallee 10
5300 Bonn 1

Gesellschaft für Reaktorsicherheit (GRD) mbH
Schwertnergasse 1
5000 Köln 1

Informationsstelle zur nuklearen Entsorgung,
Der Beauftragte des Bundes
Distelweg 1b
3320 Salzgitter 1

zu 3.7.2.1 Allgemeines, Fakten, Meinungen

Maßgeblich ist, daß vorhandene Energiearten solange beibehalten und verbessert werden müssen, wie sie für die Menschen verantwortet werden können, bis sie für spätere Generationen verzichtbar und Alternativen ausreichend sind.

Fakten (BRD)
Heizöl: Rückgang von 15% (1970) auf unter 1%
Wasserkraft: Rückgang von 7% auf 5%
Braunkohle: 1990 24% Anteil, Steinkohle 28%
Kernenergie: 26%
Erdgas: 4%

Die Sektoren des Endenergieverbrauchs in Deutschland sind:
Industrie (ca. 33%), Verkehr (ca. 25%), Haushalt (ca. 35%) und Kleinverbrauch (ca. 10%), wobei unter Kleinverbrauch Handels-, Gewerbe- und Landwirtschaftsbetriebe ebenso eingruppiert sind wie öffentliche Einrichtungen.
Der Weltendverbrauch wird von Wissenschaftlern (1990) auf 7 Milliarden SKE geschätzt.
Im Jahr 1950 trug China nur rund 1,5% zum weltweiten Kohlendioxid-Eintrag in die Atmosphäre bei. 40 Jahre später sind es bereits über 10%. Schenkt man dem Planziel für das Jahr 2000 Glauben, dann wird China sein Bruttosozialprodukt in den noch verbleibenden elf Jahren verdreifachen. Dies erfordert jedoch den Einsatz von mehr Energie. Da China nicht über das notwendige Kapital verfügt, um Kernkraftwerke in ausreichender Zahl zu bauen, wird es seinen wachsenden Energiebedarf vorwiegend mit dem Einsatz fossiler Energie decken müssen.

zu 3.7.2.2 Die Energien

Zu Kraftwerken (allgemein)

In Deutschland sollen alle Kraftwerke der öffentlichen Stromversorgung so weit mit Entschwefelungsanlagen ausgestattet sein, daß sich die Schwefeldioxidabgabe bis 1994 gegenüber 1982 um 75 % verringert.

Grundsätze (z. B. Baden-Württemberg)

Probleme des Gewässerschutzes müssen lösbar sein, die großräumige Trinkwasserversorgung darf nicht gefährdet werden, der Betrieb großer Naßkühltürme muß ohne Beeinträchtigung des Kleinklimas durchführbar sein, die Belastung der Luft ist durch Auflagen und Maßnahmen unterhalb der Grenzwerte zu halten sowie eine unzulässig hohe Strahlenbelastung der Bevölkerung in der Umgebung von Kernkraftwerken zu vermeiden, der Standort ist in der Nähe örtlicher oder regionaler Schwerpunkte des Energieverbrauchs zu wählen, so daß kurze Leitungswege entstehen und eine Nutzung der Abwärme für die Fernwärmeversorgung möglich wird, es ist darauf zu achten, daß die Kraftwerke außerhalb des Einflugbereichs größerer Flugplätze sowie weit entfernt von Sprengstofflagern oder -herstellerbetrieben zu liegen kommen.

Zur Kohle

Die deutsche Steinkohle ist durch die schwierigen Förderbedingungen teurer als Importenergien. Weniger Kernenergie bedeutet mehr importierte Kohle, mehr importiertes Gas und mehr importiertes Öl und kommt nicht der deutschen Steinkohle zugute. Nur in der Mischkalkulation mit billigerem Atomstrom hat die Kohle eine Wettbewerbschance.

Der Treibhauseffekt und seine Gefahr für das Klima der Erde sind eine Folge der Überfrachtung der Erdatmosphäre hauptsächlich mit CO_2 infolge der Verbrennung fossiler Brennstoffe. Kohlendioxid ist das eigentliche Ergebnis des Verbrennungsvorgangs ($C + CO_2 = CO_2$). Nach obiger Formel werden für jede Million »Jahrestonnen nicht verbrannter Kohle« 3,7 Millionen Jahrestonnen Kohlendioxid eingespart. Die Emission dieses für die globale Temperaturerhöhung hauptverantwortlichen Gases ist aus energetischen Gründen durch keine »Umweltschutzmaßnahme« zu beseitigen!

Deutlich höhere Wirkungsgrade im Vergleich zu heutigen Kohlekraftwerken lassen sich durch die Einkopplung einer Gasturbine in sogenannten Kombikraftwerken erreichen. Die in Entwicklung befindlichen Verfahren nutzen die Vergasung oder Verbrennung von Kohle unter Druck. Die entstehenden Brenn- oder Rauchgase werden in der Gasturbine entspannt. Entwicklungsziele sind höhere Wirtschaftlichkeit bei geringeren Emissionen. Auch die Kohlendioxid (CO_2)-Emission wird vermindert, was angesichts des befürchteten Treibhauseffekts zukünftig von besonderer Bedeutung sein wird.

Ein durchschnittliches Kohlekraftwerk emittiert über 3 Millionen Tonnen CO_2 pro Jahr.

Professor Chr. D. Schönwiese, Dr. Diekmann

Zur Kernenergie

Vorab:

1. »Die Gefahren der Kernenergie sind nach Tschernobyl erfahrbar geworden«.
2. »Radioaktivität wirkt langfristig und grenzüberschreitend auf Menschen, Tiere, Pflanzen«.
3. »Technik, die von fehlerhafter Bedienung abhängt, ist nie sicher« (jede Technik).
4. »Das ›Restrisiko‹ der Kernenergie, speziell die Eintrittswahrscheinlichkeit, ist zwar gering, aber nicht gleich null«.
5. »Es steigt mit der Zahl der Kernkraftwerke« (über 400 in der Welt sind in Betrieb, dazu 150 im Bau, 1990).
6. »Das ›Restrisikoprinzip‹ muß neu überdacht werden«.
7. »Die weltweite Ausbreitung der Kernenergie setzt die Überwindung der Institution des Krieges voraus«.
8. »Verzicht auf Kernenergie in wenigen Jahren würde zu weiterer Umweltbelastung führen«.
9. »Die Entwicklung umweltverträglicher Energietechnik bringt Innovationsschub der Wirtschaft«.
10. »Energiesparen beste Energiequelle« (Ja, aber nur bedingt möglich). Forschungsstätte der Evangelischen Studentengemeinschaft (FEST), Heidelberg, Oktober 1986

»Kernkraftwerke emittieren keine Stickoxide, kein Schwefeldioxid, keinen Staub. Die Enquete-Kommission ist der Ansicht, daß die Frage Kernenergieausbau und -forschung oder Ausstieg eine Aufgabe erheblicher Priorität der Europäischen Gemeinschaft ist. Ein Ausstieg allein Deutschlands würde unter Sicherheitsgesichtspunkten eher Nachteile als Vorteile bringen. Ferner: »... aus Umweltgründen stillgelegte Kraftwerke müßten wieder in Betrieb gehen; erhebliche Mengen an Öl müßten zusätzlich verstromt werden; kurz- und mittelfristig wären die erforderlichen Mengen an Erdgas nicht aufzubringen; es wäre kaum möglich, den nach Stillegung von mehr als der Hälfte der Kraftwerksleistung erforderlichen Bau neuer Kraftwerke und gleichzeitig die Sanierung des Kraftwerksparks der ehemaligen DDR zu finanzieren; der Ausfall des nuklearen Beitrags zur Stromversorgung könnte nur wettgemacht werden durch »extremes Sparen«, das wohl nicht durchgesetzt werden kann.«

Professor Hans Michaelis, Oktober 1990

»Infolge Tschernobyl dürfte nach Aussage von Klaus Henrichs, Physiker bei der Gesellschaft für Strahlen- und Umweltforschung in Neuherberg bei München, für jeden eine zusätzliche externe Strahlenbelastung von 100 Millirem (für 1988) ergeben. Durch diese zusätzliche Strahlenbelastung besteht die Wahrscheinlichkeit, daß unter einer Million Menschen vom Säugling bis zum Greis innerhalb der nächsten dreißig Jahre einer zusätzlich an Leukämie sterben wird.

Oktober 1986

Für die Bürger der Bundesrepublik stieg das Krebsrisiko durch den radioaktiven Fallout in Tschernobyl so gut wie nicht. Die gesamte Dosis, die eine einzelne Person innerhalb von fünfzig Jahren zusätzlich erhalten wird, dürfte zwischen einem und höchstens fünf Rem liegen. Selbst wenn diese Belastung schlagartig aufträte, stiege das Risiko, an Krebs zu sterben, nur um Bruchteile eines Prozentes. Nimmt man ein mittleres Krebsrisiko von 25 Prozent, erhöhte es sich auf 25,002 Prozent.
Eine Gefahr für das Ungeborene im Mutterleib ist nicht gegeben. Das Risiko für ein ungeborenes Kind, später an Leukämie oder an einem anderen Krebs zu erkranken, der durch die erhöhte Radioaktivität verursacht wurde, beträgt neun in einer Milliarde. Da in der Bundesrepublik weniger als 500 000 Kinder im Jahr geboren werden, dürfte nach dieser Berechnung kein menschlicher Embryo oder Fötus geschädigt werden.«
»Es geht vor allem um den mit Abstand wichtigsten Auslöser einer Klimaveränderung: das Kohlendioxid. Der Hamburger Klimakongreß hat die Forderungen höher geschraubt: Die Industrieländer sollen ihre Emissionen schon bis zum Jahr 2000 um dreißig Prozent und bis zum Jahr 2015 um fünfzig Prozent verringern. Diese Ziele können nur erreicht werden durch Halbierung des Einsatzes von Kohle, Öl und Gas.
Von Quellen im Bundesgebiet geht nur ein geringer und zudem zurückgehender Teil der weltweiten Emissionen aus: derzeit etwa 3,7 Prozent, je etwa zur Hälfte verursacht durch heimische und durch eingeführte Energieträger.
Will man sich nicht auf nur recht begrenzt wirksame Maßnahmen zur Verringerung der Kohlendioxid-Emissionen aus Quellen im Bundesgebiet beschränken, sondern zu einer globalen Verringerung gelangen, dann kann dies nur im Rahmen eines Konzeptes geschehen, das solidarisch möglichst viele Staaten zu im ganzen angemessenen, vor allem aber ausgeglichenen Reduktionen der Kohlendioxid-Emissionen veranlaßt.
Alle realistischen Szenarien zeigen, daß eine Halbierung der globalen Kohlendioxid-Emissionen kaum erreicht werden kann, wenn zugleich auf Kernenergie verzichtet wird.
Schon heute sorgt die Kernenergie für eine Begrenzung der Kohlendioxid-Emissionen. Bei einem weltweiten Ersatz dieser Energie durch herkömmliche Brennstoffe würden sich die Emissionen um etwa zehn Prozent erhöhen.
Bei einer Verlagerung der Kernenergienutzung in Nachbarländer tritt an die Stelle der Gefährdung aus heimischer Kernenergie eine zusätzliche grenzüberschreitende Gefährdung aus Kernenergieanlagen mit möglicherweise niedrigerem Sicherheitsstandard. Es wäre nichts gewonnen, Energie einführen zu müssen und sich gleichzeitig der Kontrolle über die Sicherheitsstandards zu begeben. Mit einem Verzicht auf friedliche Nutzung der Kernenergie beraubt man sich zudem der Möglichkeit, die internationalen Standards der Reaktorsicherheit durch nationale Forschung, Entwicklung und Demonstration, durch Mitwirkung in internationalen Gremien, durch Beratungstätigkeit und durch Exporte von Sicherheitseinrichtungen zu verbessern.«

Professor Hans Michaelis, Lehrbeauftragter für Energiepolitik an der Universität Köln
und Mitglied der Enquete-Kommission des Deutschen Bundestages
»Vorsorge zum Schutz der Erdatmosphäre«.

170

»Da ich die Gefahren der Kernenergie nicht für harmlos halte, gilt mein Streben, mit moderner Informationstechnik die Sicherheit kerntechnischer Anlagen (einschließlich menschlicher Fehlbedienung) noch sicherer zu machen.

Die Gefahren meiner Arbeitsumgebung verdränge ich nicht – bis durch einen genialen Gedanken ein bislang unbekannter sicherer Weg gefunden wird, die Sonnenenergie ausreichend und zuverlässig zu nutzen.

Frühzeitig wurde der Strahlenschutz mit breiter Forschung angegangen und zur Sicherheit des mit radioaktivem Stoff umgehenden Personals ausgebaut.

Durch den Fortschritt der Sicherheitstechnik sind heute Luft- und Raumfahrt so sicher wie die Eisenbahn, trotz komplexerer größerer Flugzeuge, dichterem Flugverkehr und weniger Flugpersonals. Dies wurde erreicht vor allem durch den Einsatz moderner Informationstechnik.

Das Ziel der nuklearen Sicherheitstechnik ist es, keine radioaktiven und anderen Schadstoffe von mehr als einem Tausendstel der natürlichen Belastung in die Atmosphäre zu entlassen. Der Abstand dieser Dosis zu der Dosis, die nachweisbar zu Gesundheitsschäden führt, ist tausendmal größer als der beim Kohlekraftwerk bezüglich der Emissionen von Schwefeldioxid und Natriumdioxid.

Alkohol ist eine chemische Substanz, die jährlich bei uns zu 3000 mißgebildeten Kindern führt. Die Gefahren der Radioaktivität sollen hier keineswegs verharmlost werden, aber maßlose Überschätzung ist ebenso unverantwortlich.

Die Einwohnerzahl einer mittleren Großstadt wird jährlich durch den Verkehr in ihrer Gesundheit, oft dauerhaft, erheblich geschädigt. Mindestens die Hälfte sind passive Opfer wie Fußgänger, Radfahrer oder Mitfahrer. Der jährliche Schaden der Volkswirtschaft beträgt 38 Milliarden Mark. Das sind die unmittelbaren Schäden von Unfällen. Langzeitschäden wie Krebs durch Abgase sind hier nicht eingerechnet.

Jährlich wird in Deutschland die Umwelt mit 5,3 Millionen Tonnen Stickstoffoxiden und mit 0,4 Millionen Tonnen organischen Schadstoffen sowie Ruß belastet. Dazu kommen 100 Millionen Tonnen Kohlendioxid (CO_2). Daneben werden geringere Mengen von Schwermetallen wie Blei, Cadmium und Quecksilber sowie Reifenstaub freigesetzt. Diese Schadstoffe verteilen sich dauerhaft breit über unser Land.

Die Ölreserven werden vermutlich im Jahr 2020 endgültig ausgebeutet sein. Nun will man wieder auf die Kohle zurückgreifen. Kohle ist ebenso begrenzt und ein viel zu wertvoller Rohstoff, um sie unwiederbringlich zu verfeuern. Nachfolgende Generationen haben auch das Recht, diesen in Jahrmillionen entstandenen Naturstoff für wiederverwertbare Produkte zu nutzen. Verbrennen von Kohle zur Erzeugung von Elektrizität bedeutet Raubbau unseres wichtigsten Kohlenstoffträgers.

Die Entsorgung der Abfälle von Kohlekraftwerken ist keineswegs gelöst. Trotz teurer Filter werden Wasser und Luft mit Schadstoffen zwar reduziert, aber weiter belastet werden. Übrigens setzt ein Kohlekraftwerk mindestens soviel Radioaktivität frei wie ein Kernkraftwerk in Betrieb bei gleicher Leistung.

Deutschland darf nicht allein auf die Sicherheit der deutschen Reaktoren bedacht sein, da um die Bundesrepublik herum weitaus mehr Kernenergie produziert wird als innerhalb ihrer Grenzen. Wenn wir unsere Kernkraftwerke stillegen, werden wir bald keine kerntechnische Industrie und Forschung mehr haben.

Wir werden damit keinerlei Fachleute und Einfluß mehr haben, um eine höhere Sicherheit der benachbarten Reaktoren durchzusetzen. Und wie gedenkt man innerhalb des europäischen Verbundes zu verhindern, daß die Bundesrepublik billigen Atomstrom von den Nachbarn bezieht und damit den Bau weiterer Reaktoren in diesen Nachbarstaaten anregt? Das gleiche gilt für die Brüterkraftwerke, von denen die Franzosen bereits zwei und die Russen vier in Betrieb haben.

Es ist bekannt, daß die Finnen ihre von der Sowjetunion gekauften Kernkraftwerke mit amerikanischer und deutscher Technik auf den Sicherheitsstandard westlicher Kernkraftwerke gebracht haben. Warum gaben die Finnen wohl noch mal so viel Geld aus, wie der ursprüngliche Kaufpreis ausmachte?

Tatsache ist, daß in den letzten 30 Jahren niemand in Deutschland durch Radioaktivität einer kerntechnischen Anlage getötet wurde. Auch sind nicht Millionen Menschen durch einen Super-GAU in Tschernobyl umgekommen, wie »unabhängige Wissenschaftler« den kompetenten Verfassern der Risikostudie entgegenhielten. Die Russen wagen es sogar, ein halbes Jahr nach dem Unfall die benachbarten Reaktoren zu bedienen und in der Nähe des Unglücksortes zu wohnen. Sind die erschreckend vielen tatsächlichen Opfer des Autoverkehrs gute Opfer und die hypothetischen der Kernenergie schlechte? Die Lehre aus Tschernobyl bedeutet, die deutsche Bevölkerung auch vor den Gefahren aus dem Ausland zu schützen, indem höhere Sicherheitsstandards und engerer fachlicher Informationsaustausch international durchgesetzt werden.«

> Professor Dr.-Ing. Heinz Trauboth, Karlsruhe
> Leiter des Institutes für Datenverarbeitung in der Technik (IDT)
> im Kernforschungszentrum Karlsruhe

Dazu Carl Friedrich von Weizsäcker, Professor für Philosophie in Hamburg und Physiker:
»Tschernobyl war ein technischer Fehler, den man nicht zu wiederholen braucht. Tschernobyl hat meine Meinung überhaupt nicht geändert. . . .«
und »Die Probleme der Entsorgung halte ich für lösbar, politisch ein gewisses Problem.«

Professor Heinloth, Universität Bonn, fordert, »daß der Anteil der Energieversorgung durch Verbrennung fossiler Rohstoffe, der heute international 90 Prozent beträgt, auf 50 Prozent eingeschränkt werde, um die Bedrohung durch Kohlendioxid abzuwehren. Das aber kann nicht mit Energiesparen und erneuerbaren Energien geschehen. Es darf darum keine verfügbare Energiequelle wie die Kernenergie geschlossen werde. Bei Verzicht auf Kernenergie in der Bundesrepublik müßten 30 bis 35 Steinkohlekraftwerke mit einer Leistung von 750 Megawatt neu errichtet werden.«

Forderungen und Fakten zur Sicherheit
Neue Kernenergiereaktoren gehören mindestens 400 m unter die Erde, so daß dadurch naturgesetzlich auch beim größtmöglichen denkbaren Unfall keine Radioaktivität an die Oberfläche dringen kann. Die Mehrkosten müssen getragen werden.

»Der deutsche Sicherheitsstandard muß als Maßstab für sämtliche Kernkraftwerke in der Welt gesetzt werden. Erforderlich ist eine weltweite, unmittelbare Information aller Kernkraftwerke betreibenden Länder über Störfälle. Alle Kernkraftwerke der Welt müssen einer internationalen Sicherheitskontrolle und Überwachung unterliegen.«

> Georg von Raison,
> Bundes-Arbeitsgemeinschaft deutscher Techniker-Verbände, Lammspringe

Zum Vergleich:
»Die radioaktiven Emissionen der Reaktorblöcke von Tschernobyl waren 200- beziehungsweise 400 mal so hoch wie die der Reaktorblöcke von Biblis.

> Dr. Helmut Trinkaus, Jülich

Internationale Organisation Association of Nuclear Power, London:
»Die Betreiber von Kernkraftwerken aus den Vereinigten Staaten, Japan, der Sowjetunion und einigen europäischen Ländern werden in Fragen der Sicherheit ständig zusammenwirken. Die Vollversammlung der Vereinten Nationen hat einstimmig beschlossen, die Atomenergie weiter auszubauen.«
»Wir wissen, daß Plutonium im Boden sich in Form stabiler chemischer Komplexe bindet und nicht in den Pflanzenstoffwechsel – und damit auch nicht in unsere Nahrungsmittelkette – gelangt.
Wir verdanken lebenswürdige Verhältnisse unserer Erde der Radioaktivität, denn über 80 Prozent der Erdwärme, ohne die wir eine ständige Eiszeit hätten, stammen daher. Es ist einfach nachzuweisen, daß die Erzeugung von Kernenergie weit weniger Gefahren mit sich bringt als die Erzeugung jeder anderen Energie, trotz Tschernobyl und Sellafield.
Grund genug, die Kerntechnik weiterzuentwickeln. Unsere Enkel können diese noch immer aufgeben, wenn sie Besseres erfunden und zur technischen Reife entwickelt haben. Vorenthalten dürfen wir ihnen diese nicht.«

> Professor Dr Klaus Ebert, Heidelberg

Die Problemkreise:

»Erstens die politischen Entscheidungen über deren Zukunft, zweitens die Weiterentwicklung der Kernkraftwerke mit dem Ziel immer größerer Zuverlässigkeit und Sicherheit, drittens die Information der Öffentlichkeit.

Tschernobyl war das Fanal, das der Welt zeigte, was ein großer Reaktorunfall ist: etwa 30 Milliarden Mark Gesamtschaden vor allem durch die Um- und Neuansiedlung von mehr als 100 000 Menschen, etwa 30 Tote durch akute Strahlenkrankheit und vielleicht 4000 Todesfälle in den nächsten fünfzig Jahren durch von Strahlen verursachten Krebs (anfangs hatten die Russen Zahlen genannt, die etwa das Zehnfache an Toten erwarten ließen). Bei größerer Besiedlungsdichte und bei ungünstigeren Wetterbedingungen können die Schäden durch radioaktiven Niederschlag sehr viel höher sein.

Bei Entscheidungen ist ein Abwägen zwischen mindestens zwei Möglichkeiten (Folgen der Kernenergie oder Folgen eines Verzichts) notwendig. Ich gehöre zu denen, die glauben, daß sich in fünfzig Jahren, wenn die Weltbevölkerung sich unvermeidlich vermehrt haben wird und wenn die dritte Welt (hoffentlich) einen höheren Lebensstandard erreicht haben wird, sich der Energiebedarf trotz Energiesparens mindestens verdoppelt haben wird und daß man deshalb der Hoffnung auf die Sonnenenergie nicht heute die Kernenergie opfern sollte.

Der Unfall bei Harrisburg war zwar in seinen Folgen nach außen harmlos, aber als Ereignis am Schaltpult war er sehr erschreckend als Zeichen der Gefahren, die von der Bedienung ausgehen können.

Bei uns hat allein das Institut für Reaktorsicherheit 400 Mitarbeiter, die nichts anderes tun als überall Analysen machen und Verbesserungsmöglichkeiten suchen, und das ist nur ein Teil der Anstrengungen im Lande.

Dabei gibt es zwei Prinzipien: Das eine Prinzip ist, daß man für jede große Klasse von irgendwo im System möglichen Störungen, auch wenn man im Einzelfall nicht an sie gedacht hat, Schwellen eingebaut hat, die ihre Ausbreitung verhindern. Und zweitens versucht man, schon ganz unbedeutende Störungen als Signale für schädliche Wirkungen zu verstehen und daraus zu lernen. Man geht mit den Anforderungen an Gerät und Personal sehr weit, um großen Abstand von wirklicher Gefahr zu halten.«

Professor Dr. Heinz Maier-Leibnitz

Das Ergebnis von Großversuchen des Projekts »Heißdampfreaktor-Sicherheitsprogramm«, das seit 1975 vom Kernforschungszentrum Karlsruhe ausgeführt wird: Die Kernreaktoren in der Bundesrepublik sind nicht durch Erdbeben bedroht.

Jeder Kernreaktor in der Bundesrepublik muß dieses Erdbeben mehrfach und das »Sicherheitserdbeben«, bei dem eine doppelt so hohe Belastung zugrunde gelegt wird, mindestens einmal überstehen können.

In der nächsten Phase des Versuchsprogramms werden das Verhalten des Sicherheitsbehälters bei Kernschmelzunfällen, die Entwicklung und Überwachung von Langzeitschäden, die Auswirkungen von Bränden und das Verhalten geschädigter Komponenten untersucht.

Nach einer Vorausschau der Internationalen Energieagentur (IEA) wird der Verbrauch der wichtigsten Primärenergieträger Öl, Kohle, Gas und Kernenergie durch die westlichen Industrieländer bis zum Jahr 2000 jährlich um durchschnittlich 1,4 % steigen. Von den einzelnen Energieträgern verzeichnet die Kernenergie dabei die größten Wachstumsraten. Die Prognosen basieren unter anderem auf der Annahme, daß das reale Bruttosozialprodukt in den Jahren 1990 bis 2000 um 2,5 % pro Jahr zunehmen wird.

In seinem Spitzenjahr – 1973 – war Erdöl mit 48 % am Primärenergieverbrauch der Welt beteiligt. Unter den zehn Ländern mit dem höchsten Energieverbrauch nehmen die Vereinigten Staaten (2378 Mill. SKE) vor der Sowjetunion (1841 Mill. SKE), der Volksrepublik China (776 Mill. SKE), Japan (471 Mill. SKE) und der Bundesrepublik (357 Mill. SKE) den ersten Platz ein. Allein 72 % des Weltenergieverbrauchs entfallen auf nur 10 Länder. Beim Energieverbrauch je Einwohner stand 1987 Kanada mit knapp 10 Tonnen SKE an der Spitze vor den Vereinigten Staaten (9,8 t SKE), der Sowjetunion (6,4 t SKE) und der Bundesrepublik (5,9 t SKE). Seit Mitte der sechziger Jahre hat sich der Welt-Energieverbrauch verdoppelt. (Dezember 1990)

173

Der Energieverbrauch in der Welt steigt – Hauptursache ist das Bevölkerungswachstum
1980 lag der Weltverbrauch bei 8,76 Milliarden Tonnen SKE; seitdem hat die Weltbevölkerung um mehr als eine halbe Milliarde Menschen oder um über 12 % zugenommen. Wichtigster Energieträger ist nach wie vor Erdöl.
Das Öl deckte 1987 den Energiebedarf der Welt zu rund 40 %, gefolgt von Kohle mit knapp 33 %, den Erdgasbedarf mit 22 %, der Wasserkraft mit annähernd 3 % und der Kernenergie mit 2 %.

Seit 1980 – in 10 Jahren – hat sich die Anzahl der in den Vereinigten Staaten von Amerika betriebenen Reaktoren kontinuierlich von 68 auf 110, also um 62 % erhöht. Der Atomstromanteil stieg von 11 % auf 19 %.

Auf der 13. Weltenergiekonferenz in Cannes wurde übereinstimmend festgestellt, daß der Weltenergieverbrauch sich in den nächsten 35 Jahren in etwa verdoppeln muß, wenn angesichts der rapide wachsenden Weltbevölkerung katastrophale Entwicklungsbrüche und politische Spannungen von unabsehbarer Tragweite vermieden werden sollen. Alternative Energien wie Sonne, Wind oder Wasserkraft werden jedoch nach Aussage der 4000 Energie-Experten aus aller Welt nur eine untergeordnete Rolle spielen.

Öl, Gas, Kohle und Kernenergie werden auch über das Jahr 2000 hinaus die wichtigsten Energiequellen bleiben. Angesichts der Endlichkeit der fossilen Energievorräte votierte die Konferenz dafür, die Kernenergie weiter auszubauen.
Der sogenannte Tschernobyl-Reaktor mit Graphitkern wird nicht mehr gebaut. Er ist durch das Graphit entzündlich und zu groß, um mit einem Druckbehälter abgesichert zu werden. Stattdessen: Beim Brüter sehen sich die sowjetischen Wissenschaftler ziemlich vorn.

Quellen: Klaus Broichhausen, Bonn; Wolfram van den Wyenbergh, Zürich; Hanni Konitzer, Wien; Klaus Bender, Rom; Karl Jetter, Paris; Peter Hort, Brüssel; Horst Bacia, Stockholm; Jochen Rudolph, London; Hans Michaelis, Wilhelm von Braunmühl. Ludwig Trautmann-Popp u. a.

»Wer Ausstiegs- oder Einstiegsszenarien durchzusetzen versucht, also Extremmeinungen vertritt, handelt voreilig und unverantwortlich. Wir wissen, daß wir das Energieproblem lösen müssen. Wissenschaft, Technik, Politik stehen in der Pflicht, alle Vorbereitungen für die Ungewißheiten und Gefahren unserer Energiezukunft zu treffen.«
Klaus Pinkau, wissenschaftlicher Direktor am Max-Planck-Institut
für Plasmaphysik in Garching bei München

Die Strahlendosis ist ein Maß für die Gefährlichkeit und wird in Rem gemessen (andere Maßeinheiten dafür sind Rad, Röntgen, Sievert). Ein Rem entspricht etwa der Strahlendosis von einem Gramm Radium in einem Meter Abstand während einer Minute. Jeder Bürger der Bundesrepublik ist durchschnittlich einer effektiven Äquivalentdosis von rund 300 Millirem jährlich ausgesetzt. Größten Anteil daran haben die Strahlenanwendung in der Medizin und die natürliche Strahlenbelastung mit jeweils etwa 150 Millirem. Es handelt sich dabei aber um Mittelwerte, die gewissermaßen auf alle Bürger umgelegt werden. Kohle- und Kernkraftwerke steuern rund 0,1 Millirem zur Jahresbelastung des einzelnen Bürgers bei.
Reinhard Wandtner / Frankfurter Allgemeine Zeitung

Radioaktivität ist andererseits ein Maß für die Menge der strahlenden Substanz. Sie wird in Becquerel gemessen, das ist die Anzahl der entstehenden radioaktiven Strahlen beziehungsweise die Anzahl der Atomkernumwandlungen pro Sekunde. 500 Becquerel entsprechen 500 Ereignissen pro Sekunde.

Es hat sich herausgestellt, daß Neutronen – oder Alphastrahlung – wesentlich mehr Schäden verursachen als harte Gammastrahlung, Röntgenstrahlung oder Betastrahlung. Deshalb wurde für radiobiologische Vergleiche die Einheit »rem« (radiation equivalent man) eingeführt. Im neuen Einheitensystem ist das rem durch Sievert (Sv) – ein schwedischer Strahlenforscher – ausgewechselt worden (1 Sv = 100 rem). Beim radioaktiven Fall-Out sind rad und rem identisch.

Die Radioaktivität nimmt durch den Zerfall der Isotope innerhalb der ersten 24 Stunden um den Faktor 3000 ab. Die Dosisleistung verringert sich nach rund zwei Wochen auf ein Tausendstel; nach sechs Wochen ist sie noch ein Hunderttausendstel der ursprünglichen Dosis.

Dosisgrenzwerte nach § 45 StrlSchV

Organ	Dosis an der ungünstigsten Einwirkungsstelle über Ableitung mit	
	Abluft	Abwasser
Ganzkörper	30 mrem	30 mrem
Lunge, Leber, etc.	90 mrem	90 mrem
Knochen	180 mrem	180 mrem
Schilddrüse	90 mrem (über Ernährungsketten insgesamt)	

In Baden-Württemberg wird kein Kernkraftwerk mehr gebaut und die Atomkraft nur noch als »vorübergehende Energieart« genutzt (CDU-Fraktion im Stuttgarter Landtag). Für eine Übergangszeit soll mehr Erdgas genutzt werden, bei dessen Verbrennung nur halb soviel Kohlendioxid ausgestoßen werde wie beim Verheizen von Kohle und Erdöl. Anzustreben sei eine nichtfossile Energiewirtschaft, deren tragende Säulen die Sonnenenergie und der Wasserstoff sein sollten.

Teufel, Stuttgart 1990

Sicherheit hat Vorrang
Eine unterirdische Atomanlage kann bis zu 100mal größeren Druck von außen überstehen als die überirdischen. Unter zehn Meter Sand und Kies sowie einem zwei Meter dicken Stahldeckel kann sogar der gezielte Einschlag schwerer Bomben dem Reaktor keinen Schaden zufügen.

Ein Teil der Verunsicherung nach dem Reaktorunglück in Tschernobyl entstand, weil man mit Becquerel, Rem, Rad, Sievert und anderen Definitionen wenig anzufangen weiß. Die Behörden geben zwar eifrig neue Meßwerte bekannt, was aber bedeuten sie?
Unter Radioaktivität versteht man die in der Natur weit verbreitete Eigenschaft mancher Atomkerne, durch Zerfall in einen anderen Atomkern überzugehen. Dabei wird Energie frei, die als Strahlung abgegeben wird. Häufig ist der entstandene Atomkern wiederum nicht beständig, er zerfällt ebenfalls. Dadurch kommt es zu radioaktiven Zerfallsreihen. Stoffe, die zum Zerfall neigen, werden als radioaktive (strahlungsaktive) Isotope oder als Radionuklide bezeichnet. Die meisten Elemente kommen als Isotope vor, sie sind ein »Gemisch« aus Teilchen unterschiedlichen Atomgewichts.
Die Halbwertszeit ist ein wichtiges Charakteristikum der verschiedenen Radionuklide. Sie gibt an, in welcher Zeitspanne die Aktivität auf die Hälfte abklingt. Kurzlebigen Radionukliden wie dem Radon 220 (Halbwertszeit 55 Sekunden) stehen extrem langlebige gegenüber, etwa Thorium (14 Milliarden Jahre) und Rubidium (500 Milliarden Jahre). Beim Reaktorunglück in Tschernobyl wurden vor allem Jod 131 (Halbwertszeit 8 Tage) und Cäsium 137 (30 Tage) freigesetzt, möglicherweise auch Strontium (28 Jahre).
Alphastrahlung, die beim Zerfall mancher Radionuklide freigesetzt wird, besteht aus beschleunigten Teilchen, genauer aus Heliumkernen. Diese Heliumkerne sind positiv geladen, es handelt sich also um Ionen. Natürliche Alphastrahler sind etwa Radon 222 und Radium 226. Bei Kernwaffen und Kernreaktoren spielt Plutonium 239 als Alpha-Strahler eine wichtige Rolle. Alpha-Strahlung dringt nur oberflächlich in Gewebe und anderes Material ein. So läßt sich die von Plutonium abgegebene Strahlung schon mit Pappe abschirmen. Außerordentlich gefährlich ist es aber, wenn Plutonium-Partikel in den Körper gelangen.
Betastrahlung besteht aus ausgesandten Elektronen. Sie kann Materie stärker durchdringen. Im allgemeinen kann man Betastrahlung mit einer dünnen Metallfolie oder mit einer etwas dickeren Kunststoffplatte gut abschirmen. Manche Betastrahler, etwa Tritium (Wasserstoff mit Atomgewicht 3), Kohlenstoff (14 At-Gew) und Phosphor (32 At-Gew), werden in der Biochemie zum »radioaktiven Markieren« verwendet. Molekühle, Zellen oder Gewebe, die solche Radionuklide enthalten, lassen sich mit dem Zählrohr oder mit einem Röntgenfilm identifizieren.

Zu Fernwärme

Fernwärmeheizung ist umweltschonend. Dies zeigt ein Vergleich der Schadstoffbelastungen durch verschiedene Heizsysteme. Wird zum Beispiel die Zentralheizung eines 10-Familien-Hauses von Öl auf Fernwärme umgestellt, verringern sich die Emissionen von Schwefeldioxid (SO_2) um rund 75 %. Die Stickoxid (NO_X)-Belastungen gehen um mehr als die Hälfte zurück und die Kohlenmonoxid-Emissionen reduzieren sich um 90 %.

Fernwärmeversorgung ist ein großes Zentralheizungssystem. Anstelle eines einzigen Gebäudes werden ganze Stadtteile mit gebrauchsfertiger Energie versorgt.

Fernwärme kann zum Heizen, zur Klimatisierung, zur Warmwasserbereitung und als Prozeßwärme in der industriellen Fertigung eingesetzt werden. Fernwärme eignet sich für alle Warmwasser-Zentralheizungssysteme, ganz gleich, ob es sich um eine Radiatoren-, Fußboden- oder Deckenstrahlungsheizung handelt. Fernwärme läßt sich auch sonst überall einsetzen, wo Wärme bis zu einer Temperatur von 70 °C benötigt wird.

Aufgrund der hohen Investitionskosten für das Verteilungsnetz kommt eine Fernwärmeversorgung nur für Gebiete mit einer hohen Wärmedichte in Frage. Und je näher diese Gebiete am Kraftwerksstandort liegen, desto wirtschaftlicher wird ihre Versorgung. Die Kosten für den Bau und die Unterhaltung eines Fernwärmenetzes werden häufig unterschätzt. Für einen Meter in der Straße verlegte Fernwärmeleitung muß mit Aufwendungen von mehr als 1000,– DM gerechnet werden. Investitionen in dieser Größenordnung können sich nur bei sehr hohen Abnahmen amortisieren.

Zur Kraft-Wärme-Kopplung

In einem Heizkraftwerk werden gleichzeitig Strom (Kraft) und Fernwärme (Raumheizung und Warmwasser) erzeugt. Hinsichtlich der Luftreinhaltung bringt das zentralisierte System in einem Ballungsgebiet gegenüber vielen Einzelheizungen deutliche Vorteile: Die Rauchgase werden optimal gereinigt. Der Ausbau der Fernwärme ist nur für dichtbesiedelte Regionen sinnvoll. Die Erzeugungsanlagen müssen sich in der Nähe der Abnehmer befinden.

Die Vorteile:
– Primärenergieeinsparung durch Kraft-Wärme-Kopplung,
– Erzeugung der Energie am Verbrauchsort.

Die Nachteile:
– Strom wird aus Erdgas, einer teuren und nur begrenzt zur Verfügung stehenden Importenergie, erzeugt,
– Verdrängung der Kohle bei der Stromerzeugung.
  Fernwärme steht sicher zur Verfügung. Aus inländischer Steinkohle erzeugt, bietet sie ein Höchstmaß an Versorgungssicherheit und macht unabhängig von Energieimporten.

Zu Blockheizkraftwerken

Rund 1500 Blockheizkraftwerke sind in der Bundesrepublik Deutschland in Betrieb. Nur wenige davon werden zur Versorgung von Wohngebäuden eingesetzt. In erster Linie sind Blockheizkraftwerke in Objekten der öffentlichen Hand wie Verwaltungsgebäude, Hallenbäder und Kläranlagen anzutreffen.

Müll als Energielieferant

Müll ist nicht nur lästiger Abfall, der mit hohem Kostenaufwand beseitigt werden muß. Im Innern einer geordneten Deponie, wo Hausmüll dicht zusammengepreßt unter Sauerstoffabschluß verrottet, kommt ein Gärungsprozeß in Gang. Bei der Zersetzung der organischen Bestandteile des Mülls entsteht ein Gas, das sich überwiegend aus Methan und Kohlendioxid zusammensetzt.

Zu Regenerative Energien

Bei einem Vergleich unter ökologischem Aspekt mit Kohle und Öl schneiden regenerative (oder erneuerbare) Energien gut ab. Noch sind regenerative Energien bei Einbeziehung der externen Kosten in der Stromerzeugung teuer. Wenn aber die angestrebten Technikverbesserungen und Kostensenkungen gelingen, werden Sonne, Wind, Wasser und Pflanzen gemeinsam zur vierten Säule unseres Energiesystems werden.

	regenerativer Energieeinsatz 1988		
	Mio t SKE 1988	Anteil an der gesamten Nutzung regenerativer Energien %	Anteil am gesamten Primärenergie-einsatz %
gesamte Elektrizitätserzeugung	7,5	74,9	1,9
Fernwärmeversorgung	0,6	5,6	0,2
Zwischensumme	8,1	80,5	2,1
davon Strom aus Kraftwerken der öffentlichen Versorgung	5,9	58,4	1,5
gesamter Einsatz regenerativer Energien	10,1	100	2,6

Quelle: Arbeitsgemeinschaft Energiebilanzen

Zu Wasserkraft
Die Stromerzeugung aus Wasserkraft in verschiedenen europäischen Staaten Anfang der achtziger Jahre:

Staat	Stromerzeugung aus Wasserkraft in Milliarden kWh	Prozentualer Anteil an der Gesamt-stromerzeugung
Norwegen	73,2	99,8
Island	2,5	96,7
Schweiz	35,6	78,8
Portugal	9,2	74,6
Österreich	24,9	65,7
Schweden	51,2	58,1
Jugoslawien	24,5	57,0
Spanien	37,2	43,8
Frankreich	75,1	37,7
Finnland	10,9	35,5
Italien	54,3	34,5
Luxemburg	0,3	26,5
Griechenland	2,0	12,5
Bundesrepublik Deutschland	14,5	5,8

Eine Vielzahl von zusätzlichen Stauseen ist möglich und für die Zukunft erforderlich.

Zur Windenergie
Beim Einsatz regenerativer Energien bildet Windenergie einen Schwerpunkt. Wenngleich der mögliche Beitrag der Windenergie aufgrund der meteorologischen Bedingungen und der begrenzten zur Verfügung stehenden Fläche für die Aufstellung von Windkraftanlagen in Deutschland, gemessen am gesamten Strombedarf, nur gering sein kann, sollten doch alle sinnvollen Chancen genutzt werden.
Die Nutzung des Windes steht in dieser Hinsicht in Deutschland erst am Anfang. Die ersten 30 Windenergieanlagen des Windenergieparks Westküste lieferten 1988 – im ersten vollen Kalenderjahr nach Inbetriebnahme – gute Ergebnisse. Die Stromeinspeisung in das öffentliche Netz hat sich verachtfacht. Im Bau und in Planung ist nochmals mehr als die doppelte Leistung von 11,5 MW.

Innerhalb weniger Jahre wurden in den Vereinigten Staaten – und dort vor allem unweit der Pazifikküste – mehr als 10 000 Windgeneratoren installiert. Dennoch kann auch dort Windkraft immer nur als ergänzende Energiequelle betrachtet werden, es sei denn, daß ausreichende Speichermöglichkeiten zur Verfügung stehen. Die hoch subventionierten Windparks in Kalifornien haben an der gesamten installierten elektrischen Leistung dieses Bundesstaates nur einen Anteil von 1,4 %. Mit dem fast regelmäßig in Dänemark wehenden Wind können dort 0,2 % des Strombedarfs gedeckt werden.

Die Windenergie wird jedoch wirtschaftlicher. Das gilt aber bisher nur für mittelgroße Anlagen. In wissenschaftlichen Untersuchungen wird das Potential der Windenergie für die Bundesrepublik im Jahr 2000 mit 1,5 Millionen Tonnen Steinkohleneinheiten angenommen. Das entspräche etwas mehr als ein Prozent der heutigen Stromerzeugung. Um dieses Ziel zu erreichen, müßten 2500 Anlagen installiert werden. Für das Jahr 2005 ist eine Leistung von 500 000 Kilowatt zu erwarten. Bei einer jährlichen Nutzungsdauer von 2000 Stunden bedeutet das eine Stromerzeugung von einer Milliarde Kilowattstunden. Damit wird die Windenergie zur deutschen Stromerzeugung 0,2 % beitragen.

Zur Sonnenenergie

Die Erdoberfläche empfängt jährlich von der Sonne schätzungsweise das Zehnfache der Energie, die im gesamten Weltvorrat an fossilen Brennstoffen und Uran enthalten ist. Diese Menge entspricht dem 15 000-fachen des jährlichen Energiebedarfs der Welt. Trotz dieses enormen Potentials wird nur ein winziger Bruchteil genutzt. Die Technologie zur praktischen Anwendung von Sonnenenergie beruht auf dem Einsatz von zwei völlig unterschiedlichen Systemen, nämlich Solar-Kollektoren zur Wärmeerzeugung und Solarzellen, die das Sonnenlicht in Elektrizität umwandeln.

Solarkollektoren

Bei diesen Systemen wird das Sonnenlicht absorbiert und in Wärme umgewandelt, die mit einem Übertragungsmedium wie etwa Wasser entzogen werden kann.

Systeme zur Nutzung von Solarenergie

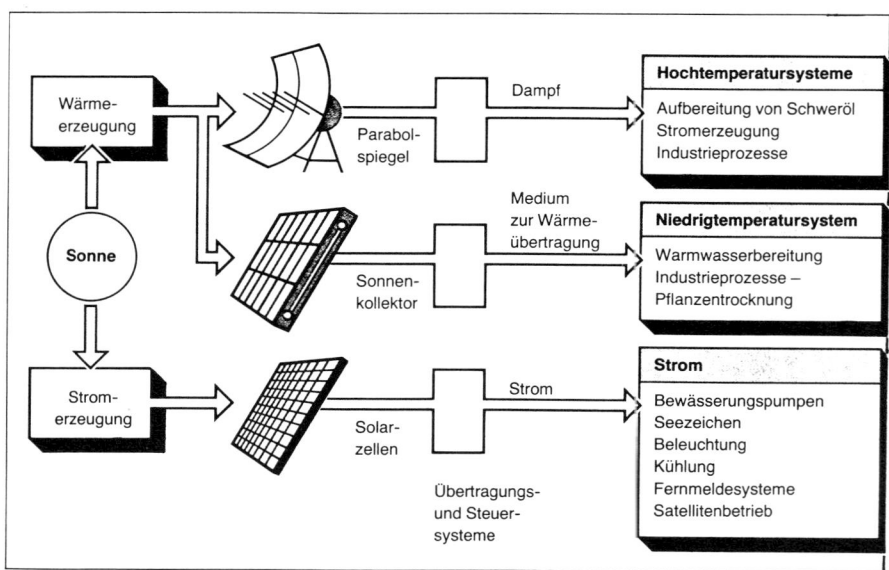

Die Sonnenenergie wäre der Kernenergie vorzuziehen, wenn man sie in ausreichender Menge einfangen und speichern könnte. Jedoch mit den jetzt bekannten technischen Verfahren ist noch keine Lösung in Sicht, die riesigen Energiemengen, die die Industrieländer verbrauchen, mit Solartechnik zu erzeugen. Solaranlagen brauchen auf großer Fläche wenigstens hell einfallendes Licht, nicht unbedingt Sonnenschein. Kohlendioxid, einer der Verursacher des befürchteten Treibhauseffekts, entsteht in Solarkraftwerken nicht. Bei der Nutzung der Sonnenenergie sind die Herstellungskosten für Solarzellen seit 1980 um 95 % gesunken. Vorerst gilt die Neuentwicklung als wirtschaftlich vor allem bei der Heizung von architektonisch entsprechend gestalteten Solarhäusern. Bei einer Massenproduktion solcher kleiner, dezentraler Anlagen, deren Solarkonzentrator etwa drei Quadratmeter mißt und die einen Wasserstoffspeicher von jeweils drei Kubikmetern benötigen, wird mit einem Strompreis von nur 15 Pfennig pro Kilowattstunde gerechnet. Der in einem Lörracher Unternehmen entwickelte Solarkonzentrator – ein Parabolspiegel – bündelt das Sonnenlicht, das mit einer Wärme von 400 bis 500 Grad in einem Hochtemperaturspeicher aus der Verbindung Magnesium-Hydrid (MgH$_2$) abspaltet. Er wird in einen Niedertemperaturspeicher geleitet und kann von dort jederzeit wieder zurückgeleitet werden.

Auf der Insel Kythnos hat die Siemens Solar GmbH eine photovoltaische Pilotanlage errichtet. Die Anlage wandelt Licht mit siliziumbeschichteten Solar-Modulen unmittelbar in Strom um und arbeitet auf Kythnos seit Juni 1983.

Vereinfachte Darstellung des photovoltaischen Effekts

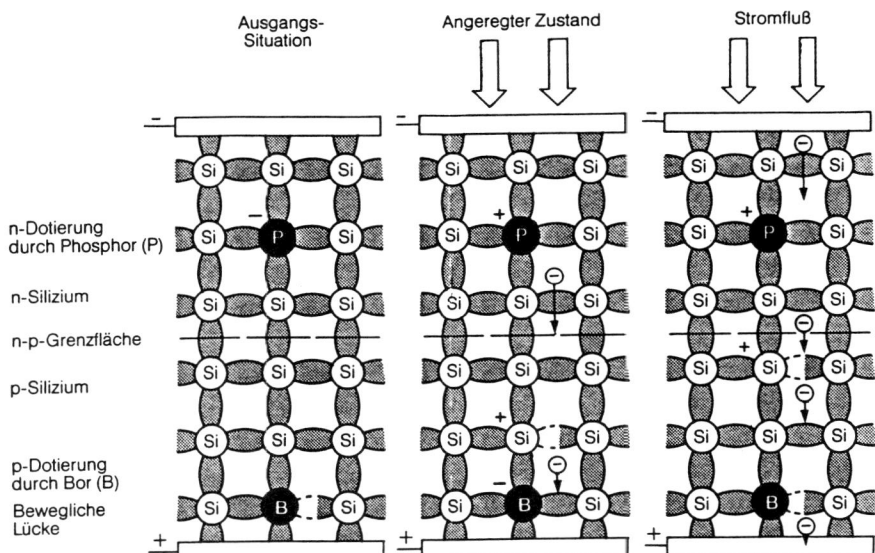

n-Silizium: Im Siliziumkristallgitter sind Fremdatome mit fünf Bindungselektronen eingebaut (P); das überzählige fünfte Elektron ist nur locker gebunden und kann leicht verschoben werden.

p-Silizium: Im Siliziumkristallgitter sind Fremdatome mit drei Bindungselektronen eingebaut (B); bei jedem Fremdatom tritt ein Elektronenloch auf; beim Anlegen einer Spannung springen benachbarte Elektronen bevorzugt in dieses Loch.

Funktionsweise einer Solarzelle: Bei Sonneneinstrahlung bewegen sich Elektronen vom Gebiet höherer Elektronendichte (n-Silizium) durch die n-p-Grenzfläche (Sperrschicht) ins Gebiet niedrigerer Elektronenkonzentration (p-Silizium).

Wolfram Huncke, Bild der Wissenschaft

Der Solarenergie, sowohl in Form von Solarwärme als auch der photovoltaischen Umwandlung in elektrischen Strom, kommt deshalb eine besondere Rolle zu, weil in den größtenteils energiearmen Entwicklungsländern das solare Strahlungsenergieangebot die einzige in permanent ausreichender Form vorhandene Energiequelle darstellt.

Photovoltaik-Solarzellen sind etwas grundsätzlich anderes als andere Stromerzeugungsmethoden. Sie sind Platten, zwischen deren Vorder- und Rückseite eine Potentialdifferenz auftritt, wenn auf sie Licht trifft. Es gibt keinen Lärm, keine Emissionen, keine bewegten Teile. Der Vergleich mit einem normalen Kraftwerk ist falsch.

Sogar die Versorgung einzelner Haushalte ist eine attraktive Alternative im Vergleich zu den traditionellen Energiequellen Petroleum, Batterien und Gas. Die bisherigen Erfahrungen zeigen, daß für diese Art der »Minimalelektrifizierung« mit sogenannten Solar Home Systems eine hohe Akzeptanz von seiten der Bevölkerung besteht, bietet sich doch hier die einzige Möglichkeit einer Grundversorgung mit Strom für Beleuchtung, Radio und TV. Für weite Teile der dritten Welt bieten photovoltaische Kleinsysteme zur dezentralen dörflichen Energieversorgung somit in abgelegenen Regionen die einzige realistische Chance einer Stromversorgung an elektrischem Strom für die dort lebende Bevölkerung, die oftmals auch gar keine andere Wahl hat. Diesen Sachverhalt gilt es zu berücksichtigen, wenn man die Kosten der Photovoltaik betrachtet.

In der Photovoltaik engagiert sich die deutsche Industrie vornehmlich im Anlagenbau und in der Entwicklung neuer Herstellungsverfahren. Grob unterschieden gibt es zwei Arten von Solarzellen. Die einen bestehen aus kristallinem Silizium, das in einem exakten Muster angeordnet ist. Die anderen aus amorphen, also ungeordneten Siliziumteilen. Kristalline Solarzellen haben einen relativ hohen Wirkungsgrad von mehr als 10 % (das heißt: mehr als ein Zehntel der auftreffenden Sonnenenergie wird in elektrische Energie umgesetzt).

Zum Hochtemperaturreaktor

»Schwer verständlich ist die zögernde, diskriminierende Behandlung der Hochtemperaturlinie, von Professor Schulten in Jülich entwickelt, einer Konzeption, die jegliche normale Kraftwerke übersteigende Unfallgefahren auf Grund physikalischer Gesetzmäßigkeiten ausschließt.

Der Hochtemperaturreaktor hat infolge seiner technischen Beschaffenheit zwei entscheidende Sicherheitsvorteile: Erhöht sich die Temperatur im Reaktor über ein gewisses Maß hinaus, wird automatisch – nämlich aus physikalischen Gründen – die Kettenreaktion gebremst, bis zum Stillstand. Deshalb stehen – zweitens – nach einem Kühlmittelverlust auch nicht nur Sekunden oder Minuten, sondern fünf bis sechs Stunden für überlegte Gegenmaßnahmen zur Verfügung. Daraus folgt eine wesentliche Erhöhung der »eingebauten« Sicherheit. Dieser Reaktortyp ist ein originärer deutscher Beitrag zur zivilen Atomtechnik.«

Hansgert Soiné, Evessen

Zur Kernfusion

Die Kernfusion, die den Prozeß der Sonne nachahmt, wird möglicherweise einmal die Kernspaltung ablösen und weitaus weniger nuklearen Abfall erzeugen. Gegenwärtig befindet sie sich noch im Stadium der grundlegenden Entwicklung.

Die Kernfusion, auf der viele Hoffnungen ruhen, kann nach Experteneinschätzung frühestens in 50 Jahren soweit sein. Manche halten es eher für möglich, daß sich bis dahin andere Energieformen erschließen lassen.

Weltweit wird die Erforschung der Fusion in vier großen Programmen Europas, der Vereinigten Staaten, Japans und der Sowjetunion vorangetrieben.

Die Forschungsergebnisse des Max-Planck-Instituts für Plasmaphysik weisen gerade in jüngster Zeit bedeutende Welt-Erstleistungen auf. Sie werden jährlich von einem Fachbeirat kontrolliert, der aus zwei Amerikanern, einem Engländer, einem Franzosen, einem Niederländer, einem Schweden und sechs Deutschen besteht, die nicht dem Institut angehören.

Professor Dr. Klaus Pinkau
Wissenschaftlicher Direktor, Max-Planck-Institut für Plasmaphysik, Garching

»Eine möglicherweise aussichtsreichere Fusionsmethode ist die mit Myonen katalysierte Fusion. Im Gegensatz zu den anderen Verfahren läßt sich hierbei der Einsatz von hohen Temperaturen gänzlich umgehen.

Die myon-induzierte Kernfusion, auch kalte Fusion genannt, läuft bereits bei Zimmertemperatur schnell in einer einfachen Kammer ab. Mittlerweile ist vorstellbar, daß ein Fusionsreaktor auf der Grundlage der kalten Kernfusion eines Tages wirtschaftlich arbeiten könnte.

Es ergeben sich zwei wichtige Folgerungen. Erstens kann ein Reaktor, der auf der Basis myonkatalysierter Kernfusion arbeitet, nicht durch unkontrollierte Kettenreaktionen in einen kritischen Zustand geraten und der Reaktorkern nicht durchschmelzen. Zweitens läßt sich dieser kalte Fusionsprozeß nicht zur Herstellung von Kernwaffenmaterial nutzen. So könnten nicht nur für die Gesellschaft nützliche Anwendungen entstehen, sondern auch Nebenprodukte, die der Grundlagenforschung neue Möglichkeiten eröffnen.

Die beteiligten Prozesse spielen sich in den Bereichen der Molekül-, Atom-, Kern- und Elementarteilchenphysik ab. Die Erforschung der kalten Kernfusion fordert dazu heraus, die unterschiedlichen Konzepte zusammenzufügen, wobei sich unser Verständnis auf allen Teilgebieten vertieft.«

Johann Rafelski, Steven E. Jones, Spektrum der Wissenschaft, Sonderdruck 2

Zur Wasserstoffenergie

Ein gemeinsames Solar-Wasserstoff-Projekt in der Oberpfalz umfaßt ein 500 Kilowatt großes Solarzellen-Kraftwerk, eine 300 Kilowatt große Elektrolyse-Anlage zur Wasserstoffgewinnung und weitere neueste modulare Systemkomponenten für einen Verbund von Wasserstoff und Strom als Energieträger auf einer Gesamtfläche von 5 Hektar. An eine wirtschaftliche Nutzung dieser Technik ist noch nicht zu denken. Die Pilotanlage im industriellen Maßstab soll in enger Kooperation mit der einschlägigen deutschen Industrie gebaut werden. Neben dem Luft- und Raumfahrt-Unternehmen MBB wird sich auch die Kraftwerk Union/Interatom beteiligen.

Man kann Wasserstoff ohne große Mühe komprimieren, speichern, über weite Strecken durch Gasleitungen transportieren, ihn zentral und dezentral einsetzen ähnlich wie derzeit Erdgas. In der Küche, zur Heizung, sogar zur lokalen Gewinnung elektrischen Stroms in sogenannten Brennstoffzellen und in herkömmlichen Blockheizkraftwerken.

Wasserstoff ist wahrhaft umweltfreundlich. Bei seiner Verbrennung entstehen weder Kohlendioxid noch Schwefeldioxid, nur Wasserdampf. Die Atmosphäre wird nicht vergiftet. Wir wünschen uns die Aufnahme der solaren Wasserstofftechnologie in den langfristigen Zielkatalog der Politik.

Ludwig Bölkow, Professor Winter

Mit Bedenken technischer Art läßt sich gegen die Wasserstoffwirtschaft heute nicht mehr argumentieren. Es gibt keine technischen Grundsatzprobleme, die einer technischen Realisierung der Wasserstoffwirtschaft entgegenstehen.

Bis es freilich dazu kommt, werden noch etliche Jahre ins Land gehen. Frühestens in 30 bis 40 Jahren glaubt man bei der Ludwig-Bölkow-Stiftung an einen Einsatz von Wasserstoff im großen Rahmen. Es ist dann auch die Zeit, in der die jetzt gebauten Kernkraftwerke aus Altersgründen verschrottet werden müßten. Kein schneller Ersatz für Kernenergie also. Und noch etwas läßt den baldigen Einsatz von durch Sonnenlicht gewonnenen Wasserstoff nicht zu: die Kosten.

Wasserstoff als Auto-Antrieb

Auf der Suche nach alternativen Energien für den Straßenverkehr bietet sich der Wasserstoff als einer der wenigen aussichtsreichen Alternativkraftstoffe an. Der Wasserstoffantrieb ist eine Möglichkeit, umweltfreundlich und unabhängig vom Erdöl Auto zu fahren. Es gibt vier verschiedene Motorenkonzepte, um ein Auto mit Wasserstoff zu betreiben. Diese Motoren unterscheiden sich im wesentlichen in der Art der Gemischbildung. Bei der äußeren Gemischbildung mit Wasserstoff von Umgebungstemperatur läßt sich zwar ein konventioneller Ottomotor am einfachsten auf Wasserstoffbetrieb umstellen. Autofahren mit Wasserstoff ist nicht mehr eine Frage der Forschung, sondern der Nachfrage und des Bedarfs. Der teurere Einsatz von Primärenergie spielt nicht die Hauptrolle. Steigt der Bedarf, zum Beispiel durch staatliche Maßnahmen, werden auch die Preise fallen.

zu 3.7.2.3 Energie-Einsparungen

Bei den begrenzten Vorräten an Energieträgern wird durch Sparmaßnahmen lediglich der Zeitpunkt des Endes der Vorräte hinausgeschoben. Das kann allerdings mithelfen, die Zeitspanne bis zum Übergang auf andere Energieträger zu überbrücken.

So produzieren wir heute ein gegenüber 1973 um fast 40 % höheres Bruttosozialprodukt, verbrauchen aber dabei nur 1,3 % mehr Energie.

Die mit der Energieversorgung verbundene Umweltbelastung ist in den letzten Jahren verringert worden. So ist zum Beispiel der Ausstoß von Schwefeldioxid von 2,6 Mio t im Jahre 1982 auf 1,2 Mio t in 1988 zurückgegangen und wird bis 1998 voraussichtlich auf 0,8 Mio t sinken.

Enquete-Kommission Okt. 1990, Professor Hans Michaelis:
»Für die Raumheizung werden große Mengen an fossil erzeugter Wärme benötigt. Eine Verringerung des Verbrauchs bringt verstärkte Wärmedämmung. Deshalb wird ein umfassendes Programm zur Verbesserung der Wärmedämmung in Wohn- und Geschäftsbauten erforderlich, und zwar für die Neubauten und im Wege der Modernisierung des umfangreichen Altgebäude- und Altwohnungsbestands (Altbausanierung)«, wie Hauswände mit durchsichtigen Dämmstoffen, auch als Kollektoren (z. B. Kaiser-Bau/Düsseldorf, Dornier, u. a.).
Ferner:
Kraft-Wärme-Kopplung erzeugt Fernwärme und verbessert den Wirkungsgrad im Kraftwerk. Beim Verbraucher entstehen keine Verluste, aber: Nur Energiesparen in Verbindung mit rationeller Energieverwendung und Nutzung regenerativer Energiequellen eröffnet die Aussicht, das CO_2-Problem zu stabilisieren.

Heizenergieverbrauch im Wohnungsbau
Beim Einfamilienhaus sind Keller, Dach, Wand und Fenster etwa mit je einem Viertel am Wärmeverlust beteiligt, während bei Hochhäusern Dach und Keller mit 5 % bis 10 % in den Hintergrund treten und die Wände beziehungsweise Fenster mit je knapp der Hälfte an den Wärmeverlusten schuld sind.
Bauliche Energieeinsparungsmaßnahmen haben in den letzten zehn Jahren zu einer deutlichen Senkung des Energieverbrauchs im Hochbau geführt. Dies ist, auch wenn in der energiepolitischen Alltagsdiskussion relativ wenig darüber gesprochen wird, deshalb besonders zu würdigen, weil der Hochbau (Wohnungen, Haushalte und Kleinverbraucher) den bedeutendsten Sektor bei Energieverbrauch in unserem Land darstellt. In diesem Bereich können – über das bisher Erreichte hinaus – weitere Einsparungen getätigt werden.
Die Entwicklungen auf dem Sektor der baulichen Sonnenenergienutzung sind mit den bisherigen Ergebnissen noch nicht abgeschlossen. Erste Ergebnisse mit neuentwickelten transparenten Dämmstoffen lassen höhere Solargewinne erhoffen.

Es müßte sich stärker durchsetzen, daß es nicht darum geht, Kosten zu sparen, sondern Energie zu sparen. Energieeinsparung hat ihren Preis!
Energieeinsparung und jede Art von Energie-Nichtverbrauch sind Umweltschutz, weil dann weder bei der häuslichen Verbrennung vor Ort noch im Kraftwerk, das die Fernwärme und den Heizstrom in die Gebäude liefert, Emissionen entstehen. Der bauliche Wärmeschutz ist ein wesentlicher Beitrag zum Umweltschutz.
Ohne auf den Solarstrom von morgen zu warten, könnte heute schon mehr Energie aus der Sonne genutzt werden, wenn die Architekten vor allem bei Hochhäusern entsprechend projektierten. Die Verwaltungshochhäuser mit ihren großen Spiegelglasflächen sind die größten bereits vorhandenen Solarkollektoren. Wenn die darauf einstrahlende Energie verwendet würde, könnten an einem winterlichen Sonnentag allein durch die Fassade der Deutsche-Bank-Zentrale 4000 bis 5000 Liter Öl täglich gespart werden.

zu 3.7.3 Abfall und sonstige Entsorgung

Weitere ausgewählte relevante Begriffe im ständigen Sprachgebrauch
Abbaubarkeit: Eigenschaft eines Stoffes, durch biochemische, chemische oder physikalische Reaktionen umgewandelt und damit unschädlich oder umweltverträglicher gemacht werden zu können.
Biologische Schädlingsbekämpfung: Begünstigen oder Einbringen von Pflanzen, Tieren oder Mikroorganismen, die als natürliche Gegenspieler Schädlinge bekämpfen.

Biotop: Charakteristischer Lebensraum von bestehenden Pflanzen und Tieren, der eine bestimmte Lebensgemeinschaft (Biozönose) begünstigt.

Brauchwasser: Industriell genutztes Wasser, z.B. als Kühl-, Kesselspeisewasser, kein Trinkwasser.

Dekontamination: Beseitigung radioaktiver toxischer oder mikrobieller Verunreinigung.

Entschwefelung: Entfernung von Schwefel und Schwefelverbindungen aus Brennstoffen wie Öl, Gas und Kohle vor oder nach der Verbrennung (der Schwefeloxide) aus Rauchgasen.

Erosion: Boden-abtragende Tätigkeit des Wassers oder der Luft.

Eutrophierung: Anreicherung von Pflanzennährstoffen – Überdüngung – und dadurch massenhafte Vermehrung bestehender Pflanzen oder Algen in Gewässern, führt zu Sauerstoffmangel und Fäulnis (»Umkippen« eines Gewässers). Hauptverursacher: Waschmittel und landwirtschaftliche Düngung.

Fluorchlorkohlenwasserstoffe (FCKW): Füllmaterial für Kühlanlagen, Treibmittel für Spraydosen, chemisch indifferente Schmiermittel, Kunststoffe (Hostaflon, Teflon). Wahrscheinlich Hauptverursacher des Ozonlochs. Jahresproduktion: ca. eine Million Tonnen.

Klimaänderung: Infolge hoher Anreicherung der Hochatmosphäre durch Verbrennungsprodukte und Zerstörung des schützenden Ozongürtels Veränderung der globalen Wärmeeinstrahlungs- und Abstrahlungsverhältnisse mit den vermuteten Folgen: globaler Temperaturanstieg um vier bis neun Grad, Treibhauseffekt, Versteppung, Abschmelzen der Poleiskappen, Ansteigen der Meere und Zerstörung der Küstenregionen.

Kohlendioxid: CO_2, Gas (Kohlensäure), das in geringer Konzentration in der Luft für die Lebensvorgänge unverzichtbar, in höheren Dosen schädlich bis tödlich wirkt. Übermäßige Verbrennung fossiler Brennstoffe stört den Kohlendioxid-Kreislauf in der Biosphäre.

Kohlenoxid: Kohlenmonoxid, CO, hochgiftig

Schwefeldioxid: SO_2, Reizgas, das bei Verbrennung stark schwefelhaltiger, fossiler Brennstoffe entsteht (z.B. Braunkohle). Einer der schlimmsten Luftverschmutzer. Die Wirksamkeit der zur Luftreinhaltung getätigten Maßnahmen läßt sich am besten in Zahlen für die wichtigsten Luftschadstoffe ausdrücken:

– Während 1980 noch 3,2 Millionen Tonnen Schwefeldioxid in die Luft abgegeben wurden, waren es 1984 2,6 Millionen Tonnen, bis 1995 ist nach Auskunft der Bundesregierung eine Reduzierung auf 1,1 Millionen t angestrebt.

– Stickstoffoxide: hierfür lauten die entsprechenden Zahlen 1980: 3,1 Mill. t, 1984: 3,0 Mill. t, 1995: 1,7 Mill. t.

– Kohlenmonoxid: 1980: 9,0 Mill. t, 1984: 7,4 Mill. t, 1995: 3,7 Mill. t.

Staub: 1980: 0,75 Mill. t, 1984: 0,65 Mill t, 1995: 0,4 Mill. t.

Organische Verbindungen: 1980: 1,9 Mill. t, 1984: 1,8 Mill. t, 1995: 1,2 Mill. t.

Nitrat: Salz und Ester (organische Verbindung aus Essig und Äther) der Salpetersäure (HNO).

Landschaftsökologie: Disziplin, die sich mit den Landschaften und ihrem Haushalt, insbesondere ihren ökologischen Zusammenhängen befaßt.

Immission: Emissionen, die wieder zur Erde zurückkommen und die über dem Boden gemessen werden. Schutz vor Immissionen regelt das Bundes-Immissionsschutzgesetz z.B. in der Technischen Anleitung Luft (TA Luft).

Inversion: Wetterlage ohne ausreichenden Luftaustausch zwischen bodennahen und höheren Luftschichten, dadurch wachsende Konzentration von Schmutz- und Schadstoffen (Smog – aus engl. = smoke und fog/Rauch und Nebel). Smog-Verordnungen legen ab bestimmten Schadstoff-Konzentrationen Beschränkungen für Industrie und Verkehr auf.

Kanzerogene Stoffe: = Karzinogene, krebserregende Stoffe.

Katalysatoren: Stoffe, die eine Stoffumwandlung beeinflussen, ohne sich dabei selbst zu verändern. Anwendung in Chemie oder in Kraftwerken zur Abgasreinigung. Auto-Katalysatoren auf Edelmetallbasis (Platin) beseitigen Stickstoffoxide, Kohlenwasserstoffe und Kohlenmonoxid.

Ökologie: Untersucht und berücksichtigt als Teil der Biologie die Beziehungen der Lebewesen zu ihrer leblosen und lebenden Umwelt.

Ökosystem: Begriff der Ökologie, der ein Biotop und die dazugehörige Lebensgemeinschaft umfaßt – man unterscheidet natürliche, künstliche und zerstörte Ökosysteme.

Recycling: Rückführung gebrauchter Stoffe in den Konsum-Kreislauf, sinnvoll, wenn ökologische Schäden und Energieaufwand geringer sind als bei direkter Herstellung aus (reichlich verfügbaren) Rohstoffen.

Ressource: Gesamtheit aller natürlichen Rohstoffe, Hilfs- und Produktionsmittel.

Phosphate: Anorganische Salze aus der Phosphorsäure-Gruppe, in Düngemitteln, Waschmitteln, Insektiziden, zunehmende Anreicherung des Grundwassers über Abwasser. Hauptverantwortlich für Überdüngung der Gewässer. Ersatz in Waschmitteln durch andere Stoffe im Gang.

Saurer Regen: Regen, der mit Schwefelsäure und Salpetersäure angereichert ist, die aus der Verbrennung von Kohle und Öl (Benzin) bzw. aus der Oxidation von Luftstickstoff bei der heißen Verbrennung in Motoren und Feuerungsanlagen entsteht. Wird verantwortlich gemacht für Übersäuerung der Oberflächengewässer und das Waldsterben.

Schwermetalle: Alle Metalle mit Dichte über 4,5 (Blei, Cadmium, Quecksilber) von hoher Giftigkeit. Ablagerung in Gewässern, Schlämmen etc.

Wärmelastplan: Ein überregional zu erstellender Plan zur Regelung der Wärmebelastung eines Gewässers, um die Störung des biologischen Gleichgewichts durch »Wärmemüll« (z. B. aus Kraftwerken) zu vermeiden.

Wissenswerte spezielle Informationen zum Zusammenwirken im Gesamtbereich des Themenkomplexes

Hausmüll besteht bekanntlich zu einem hohen Anteil aus wertvollen Rohstoffen, die man zu Recyclingprodukten weiterverarbeiten kann. Die Voraussetzung dafür ist ein Entsorgungskonzept, das alle ökologischen und ökonomischen Aspekte einbezieht.

Die Restabfallmenge, die keine Wertstoffe mehr enthält, wird thermisch verwertet – also verbrannt.

Erste Priorität hat das Vermeiden von Abfällen. Zweite Priorität hat die Rohstoffrückgewinnung. Sie ist eine der Aktivitäten der RWE Entsorgung AG. Das Leistungsangebot umfaßt auch Abfall- und Sonderabfallentsorgung, Abwasserreinigung, Klärschlammentsorgung und Altlastensanierung.

In Deutschland können immer mehr Unternehmen viele Rohstoffe weiterverarbeiten. Bei Altpapier, Glas, Eisen und Schrott z. B. ist das Recycling weit fortgeschritten. Für viele andere Materialgruppen wie etwa Kunststoffe sind Verfahren in der Entwicklung oder werden schon getestet. So hat man schon Wege gefunden, wie sich aus Abwässern der Papierindustrie vorteilhafte Leime, aus Abfällen der Zuckerindustrie chemische Lösungsmittel und aus überschüssiger Milch Konservierungsstoffe für Lebensmittel gewinnen lassen.

Bei der Herstellung von Papier aus Holz fallen jährlich rund 50 Millionen Tonnen Lignin an. Fast 80 % davon wurden bislang verbrannt, nur 10 % technisch weiterverwendet. Mit einem Verfahren, das die Wissenschaftler A. Kharazipour, A. Hüttermann und F. Mayer von den Instituten für Forstbotanik und Mikrobiologie der Universität Göttingen entwickelt haben, kann man aus dem makromolekularen Abfallstoff Lignin nun eine Art biologischen Zweikomponentenkleber herstellen. Mit ihrem biologischen Zweikomponentenkleber haben die Göttinger Forscher inzwischen Spanplatten ohne chemische Kunstharze hergestellt. Man bemüht sich, bislang ungenützte Abfälle umweltschonend in nützliche Substanzen umzuwandeln.

Barbara Hobom

Die Chemiefirma Dow Chemical in Stade an der Unterelbe, eine Tochter des gleichnamigen amerikanischen Chemiekonzerns, wird künftig innerhalb des Werkes nahezu geschlossene Stoffkreisläufe einführen und dadurch fast alle Abfallstoffe zurückgewinnen.

Das neue Umweltschutzkonzept setzt sich im wesentlichen aus folgenden Schritten zusammen: Thermochlorierung (Chlorolyse), thermische Oxidation durch reinen Sauerstoff, Chemolyse in der vollbiologischen Kläranlage. Die bei der komplexen mehrstufigen Rauchgaswäsche anfallende Salzsäure (rund 5000 Tonnen) wird in den Produktionskreislauf zurückgeführt. Gleichzeitig werden 100 000 Tonnen Dampf gewonnen. Durch diese Neuerung kann die in der Bundesrepublik immer knapper werdende Deponiekapazität geschont werden.

High-Tech-Verfahren im Anlagenbau

»Neben den erprobten Verfahren zur Entschwefelung sowie zur Entstickung von Kraftwerken befinden sich sogenannte regenerative Rauchgasreinigungsverfahren in der Erprobung.

Bei dem DESONOX-Verfahren wird neben der katalytischen NO_x-Minderung SO_2 in Form von Schwefelsäure zurückgewonnen. Schwerpunkte der Umweltaktivitäten im Anlagenbau werden die Gebiete der Abfallentsorgung und der Altlastensanierung sein. Der thermischen

Verwertung der Abfälle kommt angesichts der Verknappung von Deponien eine besondere Bedeutung zu. Je nach Art und Zusammensetzung der Abfälle werden unterschiedliche Aggregate wie Brennkammern, Wirbelschicht, Etagenofen, Etagenwirbler und Drehrohr eingesetzt. Für die Hausmüllverbrennung stehen verschiedene Rosttechniken zur Verfügung. In der Entwicklung befinden sich Wirbelschichtverfahren zur Abfallverbrennung und -vergasung. Alle Verfahren benötigen hochwirksame Gasreinigungen.

Karlheinz Arras

Die Sonderabfallentsorgung ist unterschiedlich geregelt. So liegt die Entsorgung dieser Abfälle in Berlin, Bremen, Hamburg, Nordrhein-Westfalen und Schleswig-Holstein überwiegend in privater Hand, während in den Ländern Baden-Württemberg, Bayern, Hessen, Niedersachsen, Rheinland-Pfalz und dem Saarland öffentlich-rechtliche Organisationsformen bestehen.

»Derzeit müssen nach Angaben des Umweltministeriums etwa 1,8 Millionen Tonnen verbrannt werden. Mit den bestehenden Anlagen können aber bisher nur 700 000 Tonnen auf diese Weise entsorgt werden. Neben der Verbrennung werden einige Sonderabfälle wie Laugen, Säuren und Schlämme chemisch-physikalisch behandelt. Feste Stoffe wie Salze und Stäube, die vor allem in Rauchgas-Reinigungsanlagen anfallen, müssen auf geeigneten Deponien gelagert werden.

So gelten für die Müllverbrennungsanlagen mit einer neuen Verordnung des Bundes-Immissionsschutzgesetzes (BImSchG) weit niedrigere Grenzwerte als bisher: Statt 400 Gramm Dioxin jährlich dürfen künftig nur noch vier Gramm aus den Anlagen ausgestoßen werden. Der zulässige Grenzwert beträgt damit nur noch 0,1 Nanogramm je Kubikmeter Abgas.«

Anke Messinger

Abfall ist unvermeidbar. Aber weniger als ein Prozent aller Abfälle sind sogenannte Industrie-Sonderabfälle, denen eine mögliche Umweltgefahr zugemessen wird.

In der chemischen Industrie entsteht nur ein Bruchteil dieser Sonderabfälle.

Übersicht:

Abfallart	Menge in Gewichtsprozent	
Produzierendes Gewerbe		25
davon: hausmüllartig	1,5	
neutrales Material	18,5	
Produktionsabfälle	5	
Landwirtschaft und Tierhaltung		50
Haus- und Sperrmüll		2,5
Klärschlamm		7,5
Bergbauabfälle		15

Zusammensetzung des Hausmülls

Wohin mit leeren Verpackungen, mit Kehricht und Küchenabfällen, mit all den täglichen Überbleibseln unserer Wegwerfgesellschaft? In die Mülltonne natürlich! Rechnet man zusammen, wieviel Hausmüll auf diese Weise produziert wird, so kommt man für die Bundesrepublik auf über 240 kg, für eine Großstadt wie Berlin sogar auf rund 275 kg je Einwohner und Jahr. Ohne die Recycling-Aktivitäten, durch die in den letzten Jahren vor allem Papier, Glas und Altkleider erfaßt wurden, wäre der jährliche Müllberg noch größer. Was trotzdem noch in der Mülltonne landet, haben Forscher der TU Berlin bei einer Analyse der Abfälle aus privaten Haushalten herausgefunden. Danach entfällt mehr als ein Fünftel (21 %) der gesamten Müllmenge auf Papier und Pappe. Einwegflaschen und andere Glasabfälle machen dem Gewicht nach trotz des vermehrten Recyclings noch immer fast 15 % des Tonnen-Inhalts aus. Weitere 22 % stammen aus Küchen- und Gartenabfällen. Diese und andere Müllanteile ließen sich ohne großen Aufwand weiterverwerten, wenn sie streng getrennt gesammelt würden.

Müllverbrennung

Hausmüll ist sehr unterschiedlich zusammengesetzt. Konsistenz, Feuchtigkeitsgehalt und Heizwert schwanken stark. Dies stellt höchste Anforderungen an die Betriebsweise. Die Anlagen sind deshalb weitgehend automatisiert worden.

»Allen Anlagen gemeinsam sind die Dampferzeuger. Sie nutzen die Wärme der heißen Abgase zur Strom- und Dampferzeugung. Dabei kühlt sich das Rauchgas auf ungefähr 350 Grad ab. Es muß dann gereinigt werden, was auf unterschiedliche Weise bei unterschiedlichen Temperaturen geschehen kann. Durch die hohen Temperaturen in den Verbrennungsanlagen wandern alle Schadstoffe – Salzsäure, Flußsäure, Schwefelsäure, Stickoxide und Schwermetalle – in das Rauchgas.

Zurück bleiben pro Tonne Müll rund 325 Kilogramm Schlacke, die kaum giftige Bestandteile enthält (eisenhaltige Reste werden nachträglich durch Magnete ausgesondert).

Der Staub – rund 30 Kilogramm pro Tonne Müll – wird durch Elektro- oder Gewebefilter abgetrennt; er enthält den größten Teil der Schwermetalle. Die Rauchgase werden durch Zusatz von Chemikalien neutralisiert, die die gasförmigen Schadstoffe binden «

Rainer Flöhl

Gesundheitsrisiko durch Müllverbrennung

Das gesundheitliche Risiko in der Umgebung von Müllverbrennungsanlagen wird oft überschätzt. Dies ergibt sich aus einer Bewertung, die von der Beratungskommission Toxikologie der Deutschen Gesellschaft für Pharmakologie und Toxikologie kürzlich vorgenommen wurde. Die Kommission weist jetzt darauf hin, daß die Immissionen organischer und anorganischer Stoffe im Umkreis moderner Anlagen weniger als ein Hundertstel des bestehenden Grenzwertes betragen. Auch die Belastung mit Dioxinen und Furanen sehen die Toxikologen als gering an. Die über Luft, Nahrung und Trinkwasser aufgenommene Menge betrage höchstens ein Prozent der aus anderen Quellen stammenden Belastung, der man täglich ausgesetzt sei. Außerdem sei die Empfehlung, »erhöhte« Konzentrationen von Schwermetallen im Blut durch Zinkpräparate zu senken, wissenschaftlich unhaltbar. Bei den Rauchgasen werden die vorgeschriebenen Normen durchweg eingehalten, teilweise sogar unterschritten. Schwierigkeiten bereiten die Stickoxide. Durch bessere Steuerung der Verbrennung konnte der Ausstoß reduziert werden. Außerdem gibt es katalytische und nichtkatalytische Verfahren, die eine Reduktion der Stickoxide zu molekularem Stickstoff erlauben. Wie beim Hausmüll wird auch beim Industrie- und Chemiemüll Energie zurückgewonnen. Sie finanziert teilweise die Hälfte der Betriebskosten.

Müllverbrennung kann nur teilweise eine Entlastung bringen. Zunächst einmal sind nicht alle Abfälle brennbar. Eine andere Tatsache jedoch wiegt schwerer: Von den 1987 hierzulande verbrannten 400 000 Tonnen Hausmüll waren rund 20 000 Tonnen Plastikmaterialien und davon wieder rund zehn Prozent PVC-haltige Kunststoffe. Mit rund 375 Kilogramm Müll liegen die Deutschen an sechster Stelle der Wegwerf-Weltrangliste. Angeführt wird sie von den Amerikanern mit 745 Kilo. Insgesamt produzieren die Bundesbürger im Jahr zwischen 30 und 32 Millionen Tonnen Abfall. Addiert man noch den Industriemüll und andere Abfälle wie etwa Bauschutt, so kommt man auf 80 Millionen Tonnen. Und die Müllmenge nimmt weiter zu. Auf der anderen Seite der Bilanz wird der Raum zum Lagern und Bearbeiten der Abfall-Lawine immer geringer, der noch verfügbare Platz in den rund 500 Deponien der Bundesrepublik schrumpft mit jedem Tag.

In der Industrie sind die Herstellungsverfahren so zu steuern, daß möglichst wenig Abfall entsteht und durch Recycling Abfälle wieder in den Produktionskreislauf zurückzuführen. An solchen Verfahren hat die Industrie ein starkes Interesse. Denn mit der Entstehung von Abfall geht ein Teil der eingesetzten teuren Rohstoffe und Energie verloren.

Dr. Curt Haefner, Heidelberger Verlagsanstalt

Mülldeponien unter Tage

»Bereits seit 1972 werden in das hessische Salzbergwerk Herfa-Neurode hochtoxische Sonderabfälle eingelagert, seit 1987 nehmen die Stollen des Heilbronner Salzbergwerks Rückstände aus der Rauchgasreinigung von Müllverbrennungsanlagen auf. In beiden Fällen werden die Abfälle in Fässern und anderen Behältern auf Paletten angeliefert und unter Tage mit Transportfahrzeugen in die Grubenbaue eingelagert. Dabei können die Fässer nur bis zu einer bestimmten Höhe aufeinandergestapelt werden, wenn nicht die Stabilität der so entstehenden Türme gefährdet sein soll. Rund ein Drittel des zur Verfügung stehenden Volumens kann daher nicht genutzt werden.

Das Gestein – darunter auch größere Brocken – wird pneumatisch in die Tiefe befördert. Die Ruhrkohle Umwelt GmbH, die eigens für dieses Aufgabengebiet gegründet wurde, denkt daher auch in erster Linie an zwei Methoden, die ihr anvertrauten Reststoffe unter Tage zu bringen.

Neue Wege will die Preussag AG beschreiten.

In direkter Nachbarschaft des Erzbergwerkes Rammelsberg sollen Kavernen in das Schiefergestein gehauen werden. In neu zu schaffenden riesigen Hohlräumen sollen zu einer pumpbaren Substanz aufbereitete Schadstoffe für immer unter der Erde verschwinden.«

Keorg Küffner

Ungeordnete Abfallbeseitigung

In einer flächendeckenden Schnell-Erhebung ermittelte das Bundesumweltministerium in den neuen Bundesländern 27877 Verdachtsflächen für Altlasten. Umwelt-Experten schätzen allerdings, daß damit nur die Hälfte der tatsächlich gefährdeten Flächen erfaßt ist. Das bedeutet: In den neuen Bundesländern ist schätzungsweise von etwa 60000 Verdachtsflächen auszugehen.

In der alten Bundesrepublik waren zum Jahresbeginn 1989 genau 48377 Verdachtsflächen registriert – ihre tatsächliche Zahl wird auf 70000 geschätzt.

Über das exakte Gefährdungspotential der Altlasten in den alten und neuen Bundesländern lassen sich derzeit noch keine zuverlässigen Aussagen treffen. Zwei Typen von Altlasten sind jedoch grundsätzlich zu unterscheiden: Altablagerungen – also alte Mülldeponien. Mit 84 Prozent ist der größte Teil der bis jetzt ermittelten Verdachtsflächen in den alten Bundesländern dieser Kategorie zuzuordnen. Die hohe Zahl erklärt sich aus der unkontrollierten Abfallbeseitigung während der fünfziger und sechziger Jahre.

Seit Inkrafttreten des Abfallbeseitigungsgesetzes im Jahre 1972 wurden in den alten Bundesländern 40000 wilde Müllkippen geschlossen. Sie alle gelten heute als potentielle Verdachtsflächen.

Ähnlich verlief hierzulande der Trend bei den öffentlichen Hausmülldeponien: Im Jahre 1977 wurden in der Bundesrepublik 1355 Hausmülldeponien registriert – zehn Jahre später nur noch 322.

Das heißt, drei von vier dieser Deponien wurden inzwischen geschlossen. Hintergrund: Verschärfte gesetzliche Regelungen führten zur Konzentration auf einzelne Standorte. Dagegen hat sich die Zahl der Deponien für Bauschutt und Bodenaushub in diesem Zeitraum fast verdoppelt.

Altstandorte – also alte Produktionsstandorte, an denen mit umweltgefährdenden Stoffen gearbeitet wurde. Das können ehemalige Gaswerke, Kokereien oder Betriebe der Chemie und der Petrochemie sein. Den Altstandorten werden auch militärisch genutzte Flächen zugeordnet.

Zu den wichtigsten Maßnahmen der Sanierung von Altstandorten in den neuen Bundesländern gehören: Sanierung der Chemiestandorte um Halle und Leipzig;

Sanierung der Metallurgie-Standorte in Thüringen und Sachsen-Anhalt (Kupferhütten, Bleihütten);

Rekultivierung des großflächigen Braunkohletagebaus;

Sanierung der Uranbergbaugebiete im Süden der Ex-DDR.

Nach Angaben des Rates der Sachverständigen für Umweltfragen ergeben sich in der Bundesrepublik durchschnittliche Kosten pro Sanierungsfall für Altstandorte von 3,7 Millionen DM sowie für Altablagerungen von 2,3 Millionen DM. Das bedeutet: Werden in den nächsten zehn Jahren in allen Bundesländern insgesamt 13000 Altlasten – das sind 10 Prozent der Verdachtsflächen – mit einem durchschnittlichen Aufwand von je 3 Millionen DM saniert, entsteht ein Finanzbedarf von 39 Milliarden DM.

Knapp die Hälfte der Sanierungskosten entfielen dabei auf die neuen Bundesländer.

Um zu schnellen Lösungen zu kommen, hat der Bundesumweltminister die Gründung einer privatwirtschaftlichen Managementgesellschaft zur Altlastensanierung vorgeschlagen. Das Know-how der westdeutschen Wirtschaft soll hier genutzt werden. Als Hauptfinanzquelle für die Altlastensanierung in den neuen Bundesländern plant der Umweltminister eine Abfallabgabe: Sie soll jährlich 5 Milliarden DM einbringen und teilweise für die Altlastensanierung eingesetzt werden.

Auch über Betreibergesellschaften ließen sich vielfältige Finanzierungsmöglichkeiten auf dem Kapitalmarkt zur Altlastensanierung erschließen.

Betreibergesellschaften könnten zudem die notwendige Entsorgungsinfrastruktur in den neuen Bundesländern aufbauen. Denn ohne gesicherte Entsorgungskapazität bleibt die Sanierung auf halbem Wege stehen.

Gerhard Voss, Institut der deutschen Wirtschaft, IHK Rhein-Neckar 7/91

zu 3.7.3.3 Grundwasser

In die heute eingerichteten Deponien wird ein Höchstmaß an Sicherheit eingebaut. Trotz all dieser Vorkehrungen kann aber nicht garantiert werden, daß Mülldeponien auf Dauer dicht bleiben. Derzeit ist kein Werkstoff verfügbar, der gegen die Angriffe aus dem Müll beständig wäre. Ausgelegt werden die Deponien gegenwärtig für einen Zeitraum von fünfzig Jahren. Ob sie schon früher zu teuren Sanierungsfällen werden, hängt wesentlich von der Zusammensetzung des Mülls ab. Nur wenn ausschließlich jener Müll auf Deponien verfrachtet wird, der nicht mehr mit anderen Abfallstoffen oder dem Regenwasser chemisch reagiert, ist die Abfall-Lagerung zu beherrschen. Zum Schutz des Grundwassers kann die Abdichtung kaum aufwendig genug sein.

Gefährlich ist vor allem das Sickerwasser. In ihm sind alle löslichen Bestandteile des Mülls enthalten. Glaubte man noch vor kurzer Zeit, daß entweder eine mineralische oder eine Kunststoffabdichtung allein das Grundwasser hinreichend schützen könne, so ist heute die »Kombidichtung« Stand der Umwelt-Technik. Sie besteht aus einer rund 60 Zentimeter dicken Tonschicht als mineralischer Dichtung und einer darüber liegenden 2,5 Millimeter starken Dichtungsbahn aus High-Density-Polyethylen (HDPE). Ist an der Baustelle kein natürlicher Ton vorhanden, so kann durch Beimischen eines quellfähigen Tonmaterials (Betonit) zur vorhandenen Erde eine Schicht mit ähnlicher Dichtungswirkung wie Ton hergestellt werden. Damit das Sickerwasser nicht zwischen den Kunststoffbahnen verschwindet, werden die einzelnen Bahnen durch Doppel-Schweißnähte miteinander verbunden. Die rund 20 Millimeter starken Nähte liegen etwa 10 bis 20 Millimeter auseinander, so daß dazwischen eine kleine Röhre entsteht. Dieser Kanal wird zu Prüfzwecken genutzt: Sind die einzelnen Bahnen miteinander verbunden – es sind Nähte bis zu 200 Meter Länge möglich –, wird in die Röhren Luft mit einem Druck von 2,5 bar gepreßt. Bleibt er 15 Minuten lang konstant, gilt die Naht als dicht.

Die Kombination aus zwei unterschiedlichen Dichtsystemen ist notwendig, da die Kunststoffbahnen zwar »technisch dicht« (wasserdicht) sind, doch nach einiger Zeit Kohlenwasserstoffe passieren lassen. Sollte durch eine mechanische Beschädigung oder durch einen Fehler bei der Bauausführung eine Kunststoffbahn doch einmal Sickerwasser durchlassen, so übernimmt die mineralische Schicht die Dichtungsfunktion. Erst nach rund 20 bis 30 Jahren wird diese Schicht nach den Berechnungen der Techniker vom Sickerwasser durchdrungen.

Um auch heute eine weitgehende Kontrolle der Deponien zu ermöglichen, werden um sie herum mehrere Brunnen gebohrt. Mit deren Hilfe kann das Grundwasser ständig auf eventuelle Sickerwasseranteile untersucht werden. Dabei ist natürlich nicht festzustellen, ob etwa das Sickerwasser direkt unterhalb der Deponie in einen Grundwasserstrom gelangt, der an den Kontrollbrunnen vorbeifließt. Das Bohren von Brunnen ist zugleich eine der Maßnahmen, mit denen man die Gefährdung durch undichte Altdeponien zu minimieren sucht. Denn das geförderte verunreinigte Wasser kann gefiltert und dann wieder in die Brunnen zurückgepumpt werden. Auch andere Sanierungstechniken zielen auf die Altdeponien, von denen in der Bundesrepublik insgesamt rund 5000 vermutet werden (400 davon bereits sanierungsbedürftig).

Trübe Brühe

Der Zustand der Gewässer in den neuen Bundesländern ist alarmierend. 42 Prozent der fließenden und 24 Prozent der stehenden Gewässer sind biologisch verödet; sie sind so stark verschmutzt, daß sie sich nicht mehr zur Trinkwassergewinnung eignen. In 36 Prozent der Flüsse und 54 Prozent der Seen ist der Schadstoffanteil derart hoch, daß Trinkwasser aus ihnen nur mit aufwendigen technischen Anlagen gewonnen werden kann. Nur etwa ein Fünftel der Gewässer ist mäßig belastet und ein verschwindend kleiner Teil ökologisch vollkommen intakt. Worin liegen die Ursachen für den schlechten Zustand der Gewässer? In den neuen Bundesländern gibt es nicht genügend Kläranlagen, und die wenigen vorhandenen Anlagen zur Wasseraufbereitung sind veraltet und leistungsschwach. Das führt dazu, daß über 95 Prozent der Abwässer nur unzureichend oder gar nicht gereinigt in die Flüsse und Seen geleitet werden. Darüber hinaus führen in der Landwirtschaft übermäßig eingesetzte Dünge- und Pflanzenschutzmittel, die durch den Regen aus dem Boden gewaschen werden, zu einer weiteren Belastung der Gewässer. Unter diesen Umständen ist es nicht verwunderlich, daß zwei Drittel der Einwohner in den neuen Bundesländern mit qualitativ minderwertigen Trinkwasser versorgt werden müssen.

Globus
Statistische Angaben: Bundesminister für Umwelt, Naturschutz und Reaktorsicherheit
IHK Rhein-Neckar 5/91

Die Industrie hat in den zurückliegenden Jahren große Anstrengungen unternommen, ihre Abwasserprobleme in den Griff zu bekommen. Seit 1974 hat allein die deutsche chemische Industrie mehr als 8 Milliarden D-Mark für den Gewässerschutz investiert; die Betriebskosten für diese Anlagen beliefen sich im gleichen Zeitraum auf rund 7 Milliarden D-Mark. Teilweise werden die Abwasserreinigungsanlagen von benachbarten Städten und Gemeinden benutzt.

Dr. Curt Haefner Verlag Heidelberg

Nitrat im Trinkwasser
94 % der deutschen Bevölkerung – insbesondere in den städtischen Ballungsräumen – haben Trinkwasser, bei dem der Nitratgehalt nicht zu beanstanden ist.
5 % der Einwohner wohnen in Gebieten, in denen vorübergehende Überschreitungen des Wertes von 50 Milligramm Nitrat je Liter (dem ab 1985 verbindlichen Höchstwert) im geförderten Brunnenwasser vorkommen. In diesen Fällen gleichen die Wasserwerke die Überschreitungen durch Wasser aus weniger belasteten Quellen aus, so daß einwandfreies Trinkwasser aus der Leitung kommt.
1 % der Bevölkerung wohnt in Gebieten, in denen das Leitungswasser einen erhöhten Nitratgehalt hat. Dies ist vorwiegend in ländlichen Gebieten mit flachen Brunnen der Fall. Allerdings sind auch in diesen Gebieten bei Kindern und Erwachsenen keine nitratbedingten Gesundheitsschäden festgestellt worden. Als Vorsichtsmaßnahme empfehlen die Behörden dort, Babynahrung mit Mineralwasser zuzubereiten.

Bodenschutz
In Deutschland sind rund 11 Prozent durch Gebäude, Straßen, Schienen, Flughäfen und ähnliches überbaut. Der Rest – fast 90 % – sind Wälder, Grünland und Äcker. Um diese Fläche geht es in der Bodenschutz-Diskussion. Dabei sind durch gesetzliche Regelungen erfaßt: Luft, Grund- und Oberflächenwasser, Abfallbeseitigung, Strahlenschutz, Transport gefährlicher Güter und Gefahrstoffe. Die Bodenschutzbestimmungen der Gesetze für den Naturschutz, für die Landschaftspflege, für den Wald, für die Raumordnung, die Landbeschaffung und den Verkehr kommen hinzu. Dieses engmaschige Netz an Gesetzen und Verordnungen bietet die Voraussetzungen für einen wirksamen Bodenschutz.

Der Boden wirkt als natürlicher Filter
Heute zapfen moderne Brunnensysteme der Wasserwerke die Grundwasserschichten an und fördern das begehrte Naß bis zum Hahn.
Wo das Grundwasser nicht reicht, muß Oberflächenwasser aushelfen – aus Talsperren und Seen oder aus Uferzonen von Flüssen (Uferfiltrat). Bei der Nutzung des Oberflächenwassers gibt es das Problem, daß es nicht selten durch Verunreinigungen belastet ist. Es gibt zwei Möglichkeiten aus belastetem Oberflächengewässer, wie zum Beispiel dem Rhein, Trinkwasser zu gewinnen:
– Das Wasser wird direkt aus dem Fluß entnommen, gesäubert, und danach läßt man es künstlich versickern. Es läuft also durch verschiedene Bodenschichten und füllt dann das Grundwasser auf.
– Liegt der Förderbrunnen des Wasserwerkes nahe am Ufer, dann sickert das Wasser vom Flußbett durch die angrenzenden Bodenschichten direkt in den Brunnen. Diese Uferfiltration kann oft Monate dauern.

Die Schaffung ausreichend breiter, unbewirtschafteter und durchgängiger Uferstreifen kann ein bedeutsamer Schritt zum Schutz von Fließgewässerökosystemen sein. Spezielle Regelungen innerhalb des Flächenstillegungsprogrammes und die Renaturierung einiger weniger Flußabschnitte würden den Anforderungen an ein Schutzsystem jedoch nicht gerecht.

1989

Boden- und Gewässerschutz für eine sichere Trinkwasserversorgung

Allein aus Altablagerungen sind in der Bundesrepublik rund 55 000 Verdachtsflächen registriert. Viele von ihnen enthalten wassergefährdende Stoffe. Hinzu kommen belastete Industriestandorte, undichte Leitungen und Leckagen bei Lagerung und Transport von Chemikalien.

Auch der Düngemittel- und Pestizideinsatz in der Landwirtschaft trägt in weiten Gebieten zur schleichenden Vergiftung der wichtigsten Wasserressourcen bei. Einmal im Grundwasser angekommen, machen die Schadstoffe eine Langzeitbelastung aus.

Diese Gefahrenpotentiale lassen sich nicht durch Abwarten entschärfen. Neue Umweltschäden müssen vermieden und bereits vorhandene beseitigt werden. Die Vielfalt der auftretenden Probleme verlangt nach maßgeschneiderten Lösungen.

Auf diese Aufgabe hat sich die Consulaqua Hamburg spezialisiert, die Tochtergesellschaft der HAMBURGER WASSERWERKE GmbH. Die HWW haben sich auf Risikoanalysen und Ressourcensicherung konzentriert. Neben dem Betreiber-Know How des größten kommunalen Wasserversorgungsunternehmens in der Bundesrepublik stellt die Consulaqua Hamburg qualifizierte Spezialberatung von der Hydrochemie bis zum Management von Projekten für Kommunen, Städte und Firmen zur Verfügung.

Die Arbeitsgebiete umfassen die erforderliche Leistungspalette:

Erkundung und Bewertung:
– Detektion mit allen verfügbaren Techniken
– Wasser-, Boden- und Luftuntersuchungen
– Geologie und Hydrologie des Untergrunds
– Abschätzung des Gefährdungspotentials

Lösungsvorschläge:
– Konzeptionierung von Sofort- und Langzeitmaßnahmen
– Optimierung der Maßnahmen nach technischen und wirtschaftlichen Kriterien
– Entsorgungsplanung für Reststoffe
– Finanzierungsberatung

Ausführung:
– Projektierung und Betrieb von Versuchsanlagen
– Planung, Entwurf, Inbetriebnahme und Betriebsüberwachung von Anlagen
– Einarbeitung und Personalberatung

Dr. Jürgen Weidner, 1990

Sanierung der heimischen Brunnen soll Vorrang haben

Schon 1959 ist am Bodensee, an dessen Ufer Deutschland, die Schweiz und Österreich grenzen, eine Internationale Gewässerschutzkommission gebildet worden. Seitdem wurde viel Geld investiert, um die Abwässer besser zu klären. Bis 1995 wollen die Anrainerstaaten mehr als eine Milliarde Mark ausgeben, Baden-Württemberg allein etwa 500 Millionen Mark, um den Bodensee noch sauberer zu machen. Das ist das Schwäbische Meer den Schwaben wert – und nicht nur ihnen.

Alfred Behr

BSB

Als Maß für den Gehalt eines Abwassers an biologisch abbaubaren Stoffen dient der sogenannte Biochemische Sauerstoffbedarf (BSB). Er gibt an, wieviel gelöster Sauerstoff in einer bestimmten Zeit für den biologischen Abbau der organischen Abwasserinhaltsstoffe benötigt wird. Normalerweise ermittelt man ihn für den Zeitraum von fünf Tagen, deshalb BSB_5 genannt. Im Unterschied zum BSB erfaßt der CSB, der Chemische Sauerstoffbedarf, die Summe aller organischen Stoffe im Wasser einschließlich der schwer abbaubaren.

Die Wasserqualität des Rheins ist heute wesentlich besser und die Belastung des Flusses durch die chemische Industrie deutlich geringer als vor 10 Jahren. Der Höhepunkt der Gewässerbelastung des Rheins liegt 15 Jahre zurück. Seither gab es beachtliche Erfolge der chemischen Industrie im Umweltschutz:

– Die organische Belastung ihrer Abwässer, gemessen am BSB_5, sank um mehr als 90 Prozent.
– Die Belastung mit Halogen-Kohlenwasserstoffen ging um 50 Prozent zurück.
– Die Belastung mit Metallen ist zwischen 60 und 90 Prozent geringer.

Insgesamt hat die Chemie heute an der organischen Belastung aller Gewässer einschließlich des Rheins einen Anteil von etwa 10 Prozent.

Der Anteil der chemischen Industrie an der Luftbelastung in der Bundesrepublik beträgt heute etwa 3 Prozent.

Schwefeldioxid	4,2%
Stickoxide	2,6%
organische Verbindungen	3,5%
Staub	2,9%
Kohlenmonoxid	0,9%

An jedem Tag geben die Chemieunternehmen mehr als 11 Millionen Mark für den Umweltschutz aus, davon über die Hälfte für den Gewässerschutz.

1990

zu 3.7.3.5 Sonstige Entsorgung

Die Aufarbeitung abgebrannter Brennelemente wird mit Erfolg praktiziert. In der Versuchsanlage Karlsruhe wurden bislang rund 135 Tonnen Kernbrennstoffe aufgearbeitet, das heißt in wiederverwendbare und abzulagernde Anteile aufgetrennt. Zu den wiederverwendbaren Bestandteilen zählt Plutonium, von dem bislang eine Tonne rückgewonnen wurde. Das Verfahren arbeitet mit starken Säuren und trennt chemisch alle Komponenten ab. Selbst die als gefährlich geltenden, radioaktiven Gase Krypton und Tritium lassen sich sicher abfangen. Die langjährigen Karlsruher Betriebserfahrungen garantieren eine risikolose Prozeßführung. Der Kern-Energiekreislauf läßt sich natürlich nur schließen, wenn auch die radioaktiven Abfälle, die nicht wiederverwendet werden können, zu beseitigen sind. Der gesamte Fragenkomplex ist eine große Herausforderung an die geologische Wissenschaft.

»Es mehren sich heute die Stimmen von Wissenschaftlern, die vorschlagen, überhaupt keine hochradioaktiven Abfälle mehr entstehen zu lassen. Dafür müßte die Atomphysik nach Wegen suchen, die gefährlichen und kritischen langlebigen radioaktiven Isotope in kurzlebige Elemente ›umzuarbeiten‹. Die als ›Zerfallsketten‹ bis heute registrierten Reaktionen zeigen lediglich den Weg auf, den die Natur selbst beschreitet. Die Tiefe des granitischen Grundgesteins würde nach Voruntersuchungen eine Lagersicherheit für fast eine Million Jahre darstellen. Die Salzstöcke in der norddeutschen Tiefebene dagegen liegen in einem Schollenbereich, der jährlich um fast einen Zentimeter absinkt.«

Walter Martmann

Unabhängig von der Frage eines Ausstiegs aus der Atomwirtschaft ist die gefahrlose und sichere Beseitigung von Kernkraftwerken eine aktuelle Aufgabe. Die besonders an der Universität Hannover seit mehreren Jahren betriebenen Foschungen ermöglichen es heute, Blech bis zu 600 Millimeter Stärke ebenso unter Wasser zu zerlegen wie dickwandige Stahlrohre und Beton.

Endlagerung

Die Gesellschaft für Strahlen- und Umweltforschung in München (GSF) nutzt »die Asse« heute für wissenschaftliche Zwecke: Sie erkundet und entwickelt Verfahren für die Endlagerung von Atommüll und Chemieabfällen.

Die Versuchsergebnisse werden von der Physikalisch-Technischen Bundesanstalt (PTB) in Braunschweig ausgewertet und dann für das Planfeststellungsverfahren berücksichtigt, das in den neunziger Jahren für den Bau eines ersten deutschen Atommüllendlagers eingeleitet werden soll. Das Kernstück dieser Arbeit bildet ein sogenannter Pilotdamm, der auf der 925-Meter-Sohle errichtet wird. Gemeinsam mit der Bundesanstalt für Geowissenschaften und Rohstoffe (BGR) und der Deutschen Gesellschaft zum Bau und Betrieb von Endlagern für Abfallstoffe (DBE) will die GSF erkunden, wie während der Betriebsphase eines Endlagers bereits verfüllte Teile sicher verschlossen werden können. Das Dammbauwerk soll so beschaffen sein, daß es nicht nur standfest ist, sondern auch keine Gase und keine Laugen durchläßt, damit selbst nach einem Störfall bestimmte Bereiche des Endlagers abgeschirmt bleiben.

»Es wird ein Test mit verglastem, hochradioaktivem Material vorbereitet, um die Reaktion des Salzes auf Wärme und Strahlung zu beobachten. Die GSF entwickelt Dammbauwerke im Salzgebirge, um verfüllte Lagerkammern beziehungsweise Bohrlöcher gegeneinander abzuschirmen. Im Schacht Asse wird neuerdings auch die Endlagerung von Chemieabfällen erforscht. – Hier wird noch ein anderes Beispiel, stellvertretend für die vielen Anwendungsmöglichkeiten alternativer Energietechnologien, genannt: MBB hat eine zweistufige Biogasanlage entwickelt, in der Abfälle, unter anderem mit Hilfe von Bakterien, in Methangas umgewandelt werden, womit sich über eine Gasturbine Strom erzeugen läßt.«

Klaus von der Brelie

Seit 1981 werden unter Koordination der Projektgruppe »Andere Entsorgungstechniken« des Kernforschungszentrums Karlsruhe zusätzliche Verfahren entwickelt, die es erlauben, abgebrannte Brennelemente ohne Wiederaufarbeitung in Endlager zu bringen. Als technisch einfachste Lösung hat die Projektgruppe zunächst ein System mit Gebinden geprüft, die drei Brennelemente unzerlegt aufnehmen können. Die Brennelemente sollten gasdicht in einem dünnwandigen Behälter eingeschweißt werden. Diese kämen dann in den eigentlichen Endlagerbehälter, der die Aufgabe hätte, die mechanische Stabilität des Gebindes gegenüber dem Druck der aufliegenden Salz- oder Gesteinslast zu gewährleisten.

Vorgesehen ist, die Brennelemente zunächst zu zerlegen, dann aber die Brennstäbe in ein Meter lange Stücke zu zerschneiden. Das Material eines Brennelementes wird anschließend von zwei kleinen Pollux-Kokillen aufgenommen, die allerdings keinen größeren Schutz bieten. Sie müssen deshalb für Transport und Zwischenlagerung in einem geeigneten Behälter verwahrt werden, außerdem ist im Endlager ein eigener Transport- und Abschirmbehälter erforderlich. Die Pollux-Kokillen sind gegen einen Gebirgsdruck von 30 Megapascal und gegen einen Stapeldruck von 236 Gebinden ausgelegt. Alle Schritte des Verfahrens sollen in einer Anlage am Standort Gorleben erprobt werden, die ihren Betrieb 1994 aufnehmen soll.

Unter dem Begriff »MAINTOR« (»MAgnetic INitial TORque«) ist vom internationalen Förderkreis Maintor-Energie-Technologie eine neue Technik ohne Entsorgungsbedarf bei totaler Regenerierbarkeit und bei Verfügbarkeit von Energie, speziell Elektrizität zu niedrigen Gestehungskosten entwickelt worden. Hierbei wird Energie durch das Zusammenwirken von 2 Permanentmagneten gewonnen. Hauptvorteile: Umweltsicherheit, unbegrenzte Materialverfügbarkeit, Logistik-Übertragbarkeit, uneingeschränkte Regenerierbarkeit.

zu 3.8   Umweltschutz/Immissionen

Studie: Im Jahre 2020 rund 7,8 Milliarden Erdbewohner
Paris, 21. Juli (dpa). Im Jahr 2020 wird die Weltbevölkerung von derzeit 4,8 Milliarden Menschen auf rund 7,8 Milliarden Erdbewohner angewachsen sein. Diese Vorhersage machte das Nationale Französische Institut für Bevölkerungsstudien in Paris in einer jetzt erschienenen Fachzeitschrift. In 35 Jahren stellten sieben Länder (im Gegensatz zu bisher fünf Staaten) allein mehr als die Hälfte der Weltbevölkerung. Neu in der Spitzengruppe seien dann neben China mit 1,29 Milliarden Einwohnern (1985: eine Milliarde) Indien mit 1,25 Milliarden (762 Millionen), der Sowjetunion mit 364 Millionen (278 Millionen), den Vereinigten Staaten mit 297 Millionen (239 Millionen) und Indonesien mit 293 Millionen (91 Millionen) die beiden Staaten Niger und Nigeria mit 258 Millionen (91 Millionen) und Brasilien mit 251 Millionen (138 Millionen) Einwohnern. Die Bevölkerungszahl der zwölf Länder der Europäischen Gemeinschaft werde gleichzeitig kleiner werden. In der auf der Basis von Daten des Population Reference Bureau in Washington erstellten Schätzung heißt es, die Einwohnerzahl der zwölf Länder werde sich von gegenwärtig 322 Millionen bis zum Jahr 2020 auf 319 Millionen verringern.

Die Begriffe »Ozonloch« und »Treibhauseffekt« tauchen als äquivalente Bezeichnungen eines nicht genauer spezifizierten Umweltproblems irgendwo in der Atmosphäre auf.
Richtig ist dagegen, daß die Ausdünnung der Ozonschicht (»Ozonloch«) und die Aufkonzentration verschiedener Spurengase in der Atmosphäre (übermäßiger »Treibhauseffekt«) direkt nichts miteinander zu tun haben. So sind dann auch die von den beiden Effekten verursachten Folgen gänzlich verschieden: Die Verringerung der Ozonkonzentration bewirkt eine Zunahme kurzwelliger UV-Strahlung auf der Erdoberfläche, die Vergrößerung der Spurengaskonzentration hat dagegen eine Abnahme der langwelligen Wärmestrahlung jenseits der Erdatmosphäre zur Folge und führt somit zur Aufheizung unserer Lufthülle.
Wichtigster Verursacher des letztgenannten Aufheizungs- oder Treibhauseffekts ist das Kohlendioxyd, welches unweigerlich bei jeder Verbrennung fossiler Primärenergieträger entsteht. Aus diesem Grunde ist eine Einbeziehung des Treibhauseffekts in die derzeitige Energieversorgungsdiskussion sicherlich notwendig, die Nennung des Ozonlochs im gleichen Zusammenhang ist dagegen schlichtweg falsch.

Ansgar Brockmeyer 1990

Verstärkung des natürlichen Treibhauseffekts
Da ist zunächst einmal die gesicherte Feststellung, daß es einen natürlichen Treibhauseffekt gibt und daß dieser Effekt durch menschliche Aktivität verstärkt wird, nämlich durch die Emission von Kohlendioxid (CO_2) und anderem. Das wichtigste natürliche Treibhausgas, der Wasserdampf (Luftfeuchte), steigt dadurch indirekt auch an und verstärkt die Klimaeffekte, eine der vielen Rückkopplungen, die es im Klimasystem, dem Verbund Atmosphäre-Ozean-Eisgebiete-Landoberfläche-Vegetation, gibt.
Rund 7 Gt C, das sind Milliarden Tonnen (Gigatonnen) Kohlenstoffeinheiten, was rund 26 Gt CO_2 ausmacht, bringt die Menschheit derzeit (1990) in die Atmosphäre, etwa zehnmal mehr als um das Jahr 1900. Davon stammen rund 5,5 Gt C aus der Nutzung fossiler Energie (Kohle, Erdöl und Erdgas), etwa 0,5 Gt C aus der Holzverbrennung und grob geschätzt 1 Gt C indirekt aus Waldrodungen. Vermutlich 6 Prozent der dadurch bis heute (seit etwa 100 Jahren) eingetretenen Klimaänderungen gehen darauf zurück. Es folgt mit rund 15 Prozent das Methan, wo es die Menschheit derzeit auf eine Emission von rund 300 Millionen Tonnen Kohlenstoffeinheiten (Mt C) bringt, größtenteils aus dem Reisanbau und der Viehhaltung, aber auch aus Erdgasverlusten, Nutzung fossiler Energie allgemein, Verbrennung von Biomasse (Holz) und Mülldeponien.
Die Nummer drei dieser Liste sind mit 11 Prozent die FCKW bei einer jährlichen Emission von rund 1 Mt (Treibgas in Sprühdosen, Kältetechnik, Isoliermaterial. Reinigung). Beim Distickstoffoxid, das auch Lachgas genannt wird, sind es rund 6 Mt N (Stickstoffeinheiten), was etwa vier Prozent der bisherigen Klimaeffektivität ausmacht, und zwar aus landwirtschaftlicher Überdüngung, fossilen Brenstoffen.

Prof. Dr. Christian-D. Schönwiese

193

Energie aus Biomasse

»Biomasse« ist der Sammelbegriff für alle pflanzlichen Stoffe und deren Abfälle, für Rückstände aus Wäldern und Nutzkulturen, ferner für alle tierischen Abfälle sowie die organischen Stoffe aus Straßen- und Haushaltsmüll. In lebenden Pflanzen ist etwa ebensoviel Energie gespeichert wie in allen nachgewiesenen Kohle-, Öl- und Gasreserven zusammen. Etwa zwei Drittel der Landfläche der Erde könnten Biomasse liefern. Gegenwärtig werden 15 bis 20 Prozent dieser Fläche landwirtschaftlich genutzt. Sie produzieren in Energieeinheiten ausgedrückt etwa ebensoviel, wie der jährliche Energieverbrauch der Welt beträgt. Da diese Nutzflächen aber auch der Nahrungs- und Holzproduktion dienen müssen, besteht eine zwangsläufige Konkurrenz zur Verwendung von Biomasse als Energiequelle.

Wald und Klima

Der Wald als Kohlenstoffspeicher kann weltweit auf die Entwicklung des Kohlendioxidgehaltes der Atmosphäre in nicht unerheblichem Maße einen modifizierten Einfluß nehmen. Dazu ist aber notwendig:
1. Der Schutz und die Erhaltung des gegenwärtigen Waldbestandes der Erde.
2. Die Schaffung von neuem Wald auf zerstörten ehemaligen Waldflächen und auf stillgelegten landwirtschaftlichen Flächen.

Im Rahmen der Bemühungen um die Stillegung landwirtschaftlicher Flächen stünden im EG-Raum alleine bis zu 40 Millionen Hektar zur Verfügung. Leider fehlt es zur Zeit noch an politischem Willen, diese Flächen zur Schaffung neuen Waldes in großem Umfange zu nutzen. Zur optimalen Nutzung des Waldes als Kohlenstoffspeicher ist in unseren Breiten seine nachhaltige Bewirtschaftung, die Erhöhung der Holzvorräte und damit verbunden die Nutzung von Holz als CO_2-ökologisch neutraler Rohstoff notwendig. Auf Holz als wichtigen nachwachsenden Rohstoff werden wir in Zukunft auch aus umweltpolitischen Gründen nicht verzichten können. Alle Bestrebungen des Naturschutzes, auf großer Fläche völlig auf die Bewirtschaftung der Wälder zu verzichten, widersprechen daher globalökologischen Zielen. Die Gefahr einer Klimaveränderung und deren Folgen für die Vegetation machen gerade waldbauliche Maßnahmen zur Schaffung möglichst stabiler und baumartenreicher Wälder besonders vordringlich.

Dr. Christoph Abs, Geschäftsführer der Stiftung Wald in Not, Bonn, 1991

Mit Wasser wird Strom erzeugt, ohne den Rohstoff zu »verbrauchen«. Nach der Nutzung fließt er wieder in seinen natürlichen Kreislauf zurück. Das unterscheidet Wasser von den immer knapper werdenden Energieträgern Kohle, Erdgas und Öl.

Bildung von Erdgas

Erdgas/Naturgas enthält vor allem Methan, daneben auch höherwertige Kohlenwasserstoffe wie Äthan, Propan, Butan und (wie die Luft) Stickstoff und Kohlendioxid. Die mitunter auch beigemengten Schwefelverbindungen werden vor dem Transport zum Verbraucher durch eine »Gaswäsche« entfernt.

Die Natürlichkeit und Reinheit von Naturgas ist die beste Voraussetzung, daß Erdgas so umweltschonend ist. Schadstoffe, die aus physikalischen Gründen bei jeder Verbrennung entstehen, können durch die Beschaffenheit von Naturgas und seine gute Regulierbarkeit auf ein Minimum reduziert werden.

Alle bei einer Verbrennung an die Umwelt abgegebenen Bestandteile werden Emissionen genannt, die in zwei Gruppen eingeteilt werden.

Umweltneutral sind Stickstoff, Sauerstoff und Wasserdampf, weil sie der natürlichen Zusammensetzung der Atmosphäre entsprechen, sie also nicht belasten.

Umweltbelastend sind daneben Substanzen, mit denen die Luft verunreinigt wird. Sie werden unterschieden nach denen, deren Bildung vom Ablauf der Verbrennung beeinflußt wird, und denen, die von der eingesetzten Energie abhängig ist.

Der Brennstoff ist entscheidend für die Entstehung von Schadstoff-Emissionen wie Schwefeldioxid, Fluor- und Chlorverbindungen, Ruß, Staub und Schwermetallen.

1989

Auch die Hoffnung, daß sich die krassen Unterschiede zwischen den reichen Industrieländern und den armen Entwicklungsländern ausgleichen werden, trügt nach dieser Studie. Zwar wird die südliche Hemisphäre, die derzeit erst knapp 35 Prozent der Frimärenergie der Welt verbraucht, in dreißig Jahren mit 43 Prozent nahezu ebensoviel Energie verbrauchen wie der reichere Norden; doch durch die unterschiedliche Bevölkerungsentwicklung wird sich der Pro-Kopf-Verbrauch nicht wesentlich ändern. Während sich die Bevölkerung der hochindustrialisierten Welt in jeweils 20 Jahren nur um rund 100 Millionen Köpfe auf 1,49 Milliarden im Jahre 2020 vermehren wird, steigt die Bevölkerung in den Entwicklungsländern von 1985 bis 2020 um 2,7 Milliarden auf 6,34 Milliarden Menschen.

Die Reserven an fossilen Brennstoffen (insbesondere Erdöl und Erdgas) gehen zur Neige – selbst bei etwa konstantem Welt-Verbrauch, wie er sich Anfang der achtziger Jahre eingespielt hat. Wir leben hier auf Kosten der Generationen, die nach uns kommen. Gleichzeitig nimmt der Kohlendioxidgehalt der Atmosphäre ständig zu, jährlich um etwa 0,5 Prozent, und liegt heute um 25 Prozent höher als vor 100 Jahren. Die alternativen Energien (Sonne, Wind, Gezeiten, thermische Schichtung tropischer Ozeane) können in unseren Breiten höchstens einen Anteil von wenigen Prozent am Energieverbrauch liefern. Hier ist Forschung nach wie vor nötig und muß trotz des gesunkenen Ölpreises weiter gefördert werden, obwohl eine ins Gewicht fallende Entlastung kaum zu erwarten ist.

Jede Entscheidung über die künftige Energiepolitik – die wegen der langen Bauzeit und der hohen Kosten auf 30 bis 40 Jahre im voraus planen muß – hat das langfristige, durch Gegenmaßnahmen nicht zu behebende Klima-Risiko eines verstärkten Einsatzes fossiler Brennstoffe gegen das »Rest-Risiko« optimal gesicherter Kernreaktoren abzuwägen.

Professor Dr. Hermann Flohn, Bonn. 1991

Entschwefelung

Insgesamt konnte laut VDEW durch das fünfjährige Entschwefelungsprogramm, das am 30. Juni 1988 ausläuft, eine Abgasreinigung bei rund 90 Prozent der Kraftwerke erreicht werden. Mit dem Einbau von Entschwefelungsanlagen für rund 15 Milliarden DM erreichte die Stromwirtschaft eine Verminderung des Schwefelausstoßes von 1,55 Millionen Tonnen 1982 auf für dieses Jahr geschätzte 0,53 Millionen Tonnen. Bis 1993 werde auf 0,34 Millionen Tonnen gesenkt. Für die bei der Entschwefelung ab 1989 anfallenden 2,5 Millionen Tonnen Gips sei die Weiterverwendung gesichert. Auch der Stickoxidausstoß soll von 0,74 Millionen Tonnen 1982 bis Anfang der neunziger Jahre auf 0,2 Millionen Tonnen vermindert werden.

Der Kostenvorteil der Kernenergie gegenüber der Kohle wird von der VDEW mit 3,5 bis 4,5 Pfennigen je Kilowattstunde angegeben. Demgegenüber verteuere das Umweltschutzprogramm bei Kohlekraftwerken die Stromerzeugung aus Kohle um durchschnittlich 2,9 Pfennig je Kilowattstunde. 1987 lag der Anteil des Stroms aus Kernenergie bei 36,6 Prozent, der aus Stein- und Braunkohle bei 49,9 Prozent.

Aufgabe der europäischen Partner müsse es jetzt sein, entsprechend mit Umweltschutzinvestitionen im Kraftwerksbereich nachzuziehen.

Peter F. Heidinger, Frankfurt, 1990

Für den Umweltschutz hat die Industrie von 1978 bis 1987 über 40 Milliarden DM investiert. Das Statistische Bundesamt teilte am Dienstag in Wiesbaden mit, dies seien rund fünf Prozent der gesamten Anlageinvestitionen des produzierenden Gewerbes in diesem Zeitraum. Fast zwei Drittel der Umweltschutzinvestitionen, knapp 25 Milliarden DM, dienten der Luftreinhaltung.

Allein die öffentliche Hand dürfte in den kommenden 15 Jahren für den Umweltschutz 200 bis 250 Milliarden DM investieren. Zu dieser Annahme kommt die Westdeutsche Landesbank in einer Untersuchung über den Markt für Umwelttechnik. Sie sagt zudem für die Industrie noch steigende Aufwendungen voraus, wenngleich es eine vorübergehende deutliche Beruhigung in der Investitionstätigkeit für Luftreinhaltung gebe. Der Markt für Umwelttechnik habe in den letzten Jahren mit 30 Milliarden DM eine beachtliche Größenordnung erreicht. Die Hälfte davon entfalle auf Sachinvestitionen, und davon je die Hälfte auf öffentliche und private Investoren. Der Rest des Marktes verteile sich auf den laufenden Sachaufwand und auf die Exporte. Rund 52 Prozent der Umweltschutzinvestitionen entfielen auf den Gewässerschutz. Die Investitionen für die Luftreinhaltung haben sich nach dieser Untersuchung dank der Großfeuerungsanlagenverordnung seit 1984 fast verdreifacht. Sie erreichten 37 Prozent der Gesamtinvestitionen. Mit sieben Prozent war der Abfallbereich für die Vermeidung und Verwertung und die Deponie von Abfällen beteiligt.

1990

zu 3.8.1.2 Städtebaulicher Lärmschutz

Flüsterasphalt schluckt Lärm und Wasser

Flüsterasphalt hat sich in anderen Ländern gerade auf Autobahnen schon weitgehend durchgesetzt. So werden in Belgien, Frankreich und Österreich neu zu bauende oder reparaturbedürftige Fahrbahnen neuerdings überwiegend mit Drainasphalt versehen. Allein in Österreich sind bereits rund 100 Kilometer Autobahn – immerhin 10 Prozent der Gesamtstrecke – mit diesem Belag versehen.

Natürlich hat der leise Belag auch Nachteile. Vor allem ist er um 25 bis 50 Prozent teurer als andere Straßenbeläge. In die Kostenrechnungen müßte aber eingehen, daß Lärmschutzwälle dann weniger aufwendig sein können und die Unfallzahlen sich langfristig vermindern. Flüsterasphalt sei letztlich billiger. Die sinkenden Unfallzahlen werden durch eine bessere Straßenhaftung gerade bei Nässe möglich. Durch seine Fähigkeit, Luft in den Hohlräumen aufzunehmen, ist der Belag auch in der Lage, Wasser zu schlucken. Und Wasserglätte (Aquaplaning) ist immer noch eine wichtige Unfallursache. Rund zehn Liter saugt jeder Quadratmeter auf. Das Wasser kann aber auch seitlich durch die Asphaltdecke abfließen. Die Wassermengen, die über zehn Liter hinausgehen, können auf diese Weise ebenfalls aufgenommen werden und brauchen nicht die Straße zu überschwemmen.

Da Erfahrungen mit diesem Belag erst seit etwa sieben Jahren gewonnen werden, kann das Langzeitverhalten noch nicht exakt abgeschätzt werden. Die für den Vertrieb dieser Technik in der Bundesrepublik zuständige CTS Consulting GmbH in Frankfurt nennt eine um 50 Prozent höhere Lebenserwartung gegenüber herkömmlichen Straßenoberflächen; Asphalt- oder Betonfahrbahnen halten – je nach Belastung – zwischen 10 und 15 Jahren. In England hat man es ausgerechnet: Würde man alle Fahrbahnen des Landes (Autobahnen und Landstraßen) mit Drainasphalt versehen, käme man wegen des geringeren Rollwiderstands der Reifen auf diesem Belag zu einem deutlich niedrigeren Treibstoffverbrauch und so zu einer Gesamtersparnis von 20 Millionen Pfund im Jahr. Das sollte eigentlich Anreiz genug sein, sich mit dieser Technik näher zu beschäftigen.

Georg Küffner, 1989

Lassen sich alle Probleme mit Lärmschutzbauwerken – Wänden, Mauern oder ähnlichem – lösen? 68 Prozent der Befragten befürworten sie, ein gleich hoher Anteil stört sich aber auch an der unvermeidlichen Beeinträchtigung des Landschaftsbilds oder der Aussicht. Die größte Zustimmung erhielten Wälle aus aufgeschütteter Erde, als am wenigsten sympathisch empfanden die Befragten Wände aus Beton oder buntem Kunststoff. Aber als wirksamste Sofortmaßnahme gegen den Straßenlärm betrachten die Bürger eine staatliche Restriktion: Tempo 30 in Wohngebieten.

Gerold Lingnau, 1990

zu 3.8.1.3 Abgase

1600 verschiedene Gase in der Atmosphäre

In der irdischen Lufthülle sind über 1600 verschiedene Gase verteilt. Die allermeisten kommen nur in Spuren vor. Ihr Nachweis spiegelt die Verbesserung analytischer Techniken wider. Am häufigsten kommen in der Atmosphäre der Erde Stickstoff (77 %), Sauerstoff (21 %), Wasserdampf (etwa 1 %) und das Edelgas Argon (1 %) vor. Mehr als 99,9 % der Gase sind natürlichen Ursprungs. Für den winzigen, aber bedeutungsvollen Rest sind Landwirtschaft, Technik und Industrie verantwortlich. In den Mitteilungen der Fraunhofer-Gesellschaft/München werden als wichtigste Gase Kohlendioxid, Methan und Kohlenmonoxid genannt, aber auch Wasserstoff, Lachgas, Schwefeldioxid, Ozon und Stickoxide. In den letzten Jahrzehnten ist der Gehalt an Kohlendioxid, Kohlenmonoxid, Methan und Ozon erheblich angestiegen. Dies gilt auch für die Mehrzahl der nichtnatürlichen Gase und Dämpfe wie Fluorkohlenwasserstoffe, polychlorierte Biphenyle oder DDT, die wegen möglicher Umweltschäden in geringeren Mengen oder gar nicht mehr hergestellt werden. Die Auswirkungen der anthropogenen, vom Menschen erzeugten Gase auf das Klima, die Pflanzen und letztlich auch die Gesundheit des Menschen lassen sich nur schwer abschätzen.

Cornelius Zetzsch vom Fraunhofer-Institut für Toxikologie
und Aerosolforschung in Hannover, 1989

196

1) Die heute diskutierten CO_2-Daten sind ab etwa 1750 absolut zuverlässig. Vor 1958 handelt es sich um äußerst sorgfältige Messungen einer Gruppe von Schweizer Physikern an Luftblasen, die im Eis am Rande der Antarktis eingeschlossen sind; diese Reihe stimmt mit einer Anzahl weiterer, zuverlässiger Daten überein. Ab 1958 handelt es sich um die beste im Netz verfügbare Beobachtungsreihe auf dem Mauna-Loa-Observatorium (Hawaii, 3405 Meter Höhe); der Zuwachs seit der vorindustriellen Periode (um 1850 = 285 ppm, 1988 = 351 ppm) beträgt rund 25 Prozent und steigt im Mittel jährlich um 0,5 Prozent. Diese jährliche Wachstumsrate steigt weiter an, obwohl diejenige der Produktion von CO_2 aus fossilen Quellen von 4,5 Prozent (1948 – 1973) auf 2 Prozent pro Jahr zurückgegangen ist. Die Ursache kann in der rasch zunehmenden Vernichtung der Tropenwälder gesucht werden.

Der Austausch von CO_2 zwischen Atmosphäre und Meer sowie jahreszeitlich zwischen Atmosphäre und Biosphäre geht ständig in beiden Richtungen vor sich; nur wenige Prozent davon verbleiben entweder in der Luft oder im Meerwasser, das viel mehr CO_2 aufnehmen kann, als vom Menschen in 100 oder 200 Jahren freigesetzt wird.

2) Die Bedeutung des Wasserdampfes für das Klima hat Professor Heyke mit Recht betont; hierauf hatte unter anderem Professor F. Möller (München) schon 1963 nachdrücklich hingewiesen. Hier liegen die Ergebnisse einer mehrjährigen Untersuchung einer Bonner Arbeitsgruppe vor, die zur Zeit im Druck sind. Die kritische Auswertung von über drei Millionen Schiffsbeobachtungen zeigte, daß die vom Treibhauseffekt verursachte Erwärmung des Meerwassers in den Tropen seit 1949 zu einer Zunahme der Verdunstung (um 7 bis 15 Prozent) geführt hat. Dies bewirkt dort die beobachtete Zunahme des Wasserdampfgehaltes und der Temperatur im Wolkenniveau (um 1 Grad in 20 bis 25 Jahren), ebenso aber auch eine Verstärkung der atmosphärischen Zirkulation in mittleren Breiten. Das wirkt sich in einer beobachteten Zunahme der Windgeschwindigkeit in den Schichten vom Boden bis 12 Kilometer Höhe aus, ebenso in einer Vertiefung der annähernd orstfesten Tiefdruckgebiete bei Island (-6 mbar) und den Aleuten im Nordpazifik (-11 mbar) im Winterhalbjahr. Eine Klimaänderung ist also bereits im Gang, wenn auch in einer etwas anderen Form als erwartet. Ihr Beitrag zum Energiehaushalt der Atmosphäre ist infolge der Verstärkerwirkung des Wasserdampfes offenbar um einen Faktor nahe 4 größer als der »trockene« Glashauseffekt des CO_2 und anderer Spurengase zusammen. Die Zunahme des Wasserdampfgehaltes begünstigt die Bildung von Sturmzyklonen, Hurrikanen und Starkregen.

Professor Dr. Hermann Flohn, Bonn, 1990

Aus diversen Studien, die in den Vereinigten Staaten durchgeführt worden sind, wurde die Schlußfolgerung gezogen, daß durch die Luftverschmutzung 50 000 Sterbefälle jährlich in den Vereinigten Staaten zu beklagen sind; 20 000 davon durch die Kohleverfeuerung.

Dr. Achim Scharfe, Bergisch Gladbach

Kohlendioxidemissionen in Deutschland

Ab 1991 ist ein Programm eingeleitet worden, mit dem die Kohlendioxid-Emissionen in der Bundesrepublik in den kommenden 15 Jahren um etwa 300 Millionen Tonnen verringert würden. Die Maßnahmen betreffen sowohl Kraftwerke und Industrie als auch die privaten Haushalte und den Verkehr.

Die Bundesregierung will dadurch die Leistung der Kraftwerke erhöhen und die Kraft-Wärme-Kopplung zur Versorgung mit Fernwärme stärker nutzen. Gas- und Dampfturbinen-Braunkohlekraftwerke sollen mit Unterstützung des Forschungsministeriums gebaut werden.

Wind, Wasser und Sonne sollen verstärkt als Energieträger genutzt werden. Die Kernenergie sollte anerkannt werden, allerdings soll ihr Anteil an der Energieerzeugung nicht weiter erhöht werden.

In den neuen Ländern soll der Einsatz der bisher weitgehend verwendeten Braunkohle um die Hälfte verringert werden.

Besonders schwierig sei die Verminderung der Kohlendioxid-Emissionen im Verkehr.

Es ist vorgesehen, den Ausstoß von Kohlendioxid bis zum Jahre 2005 um mehr als 25 Prozent zu verringern. In den neuen Bundesländern sollen die Emissionen noch stärker vermindert werden. Bundesumweltminister Töpfer forderte eine aktive Beteiligung von Experten aus der Industrie an einem »realistischen« Kohlendioxid-Minderungsprogramm.

Der Vorsitzende der Enquetekommission des Bundestages
Vorsorge zum Schutz der Erdatmosphäre«, Schmidbauer, 1991

Energie, Konflikte, Optionen und Akzeptanzen

Der Mengenanteil der Spurengase – vor allem Kohlendioxid, Fluor-Chlor-Kohlenwasserstoffe, Ozon, Methan und Di-Stickstoff – nimmt stetig zu. Vor allem als Folge der Verbrennung von Kohle, Öl und Gas stieg der Kohlendioxidgehalt seit 1850 um fast 30 Prozent. Auch
die fortschreitende Waldrodung und Bodenerosion tragen zu diesem Effekt bei. Dem
Kohlendioxid sind bislang etwa 60 Prozent und gegenwärtig noch über 45 Prozent des gesamten durch den Menschen verursachten Treibhauseffektes zuzurechnen.

Die klimaschädigenden Emissionen werden durch die folgenden Aktivitäten ausgelöst:

– Energie; darauf entfallen 50 Prozent der Emissionen; daran wiederum ist Kohlendioxid zu
  vier Fünfteln beteiligt, der Rest wird durch die Folgeprodukte Methan und Ozon verursacht;
– Chemie; darauf entfallen 20 Prozent der Emissionen; im wesentlichen geht es hier um
  Fluor-Chlor-Kohlenwasserstoffe aus Treibmitteln, Kühl- und Klimaanlagen und der Kunst-
  stoffverschäumung;
– Vernichtung des Tropenwaldes; darauf entfallen 15 Prozent der Emissionen; bei der Brand-
  rodung wird der in der verbrannten Biomasse fixierte Kohlenstoff als Kohlendioxid freigesetzt und der nichtverbrannte Anteil in den Folgejahren mikrobiologisch zersetzt und als
  Kohlendioxid emittiert;
– Landwirtschaft; darauf entfallen 15 Prozent der Emissionen; vor allem durch Rinderhaltung
  und Reisanbau (Methan) sowie durch Düngung (Di-Stickstoff).

Im Vordergrund stehen die Bemühungen, die Emissionen von Kohlendioxid zu verringern.
Grundlage der Maßnahmen zur Einschränkung der Emissionen von Fluor-Chlor-Kohlenwas-
serstoff ist das Protokoll der Übereinkunft von Montreal vom September 1987. Die darin vorge-
sehenen Reduktionen – um rund 50 Prozent – reichen indessen nicht aus. Daher wird eine Ver-
schärfung angestrebt. Die Bundesregierung will die Emissionen von Fluor-Chlor-Kohlenwas-
serstoff bis zum Jahr 1999 um 95 Prozent verringern. Andererseits können die ganz überwiegend von der Landwirtschaft ausgehenden Emissionen von Methan und Di-Stickstoff wohl
kaum vermindert werden.

Es läßt sich die Prognose stellen: Wenn die Emissionen von Treibhausgasen weiterhin mit den
gleichen Raten wie bisher ansteigen, dann wird sich die gegenwärtig bereits erreichte Temperatur bis zum Jahr 2025 um 2 Grad Celsius, bis zum Jahr 2100 um 3,5 Grad Celsius und insgesamt absehbar um 4,5 Grad Celsius erhöhen. So jedenfalls lauten die letztverfügbaren Schätzungen mit einer Fehlergrenze von etwa plus/minus 30 Prozent.

– Die Klimazonen werden nord- und südwärts auseinanderdriften, die Wüstenregionen werden sich ausweiten;
– klimabedingt ist in mittleren und höheren Breiten mit großräumigem Waldsterben zu rechnen;
– die Verteilung der Luftfeuchtigkeit und des Regens wird sich nachhaltig ändern, die Wasserressourcen werden zurückgehen;
– durch Anomalien des Klimas, Mißernten und Schädigung von Kulturpflanzen wird sich die
  Ernährungsgrundlage der Menschheit deutlich verschlechtern.

Um den Zusammenhang mit der Energieerzeugung – der hauptsächlichen Quelle der Emission
von Kohlendioxid – herzustellen, mag es nützlich sein, die folgenden drei Informationen zur
Hand zu haben:

– Jährlich werden etwa 12 Milliarden Tonnen Steinkohleeinheiten verbraucht: 88 Prozent davon entfallen auf Kohle, Öl und Gas, 7 Prozent auf Wasserkraft und 5 Prozent auf Kernenergie. Das führt zu einer Emission von jährlich etwa 20 Milliarden Tonnen Kohlendioxid.
– Die Industrieländer in West und Ost mit einem Bevölkerungsanteil von 25 Prozent emittieren 80 Prozent, die Entwicklungsländer mit einem Bevölkerungsanteil von 75 Prozent emittieren dagegen nur 20 Prozent der Menge an Kohlendioxid.
– Zu den Emissionen von Kohlendioxid in der Welt trägt Kohle 40 Prozent, Erdöl 44 Prozent
  und Erdgas 16 Prozent bei.

Auf der ganzen Welt sind die Emissionen von Kohlendioxid bis zum Jahr 2005 um 20 Prozent
und im Endziel – das heißt bis etwa zur Mitte des nächsten Jahrhunderts – um mindestens 50
Prozent zu vermindern. Um das einmal in Verbrauchswerte umzurechnen: Das entspricht einer

Halbierung des Einsatzes von Kohle, Öl und Gas. Der Pro-Kopf-Verbrauch muß sogar um 75 Prozent verringert werden.

Zu einem internationalen Übereinkommen wird man nur gelangen, wenn man den Beitritts-staaten freistellt, autonom zu entscheiden, wie sie die Kohlendioxidemissionen verringern wollen. Fünf Reduktionswege stehen ihnen zur Wahl: Konsumverzicht, rationellere Erzeugung, Umwandlung und Nutzung von Energie, Umstellung auf kohlendioxidschwache Energieträger (die bei der Verbrennung von Steinkohle, Braunkohle, Erdöl und Erdgas emittierten Mengen an Kohlendioxid verhalten sich zueinander wie $100 : 121 : 88 : 58$) sowie Einsatz erneuerbarer Energie und Ausbau der Kernenergie. Man wird den Staaten keine Energiepolitik aufzwingen können.

Alle herkömmlichen Perspektiven der Energieversorgung der Welt mit dieser Forderung sind nicht zu vereinbaren. So hätten die auf der letzten Weltenergiekonferenz 1989 in Montreal verabschiedeten »Global Energy-Perspectives 2000 – 2020« zur Folge, daß sich in den 35 Jahren zwischen 1985 und 2020 die Kohlendioxidemissionen um 70 Prozent bei moderater und um 45 Prozent bei limitierter Wirtschaftsentwicklung erhöhen. Dazu nur eine Zahl, die dieses Ziel beleuchtet:

Das Energie-Ausbauprogramm Chinas wird dessen Anteil an den globalen Kohlendioxidemissionen – derzeit sind das 13 Prozent – verdoppeln.

Diese Aussage ist mit Blick auf die Kernenergie von Bedeutung. Kernenergie sorgt für eine Begrenzung der Kohlendioxidemissionen: Bei einem Ersatz durch herkömmliche Brennstoffe, vorrangig Steinkohle, würden die gegenwärtigen Emissionen global um 10 Prozent und im Bundesgebiet um 18 Prozent ansteigen.

Professor Hans Michaelis, Mitglied der Enquete-Kommission
»Vorsorge zum Schutz der Erdatmosphäre«, Okt. 1990

zu 4.1   Stadtgestaltung

1. Zur Charta von Athen
Ausgewählte Thesen

77. Folgende vier Funktionen liegen jeder Städteplanung zugrunde: Wohnung – Arbeit – Erholung – Verkehr.

78. Die Planung wird die Struktur jedes einzelnen der den vier Schlüsselfunktionen zugehörigen Gebiete bestimmen und ihre Einordnung in die Gesamtheit des Stadtkomplexes festlegen.

79. Der Kreislauf der täglichen Funktionen: wohnen, arbeiten, sich erholen wird in der Städteplanung nach Maßgabe sorgsamster Zeitersparnis geregelt. Die Wohnung ist der Mittelpunkt ihrer Bemühungen.

80. Die neuen mechanischen Schnellverkehrsmittel haben den gleichmäßigen Rhythmus des Stadtlebens zerstört. Sie sind eine ständige Gefahrenquelle. Sie verstopfen die Straßen durch Verkehrsstockungen und schädigen die Gesundheit.

81. Das Prinzip des städtischen und stadtnahen Verkehrs muß berichtigt werden. Eine Klassifizierung der verfügbaren Schnellverkehrsmittel muß erreicht werden.

83. Die Stadt muß im Zusammenhang mit ihrer Einflußzone untersucht werden. Eine das Stadt- und Landgebiet betreffende Planung hat die einfache Stadtplanung zu ersetzen.

85. Es ist von großer Wichtigkeit, daß jede Stadt ihr eigenes Programm entwirft und die Gesetze zu dessen Verwirklichung gibt.

86. Das Programm gründet sich auf der exakten Analyse der Spezialisten. Es rechnet im voraus mit zeitlichen sowie räumlichen Phasen der Entwicklung. Es vereint in fruchtbarer Harmonie die natürlichen Vorzüge der Lage, die Topographie des Gesamtplans, die ökonomischen Gegebenheiten, die soziologischen Notwendigkeiten und die geistigen Werte.

87. Für den Architekten, der sich in dieser Weise mit Aufgaben des Städtebaus befaßt, wird der menschliche Maßstab Leitgedanke sein.

88. Die Keimzelle der Städteplanung ist eine Wohnung und deren Einfügung in eine Wohnungsgruppe, die ihrerseits Teil einer größeren städtebaulichen Einheit ist. Diese muß einen Umfang von wirksamer Mindestgröße haben (Schule, Kirche usw. als Ausgangspunkt).

89. Von dieser Wohneinheit aus werden sich die Beziehungen im Stadtraum zwischen Wohnraum, Arbeitsplatz und den Einrichtungen für die Freizeitgestaltung ergeben.

90. Um diese große Aufgabe zu lösen, müssen die Ergebnisse der modernen Technik voll ausgenützt und den Zielen der Städteplanung unterstellt werden. Nur durch eine Zusammenarbeit der Spezialisten der Baukunst mit den Spezialisten aller übrigen einschlägigen Gebiete können die Ergebnisse der Wissenschaft wirksam genutzt werden.

Zu dem Inhalt der oben genannten Thesen 87 bis 89:
»Welche Familie mit Kindern zieht noch ins Hochhaus mit dem beschmierten Lift, wenn sie besser und billiger zu ebener Erde wohnen kann?«
»Einfamilienhäuser kommen billiger als Hochhauswohnungen, sofern sie vernünftig geplant werden und sparsam mit der Grundstücksfläche umgegangen wird.
An die Urbanität, die sich durch hohe Dichteziffern herstellen sollte, glaubt niemand mehr. Die Vorstellung, daß die Zusammenballung so vieler Wohnstätten Massenverkehrsmittel begünstigen und die Leute vom Auto abbringen würde, scheiterte.
In England und in Schweden gibt es bereits Beispiele, wo die hohen Scheibenhäuser bis auf die beiden untersten Stockwerke abgebrochen und zu zweistöckigen Reihenhäusern gemacht werden. So unvertretbar die Fachleute den teilweisen Abriß der Wohngiganten heute noch finden, eine Bestandsgarantie für die Massenquartiere in ihrem gegenwärtigen Zuschnitt hat keiner von ihnen gegeben.«

Wolfgang Pehnt

Und Gerhart Laage: »Jahrzehntelang haben die Planer anderes gewollt als die Bewohner.« (Essen, Deubau)

Das Verlangen und der Wunsch nach eigenen oder gepachteten privaten Hausgärten ist so stark, daß möglichst viele Wohnungen ihren nicht zu großen Garten – »die grüne Stube« – haben sollten. Hierdurch soll denen geholfen werden, die einen eigenen Auslauf für ihre Kinder wünschen und die Freude am Walten im Garten und an der Pflege der Pflanzen haben.

»Und tatsächlich bieten Atrium- und Reihenhäuser mit kleinen, geschützten Höfen und Gärten ungezwungenen Naturzugang, persönliche Atmosphäre, Kleinmaßstäblichkeit und Überschaubarkeit. Daß niedrige Bebauung nicht mehr Platz als Höhe braucht, wurde 1948 nachgewiesen, und da – wie man heute ebenfalls weiß – auch die Baukosten beim Flachbau nicht nennenswert höher sind, ist verdichteter Flachbau offenbar auch heute eine so allgemein gültige Lösung wie in der Vergangenheit, wo Millionenstädte der Hochkulturen aus 1- bis 2-geschossigen Hof- und Reihenhäusern bestanden haben, sei es in Peking oder London. Die solcherart notwendige Zusammenfassung der Parkplätze und Garagen – wobei 100 m Entfernung noch angenommen werden – setzt die restlose Einheit von Bebauung und Erschließung voraus: mit Parkplätzen und Tiefgaragen in den Verkehrsstraßen, von dort ausgehend schmalen Fußwegen und einer Ergänzung durch Entsorgungsstraßen, die gleichzeitig Spielstraßen und Promenaden bilden.«   Roland Rainer

»Hinzu kommt noch: In einer attraktiven Stadt arbeitet es sich leichter und mit mehr innerem Schwung. Und innerer Schwung der Arbeitnehmer bedeutet wieder mehr Dynamik für das Unternehmen und ist damit ein Wirtschaftsfaktor. Dienstleistungsunternehmen entscheiden sich bei ihrer Standortwahl – natürlich wie immer neben anderen Faktoren – häufig für Städte und Gemeinden, die vom Stadtbild her besonders interessant sind.«
Dr. Martin Scherer, IHK Rhein-Neckar

2. Untersuchungen im Bereich der Stadtgestalt[1])
»Sie werden sich in der Regel auf folgende Gebiete erstrecken:

Naturräumliche Verhältnisse
– Lage in der Landschaft
– Oberflächengestalt (Morphologie, Gewässer)
– Oberflächenbedeckung (Bewuchs, Nutzungen)
– Klima

Stadtgrundriß
– stadtbegrenzende Elemente
– Gliederung in Bereiche (nach Funktion und Lage)
– Erschließungssystem (Struktur, Bemessung der Glieder usw.)
– Zuordnung Freiraum – Bebauung
– Raumfolgen
– Nutzungen
– Parzellierung

Bebauung
– Bauweise (offen, geschlossen)
– Stellung der Gebäude
– Geschoßzahlen
– Dachformen
– Stilarten
– Fassadenformen, Fassadenöffnungen
– Farben
– Zuordnung Freiraum – Bebauung
– Nutzungen

Die Ergebnisse einer solchen Gestaltanalyse lassen sich am besten in thematischen Karten wiedergeben; d. h. man hebt in der topographischen Karte die wichtigsten Elemente deutlich hervor. Dazu fertigt man ggf. Aufrißdarstellungen und Schnitte an, um die Höhenverhältnisse deutlich zu machen.

---

[1]) *Streich, B.: Ortsbild und Stadtgestalt/Begriffe und Methoden der Erfassung, Lehrstuhl für Städtebau und Siedlungswesen Universität Bonn, o. Prof. Dr.-Ing. K. Borchard, St.Nr. 17, 5. Aufl.*

Will man nach der Abgrenzung von Gestaltbereichen Gebiete festlegen, die besonders zu erhalten sind, so muß man die Gestaltbereiche einer Wertung unterziehen, und zwar hinsichtlich
– Kulturwerten (Geschichtswert, Dokumentar-Wert, Kunstwert u. a.),
– Gestaltwerten (Prägewert, Maßstäblichkeit u. a.),
– Humanwerten (Überlieferungswert, Milieuwert),
– funktionalen Werten (Funktion und Rolle bezogen auf ein Ganzes) und
– Nutzwerten (materieller Wert, Gebrauchswert, Sachwert).

Hieraus werden nach einem gewissen Punkte- und Kriterienkatalog Erhaltungsbereiche abgeleitet.

Zum Stellenwert der Stadtgestalt im städtebaulichen Planungsprozeß
Wird Stadtplanung als Bemühen verstanden, den teilweise einander unterstützenden, teilweise aber auch miteinander konkurrierenden oder gar einander widerstre tenden gesellschaftspolitischen oder ökonomischen Zielen den geeigneten strukturräumlichen Rahmen zu setzen, so wird deutlich, daß nicht allein die Erarbeitung solcher Zielsysteme, sondern auch deren Auswahl und Gewichtung den Charakter einer politischen Entscheidung tragen. Häufig wird dabei Stadtgestaltung als eines unter anderen Zielen, denen die Bauleitpläne »dienen« oder die sie »fördern« sollen, ohne Rücksicht auf ihren besonderen Status auf die Waagschale des politischen Aushandelns gelegt.
Indessen ist Stadtgestalt als diejenige Form, in der die Erfüllung jedes anderen Zieles erst räumlich in Erscheinung tritt, mehr als nur ein politischer »Tauschwert«, gewiß auch mehr als eine den sachlichen Erfordernissen lediglich überlagerte dekorative Zugabe, sondern vielmehr Ergebnis mehr oder minder bewußter Formgebung städtebaulicher Funktionen.
Im Gegensatz zur Architektur, zu deren Wesen gerade eine vollständige Kontrolle über den Gestaltungsvorgang gehört, wird Stadtplanung aber trotz aller gestalterischen Bindungen stets einen legitimen dreidimensionalen Gestaltungsspielraum offenhalten müssen, dessen Ausmaß weder objektiv meßbar noch beweisbar ist. Hier können gerade Gestaltanalysen sehr wesentlich zur Konsensbildung über allgemeine Regeln der Umweltgestaltung, darüber hinaus auch zur Legitimation stadtgestalterischer Vorgaben beitragen. »Rezepte« zur Stadtgestaltung wird es indessen niemals geben können.«

Denkmalpflege und Stadterhaltung

Es wird hier hingewiesen auf die Empfehlung des Deutschen Rats für Stadtentwicklung »Originalität und Eigenart der Städte« vom 27. 4. 1976, darin wird ausgeführt:
»Wirksame Bemühungen um Originalität und Eigenart der Städte setzt den politischen Willen des Bundes, der Länder und der Gemeinden voraus, zur Sicherung der geschichtlichen Kontinuität und zur Gewinnung einer auch künstlerisch überzeugenden Stadtgestalt die rechtlichen Instrumente bereitzustellen . . ., planerische und organisatorische Wege zu suchen sowie hieraus finanzielle Konsequenzen zu ziehen.

Insbesondere muß
– über Schulen, Hochschulen, Organe der Erwachsenenbildung und Massenmedien Aufgeschlossenheit der Verantwortlichen wie der breiten Öffentlichkeit für Fragen städtebaulicher Kontinuität und Qualität erreicht werden;
– von der übergeordneten Planung einschließlich der Fachplanungen bis zur kommunalen Bauleitplanung der erhaltenswerte Baubestand als Ausgangsbasis anerkannt werden; die Planung soll gewachsene historische Strukturen aufnehmen und sich hohen Qualitätsansprüchen stellen;
– Über die verstärkte Bereitstellung öffentlicher Mittel für anerkannte Kulturdenkmale hinaus die Neubelebung von Altbaubestand mit Nachdruck gefördert und steuerlich begünstigt werden.«
(Dazu folgen ausführliche Begründungen.)
– Hinweis auf die Internationale Charta über Pflege und Restaurierung von Denkmälern und historischen Stätten, angenommen vom II. Internationalen Kongreß der Architekten und Techniker für historische Denkmäler (Venedig, Mai 1964)
Grundlegende Resolutionen zur Erhaltungsproblematik. Europäisches Jahr des Architektonischen Erbes 1975. Eine Zukunft für unsere Vergangenheit. Charta von Venedig, dazu folgen gegenüber der Charta von Athen (1933) geänderte Definitionen zu den Begriffen »historisches Denkmal«, »Bewahrung«, »Restaurierung«, »Ausgrabungen« und »Dokumentation, Veröffentlichung« in 16 Artikeln.

Zur Kritik an der Denkmalpflege
»Die dehiosche Denkmaldefinition von 1905 ist sicher nicht zu widerlegen. Aber sie hilft nicht, wenn die verschiedenen Bauschichten eines jahrhundertealten Bauwerks gegeneinander abgewogen werden müssen, welche und wieweit sie zu erhalten sind. Oft helfen da ganz praktische Gründe sehr viel weiter als jede Theorie: Eine spätere Schicht ist besser erhalten und kunsthistorisch interessanter als die frühere – oder auch umgekehrt. Historische Bauwerke altern. Ihre Dächer, die Dachziegel werden brüchig, ihr Putz lockert sich, erhält Risse, in die sprengende Feuchtigkeit eindringt, bis er nicht mehr zu erhalten ist. Wenn ein Altbau vor weiterem Verfall bewahrt werden soll, müssen Dach – Dachstuhl und Ziegel – und Putz erneuert werden, sofern die Altsubstanz von Grund auf schadhaft geworden ist. »Alterungsspuren« aber sind Zeichen für Verfall, für Verwitterung, für Zerstörung. Ein historischer Bau, der zu verfallen droht, muß erhalten werden. Es geht jetzt einerseits um schwerste umweltbedingte Materialschäden, zum anderen aber um Fehlverhalten in Form von Überrenovierung, Auskernung, Umsetzung, Verfälschung, Neuaufbau und Kopie von längst Zerstörtem bis hin zur freischaffenden Neuerfindung und Errichtung »historischer Bauten«.

Martin Neuffer, Vorsitzender der Arbeitsgruppe Öffentlichkeitsarbeit
des Nationalkommitees sowie der Auswahlkommission für den
Deutschen Preis für Denkmalschutz, Hamburg 1989

Dies gilt in besonders hohem Maß für die 5 neuen Bundesländer, wo sich zum überwiegenden Teil viele Städte und Dörfer in einem baulichen Zustand befinden, wie in den alten Bundesländern vor 3 bis 4 Jahrzehnten.
Zahlreiche Baudenkmale von internationalem Rang müssen nach alten Plänen vollkommen neu wieder aufgebaut werden, wie z. B. das Berliner Stadtschloß, die Dresdner Frauenkirche, die Potsdamer Garnisonskirche und sehr viel anderes mehr. Hier ist eine riesige Aufgabe mit höchstem Sachverstand zu leisten.

»Einerseits brauchen wir bessere Kenntnis der Bauten mit Hilfe ausführlicher Bauuntersuchungen vor Beginn der Planung. Erst durch diese Untersuchungen erfährt man ja, was erhaltenswert ist. Der zweite Ansatzpunkt müßte eine gründliche Ausbildung der Architekten für das Bauen im Bestand sein, das immer mehr das Leistungsbild des Berufes bestimmen wird.«

Johannes Cramer

»Anvertraut ist das historische Bauwerk, jedenfalls nach gegenwärtig gültiger Auffassung, dem Eigentümer, ob privat oder öffentlich. Er trägt die volle Verantwortung, daß und in welcher Weise es zu seiner Zeit erhalten und bewahrt wird für die Zukunft. Er trägt auch den bei weitem größten Anteil der Restaurationskosten, und es ist nicht unbillig, auf öffentliche Hilfe dabei zu hoffen. Der Einwand, so vieles liefe nicht so, wie es sollte, ist banal und trifft auch die praktische Wirklichkeit nicht generell. Diesen Einwand aber zur Grundlage einer eigenen denkmalpflegerischen Theorie zu machen mit der Feststellung zwingender Konsequenz, die Denkmalpflege habe keine Chance, ist schlicht falsch und hundertfältig zu widerlegen.«

Ernst Wilhelm Graf Lynar, Donaueschingen

Noch ein Wort zum »Archiv im Boden«, ein bei Denkmalpflegern neuerdings sehr beliebtes Thema. Danach wäre, etwa bei wissenschaftlichen Grabungen in Altstadtkernen, »das authentische Dokument im Boden unwiederbringlich verloren«, »Primärdokumente« hätten im Boden zu bleiben. Nun kann man und soll darüber streiten, ob an einer Stelle eine Tiefgarage gebaut werden soll, an der historisch wichtige Funde zu erwarten wären. Sind sie aber zu erwarten, sollte der Garagenbau willkommener Anlaß für die Grabung sein, die der historischen Forschung zu neuen Einsichten verhilft.

Stichwortverzeichnis

Abfall 106, **115f.**, 118, 132, 134, 184f., 191, 194f.
Abfallbeseitigungssatzungen 116f.
Abfälle der Schlachthöfe 116
Abgase 102, 106, 113, 115, 122, 124, **128ff.**
Abkürzungen 165
Absorber 109
Abwasser, Abwasserschlamm 106, 115, 129, 184
Ältere Menschen 40, **55,** 86, 100, 159
Altenheime **56,** 60
Altenpflegeheime **56,** 60
Altentagesstätten **56,** 59
Altenwohnungen **55,** 57, 59
Anliegerstraßen 93
Ansprechadressen (Energie) 167
Artenschutz 82
Atomkern 162
Atriumhaus 33, **37f.,** 39
Aushub, Bauschutt **116,** 186

Baugebietsarten 33
Baugrundstücke 30, 35
Baulandgewinn 40
Bauleitplanung 16, 19f., 22, 24, **30ff.,** 202
Bauliche Nutzung, Art und Maß 24
Baulückenmobilisierung 24
Baunutzungsverordnung 15, 19, 23, 26, **30ff.,** 35f., 69, 72, 73, 76, 95, 152
Bauplanung 19
Bebauungsplan 17, 19f., **23ff.,** 29f., 46, 84, 142, 149
Bebauungsweisen (Häuser mit Garten, Geschoßbauten, Hochhäuser) **37ff.,** 42
Behinderte 55, **58,** 70, 77, 100, 154
Berstschutz 108
Bildungseinrichtungen 47, 50, **54f.,** 66
Biogas 113, 116, 120, 192
Biologisches Gleichgewicht 82
Biotop 15, **183**
Biozönose 15
Blei 118, **129,** 171, 184
Blockheizkraftwerke 114, 176, 181
Brennelement 163f., 192
Brennstoffwiederaufbereitung 164
Brennstoffkreislauf 163
Brüten 164
Brutreaktor **164,** 171, 174

Camping 83, **86,** 87
Charta von Athen 139f., **200,** 203
Chlorid 128

Denkmalpflege **142,** 145, 147, 204
Dorferhaltung **143,** 147
Dorferneuerung 145, 149
Doppelhaus 37f.
Druckwasserreaktor 164, 167

Einzelhandel **68ff.,** 143
Einzelhaus 37f.
Elektrizität 178, 192
Elektron 163
Elektronvolt 163
Emissionen 36, 73, 87, 112, **122f.,** 130, 159, 161, 169f., 172, 176, 180, 182, 193f., 197ff.
Endlagerung 188, **165,** 191
Energie 13, 106, **109f.,** 113, 118, 134, 162f., 169, 176, 182, 186, 192, 194, 198
Energieeinsparung 16, **114,** 182
Energieformen 107
Energieträger 106, **107,** 114, 173
Energieumwandlung 107
Energieverbrauch 1IC, 114, 182
Energiewandler 107
Entschwefelung (Kraftwerke) 129, 131, 169, 195
Entsorgung 10, 13, **106,** 117, 171f., 184
Entsorgung, sonstige (Radioabfälle) 118, 163f.
Erdbebensicherheit 173
Erdbewohner (im Jahre 2020) 110, 193, 195
Erdgas 106, 111, **113,** 162, 170, 176, 181, 194f., 198f.
Erdwärme 106, 162, 168, 172
Erholung 11, 14, 21, 81, **85,** 91, 200
Erschließung, äußere 93
Erschließung, innere 93
Erschließungsanlagen 93

Fachbegriffe in ständigem Gebrauch 182ff.
Farbgebung (Thesen) 138f.
Ferien- und Naherholungsgebiete 83
Fernwärme 112, **176,** 197
Flachkollektor 109
Flächennutzungsplanung 19f., **21f.,** 23, 28, 46, 84
Flächenverbrauch/Flächennutzungsplanung 153
Flüsterasphalt (Lärm) 196
Fluorwasserstoff 128
Formaldehyd 128
Fossile Brennstoffe **162,** 169, 172, 178, 183, 193, 195
Freizeit 11, 48, 81, **85f.,** 91, 153
Freizeitinfrastruktur 85
Freizeitparks 83
Freizeitwohnen 83
Friedhöfe 87
Fußwege 51, 93, **100,** 201

Gartenabfälle 116, 185
Gemeinbedarf 44, 47
Geschoßflächenzahl 31f., **36,** 78, 95, 101, 152
Gestalterische Aufgaben 24

Gestalterische Grundsätze 36, 137
Gewässerschutz 117, 169, **189ff.**
Gewerbehöfe 24
Gewerbliche Bauflächen 78
Gewerbeparks 24, 73f.
Gewerbe- und Industriemüll 115
Gewerbe- und Industrieschlämme 115
Grünflächen 14, 34, 47, 56, 59, **82,** 86, 87, 90, 93, 102, 148, 153
Grünordnung 23, **81**
Grünordnungspläne 19, 24, 84
Grundwasser 116, **117,** 188ff.

Haushaltsgröße 13
Hausmüll 115f., 176, 184ff.
Hochtemperaturreaktor 164
Humanität 13, 63, 77, 137

Immissionen 34, 41, 62, 73, 87, 101, **122,** 183, 193
Immissionsklimatologie 124
Immissionsrichtwerte 125f.
Individualverkehr (einschließlich Zukunfts-möglichkeiten) 31, 94, 96, **99f.,** 102
Industriegebiete 24, 35, 67, 73, **74**

Jugendheime **46,** 48, 65
Jugendherbergen 46
Jugendliche 44, 51, 86, 157
Jugendpflege 47, 52

Kernbrennstoff 163f.
Kernenergie 12, 106, 110ff., 163, 168, 169ff., 174, 181, 195, 197, 199
Kernfusion 163, 180f.
Kerngebiete 35, 36, **76**
Kernspaltung 106, 111, 163
Kinder 13, 34, 40, 43, 44ff., 51, 86, 88, 100, 189
Kindergärten 36, **46,** 58, 51f., 65
Kinderkrippen **45,** 47
Kindertagesstätten (-horte) **46,** 48
Kirchliche Einrichtungen 65
Klärgas 113
Kleingärten 56, 83, **86f.,** 153
Klimatische Einflüsse 110, 170, 183, 201
Kohlekraftwerke und Auswirkungen 110, 169, 171
Kohlenmonoxid 128, 131, **183,** 191, 196
Kohlenwasserstoffe 113, 128, 194
Kraftwärmekopplung 114, **176,** 182, 197
Krankenhäuser 60, **62ff.,** 125
Krankenhausabfälle 116
Krypton 163
Kühltürme 112
Kulturelle Einrichtungen 47, 56, **66,** 143
Kulturlandschaft **81,** 137

Landespflege **81,** 84, 91, 158
Landesplanung 19f., 25. 30, 32, 140
Landschaftshaushalt 82
Landschaftspflege 27, **81,** 91, 130, 134, 189
Landschaftsplan 19, 22f.
Landschaftsplanung 22, 82, **84**
Landschaftsrahmenpläne 84
Lärmbeurteilung 126
Lärmschutz 34, 122, **124f.,** 135, 196
Leichtwasserreaktor 164
Luftverunreinigungen 27, **123**

Medizinische Fakultäten (Uni-Kliniken) 156
Medizinische Grundsätze (Wohnen) 34, 126
Mehrfamilienhaus 33, 36, **38f.**
Mischgebiete **35,** 67, 73
Motorisierungsgrad 97
Müll als Energielieferant (Aufarbeitung, Verbrennung, Deponien) 176, **185f.**
Müllvergasung 113

Nahverkehr, öffentlicher 15f., 22, 31, 58, 77, **103f.,** 159
Naturhaushalt 14
Naturlandschaft, Naturschutz 15, 27, **81,** 91, 134
Natururan 163
Niedertemperaturheizung 109
Notkühlung 108

Oberleitungsomnibusse 95
Öffentliche Verkehrsmittel 95
Öffentlicher Personennahverkehr 31, 62, 70, **94,** 98, 103, 159
Ölsand 162
Omnibusse 94f., 103, 105
Ortsbild und Stadtgestalt 141
Ortssatzungen 17, 23, 87, 142

Parken (Parkbuchten. Parkflächen, Park-plätze, Parkstreifen, Parktaschen, Standspuren u. a.) 42, 72, 74, 87, 93, **94f.,** 99, 101ff., 160
Passagen 70, 77
Phenol 128, 130
Photovoltaik **108,** 179f.
Planung, gemeindliche (System) 20
Planung, koordinierende 28f.
Planungsbehörden 10
Planzeichen 19
Primärenergie **106,** 112, 114, 173, 181, 193
Psychische Wohnerfordernisse 34

Radioaktive Abfälle 116
Radioaktive Strahlung (Einheiten) 165
Radioaktive Substanzen 110, 174f.
Radwege 34, 51, 85, 87, 93f., 98, **100,** 102
Rauchgasentschwefelungsanlagen 184

Raumplanung (kommunale Planung, Bauplanung – Stufenfolge) 19
Reaktor, thermischer **107**, 164, 171, 174
Reaktorsicherheitskommission 107
Recht der Stadterneuerung und Sanierung 148
Reihenhaus 38f.
Reklame 87, 139
Rekultivierungsprogramm 117
Reserven 107
Ressourcen **107**, 124, 184
Ruhender Verkehr **101**, 103, 148

Sammelstraße 93
Sanierung 25, **147**, 170, 187f., 190
Saurer Regen 123, **184**
Sekundäre Arbeitsstätten 73ff.
Sekundärenergie 107
Sekundärsektor, Flächenbedarf **74f.**, 76
Sicherheitsbehälter 108
Sicherheitsstandards (Kernkraft) 111, 170f.
Siedlungsabfall 115
Solarkollektor **108f.**, 178, 182
Solarspeicher 109
Solartechnik **108**, 179
Solarzelle **108**, 113, 178f., 181
Sonderabfälle 115f., 118, 184ff.
Sondermüll 117
Sonnenenergienutzung 12, 113f., 173, 178

Schularten (Bedarf) 49f., 154
Schulen 36, **49ff.**, 66, 154, 157, 200, 203
Schulen im ländlichen Raum 157
Schulen in den neuen Ländern 155
Schulsystem im Osten 155, 157
Schwefeldioxid 15, 111, 123, 128f., 131, 169, 176, 181, **183**, 191, 194, 196
Schwermetalle 15, 118

Sperrmüll 116
Spielbereiche 82f.
Spielplätze 37, **44ff.**, 51, 83, 86, 90f.
Spiel- und Sportanlagen 46, 48, 58, **86**, 148

Stadtentwicklungsplanung 20
Stadterhaltung **142**, 145
Stadterneuerung 10, 23, 25, 73, 140, **147**
Stadtgestaltung **137**, 140, 200, 202
Stadtgrundriß 143
Stadthaus 38f.
Stadtlandschaft 82
Städtebau 9ff., **13**, 32, 33, 79, 109, 123, 137, 140
Staub (einschließlich Reduzierung) 124, **129f.**, 131, 183, 186, 191, 194
Stellplätze 101, 152
Stickstoffdioxid 128, 161, 191, 193

Strahlenbelastung 111, 168ff., **174**
Strahlenschutzkommission 107
Straßenbahnen 94f., 101, 103, 105, 159
Straßenkehrricht 116
Straßenlärm (Schutzmaßnahmen) 127
Straßennetz 98, **161**
Straßennetz im Osten 159, 161

Tempo 30 159f., 196
Terrassenhaus **39**, 127
Tertiäre Arbeitsstätten 76, 78
Tertiärsektor, Flächenbedarf 67, 78, 80
Trinkwasserversorgung 169, 186, 188f.

Überwachungsbereich 108
Umweltbelastung 15, 76
Umweltschutz 10, 12ff., 22, 30, 73, **122**, 134f., 148, 182, 184, 190, 193, 195
Uni-Baugebiete (Grundsätze) 156
Untergrundbahnen (U-Bahnen) 15, 94f., 101, 103, 159
Untergrundstraßenbahnen (U-Strab) 95
Urbanität 14, 200
Urwald 123

Verkehrsberuhigung 16, 25, 37, 94, 98, 102, **103**, 148
Verkehrsdichte 31, **95**, 97
Verkehrsplanung 16, 22
Verkehrswachstum 96
Versorgung 10, 21f., 106, **109**, 118, 163
Verwaltungseinrichtungen 67f.

Wärmelastplan 110, 184
Wärmepumpe 109, 112
Wald/Klima 87, 123, 130, 132, 194
Waldschäden (Viren, Mikroorganismen u.a.) 123f., 129, **158**, 161
Waldsterben 184, 199
Wasser 30, 87, 106f., **109**, 112, 114, 116, 122, 127, 134ff., 138ff., 171, 176, 178, 194, 196f.
Wasser als Gestaltungsmittel 139
Wasserkraftwerke 112, 177
Wasserreinhaltung 117
Wasserstoffenergie 114, 181
Weltbevölkerung 11, 174
Wiederaufbereitung 164
Wind 106f., **109**, 174, 176, 195, 197
Windkraftwerke **113**, 177
Wohnbedürfnisse 33, 42
Wohnfläche 13
Wohnhochhäuser 14, 40

Zersiedlung 36, 38, 69, 75
Zukunftstechniken (Sonne, Wasser, Wind, Hochtemperatur, Kernfusion, Wasserstoff) 112ff., 181